笔下故园

近代英国方志研究

陈日华

邱迪

- 著 -

上海人民出版社

本书是国家社科基金项目"16—18 世纪英国地方志研究"(项目编号:17BSS031)成果,并得到南京大学新时代文科卓越研究计划"中长期研究专项""英国方志文献整理与研究"资助

目　录

第一章　导　论

第一节　研究概况

　　国外传统英国史研究的重点领域是政治史与制度史,如宗教改革史、都铎史、内战史、议会史、普通法史等,使用的史料多为王室法院档案、财政署档案、国务文书、枢密院档案、教会档案、王国法令集以及议会档案。地方史研究在学院派学者中并不流行。[①]1782 年,托马斯·沃顿写道:"郡志被批评为是最乏味的资料汇编。它们通常被认为只包含有限的与特定的材料,很难吸引公众的关注。还有一种普遍的看法,即这些作品完全是由那些不负责任的古物学家编造出来的,他们收集纹章、研究堂区登记簿、抄写墓碑。……虽然确实有许多地志学者认为郡志当中各个部分都有趣且有价值,但我们必须承认,这类书籍里经常满是迂腐无聊的纹章学、庞大的家族谱系、堂区牧师的名录以及一些华而不实的无名墓志。而在明智的读者眼中,这些内容应该都是古代礼仪、艺术和习俗的历史。郡志中的财产继承部分,也往往被认为是所有专题中最没有吸引力的部分,除了少数直接利益相关的家族外,很少有人对它们感兴趣。"[②]此外,西方学者思维中并没有方志的概念。因此有关方志文本的研究,在很长一段时间内,未能进入研究者的视野。但是英国学界有个良好的传统,就是注重史料的整理与编校,成立了许多专业的文献整理学会,如卡姆登学会(The Camden Society)、哈利学会

　　[①]　John Beckett, W.G. Hoskins, "the Victoria County History, and the Study of English Local History", *Midland History*, Vol.36, No.1(2011), p.117. 也可参见[苏]亚·德·柳勃林斯卡娅:《中世纪史料学》,庞卓恒、李琳等译,商务印书馆 2018 年版,第 150—169 页,第 278—318 页,第 552—558 页。

　　[②]　Thomas Warton, *The History and Antiquities of Kiddington: first published as a specimen of a history of oxfordshire*, London, 1815, Mr. Warton's Preface.

(The Harleian Society)、达格代尔学会(The Dugdale Society)。这些学会编辑整理了很多的历史文献与原始手稿，其中就涉及与方志研究有关的文献手稿，如族谱、方志史家与古物学家的手稿等等。特别应该重视的是，1899年开始编撰的《维多利亚郡志》(*The Victoria County History*)，承前启后继往开来。二战之后，随着霍斯金斯(W.G. Hoskins)创建的"莱斯特学派"(Leicester School)兴起，地方史研究在英国蓬勃发展，蔚然成风。在此需要指出的是，地方史研究与方志研究虽有联系，却又不同。

首先是有关方志的收集、整理与勘校工作。近代英国方志的编修多缘于乡绅、城市市民与牧师的个人兴趣，相当多的是手稿，传阅的范围较窄，多在自己的朋友圈，正式出版且大量公开发行的方志不多。随着时间的推移和原始手稿的转手，到19世纪时，许多方志文本濒临消失。这时迫切需要对以前的手稿进行收集、整理、校对和注释，由此成立了一些专业的学会。

卡姆登学会是1838年成立于伦敦的学术出版团体，以16世纪英国伟大的古物学家和历史学家威廉·卡姆登(William Camden)命名。学会出版各种未出版的早期历史和著作手稿，以及再版各种此前印数极少的书籍，合称为"卡姆登系列"。19世纪时，英国再次兴起了对古物和文献研究的热潮。推动这股学术潮流的因素众多：对中世纪浪漫主义的幻想，19世纪议会改革时人们对于宪政起源的重新思考等，都对原始文献的编校与出版提出了新的要求。①这一阶段也见证了众多政府机构和民间学会的成立，包括与卡姆登学会成立于同一时期的英国公共档案馆(Public Record Office)、英国历史学会(English Historical Society)、瑟蒂斯学会(The Surtees Society)、剑桥卡姆登学会(Cambridge Camden Society)，以及1800年成立的档案委员会(Record Commission)。但事实证明，政府设立的档案委员会在整理历史档案、考证文献年份、编制索引和出版历史文献方面所做的工作，出现了严重的纰漏，他们还耗费了大量经费。②尽管当时一些历史学家和古物学家认为，档案委员会编订出版的部分档案文献很有价值，但这些出版物在市场上却几乎无人问津。有人抨击档案委员会的工作仅仅是为"无聊而有害的"古物学家服务，而不能为"真正的"历史学家所用。1838年，议会调

---

① F.J. Levy, "The Founding of the Camden Society", *Victorian Studies*, Vol.7, No.3(Mar 1964), p.296.

② Charles Johnson, "The Camden Society, 1838—1938", *Transactions of the Royal Historical Society*, Vol.22(1940), p.24; F.J. Levy, "The Founding of the Camden Society", *Victorian Studies*, Vol.7, No.3(Mar 1964), p.297.

查委员会对档案委员会的工作给出结论,认为应该由新的政府机构负责编校和出版档案文献事宜,档案委员会随即停止了运作。然而,新的机构直到20年后才正式启动。这决定了必须由非政府力量来继续推进这项工作。但当时存在或刚刚成立的各类学会,大多不具备或不从事文献和档案的出版。仅有的一些出版手稿或档案的团体,也往往是以小规模藏书俱乐部的形式存在,并不打算对公众发行其成果,如罗克斯博格俱乐部(Roxburghe Club)。因此新学会的成立就变得非常关键。这是卡姆登学会成立的背景。卡姆登学会的创始人员和初始成员大多与其他学会或机构有各种关系。学会的三位倡议人托马斯·赖特(Thomas Wright)、约翰·高夫·尼科尔斯(John Gough Nichols)和约翰·布鲁斯(John Bruce)均为伦敦古物学会的会员。①1838年3月15日,在伦敦议会街25号召开了一次集会,会议由前述的三名倡议人召集,主持人是托马斯·阿米欧(Thomas Amyot)。②这次会议标志着卡姆登学会正式成立。在一周后进行的委员会例行会议上,弗朗西斯·埃格顿勋爵(Lord Francis Egerton)被选为学会第一任主席,约翰·布鲁斯为司库,托马斯·赖特为秘书。③学会年会在每年5月2日(威廉·卡姆登的生日)举行,以示纪念。学会委员会则在每周四例行集会,讨论各种事宜。学会采用会员制,每人每年会费约1英镑,会员每年收到学会出版资料两卷左右,剩余的出版物则提供给公众。卡姆登学会从一开始就坚持开放性的原则,从英国乃至世界吸纳会员,并服务于社会,代表了维多利亚时代早期的社会文化。会员中20%为神职人员,9%拥有法律从业资格,36%是伦敦古物学会的会员,这一人员比例与创始成员的社会关系密切相关。卡姆登学会成立之后,蜂拥而至并希望加入的会员说明了民众对于文献研究的热情。但也有学者认为,初创时期卡姆登学会的成功,并不能证明当时社会对于文献和档案的实际需求,此后卡姆登学会成员的减少,证明了学会的繁荣只是表面现象。卡姆登学会第一份出版物在1838年6月到了会员手中,分别是由约翰·布鲁斯编订的《爱德华四世的到来》(*Historie of the Arrivall of Edward IV in England*)以及科利尔编订的《约翰王》(*Kynge Johan*)。1839年5月2日,学会年会通过了新的学会

---

① F.J. Levy, "The Founding of the Camden Society", *Victorian Studies*, Vol.7, No.3(Mar 1964), p.295.

② Ibid., p.303.

③ Charles Johnson, "The Camden Society, 1838—1938", *Transactions of the Royal Historical Society*, Vol.22(1940), pp.25—26.

章程,将会员人数提升至1 000人,并设置副主席一职以辅助管理。学会创建之初,由于申请者人数众多,以至必须排队等候会员去世或主动退会。1843年,阿尔伯特亲王亦加入卡姆登学会,直到其1861年去世,这奠定了学会的声誉。1845年,学会规模达到1 250人,此后开始逐渐下降,最终稳定在300至400人之间。在此期间,许多图书馆也开始成为学会的订阅单位。学会成立之初也遇到了一些问题,如版权、出版内容的审核,以及出版物邮递和会费收取等问题,但这些并没有阻碍学会的声誉和活动。19世纪中叶,有关公开出版遗嘱方面,学会遭到了一些阻挠和质疑。19世纪60年代,卡姆登学会逐渐获得刊发遗嘱的特权。在出版有关亨利二世部分剩余卷档时,学会遭到了卷档管理局(Rolls House)的阻碍,随后出版这部分卷宗的权力落到了1883年成立的卷档学会(Pipe Roll Society)手中。在创立之初,文学性的研究和出版在卡姆登学会中所占据的重要性几乎与历史学一样。创始人员中的佩恩·科利尔(Payne Collier)、赖特(Wright)和戴斯(Dyce)等人都来自文学研究领域。随着1840年珀西学会(Percy Society)和1841年莎士比亚学会(Shakespeare Society)的成立,卡姆登学会对文学领域的关注逐渐减少。但此后卡姆登学会仍会出版一些有关文学或古语言学内容的著作,并与早期英语文献学会(Early English Text Society)等机构联合出版过一些文献资料。从19世纪70年代开始,卡姆登学会的资金出现困难,更根本的问题在于,由于创办初期申请加入卡姆登学会的人数众多,导致学会管理层过于乐观地增加了出版物印数。至19世纪60年代,学会开始出现大量库存出版物,为此需要额外准备开支。1881年,卡姆登学会仅剩下43位个人会员和183家订阅机构,经费更加捉襟见肘。1896年,英国皇家历史学会开始正式与卡姆登学会商谈合并事宜。卡姆登学会委员会最后一次会议于1897年4月28日举行。1897年5月2日,卡姆登学会并入英国皇家历史学会。①自1838年到1872年,卡姆登系列共计发行105卷,合称为第一系列(或旧系列);1872年到1896年,学会共计发行56卷,合称为第二系列(或新系列)。与皇家历史学会合并后,新系列又刊发了6卷,其中最后的第62卷发行于1901年。此后,系列丛书由皇家历史学会出版发行,但仍然称为卡姆登系列,其中1900—1963年发行的94卷合称为第三系列,1964—1992年发行的44卷合称为第四系列,第五系列目前仍在继

---

① Charles Johnson, "The Camden Society, 1838—1938", *Transactions of the Royal Historical Society*, Vol.22(1940), pp.37—38.

续出版中,截至 2018 年,已出版至第 55 卷。目前卡姆登系列由剑桥大学出版社出版。卡姆登系列资料的所有数字化文本和详细信息,均可在皇家历史学会卡姆登系列网站①提供的链接处获取。卡姆登系列丛书每卷的主要内容包括长篇文献资料和同一主题的短篇资料汇编,但也存在一卷之中收纳不同主题的资料(一般命名为卡姆登杂录)的情况。在其创立早期,一般每一份出版物中只包含一部整理编订的文献。此后,由于不得不应对篇幅较短的文献,学会对出版物形式作了一定的变动。截至 2015 年,杂录共发行 36 卷。卡姆登学会的学术贡献主要在于:在 19 世纪上半叶古物和文献研究风潮方兴未艾,而档案委员会解散之际,为英国学术界提供了一个稳定的平台,刊发各种有关历史、文学和古语言学等原始文献资料,其中不乏一些至今未被超越的编辑版本。卡姆登学会以刊物和年会的方式,为当时的研究者提供了一个定期的交流平台,并在一定程度上推动了此后政府再度重视档案整理和出版工作。此外,卡姆登学会的贡献还在于,它引领和带动了一批专门化的研究出版学会的成立,并提供了成熟的组织和出版模式。这些学会大多从卡姆登学会手中接过了由卡姆登学会开始的文献典籍整理和出版工作,开始了更专业化的研究和考订。同时由于其巨大的学术和社会影响力,卡姆登学会的研究和出版系列也避免了其他研究者和机构的重复劳动。

哈利学会是 1869 年成立于萨里郡的学术出版团体,以著名的"哈利手稿"(Harleian Manuscripts)命名。"哈利手稿"由第一代牛津伯爵罗伯特·哈利(Robert Harley, 1st Earl of Oxford)和其子第二代牛津伯爵爱德华·哈利(Edward Harley, 2nd Earl of Oxford)搜集。到 1741 年,已有 7 639 卷文献,以及 4 万份原始的文书、令状、契约等。②"哈利手稿"于 1753 年被捐赠给英国政府,现藏于大英图书馆,复印件可在大英图书馆的开架阅览区域查阅。哈利学会致力于转抄、整理和出版纹章官巡阅记录(Heraldic Visitations of Counties),以及与族谱学、家族史和纹章学相关的手稿。③该学会也曾在很长一段时间内兼整理出版堂区登记簿。1869 年 5 月 28 日,萨里郡考古学会(Surrey Archaeological Society)的乔治·阿米蒂奇爵士(Sir George Armytage)和 J.J. 霍华德召集了一次会议,标志着哈利学会的成立。学会成立后很快得到广泛的支持。1870 年 5 月时,会员增加了 170 名;1871

---

① https://www.cambridge.org/core/journals/royal-historical-society-camden-fifth-series.

② J.E. Jackson and John Britton, *The History of the the Parish of Grittleton in the County of Wilts*, London, 1843,见该书附录 John Britton, *An Essay on Topographical Literature*, xxxvi。

③ The Publications of the Harleian Society, 1871, Rules 2.

年时,学会会员已经有 267 名。①哈利学会与英国纹章院有密切联系。学会第一卷出版物刊行于 1869 年,印数即到达 500 份,内容是 1568 年伦敦巡阅记录。1877 年,哈利学会为堂区登记簿的出版设置了独立系列②,但此前的出版物已经开始涉及堂区登记簿,如 1875 年出版的威斯敏斯特教堂登记簿。此后,堂区登记簿系列共单独刊行 89 卷,绝大多数内容是有关伦敦地区的堂区。该系列最后一卷于 1977 年出版,内容是威斯敏斯特圣玛格丽特教堂登记簿第三部分(The Registers of St Margaret's Westminster Part III)。1979 年,纹章官巡阅记录系列和堂区登记簿系列合并,并称为哈利学会新系列。③此后哈利学会较少出版堂区登记簿文献,一则由于学会认为这类资料的受众稀少;二则这类文献已有其他学术团体和机构出版。1979 年两个独立系列合并前,纹章官巡阅记录已出版 117 卷。合并后的新系列至今已出版 20 卷。在旧的 117 卷中,有 53 卷包含了纹章官巡阅记录或各郡的家族谱系,另有 6 卷有关亨特(Hunter)和勒尼夫(Le Neve)的骑士谱系,5 卷包含纹章授予(grants of arms),14 卷包含婚姻登记书(marriage license),17 卷包含重要的索引目录。目前,所有哈利学会整理出版的资料,均可在其网站④订购数字化或纸质版本。哈利学会设有 12 人委员会,其中主席一名,秘书一名,司库一名。哈利学会委员会在历史上就吸收了许多英国纹章官。现任委员会成员中包含现任英国纹章院三位高级纹章官中的两位,即现任嘉德纹章官托马斯・伍德科克(Thomas Woodcock)、诺罗伊和阿尔斯特纹章官提摩西・杜克(Timothy Duke)。此外,现任委员会成员中还包括多名英国皇家艺术学会会员,以及伯明翰大学历史学教授理查德・卡斯特(Richard Cust)。哈利学会的学术贡献主要在于继承了两代牛津伯爵收集纹章官巡行记录文献的传统,并将之发扬光大,为英国学术界挖掘并整理了各种纹章学、系谱学和地方史的一手研究文献和资料,并推动了英国学界对堂区登记簿的发掘、整理和利用。

达格代尔学会是 1920 年成立于沃里克郡的地方性学术出版团体,学会位于沃里克郡埃文河畔斯特拉福德,此地也是莎士比亚的故乡。达格代尔学会以 17 世纪沃里克郡古物学家、方志史家和纹章官威廉・达格代尔(William Dugdale)命名,纪念他为英国地方史做出的贡献。学会以保存沃里

---

① Harleian Society Report for the year 1870—1871.
② https：//harleian.org.uk/VolsRS1.htm.
③ https：//harleian.org.uk/VolsNS.htm.
④ http：//harleian.org.uk.

克郡历史档案、推动沃里克郡地方历史研究和公众教育为目标,主要整理出版各种与沃里克郡历史相关的档案文献等一手资料,同时也出版相关的研究论文和报告等学术成果。达格代尔学会与莎士比亚出生地基金会(Shakespeare Birthplace Trust)保持着密切联系,并长期受基金会的支持和资助。学会设会长、副会长、年会主席、年会副主席、秘书、司库、审计、主编各一名,所有职务在学会年会上选出,任期一年。此外,学会设一个委员会,包括不少于10 名但不多于 20 名委员,全部在年会上选出,其中包括所有管理人员。学会委员会每年至少召开两次会议,每次会议至少应有六名委员出席。如无特殊情况,学会年会在每年 10 月举行,所有会员都会被邀请到会。年会内容主要包括选举、学会事宜讨论和学术研讨交流。学会现任会长为威廉·达格代尔爵士,主席为英国著名历史学家克里斯托弗·戴尔(Christopher Dyer)。达格代尔学会的出版物主要分为两类。其一为"主出版系列"(Main Volumes),包括与沃里克郡相关的各种未出版的文献和档案资料,文献年代主要在 12 世纪到 18 世纪之间,但最近的出版物也包括 19 世纪和20 世纪的文献档案。在每期出版物中,学会邀请专业研究人员整理考订文献,并附有介绍和必要的翻译等信息。"主出版系列"的内容可分为三类:自中世纪以来沃里克郡内的修道院登记簿;自近代早期以来埃文河畔斯特拉福德的市政会议记录和账簿(集中在 1553—1620 年)、1671 年沃里克郡壁炉税(Hearth Tax)征收情况,以及 1694 年沃里克郡大火的相关档案记录;18 世纪"绅士建筑师"桑德森·米勒(Sanderson Miller)的日记和罗杰·纽迪盖特爵士(Sir Roger Newdigate of Arbury)的通信。"主出版系列"目前已经出版共 50 卷,每卷的间隔时间并不固定。第一卷出版于 1921 年,内容是 1553—1556 年埃文河畔斯特拉福德市政会议记录和账簿。最新一卷出版于 2018 年,内容为 1916—1918 年沃里克地区上诉法庭档案。达格代尔学会的第二类出版物是不定期论文(Occasional Papers),主要是学会年会上受邀学者的发言。不定期论文每期聚焦一个特定的主题,但都与沃里克郡历史相关,时间跨度自盎格鲁-撒克逊时期到 20 世纪。不定期论文的出版亦没有固定间隔,目前已出版 53 期。第一期出版于 1924 年,内容是考文垂古代档案,最新一期出版于 2016 年,作者为怀尔德曼(Stuart Wildman),内容是关于 1834—1914 年沃里克郡济贫法委员会对病人的照料。上述两类出版物中的部分内容可在达格代尔学会的网站①订购。达格代尔学会委员会现

---

① http://www.dugdale-society.org.uk.

任成员大多是专业的历史或神学研究人员，如现任学会主席戴尔教授，为莱斯特大学利弗休姆荣誉教授以及英格兰地方史研究中心主任，曾受邀作为牛津大学福特讲席教授，讲授中世纪晚期英格兰社会经济史，其在中世纪经济社会史和地方史方面的工作已经成为经典。其他学会部分代表人物还包括：学会名誉副会长克里斯托弗·考克斯沃斯（Rt. Reverend Christopher Cocksworth），现任考文垂主教；学会名誉副会长大卫·厄克特牧师（Rt. Reverend David Urquhart），现任伯明翰主教；卡迪夫大学彼得·科斯教授（Professor Peter Coss），主要研究领域为中世纪英国社会史和乡绅史；伯明翰大学理查德·卡斯特教授，主要研究领域为近代早期英国史；沃里克大学彼得·马歇尔教授（Professor Peter Marshall），主要研究领域为近代早期英国宗教信仰与实践，尤其是英国宗教改革的政治与文化影响。达格代尔学会的学术贡献主要在于建立起了沃里克郡的地方史研究和出版学会，继承了威廉·达格代尔的古物和地方史研究传统，并成为英国众多郡地方历史学会中的佼佼者，为研究沃里克郡乃至英格兰西米德兰地区中世纪早期以来的社会、宗教和经济史提供了大量原始材料，并为这些研究提供了一个稳定的学术研讨和交流平台。

其次是地方史的研究。前文已言，在传统的史家眼中，方志的史料价值似乎微不足道。J.W. 汤普森（James Westfall Tompson）在介绍英国史学流派与史家时，对于近代早期的方志史家一笔带过，而且是放在古物研究的领域。①二战之后，随着新史学思想的迅速发展，地方史研究逐渐起步与兴盛。1948 年，莱斯特大学成立英国地方史研究中心，霍斯金斯担任该中心第一任主任。②霍斯金斯在 1952 年撰文写道："与以往任何时候相比，在英格兰，现在越来越多的人正在研究和尝试写作地方史，出版商也被劝说出版有关堂区、城镇与郡历史的著作……大学也开始逐渐意识到它的价值，尽管也有人还认为，这是些业余的兴趣，不可能发展成为一门学科。"③以地方史研究中心为依托，在霍斯金斯等人的带领之下，特色鲜明的"莱斯特学派"逐渐形成。莱斯特大学的地方史研究中心专注于景观史④与地方史的研究，

① [美]J.W. 汤普森：《历史著作史》（上卷　第二分册），孙秉莹、谢德风译，商务印书馆 1996 年版，第 874—878 页。

② https://le.ac.uk/english-local-history/about/history.

③ W.G. Hoskins, "The Writing of Local History", *History Today*, Jul.1, 1952, p.487.

④ 参见 W.G. 霍斯金斯：《英格兰景观的形成》，梅雪芹、刘梦霏译，商务印书馆 2018 年版，中译本序。

涌现了像霍斯金斯、芬伯格（H.P.R. Finberg）、艾文瑞特（Alan Everitt）以及 C. 戴尔（C. Dyer）等地方史研究大家。1959 年，霍斯金斯出版《英格兰地方史》，该书是地方史研究的开创性著作，全面系统地介绍了地方史研究的历史与现状、内容和方法等。在《英格兰地方史》一书有关地方史研究学家的一章中，霍斯金斯介绍了近代以来主要的方志编撰者，如伍斯特的威廉（William of Worcester）、约翰·利兰（John Leland）等人。[1]"莱斯特学派"不断拓宽与创新自己的研究领域。艾文瑞特借鉴社会学与人类学的"共同体"概念，将其运用到 17 世纪英国史的研究中，提出"郡社会"（county community）的概念。艾文瑞特认为：乡绅对国家大事知之甚少，或者说漠不关心，乡绅的兴趣与利益范围局限于自己所生活的郡内，存在着有认同感的郡共同体。在 17 世纪的英格兰，国家是由独立的郡所组成的联合体，地方主义盛行，人们关注地方利益超过关注国家大事。[2]"莱斯特学派"对战后的英国史学界影响巨大，并对公共史学的形成和传播产生了积极的推动作用。然而，需要指出的是，"莱斯特学派"的研究缺乏对方志的解读。

再次是对方志史家介绍性的研究。这类专著与纪念性论文集层出不穷，下面简要介绍几部重要的著作。杰克·西蒙斯（Jack Simmon）的研究侧重于介绍传统的郡志史家，这些郡志史家的著作在 1677 年至 1781 年间出版，包括罗伯特·桑顿（Robert Thoroton）、詹姆斯·赖特（James Wright）、罗伯特·阿特金斯（Robert Atkyns）、威廉·博莱斯（William Borlase）、约翰·哈钦斯（John Hutchins）、约瑟夫·尼科尔森（Joseph Nicolson）、理查德·伯恩（Richard Burn）、爱德华·哈斯特德（Edward Hasted）、理查德·沃斯利（Richard Worsley）等。[3]当然，如作者所承认的那样，该书一个明显的缺陷是没有包括威廉·达格代尔。C. 柯里（C.R.J. Currie）主编的《英国郡志史家导论》以郡为单位，介绍各郡方志编撰的历史，条理清晰，资料翔实，对于研究者非常有益，可以作为索引性质的著作。[4]此外，瑞塔·沃尼克（Retha M. Warnicke）对威廉·兰巴德（William Lambarde）的研究[5]、C. 戴

① W.G. Hoskins, *Local History in England*, London: Longman, 1959, pp.15—24.

② Alan Everitt, *The Local Community and the Great Rebellion*, London Historical Association, 1969, p.8.

③ Jack Simmons, *English County Historians*, Wakefield: EP Publishing: 1978, VII.

④ C.R.J. Currie and C.P. Lewis, ed., *A Guide to English County Histories*, Stroud: Sutton, 1997.

⑤ Retha M. Warnicke, *William Lambarde: Elizabethan Antiquary, 1536—1601*, Chichester: Phillimore, 1973.

尔对威廉·达格代尔的研究①、K.J. 威廉姆斯(Kelsey Jackson Williams)对约翰·奥布里(John Aubrey)的研究②等等,都有助于我们梳理英国方志编修发展的脉络,了解方志文本的学术价值。

此外,还有一些著作涉及英国地形学(Topography)与地理学,对方志的研究有很大的参考价值,现简要列举如下。理查德·高夫(Richard Gough)两卷本的《不列颠地形学》(*British Topography*)是一部重要的著作。该书前言部分概述了英国地形学发展的简要历程与主要人物,涉及古物学会、重要的方志史家、自然志等内容。作者特意提及有关城市与城镇的地形学与方志。③在简要叙述罗马不列颠等时期的地理学后,作者以郡为单位进行介绍。该书为我们的研究提供了有价值的索引,缺点是内容系统性不足,缺乏论述。霍尔(Richard Colt Hoare)的《英国历史与地形学书籍目录》(*A Catalogue of Books Relating to the History and Topography of England,Wales,Scotland,Ireland*)是 19 世纪上半叶一部重要的著作。④该书内容包括字典、目录、法令与档案、古物集、宗教史、纹章官、地形学、地理学、纪念碑、温泉、农业报告、按照字母顺序编排的各郡历史著作目录、旅行指南等等,内容丰富,安排有序。理查德·西姆(Richard Sim)有关族谱、地形学与古物的著作对郡志进行了梳理与介绍。⑤此外,约翰·安德森(John P. Anderson)的《不列颠地形学书目》(*The Book of British Topography*)很全面地总结了 19 世纪有关地形学的研究著作。该书前一部分是概述,包括修道院、古物、河流、城堡、海岸、教堂、岛屿、学校等。第二部分以郡为单位进行详细介绍。不过作者强调,该书并不是"官方出版物"。⑥20 世纪之后,相关的著作越来越丰富,在此无法再做详细的介绍,相关的信息可以通过网络与数据库检索获得。

21 世纪以来,西方学术界对地方史的研究更加深入与细化,呈现出一些新的研究趋势,这有待我们更进一步的观察与总结。总体说来,西方学术

---

① C. Dyer, *William Dugdale,Historian,1605—1686*, Woodbridge: Boydell & Brewer, 2009.

② Kelsey Jackson Williams, *The Antiquary John Aubrey's Historical Scholarship*, Oxford: Oxford University Press, 2016.

③ Richard Gough, *British Topography*, Vol.I, London, 1780, xii.

④ Richard Colt Hoare, *A Catalogue of Books Relating to the History and Topography of England,Wales,Scotland,Ireland*, London, 1815.

⑤ Richard Sim, *A Manual for the Genealogist,Topographer,Antiquary and Legal Professor*, London, 1856, pp.229—242.

⑥ John P. Anderson, *The Book of British Topography*, London, 1881, ix.

界对方志的研究经历了从认识不足到逐步深入研究的转变。"不识庐山真面目,只缘身在此山中!"西方学界存在的问题是,没有中国学者所具有的"方志"传统与概念。这是中国研究者在此问题上拥有的最大的,也是最具"中国学派"特色的优势!

国内学者有关英国史的研究主要体现在通史编撰、断代史、政治史、法律史、经济社会史、环境史、帝国史等。有关英国方志的研究非常少,主要是介绍性的文章,现列举如下。蒋孟引先生在《英国历史研究动态》一文中,对此问题进行了简要的介绍,这是国内学者最早的论述。他指出:"英国地方史很繁荣,出版品不少,比之我国旧日的方志和现代的'四史',好像更多样化,更能与时俱进。它是英国史学的重要组成部分,并且越来越发达。"[①]徐浩教授的《英国经济—社会史研究:理论与实际》一文中也涉及该问题。他指出:"地方研究在英国具有悠久传统,20世纪初启动的多卷本的《维多利亚郡史》(*The Victoria County History*)工程,以及前文列举的较早出版的两部英国经济社会史著作是这种传统在20世纪的延续。但英国地方研究的真正发展是在40年代以后,1947年莱斯特大学建立了第一个英国地方史系……。"[②]"战后,英国各郡和较大城市普遍建立起档案办公室,为城乡共同体研究提供了大量地方档案史料,许多大学选择校址所在地区作为主攻方向。城乡共同体研究的单元既包括教区、村庄、庄园和小城镇等较小的共同体,也有城市和郡等大的共同体;涉及的内容涵盖了经济、社会、文化等各个方面。"[③]总体看来,徐浩教授的研究视角是经济社会史。其他的研究亦有所涉及。[④]

第二节 概念、史料与研究思路

一 何谓"英国方志"

"英国方志"概念是笔者在英国史研究过程中,以一个中国研究者的身

---

① 《蒋孟引文集》,南京大学出版社1995年版,第5页。

②③ 徐浩:《英国经济—社会史研究:理论与实际》,侯建新(主编):《经济—社会史:历史研究的新方向》,商务印书馆2002年版。

④ 陈日华:《中古英格兰地方自治研究》,南京大学出版社2011年版;姜启舟:《〈维多利亚郡史〉的纂修群体研究》,《史学理论研究》2016年第1期;陈日华:《近代早期英格兰的"乡绅修志"现象》,《世界历史》2017年第4期;张乃和:《英国经济社会史文献学著作指南》,东方出版社2020年版,第143—147页。

份对英国地方史资料进行概括,而形成的一个概念。中国的世界史研究发展到现在,不能再沿着西方学者的传统亦步亦趋、人云亦云,需要构建中国学者的话语体系与认识范式。这要求我们的研究要在充分认识、理解中国文化传统的基础上,对英国的历史与史料做出自己的解读。这部分要表达的意思有两点:一是中国的方志文化最为悠久兴盛;二是英国也有较发达的方志文化,不应忽略,但是英国学术界对此并没有重视。

中国有着世界上最为悠久的编修方志传统,方志资料汗牛充栋,是中国传统文化中最为辉煌的成就之一。然而有些遗憾的是,国内中国史的学者在关注中国方志的同时,缺乏对国外历史的了解,认为这是中国独特的文化现象,这是不客观的。钱穆认为:"中国地方志书,实是丰富美备。宋以下,省有省志,州有州志,府有府志,县有县志,甚至书院学校有志,寺观庙宇有志,乡里社团有志,山林古迹有志,分门别类,应有尽有。论其卷帙,真所谓处则充栋宇,出则汗牛马。近代西方人士对中国之家谱与方志皆特别重视,正因此两者系西方史籍中所无。"①在钱穆看来,中国的方志具有极高的研究价值,这一点是没有问题的;但是是否就可以断言,西方史籍之中就没有这样的内容呢? 仓修良也认为方志文化是中国独有的现象。他写道:"现在有些看法认为中国的方志,在世界各国都有,也就是说世界各国都在编修方志。我认为这种看法毫无根据。事实上只有我们的周边邻国日本、朝鲜、越南等国家,由于千百年来一直与中国文化交往,受到中国传统文化的影响很深,许多中国传统文化都相继传入,其中方志当然也不例外。"②有研究者认为,方志具有多国性,列举了恺撒的《高卢战记》以及塔西佗的《日耳曼尼亚志》。仓修良对以上观点进行了严厉的批评。他指出:"这两部书很明显都是史学著作,不知为什么到了该文作者的笔下却都变成了方志,这不能不使我怀疑,他对方志最基本的特点和内容是否一无所知,否则怎么会把记载战争历史为主的《高卢战记》也说成是方志呢? 难道真的就不知道方志的编修是有区别于其他著作的自己特殊的体例的吗?《高卢战记》有哪一点是符合方志的体例? 至于《日耳曼尼亚志》,由于有个'志'字,似乎可以肯定是方志了。殊不知这里的'志'字应作'史'字解释,因为'志'的意思还作记、记事和史解释。"③在与美国学者交流之后,仓修良断言:"所以我们可以肯定地说,不仅美国没有地方志,所有西方国家都没有。……这里还可以告诉大家这

---

① 钱穆:《中国历史研究法》,三联书店 2001 年版,第 50 页。
② 仓修良:《方志学通论》(增订本),华东师范大学出版社 2013 年版,修订本前言第 7 页。
③ 同上,第 9 页。

样一件事情,西方国家不仅没有地方志,而且在英文中还没有这样合适的词汇,因此,就无法将'方志'这个名称翻译过去,于是西方一些学者的论著中在引用拙著《方志学通论》时,他们只好仍旧使用中文书名。"①这些论断值得商榷。一方面,我们不否认方志是我们中国传统文化的精华,应该倍加珍惜,引以自豪;另一方面,从英国史研究的角度来看,值得再探讨。我们不应该对中国学者这一点小的偏见吹毛求疵,毕竟现在学科门类划分得非常细,学者不可能知道所有的知识;而且,我们的研究也是站在中国学者的立场,以中国方志传统的视角来进行研究的,中国学者有关中国方志研究的成果,将为英国方志研究提供非常重要的也是最有价值的借鉴。这一点毋容置疑。

在本书的研究中,"英国方志"是一个相对宽泛的概念。它包括如下方面:郡方志、城市方志以及堂区方志;研究的内容兼顾自然、历史与社会,囊括一地内的自然、地理、政治、文化、制度、社会、历史、经济等诸多方面;具体包括地志(topography,或译为地形学)、地方名人、庄园历史、自然志、古物与古迹、地方历史、族谱与家谱、纹章、习俗等。方志②(Chorography)的词源来自古希腊,在英语语境下,choros 有空间或地点的含义,graphia 则意指书写或表现形式。《牛津英语词典》对方志一词给出了三种意思的解释:描述与描绘特定地区或地域的地图或图表的作品或实践;有关特定地区或地域的描写描述;一个地区的自然结构和特征。③纳撒尼尔·卡朋特描述了方志与地理学的区别:地理学描述整个领域,方志处理较小的部分而不考虑整体;地理学处理数量,方志处理偶然的质量;方志使用绘画艺术,地理学不需要;最后,地理学使用数学科学,而方志则没有。④也有学者认为,广义上的地理学包括数学地理学、描述地理学与方志。⑤与方志相关联的是编年史(chronicle),它与方志既有区别也有联系。编年史属于时间类别;方志属于空间类别。理查德·赫尔格森(Richard Helgerson)指出:"方志通过反对

---

① 仓修良:《方志学通论》(增订本),华东师范大学出版社 2013 年版,修订本前言第 11 页。

② 有关"方志"的英文表达有很多种,学界并没有特定的词汇。如英国学者魏根深的《中国历史手册》一书,在论述中国地方志时,该词的英文表达是"local gazetteers",参见 Endymion Wilkinson, *Chinese History A Manual*, Cambridge: Harvard University Press, 2000, p.154。

③ J.A. Simpson and E.S.C. Weiner, *The Oxford English Dictionary*, Vol. III, Oxford: Clarendon Press, 1989, p.172.

④ Lesley B. Cormack, "Good Fences Make Good Neighbors: Geography as Self-Definition in Early Modern England", *Isis*, Vol.82, No.4(Dec., 1991), p.643.

⑤ Wilbur Applebaum, ed., *Encyclopedia of the Scientific Revolution from Copernicus to Newton*, London: Garland Publishing, 2005, p.406.

编年史来定义自己，是专门用于放置地点的类型，而编年史是专门用于时间的类型。"①中世纪英国史学的一个重要特征就是，教会编年体占据主导地位。从比德(Bede Venerabilis)到圣阿尔班斯学派，在宗教氛围下的英国史学编撰必然是教会编年体。到中世纪晚期，城市编年体逐渐出现，其内容已经与教会编年体史书有差别，记载了一些具体的城市生活；再到后来的国家编年体，这种书写体例一直处于演变过程中。中世纪晚期近代早期时，越来越多的英国人意识到，他们的民族和国家拥有属于自己的过去。人们开始对历史感兴趣，但是可以阅读的书很少，主要都是古代与都铎王朝的编年史，此外还有口述传统、民谣与大众神话提供的一些信息。②列维说："直到伊丽莎白继位之后，历史文献才开始盛行。"③但实际上，在爱德华和玛丽的统治期间，城市编年史乃至国家编年史已经逐渐流行。伊丽莎白时期，罗伯特·费边(Robert Fabian)、爱德华·霍尔(Edward Hall)、理查德·格拉夫顿(Richard Grafton)、约翰·斯托(John Stow)、拉斐尔·霍林希德(Raphael Holinshed)等编年史作者都有着较高的声誉。编年史著作在1550年至1579年之间达到了印刷的高峰。④但是随着时代的发展，编年体逐渐落后于时代的需要。与此同时，以"人文主义"为特征的新型书写方式兴起。

从16世纪70年代开始，英国知识界开始出现汇编本地区地理、地形、历史、风土人情、名人与名胜等内容的书籍与著作。这些著作如雨后春笋般地出现，以 perambulation、description、survey、chorographia、antiquity、history、history and antiquity 等书名呈现，构成了近代早期英国学术研究的一个重要内容。后来的研究者把这些著作称为 local gazetteer、local chronicle、chorography 等不同的形式。本书的研究以中国方志概念为参照，尝试把它们翻译为"地方志"（简称"方志"）。因为虽然名称表述各异，但是它们属于同一类型。⑤近代早期新的书写方式从编年史中吸取了很多实质内容，凭借新颖的题材，它们更好地满足了公众对历史的兴趣，结果编年史本身很快就变得多余了。由此，强调严格时间顺序的

①⑤　Richard Helgerson, "The Land Speaks: Cartography, Chorography, and Subversion in Renaissance England", *Representations*, No.16, 1986, pp.71—72.

②　Daniel Woolf, *The Social Circulation of the Past: English Historical Culture, 1500—1730*, Oxford: Oxford University Press, 2003, p.392.

③　F.J. Levy, *Tudor Historical Thought*, California: The Huntington Library, 1967, p.203.

④　Marcia Lee Metzger, "Controversy and 'Correctness': English Chronicles and the Chroniclers, 1553—1568", *The Sixteenth Century Journal*, Vol.27, No.2(Summer, 1996), p.438.

编年史陷入衰退。①

二　方　志　文　本

本研究的资料来源。一是电子数据库,如早期英国图书在线数据库(EEBO),18 世纪作品在线(ECCO),还有异常强大的 Gale 数据库等。二是伦敦大学历史研究所(IHR)的馆藏英国方志文献。笔者曾经在历史研究所访学一年,并在本课题进行期间,多次赴英国各地补充有关的方志材料。再有,笔者与《维多利亚郡志》的几任主编,如约翰·贝克特、C. 柯里以及理查德·霍伊尔(Richard Hoyle)等,有着密切的学术交往与良好的个人友谊。他们为本研究提供了许多在国内不易查找的书目,并给予了许多重要的建议。

需要注意的是,不同于其他著作,方志的出版呈现出延时的特征。霍斯金斯指出:近代早期英国方志史家的著作经常需要等待一个世纪,甚至是两个世纪才会出版。②因无法满足当时的出版盈利诉求,或是受审查所限,还有就是方志作者写作的目的是自娱,诸多因素导致许多的志书在当时仅以手稿的形式在学术圈随意流传,或以抄本在坊间流传,直至 18 世纪乃至 19世纪才重新整理编修出版。以德文郡的方志为例,许多著作在作者在世时就没有出版,只是以手稿的形式流传。托马斯·韦斯科特(Thomas West-cote)的《德文郡志》(*A View of Devonshire*)完成于 1630 年,但是由于作者的写作目的是自娱自乐,并没有愿望出版,一直到 1845 年才正式出版。崔斯特瑞姆·瑞思登(Tristram Risdon)的《德文郡志》(*Chorographical Description or Survey of the County of Devon*)开始于 1605 年,1632 年完稿,1714 年手稿出版,但是变动较多,直到 1811 年,才出版更为准确的版本。至于约翰·胡克(John Hooker)1599 年左右写成的《德文郡志》(*Synopsis Chorographical of Devonshire*),就从未出版。威廉·普尔(William Pole)为了写德文郡志,收集了许多的资料与手稿,可惜一些材料在内战期间丢失。幸存下来的手稿在 1791 年才出版。③

---

① Joseph H. Preston, "Was there an Historical Revolution?", *Journal of the History of Ideas*, Vol.38, No.2(Apr.-Jun., 1977), p.356.

② W.G. Hoskins, "The Writing of Local History", *History Today*, July 1, 1952, p.488.

③ William Pole, *Collections Towards a Description of the County of Devon*, London, 1791, Introduction, XV; John Prince, *Danmonii Orientales Illustres or Worthies of Devon*, London, 1810, p.639.

在手稿编辑出版的过程中,也会发生内容的缺失或者错误。在不同版本的抄录与编辑过程中,因个人情感因素导致的删减不在少数。汉恩斯·克莱恩克(Hannes Kleineke)指出,在拉丁本《特权习俗》(*Liber Custuma-rum*)手稿的重新编纂过程中,编者因自己青睐贸易和行政管理的陈述,竟全文复制相关内容,而大量删去原文本中对市民业余活动、闲时消遣的叙述。①可以预想,该版本与原著相去甚远。桑普森·厄德斯维克(Sampson Erdeswicke)的《斯塔福德郡志》(*A Survey of Staffordshire*)在生前并未出版,但是手稿已经在学界流行。有关他的作品存在许多疑问,因为出现了许多内容不同的抄本。②再有,自拉丁文向英文转译过程中,译者不仅抄错了大量的内容,还自己制造了许多新的错误。一些学者出于避免逐字翻译的考虑,擅自删去了一些内容,且重新编排了页码。这些情况不一而足。

再有就是版本考证的困难。许多方志写于近代早期,要么处于手稿状态,要么发行量很少,既有拉丁语版本,也有英语版本,并且后人的辑本又有增加与校订的内容,辨别起来不易。以威廉·卡姆登的《不列颠尼亚》(*Bri-tannia*)为例:1586 年《不列颠尼亚》第一版用拉丁文写成,1587 年、1590年、1594 年、1600 年、1607 年相继出版了该书的扩展版本。1610 年,菲利门·荷兰(Philemon Holland)以英语翻译出版该书。③在威廉·卡姆登去世之后,《不列颠尼亚》一书的修订版本不断出现。1695 年,牛津学者埃德蒙·吉本森(Edmund Gibson)编辑出版新的版本,该版本增加了各郡的内容,并于 1722 年再次对内容进行了扩充,后在 1753 年和 1772 年再版。1789 年,理查德·高夫编辑出版更全更准确的版本。④1806 年,出版理查德·高夫版本的第二版,共 4 卷。可见,对于各种版本方志的辨析与考证是一个非常艰苦的工作。

三 研 究 思 路

威廉·霍斯金斯指出:"地方史研究者应该深入了解民族国家史,这样的话,他才能正确解释地方上发生的许多事情。"⑤近年来,随着全球史等新

---

① Hannes Kleineke, "Carleton's Book: William Fitz Stephen's 'Description of London' in a Late Fourteenth-Century Common-Place Book", *Historical Research*, Vol.74, 2001, p.119.

② Sampson Erdeswicke, *A Survey of Staffordshire*, Westminster, 1820, Preface, xxx.

③ Richard Gough, *British Topography*, Vol.I, London, 1780, pp.27—29.

④ 参见 Gordon J. Copley, *Camden's Britannia Kent*, London: Hutchinson, 1977, XIV。

⑤ W.G. Hoskins, *Local History in England*, London: Longman, 1959, p.7.

史学流派的兴起,有关英国民族国家的研究趋于沉寂,但是这并不意味着我们的研究与之无关。这是因为,近代早期方志出现的历史背景就是英国民族国家的兴起与认同的过程,这是从中世纪封建社会的领主权,到统一强大的民族国家的发展历程。在这一历史背景下,政治史与民族史成为知识界关注的重点。传统的历史研究存在一个缺陷,就是容易忽略地方与中央之间的互动关系。剑桥学派的埃尔顿(G.R. Elton)在研究民族国家时,以"都铎政府革命"为切入点,侧重于中央政府部门特别是枢密院的形成与发展。"莱斯特学派"的研究者以地方共同体为研究范式,重视"地方"的意义与价值,但是他们的研究侧重于政治与经济领域,鲜有涉及方志文本的学术价值。正是在这个意义上,近代早期的方志研究必须放在民族国家的大背景下进行讨论,①如此才能实现国家与地方、政治与文化、宫廷与乡村等诸多主题的有机联系。另一方面我们注意到,地方史研究的热情(the cult of local history)得到了爱国主义的推动。人们意识到,只有通过辨别地方古物与文献,才能够书写可信的民族国家史。②面对转型的时代,如何重新认识并建构本民族发展的历史,是摆在包括方志史家、古物学者、编年史家等在内的英国学者面前的一个重要且有意义的命题。作为民族国家命运共同体一分子的方志史家,修志行为反映了他们的民族情感和对国家的热爱。

我们的研究重视城市方志与郡方志之间的密切关系。克利福德·格尔茨(Clifford Geertz)指出:"归根结底,我们需要的不只是地方知识,我们更需要一种方式来把各式各样的地方知识转变为它们彼此间的相互评注:以来自一种地方知识的启明,照亮另一种地方知识隐翳掉的部分。"③因此,要把郡志、城市方志以及堂区方志放在大方志概念的范畴内进行探讨,而不是把城市方志与堂区方志剔除在外。斯威特(Rosemary Sweet)指出:"有关地方史一个最常见的误解就是认为,城市方志只是郡志潮流的一个副产品。"④国外的研究者对这一关系重视不够,其原因或许在于,西方城市史研究是一个很成熟的领域,在这种情况下,地方史研究无法顾及城市史的领

---

① Jan Broadway, '*No historie so meete*': *Gentry culture and the development of local history in Elizabethan and early Stuart England*, Manchester: Manchester University Press, 2006, p.57.

② Sylvia L. Thrupp, "The Pedigree and Prospects of Local History", *The British Columbia Historical Quarterly*, October, Vol.IV(1940), p.259.

③ [美]克利福德·格尔茨:《地方知识》,杨德睿译,商务印书馆 2016 年版,第 366 页。

④ Rosemary Sweet, *The Writing of Urban Histories in Eighteenth-Century England*, Oxford: Clarendon Press, 1997, p.74.

域。当然，也有少数的西方学者觉察到了这一问题。有个书评曾经批评斯坦·门德克(Stan A.E. Mendyk)，认为他在论述地区史时，不知为何遗漏了所有的城镇志书，包括约翰·斯托和约翰·斯特莱普的伦敦城志。[①]在有关 C. 柯里的《英国郡志史家导读》一书书评中，斯威特也指出，城市史分散在这本书中。除了伦敦，只有布里斯托尔和约克被纳入其中。以布里斯托尔为例，将其与乔纳森·巴里的著作进行比较，就会发现，本书的叙述远远不够全面。城市史往往被认为是郡志中较为苍白的样本，城市史的独立传统和鲜明特征被忽视了。然而，即使是对伦敦这一章进行简单阅读也会立刻发现，城市史本身就是一种体裁，而且可以说是一种比郡研究更成功的地方史写作方法。对于没有专业知识的读者来说，通常很难分辨出，在这个问题上的沉默是反映了城市史的缺乏，还是对什么应该被包括在郡志之内有更严格的解释。[②]同时我们应该注意到，郡志的内容包括城市的历史。在威廉·兰巴德的《肯特郡志》(The Perambulation of Kent)中，涉及的城镇包括坎特伯雷等。[③]埃克塞特市是德文郡郡治，在托马斯·韦斯科特的《德文郡志》中，就多次涉及埃克塞特城。[④]再如伯明翰，在近代早期时，它是沃里克郡的一个小镇。威廉·卡姆登的《不列颠尼亚》涉及伯明翰。[⑤]在威廉·达格代尔的《沃里克郡志》中，涉及该镇的内容包括家族系谱、纹章、医院、铭文、小教堂等。[⑥]此外，一些城市方志书写的灵感来源于郡志。比较典型的是约翰·斯托的《伦敦城志》(A Survey of London)。约翰·斯托承认，《伦敦城志》模仿了威廉·兰巴德的《肯特郡志》。[⑦]托马斯·纳什(Thomas Nash)的《大雅茅斯城志》也有许多内容来源于威廉·卡姆登的《不列颠尼亚》。[⑧]

---

① Joseph M. Levine, "Review", "Speculum Britanniae": Regional Study, Antiquarianism, and Science in Britain to 1700 by Stan A.E. Mendyk, *Albion: A Quarterly Journal Concerned with British Studies*, Vol.22, No.3(Autumn, 1990), p.501.

② R.H. Sweet, "Review", English County Histories: A Guide by C.R.J. Currie and C.P. Lewis, *Urban History*, Vol.23, No.2(August 1996), p.251.

③ William Lambarde, *The Perambulation of Kent*, Trowbridge: Redwood Press, 1970, pp.262—284.

④ Thomas Westcote, *A view of Devonshire*, Exeter, 1845, pp.135—146.

⑤ William Camden, *Britannia*, London, 1722, Vol.I, p.609.

⑥ William Dugdale, *The Antiquities of Warwickshire*, London, 1730, p.897.

⑦ John Stow, *A Survey of London*, London, 1603, Henry B. Wheatley 的导言 viii; W.G. Hoskins, *Local History in England*, London: Longman, 1959, p.19。

⑧ Thomas Nash, *Lenten Stuff*, London, 1599, p.8; William Camden, *Britannia*, London, 1722, Vol.I, p.465.

　　鉴于国内学术界对英国方志的研究较少,本书首先介绍比较重要的方志史家与比较典型的方志文本,大致勾勒出其发展脉络。在此基础上,本书结合民族国家的认同与身份认同,探讨方志的编修与它们之间的关系。此外,本书还将探讨这一时期方志文本所体现的自然观与疾病生命观。再有,我们将研究方志与古物研究之间的关系。由此,本书将在一个较为宽泛的研究范式中,对方志史家和方志文本进行解读,以期为相关的研究提供一个新的视角。当然,这一研究工作目前仍然是粗糙的,有许多不完善的地方,希望以后的研究能够更深入与准确。

第二章　郡志编撰的背景、兴起与发展

第一节　近代之前的地方史

古典时期的著作或多或少地涉及不列颠的描述。下面我们简述尤利乌斯·恺撒、斯特拉博与塔西佗等人的著作中有关不列颠的记载。

尤利乌斯·恺撒在公元前 55 年和公元前 54 年两次登陆不列颠,不列颠的历史从此有文字记录。如阿萨·布里格斯(Asa Briggs)所言:"然而确定恺撒入侵的确切年份——公元前 55 年和公元前 54 年——却有着两重重要意义。首先,英格兰的历史自那之后不再是完全没有文字记录的历史了。……从这个时候起,历史学家们在研究英格兰时便有了新的证据,尽管在整个罗马时期,这种证据是不完整且不连贯的,无法让我们在此基础上重现社会的全貌。其次,公元前 55 年和公元前 54 年这一纪年成了历史的新鲜事物。"[①]恺撒有关不列颠的描述记载在《高卢战记》一书中出现,该书分为 8 卷,其中前 7 卷为恺撒所写,记载了公元前 52 年秋之前的历史,第 8 卷是他的朋友希尔提乌斯在恺撒去世后补写的。《高卢战记》有关不列颠的记载给我们留下了当时的第一手资料。一是有关气候的记载,"……气候比高卢较为温和,不冷得那样刺骨。"[②]二是有关地形的记载,"这岛的形状呈三角形。它的一条边面对高卢。这条边的一只角叫作肯儿姆,凡从高卢出发的船只差不多都航行到这里,是面向东方的;另外较为下方的一只角,朝着南方。"[③]三是有关族群的记载,"全不列颠中,最开化的居民是住在肯儿姆地区的,这是一片完全滨海的地区。他们的习俗与高卢人没有多大差别。至于住在内陆地带的人,则大多数都不种田,只靠乳和肉生活,用毛皮当作

---

① ［英］阿萨·布里格斯:《英国社会史》,陈叔平等译,商务印书馆 2015 年版,第 30 页。
②③ ［古罗马］凯撒:《高卢战记》,任炳湘译,商务印书馆 1979 年版,第 106 页。

20

衣服。所有不列颠人都用菘兰染身,使人看来带有天蓝颜色,因此在战斗中显得更为可怖。"①在军事方面,不列颠人善用骑兵和战车。按照恺撒从军事家的视角来看,"这样,他们在战斗中便表现得跟骑兵一样的灵活,步兵一样的坚定。"②在恺撒的记叙中,不列颠人善变。"在恳求和平时,他们把过失全部推在群众头上,要求看在他们的鲁莽和无知份上,宽恕他们。"③当恺撒准备离开不列颠岛时,不列颠人又反悔了,密谋重新与罗马人作战,并偷袭了罗马军团。在恺撒的军队反击之后,不列颠人又重新求和。恺撒返回高卢之后,"不列颠诸邦中,只有两个邦向他这里送来了人质,其余诸邦都不曾这样做。"④恺撒比较全面地记载了当时不列颠的情况,他的作品有客观的地方,也有自我宣传的成分在内。因为《高卢战记》就是记载他武功的作品,在看似平淡简朴的语言之中,却是作者的有意而为。不管如何,恺撒的描述为后来的研究者提供了弥足珍贵的历史素材。

公元前1世纪,古希腊作家斯特拉博的《地理学》涉及不列颠的地理、风土以及人情。有关地形的描述:"不列颠的形状像三角形;……"⑤这一描述与恺撒《高卢战记》中的描述差不多。"海岛大部分是平坦的,长满了树木,还有许多地方是丘陵地区。"⑥有关气候的描述,"他们这里下雨的时候比下雪多,天晴的时候一整天也有很长时间布满浓雾,只有中午时分可以看见三四个小时的太阳。"⑦有关物产的描述,"它出产谷物、牲口、黄金、白银和铁,还有皮革、奴隶和纯种的猎狗。当然,这些物品是输出海岛的。"⑧关于不列颠人,斯特拉博写道:"不列颠人比凯尔特人身材更加高大,头发不太黄,但他们的身体比较胖。他们身材高大有下列证据:我自己在罗马城曾经看见许多不列颠少年,虽然他们弯着腰,身体也没有挺直,还是比城里最高的人要高出半英尺。"⑨有关习惯的描述,"他们的习惯部分像凯尔特人,部分更简朴、更具有蛮族的特点。"⑩有关生活的描述,"以至于由于他们缺少经验,许多人虽然有丰富的乳类,却不会做干酪;不列颠人也不擅长园艺和其他农业活动。"⑪在叙述不列颠人政治和军事时,斯特拉博引用的是恺撒的叙述。

---

① [古罗马]凯撒:《高卢战记》,任炳湘译,商务印书馆1979年版,第107页。
② 同上,第96页。
③ 同上,第94页。
④ 同上,第98页。
⑤ [古希腊]斯特拉博:《地理学》(上),李铁匠译,上海三联书店2014年版,第276页。
⑥ 同上,第276—277页。
⑦⑧⑨⑩⑪ 同上,第277页。

塔西佗在为其岳父阿古利可拉撰写传记时,记载了不列颠的情况。虽然前人已经有关于不列颠的描述,但是塔西佗认为,早先作家的记载多是揣测之词。他现在之所以敢于叙述,是由于"不列颠直到现在才初次彻底被我们征服"①。首先是有关地理方面的叙述,"在罗马人所知道的岛屿中,不列颠是最大的一个岛,就其方位而言:东对日耳曼尼亚;西面西班牙;它的南面,高卢遥遥在望;而它的北面是一片汪洋大海,略无涯际,唯有惊涛拍岸而已。"②不列颠最早的居民是什么人呢?塔西佗写道:"最早居住在不列颠者为何种人?他们是土著还是外来的移民?我们对于这类问题,像对于其他蛮族一样,所知者极少。"③塔西佗的书还记载了不列颠的物产,"在不列颠的土地上,寻常种种农作物都能生长,甚至都很茂盛,惟有橄榄、葡萄及其他一般生长在温暖地带的植物是例外。在该处,植物生长得很快,而成熟得很迟;这两种不同的情况却是由于同一种原因造成的,那就是因为土地和天空中的湿气太重的缘故。不列颠出产金、银及其他金属,征服它的价值就在于此。这里的海中也出产珍珠,但珍珠的色泽黝黯。"④有关气候的记载,"不列颠的天空里经常阴云密布,零雨凄迷,不过,酷寒的天气倒是没有的。该处的白昼比我们这里的白昼为长;夜间的天空也颇为明朗,在不列颠的极远之处,夜间非常短,所以在薄暮与拂晓之间,只有很短的间隔。据说在天净无云之时,通宵都可以见到太阳的光耀;在那里没有日出与日落,太阳只是在天空横过一下而已。这是因为:在大地这扁平的极端,地面所投射的阴影很低,所以黑暗面不会升得很高,而天空以及天上的星曜自然也就不会为夜色所笼罩了。"⑤关于不列颠人的品质,塔西佗也有所涉及。他写道:"这一带居民的迷信和宗教仪式与高卢人的习惯最为近似;他们彼此的语言也没有多大的差异;他们都同样地好招惹危险,而当危险来临的时候,又都同样地畏缩。不过,不列颠人还没有因长期安逸而流于萎靡不振。……在不列颠人中,那些久已被征服的部落也已经萎靡不振了;但其余的部落还保持着高卢人当年一度雄强时的气概。"⑥

此外,罗马地理学家托勒密在他的《地理学》一书中,比较详细地列举了不列颠的地名和地理特征。出现于公元 3 世纪左右的《安东尼游记》

---

① ② [古罗马]塔西佗:《阿古利可拉传·日耳曼尼亚志》,马雍、傅正元译,商务印书馆 2015 年版,第 8 页。

③ ⑥ 同上,第 9 页。

④ ⑤ 同上,第 10 页。

(*Antoninus's Itinerary*)也有涉及不列颠的情况,如许多定居地的名字,以及它们之间距离的详细信息。这些遗存下来的历史与地理信息经过时间的侵蚀,许多已经辨认不清了。这也是后世方志史家与古物学家的研究兴趣所在。

中世纪时,历史书写以教会编年体为主,这种书写体例强调的是道德的说教、宗教的神迹以及来世的观念。编年史中也有许多的内容与地方有关,属于无意识地涉及地方史。5—6世纪时,流传下来的材料很少。汤普森写道:"在中世纪早期历史方面,没有哪一个国家,也没有哪一个时期像不列颠那样缺乏史料的了。这指的是不列颠从公元442年罗马军团撤退到596年伟大的教皇格雷戈里为了使英格兰改信基督教派遣奥古斯丁率领传教团前往时为止的那个时期的不列颠。但说得上比这个时期更重要的时期却又极少。"①

最早有关地方史的材料可见吉尔达斯(Gildas the Wise)的著作②。他记载了当时不列颠的河流、城市、城堡、土地等方面的内容,这为后来比德的《英吉利教会史》提供了素材。比德在叙述奥古斯丁到来之前的不列颠历史时,主要依靠的材料是君士坦提乌斯所写的圣杰马努斯的生平纪事、奥罗修斯以及吉尔达斯的历史著作。③在叙述不列颠受到皮克特人和苏格兰人蹂躏这段历史时,比德写道:"不列颠人派出使者来到罗马,希望得到罗马的援助,并且他们许诺会永远忠于罗马。于是罗马士兵来到不列颠,解放了不列颠人,并建议不列颠人修建一道贯穿全岛的长城。"这一段描述根据后来历史学家的分析,很可能选自吉尔达斯所著的《西不列颠人》一书。④比德的《英吉利教会史》主要讲述罗马天主教会在不列颠各地传播的历史,地方的历史隐含于教会史之中。该书记叙了基督徒奥尔本被押往刑场的过程,比德描述了这一地区的自然环境。有一条水流湍急的河流,河的一边是城墙,另一边是刑场,附近有一座小山丘,这座小山离刑场约半英里,山上风光旖旎,到处开满各式各样的野花,该山丘的坡度平稳。奥尔本殉道之后,这座

①　[美]J.W.汤普森:《历史著作史》(上卷　第一分册),孙秉莹、谢德风译,商务印书馆1996年版,第226—227页。

②　汤普森认为,在有关盎格鲁-撒克逊人征服不列颠的历史材料中,吉尔达斯的著作是最接近那个时代的,不过它的历史价值很小,不是一部严肃的历史。参见[美]J.W.汤普森:《历史著作史》(上卷　第一分册),孙秉莹、谢德风译,商务印书馆1996年版,第224—225页。

③　[英]比德:《英吉利教会史》,陈维振、周清民译,商务印书馆1996年版,第22页,注释1。

④　同上,第42页。

城市修建了一座与他相匹配的十分雄伟的教堂。①因此，"在中世纪，地方史主要是教会的。"②在比德的《英吉利教会史》一书中，除了宗教事件之外，还无意之中记载了萨尼特岛(Thanet Island)的地理情况。他写道："在肯特的东边上是一个相当大的萨尼特岛，就是说，根据英吉利人的估算方法，它有六百海得。把这个岛同陆地分开的是万特苏姆河，约有三弗隆宽，由于它的两端都通向大海，使得其中两处窄得只能勉强通航。"③

12世纪时，出现了一本比较重要的著作，即马姆斯伯里的威廉(William of Malmesbury)的著作，该书描述了英格兰许多城镇与乡村的情况。此外，威廉·菲兹斯蒂芬(William Fitzstephen)的《伦敦城描述》(Description of the City of London)对12世纪的伦敦进行了记载，内容包括伦敦城的气候、宗教、城墙、土地、泉水、学校与娱乐等方面。④该书为16世纪约翰·斯托的《伦敦城志》提供了重要的素材。

第二节　近代早期地形学的兴起

在史学研究领域，近代早期英国历史写作呈现出"革命化"的特点。⑤历史写作的目的、内容、方法和风格均焕然一新，而且1660年以后的写作为此前的续延。⑥伴随着"有问题的历史兴起"，历史的目的从道德规训变为实用至上，从形而上学转变为世俗生活，强调事实。在这个过程中，上帝在历史中的作用被逐渐消除。随着对原始文献的重视，圣经与传统的权威性逐渐下降，人们越来越多地关注符合理性主义和实用主义的简单风格，历史研究的范围渐趋扩大，史学家注意到地方历史，并扩大法律和宪法史的内容。⑦以怀疑主义为起点，关于过去有了更具说服力的叙述与解释。脱离宗教束

①　[英]比德：《英吉利教会史》，陈维振、周清民译，商务印书馆1996年版，第34—36页。

②　C.R.J. Currie and C.P. Lewis, ed., *A guide to English County Histories*, Stroud: Sutton, 1997, p.9.

③　[英]比德：《英吉利教会史》，陈维振、周清民译，商务印书馆1996年版，第64页。

④　William Fitzstephen, *Description of the City of London*, London, 1772.

⑤　F. Smith Fussner, *The Historical Revolution*, London: Routledge and Kegan Paul, 1962.

⑥　Michael Finlayson, "Clarendon, Providence and the Historical Revolution", *Albion: A Quarterly Journal Concerned with British Studies*, Vol.22, No.4(Winter, 1990), p.608.

⑦　Joseph H. Preston, "Was There an Historical Revolution?", *Journal of the History of Ideas*, Vol.38, No.2(Apr.-Jun., 1977), p.356.

缚后，"人与自然"成为书写中心，满足了世俗的热情；"进步观念"出现，历史获得了自我解放。都铎王朝时期，民众的认同开始由领主权意义上的认同，向民族国家的认同演变。以往对民族国家的研究忽略了人们空间上的概念，即人们开始关注自己所生活的具体空间与周边环境。对空间与地理的关注蕴含着乡绅对自己在地方社会权威的构建。方志学家关注郡或者城市的地理与生活空间，河流、道路、森林、地形地貌等，这意味着一种新的书写方式的形成。

从15世纪末期开始，英国史书编写的内容开始增加，地形学开始进入历史写作的范围。15世纪初，拜占庭著名学者曼纽·契索罗拉斯(Manuel Chrysoloras)将托勒密的著作带到了意大利。"托勒密著作的第一部拉丁文译本出版于1410年……"①1475年，在维琴察出版了托勒密的《地理学》，并影响到不列颠。在15世纪即将结束之际，英国的地形学研究逐渐形成。②古物学家、地形学家与编年史家威廉·伍斯特(William Worcester)的游记比较重要。伍斯特出生于布里斯托尔。1438年，他开始为诺福克郡的贵族约翰·法斯托尔夫(John Fastolf)服务，一直到1459年法斯托尔夫去世。威廉·伍斯特致力于英国地志和历史研究。他游历了英格兰南部的许多地方，如诺福克、布里斯托尔等地，他记录了各种所见所闻，内容包罗万象：如自然志，像河流、山川、动物等；建筑如教堂、城堡和宫殿等；以及宗教，如圣徒的故事与宗教节日，古代名人的生平。他对布里斯托尔的描述，包括该城的城墙、街道、教堂、码头、地窖等，也记载了这些建筑的长度与宽度。他记载道：基督大街宽12步(step)；圣沃尔堡教堂19码(yard)宽，教堂正方形塔边长5码；城门的大门宽9英尺(foot)；College of Deacons教堂长42码，宽24码左右；塔克(Tucker)大街的第一个小巷到埃文河(Avon)的距离是90步，第二个小巷到埃文河的距离为100步，这个小巷宽为4步；圣托马斯教堂长为80步，宽为35步。③威廉·伍斯特的记载偏重于建筑物的长度、宽度以及距离，比较独特。1482年伍斯特去世后，留下了许多的手稿。霍斯金斯评价威廉·伍斯特是地方史研究的"精神教父"④。罗斯(John

---

① ［德］阿尔夫雷德·赫特纳：《地理学》，王兰生译，商务印书馆2018年版，第63页。

② C.R.J. Currie and C.P. Lewis, ed., *A guide to English County Histories*, Stroud: Sutton, 1997, p.9.

③ 参见Frances Neale编辑的William Worcester, *The Topography of Medieval Bristol*, Bristol Record Society, 2000, pp.71—93。

④ W.G. Hoskins, *Local History in England*, London: Longman, 1959, p.15.

Rous of Warwick)的著作涉及沃里克郡的政治史,特别是沃里克伯爵的家族史,对于后人了解当时的地方政治与社会生活有一定的参考价值。此外,1547年,诺维奇教堂的司库罗伯特·塔尔伯特(Robert Talbot)编辑了《安东尼游记》,这是英国学者第一次编校此书,对威廉·卡姆登影响很大,但是该书当时并未出版。塔尔伯特还是著名的古物学家,收集了一些古代的手稿,许多有关撒克逊的书给了马修·帕克(Matthew Parker)。1558年,塔尔伯特去世,他的手稿转给了牛津大学新学院。①

16世纪英国地方史研究有三杰:约翰·利兰、威廉·兰巴德、威廉·卡姆登。②我们首先介绍约翰·利兰。约翰·利兰生于伦敦,曾经在圣保罗教堂学习,是当时著名学者威廉·李利(William Lilly)的学生。后求学于剑桥大学,毕业之后来到巴黎,进入法国著名人文主义者吉朗·布德(Guilaume Bude)的圈子,由此结识了欧洲大陆学术圈的许多学者。1528年,他返回英格兰,因为得到了王室的赏识,两年之后被任命为国王图书馆的管理员(keeper)。这使得他具备常人难以获得的优势,可以安心地从事自己有兴趣的研究。1533年,他被任命为官方的"国王古物研究者"(King's Antiquary),亨利八世授权他收集古代文献与手稿。从1534年开始,他游历不列颠各地,访问了许多修道院与学校。③在游历的过程中,利兰为国王图书馆找寻了许多珍贵的古代书籍,特别是编年史的手稿。1540年至1543年,他又开始新的游历生涯。约翰·利兰留下了大量的手稿文献,这是他记载的流水账,属于备忘录式的资料,没有系统的想法和明确的意图。返回伦敦之后,利兰在1544年出版了一本有关亚瑟王的著作。1546年,他写了有关亨利八世统治的手稿,以新年礼物的形式呈递给亨利八世。约翰·利兰计划写作三卷本的 De Nobilitate Britannica,以郡为体例撰写,包括各郡的历史与地形。他的著作生前并未完成出版,仍然处于手稿的状态。约翰·利兰给人的印象是一个沉默寡言、单调乏味的学者,可能他只是一个勤奋忠于使命的行动者,而不是思想者。汤普森这样评价道:"把'许多片片断断的东西'组织成一个有系统、有意义的图案,不是'这位沉默寡言的学者'能够办到的。他计划写的那部历史和他搜集材料时的勤奋虽曾引

---

① Richard Gough, *British Topography*, Vol.I, London, 1780, pp.4—5.

② Stan Mendyk, "Early British Chorography", *The Sixteenth Century Journal*, No.4, 1986, p.464.

③ William Huddesford, ed., *The Lives of Those Eminent Antiquaries*, Vol.I, Oxford, 1772, pp.9—10.

起和他同时代的人们很大的期望,但他的计划始终未出成果。"①但是后世的一些学者,如威廉·卡姆登②、威廉·哈里森(William Harrison)、约翰·斯托、威廉·兰巴德、威廉·达格代尔都阅读了利兰的游记手稿,甚至他们著作本身的许多内容就来自利兰的手稿。如威廉·哈里森的《英格兰概况》(*The Description of England*)一书,主要的素材就取自利兰的《游记》。17 世纪的牛津学者罗伯特·普洛特称赞利兰道:他不知疲倦的旅行为国内的学术财富和国家在海外的声誉,做出伟大并且值得称道的贡献。③可见利兰对后世方志的编撰具有重要的影响。从方志编撰体例的角度来讲,约翰·利兰开创了以郡为单位书写不列颠历史的先河,以后地方志的编撰也基本沿着这一范式发展并充实。④再有一点,就是他游历不列颠的时候,正处于英国社会政治变迁的关键时期。亨利八世的宗教改革改变了英国社会,约翰·利兰的游历开始于修道院解散之前,由此他留下了许多珍贵的古代历史文献与书籍,成为那个时代的重要见证者。

地形学发展的基础是近代科学技术的进步。"在英格兰,地方史的演变与地图制作及勘查的发展密切相关。"⑤随着测绘技术以及印刷工艺的发展,制图逐渐兴起。1574 年,萨克斯顿(C. Saxton)在伊丽莎白一世的支持下开始测绘英格兰。1577 年,他又开始测量威尔士。在全国地图出版前,单个郡的地图就已经出版。1579 年,英格兰与威尔士郡地图集出版,该地图集包括 35 幅地图,标注了山峰与小山,但没有相关的海拔与位置信息,各种符号显示建筑与定居地。除了诺森伯兰郡之外,其他地图都有日期。此外,康沃尔、埃塞克斯、赫特福德郡、萨福克、诺福克等郡的地图还包括了百户区的区划。

地形学的发展与国王、领主和社会对土地的勘查(survey)需求有很大的关系。受地权的转手以及庄园管理等因素的影响与制约,王室或者大庄

---

① [美]J.W. 汤普森:《历史著作史》(上卷　第二分册),孙秉莹、谢德风译,商务印书馆 1996 年版,第 874 页。

② Stuart Piggott, *Ruins in a Landscape*, Edinburgh: Edinburgh University Press, 2002, p.11.

③ Stan Mendyk, "Robert Plot: Britain's 'Genial Father of County Natural Histories'", *Notes and Records of the Royal Society of London*, Vol.39, No.2(Apr., 1985), p.160.

④ C.R.J. Currie and C.P. Lewis, ed., *A guide to English County Histories*, Stroud: Sutton, 1997, p.10.

⑤ Jan Broadway, '*No historie so meete': Gentry culture and the development of local history in Elizabethan and early Stuart England*, Manchester: Manchester University Press, 2006, p.207.

园主需要对自己在全国各地的土地经营状况有详细的了解,于是任命或者聘请具有经验的地产勘查员(surveyor),他们扮演着类似于审计员的角色。这些地产勘查员主要负责检查庄园档案、召集并记录会议。在会议上,佃户要陈述有关财产、所承担的义务、许可、土地保有、出租等相关的情况,地产勘查员会记录下这些信息。有时候,地产勘查员还可能对庄园地产管理提出自己的建议。由此,他们的工作主要是经济的、法律的,也包括一些地方古物的内容,这就需要勘查员具有相关的地理与地形知识,具备一定的地图绘制能力。①约翰·诺顿(John Norden)是这方面的代表人物。诺顿曾经在牛津大学求学,后成为律师与勘查员。②1593 年,诺顿为大商人约翰·斯宾塞的地产进行巡查。此后,他也为王室的领地巡视勘查,特别是 1600 年之后,留下有关他勘查地产的记录较多。1600 年,诺顿被任命为英格兰南部王室森林的勘查员。与此同时,他还继续其他的勘查任务,一是为霍华德巡查地产,二是为斯坦霍普巡查在萨福克郡乡村的地产。③1607 年,约翰·诺顿出版了《勘查员对话录》一书,为需要勘查地产的土地所有者提供了建议。该书是有关 17 世纪英国早期经济生活、农业与农业史、数学、地理学、科学史、地图与制图史等的宝贵资料。④1610 年出版扩展版,1618 年出版第三版,可见该书取得了很大的成功。在书中,诺顿谴责危害共同体利益的创新,他看到勘查员作为代理人在改善土地经济价值方面的积极作用,但是作为乡绅,他不希望以牺牲社会秩序的稳定为代价。⑤与勘查工作几乎同步进行的,是约翰·诺顿写作《不列颠描述》(*Speculum Britainnia*)一书。他的大部分时间用于巡行,行走在泥泞不堪的道路上,甚至在勘查的路途中生病。"他走了五个郡,记录当地人耕作与生活的情况,复制石碑的碑文,为地图收集相关的信息。回到住所后,他钻研卡姆登与霍林斯德的著作,并绘制地图。"⑥诺顿的《不列颠描述》正式出版的第一部分是米德尔塞克斯

① Frank Kitchen, "John Norden(c. 1547—1625): Estate Survey, Topographer, County Mapmaker and Devotional Writer", *Imago Mundi*, Vol.49(1997), p.43.

② John Norden, *A Description of Hartfordshire*, London, 1903, ii.

③ Frank Kitchen, "John Norden(c. 1547—1625): Estate Survey, Topographer, County Mapmaker and Devotional Writer", *Imago Mundi*, Vol.49(1997), p.51.

④ Mark Netzloff, ed., *John Norden's The Surveyor's Dialogue(1618)*, Farnham: Ashgate, 2010, XX.

⑤ Frank Kitchen, "John Norden(c. 1547—1625): Estate Survey, Topographer, County Mapmaker and Devotional Writer", *Imago Mundi*, Vol.49(1997), p.53.

⑥ Ibid., p.44.

郡,该书的手稿献给威廉·塞西尔,1593 年正式出版。《米德尔塞克斯郡描述》一书首先叙述了该郡名字的由来,即中撒克逊(middle Saxon),处在东撒克逊、西撒克逊和南撒克逊之间的地区。①随后他介绍了该郡的边界、土地。在有关教会教堂以及世俗政府部分,记载了公园、小丘、小山、律师会馆、道路、教堂、村庄与城镇的名字等内容。书中的内容还涉及伦敦城的情况。②从 1594 年开始,诺顿就开始准备有关赫特福德郡的写作。1598 年,诺顿的《不列颠描述》的另一部分《赫特福德郡描述》出版。《赫特福德郡描述》记载了该郡的地理、物产、土地、镇、村庄、教区等情况。关于该郡名字的由来,诺顿指出,这取自赫特福德镇。③该书还记载了郡灯塔的情况。④

约翰·斯皮德(John Speed)是历史学家与制图师,生于柴郡。斯皮德对制图学有很大的兴趣。1595 年,他出版了圣经中有关迦南的壁挂地图。1598 年,斯皮德曾向伊丽莎白女王展示过他的地图。1600 年,斯皮德向裁缝公会展示了他的三幅地图。这些都显示了他作为地图制作者和系谱学者的才华。在詹姆斯一世统治期间,斯皮德为国王制图,并被授予纹章。他也是伊丽莎白古物学会的会员,和威廉·卡姆登、罗伯特·库顿等学者关系密切。他对钱币有浓厚的兴趣,并负责卡姆登《不列颠尼亚》一书中钱币部分的撰写。斯皮德的著作主要是《大不列颠史》(The History of Great Britain)与《大不列颠王国全览》(The Theatre of the Empire of Great Britaine)。他的著作和地图都是经过认真研究和阅读的结果:从 C. 萨克斯顿、威廉·史密斯、约翰·诺登、亨利·斯佩尔曼爵士等学者的手稿和资料中获得,从罗伯特·库顿爵士的手稿和地图集摘取,从各郡的记录中取得,从田野观察中发现,从钱币、古物和盔甲设计的图案中摄取。《大不列颠史》由两部分组成。第一部分是有关各郡、城市和市镇的描述,属于方志的性质。第二部分是有关历史的内容,讲述不列颠君主制的发展,从罗马不列颠一直到詹姆斯一世统治时期。在书中,还附录了各地的修道院、医院以及大学的名录。⑤

---

①　John Norden, *Speculum Britannia*, *first part*, *An historical and chorographical description of Middlesex*, London, 1723, p.9.

②　Ibid., pp.27—36.

③　John Norden, *A Description of Hartfordshire*, London, 1903, p.1.

④　Ibid., p.8.

⑤　John Speed, *The History of Great Britain*, London, 1623, p.1059.

《大不列颠王国全览》①沿袭了奥特留斯《世界概貌》的体例,这是英国人最早创作大幅地图的尝试。该书出现了第一幅详细的爱尔兰郡的地图,第一套显示地区划分边界的郡地图,以及第一套真正完整的英格兰城镇详图。在斯皮德绘制地图的 73 个城镇中,以前没有绘制过地图的多达 50 个,而其中约 51 幅详图可能是斯皮德自己绘制的。斯皮德的地图在现代与历史之间取得了平衡,在地图的边缘标有古物遗址的信息、著名战役的地点和简介,以及王室和贵族的纹章,这些附加的信息是《大不列颠王国全览》一书最重要的贡献之一。斯皮德的地图对苏格兰地区的详细信息涉及较少,因为当时蒂莫西·庞在苏格兰勘测。《大不列颠王国全览》的个别地图大约是从 1602 年开始准备的,以装饰技巧闻名的乔多库斯·洪都斯从 1607 年开始刻制,乔治·汉布尔被授予从 1608 年开始、长达 21 年的印刷《大不列颠王国全览》的版权。《大不列颠王国全览》和《大不列颠史》在 1611—1612 年一同出版。它们迅速取得了成功:斯皮德在世时,已有三个版本发行,此外,1619—1620 年还有一个微缩版出版。一直到 18 世纪中叶,《大不列颠王国全览》中的地图是其后对开本地图册的基础。

由此,随着编年体史学的逐渐衰落,在文艺复兴的影响下,英国知识界兴起了一种书写范式,即强调空间、地理、社会与人物的叙述,方志开始兴起。然而究竟是哪个地方最先编撰出来,既有偶然的因素,也有客观的原因。肯特郡的乡绅敢为人先,首开先河!

第三节　肯特郡志的编撰

一　肯特郡简史

郡(County)是英国地方政府的基本单元。County 来源于欧洲大陆的 count,count 的意思是伯爵②。伯爵最初的含义是王子或者小国君主(prince)的伙伴。日耳曼王国早期,伯爵是代表王权执行公共权威的地方

---

① John Speed, *Britain's Tudor Maps*: *County by County*, London: Pavilion Books, 2016. 该书是由尼格尔·尼科尔森(Nigel Nicholson)重新编辑,重现了斯皮德在《不列颠王国全览》(1611 年)所收集的不列颠地图。

② 在英格兰,该词的英语表达是 earl。

代理人。法兰克王国墨洛温王朝时期，伯爵从属于公爵（duke）。①在墨洛温王朝的高卢南部地区，国王授权罗马高卢元老院贵族行使伯爵的职能。加洛林王朝时期，除了暂时军事需要外，国王会授予一些伯爵以公爵的称号，其他时期公爵的称号基本不用。由此，伯爵成为国王在地方行政中最重要的官员。英国郡的发展历史既和欧洲大陆的郡有相似的地方，又呈现出自己的特点。在盎格鲁-撒克逊时期，郡称为 shire，意指大整体的一部分或者一个区域②。英格兰的郡的起源多种多样：有一些郡起初是小的王国，后来被兼并而成为郡，如苏塞克斯、埃塞克特等，它们是最早的一批郡；有一些郡由原来的部落演化而来；在威塞克斯地区，许多郡由早期的居民定居点演变而来。③作为一种地方行政制度，郡制正式形成于埃德加国王（959—975 年在位）时期。诺曼征服后，郡的名称从 shire 转变成 county。这是因为在法国，与英国 shire 相似的地区称为 county，从法国渡英吉利海峡来的诺曼征服者就把英国原来的 shire 称为 county。诺曼王朝的君主继承了原来的郡制度，同时为了防止封建割据，国王一直注重对郡的控制，被国王控制的郡守（sheriff）成为郡的管理者。13、14 世纪以后，随着乡绅阶层的兴起，乡绅群体逐渐地取得了对郡的统治权，以地方认同为基础的郡社会（郡共同体）也初步形成。

　　5 世纪，罗马人离开不列颠后，不列颠人面临着皮克特人、苏格兰人的威胁和入侵，无力抵抗。公元 449 年，在向罗马人求救无果之后，不列颠人国王沃蒂根（Vortigern）向日耳曼人求助。来自撒克逊的亨吉斯特（Hengist）和霍萨（Horsa）两兄弟率领族人在肯特登陆。为了消除不列颠人的疑虑，亨吉斯特向沃蒂根进行了解释。他说道："最高贵的国王，我们的故乡是撒克逊，日耳曼的一个地区。我们来这里是想为您和其他的王公服务。我们从自己的国家被驱逐，借口十分简单，就是我们那个王国要遵循一

────────────

　　① 戚国淦指出：法兰克王国沿袭罗马帝国旧制，将全国划分成许多以城市为中心的地区，各区均由国王派遣一个伯爵作为其代表前往治理。公爵地位在伯爵之上，一个公爵管辖几个伯爵，平时除香巴尼、阿尔萨斯等地设置外，其他地区一般不设，遇有战争则临时委派，指挥伯爵所率军队作战。……伯爵作为常设的地方官，掌管司法治安，监督国王税收，战时征调自由人从军等事务。伯爵之下设有伯爵代理、治安官等职。参见［法兰克］格雷戈里：《法兰克人史》，寿纪瑜、戚国淦译，商务印书馆 1996 年版，中译本序言。

　　② H.R. Lyon, *The Governance of Anglo-Saxon England*, *500—1087*, London：Edward Arnold, 1984, p.133；Joseph R. Strayer, ed., *Dictionary of the Middle Ages*, New York：Scribner, 1982—1989, volume 11, p.253.

　　③ A.B. White, *The Making of the English Constitution*, London：G.P. Putnam's Sons, 1908, p.19.

个传统:我们国家有一个惯例,一旦男人过多,不同地区的首领就要聚在一起开会,命令全国的青年男子都集中到他们面前,然后用抽签的办法挑选出其中最强壮有力的人。被挑中的人必须去其他的土地自谋生路,这样,祖国就能摆脱男子过多的困境。最近,我们国家就出现男子过剩的情况。首领们聚集在一起抽签,挑出了您现在见到的这些年轻人,命令我们遵循自古以来的传统。大家推选我们兄弟二人作为首领,因为我们来自统治者的家族。我的名字叫亨吉斯特,我弟弟叫霍萨。我们遵守规定,其权威性因为古老而被认可。我们驶入大海,在墨丘里的指引下来到您的王国。"①在撒克逊人的帮助下,不列颠人很快打败了皮克特人。沃蒂根把大片的土地分给了亨吉斯特,而亨吉斯特则要求沃蒂根允许更多的撒克逊人来不列颠。随后大批的撒克逊人来到不列颠,随同而来的还有亨吉斯特的女儿雷文。雷文貌美如花,沃蒂根无法抵挡她美色的诱惑,于是与雷文成婚,而亨吉斯特得到了肯特。②这是肯特王国的由来,由此也开启了英国历史上的"七国时代"(Heptarchy)。亨吉斯特之后是其子奥伊斯克(Oisc),又名埃里克,由于奥伊斯克的原因,肯特人又习惯性地被称为"奥伊斯克人"③。奥伊斯克的儿子是奥克塔(Octa),奥克塔之子是艾尔明里克(Eormenric),艾尔明里克之子是埃塞尔伯特。

埃塞尔伯特(Ethelbert,俗称埃塞尔伯特一世)约于公元560年继位,在他的统治下,国力逐渐强盛。在这一时期,基督教开始在肯特传播。公元596年,教皇格雷戈里派遣奥古斯丁到不列颠传教。传教的道路历来不平坦,充满着艰辛。刚开始时,奥古斯丁也曾经犹豫彷徨过,但是在格雷戈里的鼓励与帮助下,奥古斯丁来到埃塞尔伯特的肯特王国,他与随从首先登上肯特的萨尼特岛。"神圣的教皇格雷戈里的安慰极大地鼓励了奥古斯丁,奥古斯丁因此同随行的基督的众仆人一道,重又担负起传播福音的工作,来到了不列颠。当时埃塞尔伯特是肯特的国王,他是一个有强大权势的人,他把王国的边界扩展到划分南北英吉利的大河亨伯河为止。"④在与国王埃塞尔伯特初步接触之后,奥古斯丁获准进入坎特伯雷传教。在他的感召下,越来越多人皈依基督教。比德写道:"不过,在国王和其他一些人由于高兴地看

---

① [英]蒙茅斯的杰佛里:《不列颠诸王史》,陈默译,广西师范大学出版社2009年版,第100—101页。

② Edward Hasted, *The History and Topographical Survey of the County of Kent*, Vol.I, Canterbury, 1797, pp.54—55.

③ Ibid., p.64.

④ [英]比德:《英吉利教会史》,陈维振、周清民译,商务印书馆1996年版,第64页。

到这些圣洁的人过着纯朴的生活，又由于高兴地看到他们美好的诺言变成了现实（也是通过展现出许多神迹来证明），因此信了基督教，接受了洗礼的时候，越来越多的人就竞相来听福音。他们放弃了他们的同胞的礼仪，信了天主，从而把他们和神圣的基督教会联为一体。据说，虽然国王对他们的皈依和信仰感到非常高兴，但是他并没有强迫任何人成为基督徒，而只是对这些与他同是天国臣民的基督徒们表现得更加慈爱。"①由此基督教在肯特生根发芽，并传播到英格兰各地。在埃塞尔伯特统治期间，国王为了适应社会发展的需要，接受"贤人会议"的建议，用古英语编撰了盎格鲁-撒克逊王国的第一部成文法典，即后来俗称的《埃塞尔伯特法典》②。以古英语写成的《埃塞尔伯特法典》为近代英国知识界对盎格鲁-撒克逊法律的释读提供了重要的素材。公元616年，肯特国王埃塞尔伯特去世，他被埋葬在圣马丁小教堂，与王后葬在一起。其子伊德鲍尔德（Eadbald）继位，在经历了一番曲折之后，伊德鲍尔德再次皈依基督教。在这期间，伊德鲍尔德的妹妹塔塔（Tata）嫁给了诺森伯兰国王爱德文（Edwin）。公元633年，爱德文被杀，诺森伯兰陷入动荡之中，于是王后塔塔返回肯特。公元640年，肯特国王伊德鲍尔德去世，其子厄康伯特（Earconbert）继位。在厄康伯特统治期间，他颁布法令下令销毁各种偶像，基督教得到了健康的发展。公元664年，厄康伯特去世，其子埃格伯特（Egbert）继位。在他统治期间，他曾经联合诺森布里亚国王奥斯维，希望共同改进英国教会的现状。他们曾经派神父威格哈德去罗马，希望罗马教廷任命威格哈德担任英吉利教会的大主教，但是很不幸，威格哈德在罗马染病去世。公元673年，埃格伯特去世，他的兄弟洛西尔（Lothere）继承王位。公元676年，肯特王国遭到麦西亚国王埃塞尔雷德率领的军队的洗劫。比德记载道："他们对天主毫不敬畏，无情地玷污、亵渎了教堂和修道院。他以同样毁灭性的手段劫掠了罗切斯特城。"③在他统治期间，颁布了一部法典。"该法典较为简短，共有16条，并没有具体规定伤害赔偿的细目。其内容的特殊之处是规定肯特人在伦敦从事贸易活动的规则，并且还提到国王位于埃塞克斯一个城市的办公场所的财产问题。"④公

---

① ［英］比德：《英吉利教会史》，陈维振、周清民译，商务印书馆1996年版，第66—67页。

② Edward Hasted, *The History and Topographical Survey of the County of Kent*, Vol.I, Canterbury, 1797, p.72;［英］比德：《英吉利教会史》，陈维振、周清民译，商务印书馆1996年版，第112页。

③ ［英］比德：《英吉利教会史》，陈维振、周清民译，商务印书馆1996年版，第252页。

④ 李秀清：《日耳曼法研究》，商务印书馆2005年版，第85页。

元 685 年,洛西尔在与其侄子埃德里克(Edric)(埃格伯特之子)率领的南撒克逊人的战斗中受伤去世。不过埃德里克只统治了肯特王国一年零六个月。在埃德里克去世之后,王国陷入动荡之中;一直到公元 690 年,埃格伯特之子威特雷德(Wictred)登基,成为新的肯特国王。在威特雷德统治期间,颁布了一部法典,该法典内容简单,只有 28 条款。"该法典一个特色内容是,明确异教的活动是一种威胁。此外,法典的最后一条(即第 28 条)规定,来自外地或外国的人离开预定路线行走,且既未大声呼叫也没有吹号角的,将被作为盗窃犯对待。"①公元 725 年,威特雷德去世,留下三个儿子,分别是埃塞尔伯特、伊德伯特、阿尔里克,王位由埃塞尔伯特继承(即埃塞尔伯特二世)。公元 762 年,肯特国王埃塞尔伯特去世。公元 776 年,肯特王国与麦西亚王国发生争霸战争。到公元 784 年时,肯特国王是埃尔蒙德(Ealhmund)。公元 796 年,别名普兰的埃德伯特(Eadberht)继承肯特王位。但是不久,在公元 798 年,肯特再次遭到麦西亚人的入侵,这一年麦西亚国王琴伍尔夫率军侵入肯特,并俘获肯特人国王埃德伯特,把他押送到麦西亚。公元 807 年,肯特国王卡思雷德去世。公元 825 年,肯特王国被韦塞克斯王国兼并。由此,肯特作为一个郡存于英国历史之中。

地方的命运总是与国家民族的命运紧密联系在一起的。中世纪晚期、近代早期的肯特郡就是一个典型。肯特位于英格兰的东南部,地理位置优越且重要。它北临泰晤士河河口湾,可从水路到达伦敦;东濒多佛尔海峡,与法国的加来隔海相望,是欧洲大陆人员进入不列颠的主要通道。由于处于泰晤士河边,受南风和西南风的影响,肯特郡气候湿润,气候宜人,常有雾。该郡土地肥沃,包括可耕地、牧场、草地和林地,其中森林覆盖率很高。②肯特郡是不列颠经济最为发达的地区之一,这一方面是由于其优越的地理环境和自然资源,另一方面是由于它临近首都伦敦,得益于都市发展的影响。肯特郡土地肥沃,物产丰富,使得它可以为伦敦提供大量的食品,从而获得巨大的利润。肯特郡有一地名为威尔德(weald),是撒克逊的词汇,意指"森林地区"。③在都铎王朝晚期,英国海军建设需要大量的木材,同时伦敦城市发展也需要木材,威尔德地区的木材丰富且容易砍伐,因此在伊丽莎白一世时期,木材业成为肯特郡重要的工业。

在政治方面,亨利八世的宗教改革运动使得英国面临严峻的国际环境,

---

① 李秀清:《日耳曼法研究》,商务印书馆 2005 年版,第 85—86 页。
② William Lambarde, *A Perambulation of Kent*, Trowbridge: Redwood Press, 1970, p.3.
③ Ibid., p.189.

欧洲大陆的天主教势力对英国虎视眈眈。宗教改革首先触动了罗马教皇的利益,教皇在软硬兼施无效果的情况下,宣布开除亨利八世的教籍,并发布诏谕,要求法国与神圣罗马帝国联合起来进攻英国。对英国来讲,幸运的是此时的法国与哈布斯堡家族正在进行旷日持久的意大利战争,法国与神圣罗马帝国势同水火,这样英国才得到片刻的安宁。但是不久,法国又与神圣罗马帝国达成和解,英国再次面临外敌入侵的威胁,于是英国不得不加强海岸地区的防御力量。这时候像肯特郡这样的沿海地区成为重点。国王先后在肯特郡多地修建要塞,配置火炮,以拱卫首都伦敦的安全。在士兵动员方面,中央政府在 1539 年下令肯特郡需要召集士兵,随时应对突发情况。

伊丽莎白一世登基之后,信仰新教的英国再次面临外部的入侵,从 1559 年开始,英国就在准备与法国的战争。在这一情况下,肯特郡梅德韦河(Medway)河口村镇的战略地位变得重要。按照桑德拉·邓斯特的界定,梅德韦河流域河口的村镇主要包括:罗切斯特(Rochester)、吉林汉姆(Gillingham)、斯特鲁德(Strood)、查塔姆(Chatham)等。①之前,这些村镇还主要是以渔业和农业为主。1550 年,出于防御的需要,枢密院决定把英国海军的基地设在梅德韦河河口,这一决定改变了肯特郡这一地区,特别是查塔姆的发展轨迹。事实上,在这之前,这一地区就与海军有联系。如亨利八世统治期间,就有一些船只在此过冬;海军也在此修建了基础设施,以保障海军顺利过冬,以及完成维修与食物补给等工作。1551 年,海军在罗切斯特购买了一处仓库,用于食品补给,海军的开销从 1550 年的 3 000 镑增加到 1567 年的 6 000 镑。②

在法国的威胁减弱之后,面临的是西班牙的威胁。伊丽莎白政府不断地发布命令,要求肯特郡等加紧训练士兵。肯特郡需要召集 14 000 名士兵,包括弓箭手、长矛手、炮兵、先遣队、铁匠、木匠、骑兵等。英国政府在备战方面的另一个措施是重新启用烽火台体系。为了快速地传递情报,肯特郡修建了许多烽火台,遇到敌人偷袭或者登陆时,在烽火台执勤的士兵点燃火把,下一个烽火台看到烽火后继续传递,这样,在不长的时间内就可以把敌情传到伦敦。在威廉·兰巴德的《肯特郡志》一书中,就介绍过该郡的烽火台,当时还引起了一些非议。有人认为,在地图上把烽火台标示出来不合适,因为这会泄露军事秘密。在查塔姆码头,防御措施也升级了。1580 年,

---

① Sandra Dunster, *The Medway Towns*, Chichester:Phillimore, 2013, p.1.

② Ibid., p.4.

圣玛丽湾用桩作障碍,封锁水面,防止敌舰从此经过,同时,在圣玛丽湾与Upnor之间的河面上,架起了一道铁索,以防备敌舰通过。1586年,在查塔姆建成Sunne号船,该船48英尺长,13英尺宽,它有26名船员和4名炮手。1587—1588年间,很多工人和船员在此工作。与西班牙"无敌舰队"决战的最后一段时间内,查塔姆更加繁忙。1588年有消息称,西班牙"无敌舰队"准备在英国东南海岸登陆,当时英国人估计登陆地点是肯特郡或者埃塞克斯,于是肯特郡加紧了备战。在泰晤士河的格雷夫森德(Gravesend)河面,英国准备修建一座桥,方便紧急情况下南北两岸人员的交通。此外,肯特郡的士兵也在7月29日集合,一直服役到8月19日。由于"无敌舰队"与英国主要在多佛海峡发生海战,因此肯特郡的队伍主要承担警戒任务,中央政府也经常发布命令,要求肯特郡密切注意沿海岸的动静。在紧张的战争氛围下,肯特郡的民众一方面要保家卫国,另一方面又要执行中央政府保卫民族国家的任务。在多重的压力和责任之下,地方的安全与民族国家的认同相互补充,互为因果。

二 威廉·兰巴德的《肯特郡志》

16世纪见证了变化的开始,即约翰·利兰有关地形学的开创性著作,以及维吉尔开创性批判史学的出现。这引发了英国知识界对地方史和古物研究的兴趣,也就是在这时,出现了威廉·兰巴德的《肯特郡志》。[①]

威廉·兰巴德出生在伦敦的圣尼古拉斯·阿肯斯(St Nicholas Acons)堂区,是家中的长子。其父约翰·兰巴德(John Lambarde)是一位成功的商人,并曾在政府任职,1551—1552年担任伦敦城的郡守,并在1551年获得纹章。[②]约翰积累了许多的地产与财富,分布于伦敦、肯特郡、威尔特郡等地。1554年,威廉·兰巴德的父亲与母亲去世,此时他与弟弟都未成年。威廉·兰巴德早年的教育经历并不清楚,可能在剑桥大学耶稣学院注册过。1556年,他进入林肯律师会馆学习。此后他继承了遗产,保留了肯特郡东格林威治地区以及伦敦的一些地产。作为接受过法学教育的乡绅,兰巴德积极地参与政治。1566年12月5日,伊丽莎白一世提前得知议会可能提出有关其婚姻的请愿,于是禁止相关的讨论。12月8日,兰巴德在下院中又重开这一议题,引起女王的不满。后来有人指出,女王这样

---

① Felix Hull, "Kentish Historiography", *Archaeologia Cantiana*, Vol.70, 1956, pp.222—223.

② Retha M. Warnicke, *William Lambarde: Elizabethan Antiquary, 1536—1601*, Chichester: Phillimore, 1973, p.5.

涉嫌侵犯议会言论自由的传统，伊丽莎白一世才不得不收回禁令。兰巴德对此事颇为自豪，认为这是保卫议会的胜利。从 1567 年开始，兰巴德主要致力于地方的行政事务，以及自己地产的经营和学术研究。在行政领域，1568 年，兰巴德被任命为肯特郡的下水道管理委员会（Commissioner of Sewer）委员。1570 年，兰巴德在靠近格林威治的西康姆（Westcombe）建立了一座医院用以救济穷人，这是新教徒建立的第一所医院。1574 年，女王授予该医院特许状（patent）。1579 年，兰巴德成为肯特郡的治安法官，并于1584 年成为常务委员（quorum）。兰巴德认同英国的治安法官制度，但是对当时治安法官队伍的无能与腐败深恶痛绝。为了更好地指导治安法官的工作，1581 年，威廉·兰巴德以自己的经验和学识编写了《论治安法官的修养》(*Eirenarcha or, of the office of the justices of peace*)一书，此书出版后反响热烈，到 1620 年再版 12 次。一直到 19 世纪，该书都是治安法官的必读之书。1600 年，伊丽莎白一世任命威廉·兰巴德为伦敦塔的档案管理官员（keeper of the records in the Tower）。1601 年，兰巴德在西康姆的家中去世。①

　　在学术研究方面，威廉·兰巴德同样取得了丰硕的成果。他的一个重要贡献是把盎格鲁-撒克逊时期的法律，从古英语翻译为拉丁文，这一工作得益于劳伦斯·诺埃尔（Laurence Nowell）的帮助。从某种意义上讲，诺埃尔是兰巴德的老师。1564—1567 年间，他们两人一起抄写并整理了古代编年史手稿，这些珍贵的手稿属于坎特伯雷大主教马修·帕克等人。1567 年，诺埃尔去法国游学，但是最后下落不明，留下了历史的疑案。现在的学界对诺埃尔与兰巴德在手稿的整理过程中所起的作用，存在着争议。沃尼克认为：在去法国之前，诺埃尔已经进行了许多有关盎格鲁-撒克逊法律的研究，并且翻译了一些内容为拉丁文，随后威廉·兰巴德接手了这一工作。②1568 年，威廉·兰巴德出版了《撒克逊法律汇编》(*Archaionomia*)，开创了盎格鲁-撒克逊法律研究的先河。该书内容包括盎格鲁-撒克逊时期的法律，拉丁译文，一封说明信以及盎格鲁-撒克逊习俗、诺曼入侵、威廉一世时期的法律等等。《撒克逊法律汇编》一书的翻译与出版包含着威廉·兰巴德复杂的思想与情感。由于古英语在近代早期几乎没人通晓，把古英语翻译为拉丁文是一项艰巨的任务。因此从本意上来讲，他并不情愿继续诺埃

---

① William Lambarde, *The Perambulation of Kent*, Trowbridge: Redwood Press, 1970, i—iv.

② Retha M. Warnicke, *William Lambarde: Elizabethan Antiquary, 1536—1601*, Chichester: Phillimore, 1973, p.23.

尔已经开展的工作。但是另一方面，作为一名法学家，威廉·兰巴德知道法律对社会生活的重要性，它可以保护民众不受侵扰。同时，保存下来的盎格鲁-撒克逊法律手稿已经非常破旧了，如不再加以翻译出版，恐怕就会失传于世。因此从这层意义上来讲，翻译又具有迫切性。再有也是最为关键的是，以威廉·兰巴德为代表的都铎王朝的乡绅们认为并且相信，英国的历史从未因为诺曼征服而发生根本的断裂，因为盎格鲁-撒克逊的法律与习俗延续下来了，并且成为英国法律的基础，即所谓的"普通法的心智"。对威廉·兰巴德而言，为了更好地理解自己生活的当下社会，研究盎格鲁-撒克逊古英国法的历史是必要的。虽然该书存在着一些瑕疵，如版本的选择不佳等，但是该书是一个巨大的成功，是那个时代研究者的必读书目，在乡绅阶层中反响强烈。

就本书研究而言，威廉·兰巴德最大的学术贡献在方志的编修领域。他的《肯特郡志》是英国近代第一部方志，影响深远。"威廉·兰巴德的《肯特郡志》是英国出版的第一部郡志，该书与1586年出版的《不列颠尼亚》一起，燃起了许多古物学家编撰各自郡志的想法。"[1]最初，威廉·兰巴德计划写一本不列颠史。在与托马斯·沃顿的通信中，他提到自己已经收集了一些材料，肯特郡志不过是一个标本，他想以肯特郡志为体例写不列颠史。[2]不久他得知威廉·卡姆登也在进行相似的写作，于是决定放弃，从而专注于肯特郡志的编撰。威廉·兰巴德1570年写成《肯特郡志》一书，1576年正式出版。他声称，自己就像一个矿工挖矿一样，收集、挖掘有关肯特郡的材料。《肯特郡志》一书的内容涉及该郡的气候、人、土地、庄稼、河流、船只、地形、城镇、市场、建筑、习俗，也关注郡内乡绅、族谱以及自由特权。该书附有"七国时代"图。由盎格鲁-撒克逊人在公元5—9世纪建立的七国分别指：韦塞克斯、苏塞克斯、肯特、埃塞克斯、东盎格利亚、麦西亚和诺森布里亚七个王国。威廉·兰巴德列举了塑造英国历史的各个民族：不列颠人、罗马人、苏格兰人、皮克特人、撒克逊人、丹麦人、诺曼人。有关"肯特"这一名称，按照兰巴德的看法，肯特地名的由来有两种说法。一是恺撒等人认为的，在拉丁语中称为cancium and cancia，在不列颠语中称为cainc，意思是"森林"。另一种观点是威廉·卡姆登的考证观点，该词的意思是"地方的拐角处"。[3]在自

---

① Elizabeth K. Berry, "Henry Ferrers, an early Warwickshire antiquary, 1550—1633", Dugdale Society Occasional Paper, No.16, 1965, p.31.

② William Lambarde, *The Perambulation of Kent*, Trowbridge: Redwood Press, 1970, Ⅵ.

③ Ibid., pp.2—3.

然环境方面,威廉·兰巴德写道,肯特郡气候湿润温暖,西南风与南风会带来一些薄雾。该郡的土壤非常肥沃,拥有大片的森林。在农作物方面,肯特郡与其他地方一样,种植小麦、大麦、黑麦以及燕麦,此外还生长着野豌豆、稗子等其他植物。肯特郡的草地与牧场草茂盛。在树方面,有橡树、山毛榉等,其果实可以喂养牲畜,苹果树、梨树、樱桃树以及李子树的果实可以供人食用。在森林中还有许多的栗树,这在其他郡并不常见。在动物方面,家养的动物有马、驴、公牛、黄牛、羊,此外还有鹿与兔子。肯特郡的劣势在于矿产资源不多,只有一些铁矿以及岩石资源。在水资源方面,该地水流清澈,有许多河流与小溪,且便于航行。由于靠海以及水源充裕,拥有丰富的鱼类资源,当然与其他沿海地区相比,在数量与种类方面并不多。[①]在介绍福克斯通(Folkstone)时,兰巴德提及该地有个特产,即牡蛎,他说福克斯通的牡蛎个大饱满且味道鲜美。[②]在行政区划方面,肯特郡分为五个区(Lathe),区之下是百户区,百户区之下是村与镇。在社会等级方面,肯特郡主要由乡绅与约曼组成,此外还有手工业者。乡绅是统治阶层,他们知晓法律知识,经营土地和家庭,努力增加财富。他们具有责任感,积极参加社会公共事务。普通人是约曼,他们比其他地方的农民都更为自由与快乐,因为他们都不是不自由人(bondmen)。至于手工艺者,他们或是渔夫,或是石匠、铁匠、木匠、纺织者等。至于肯特郡历史的开端,威廉·兰巴德没有完全摆脱传统编年史的影响,引用了编年史的内容,从大洪水诺亚方舟开始。初始的历史充满神话与传说色彩,特洛伊王子布鲁图斯率领特洛伊人,乘324艘船来到这座岛屿,后来取名不列颠。该书也讲述了撒克逊人首领亨吉斯特等占据肯特的情况。按照兰巴德的看法,肯特王国前后有17位国王,第一位是日耳曼人亨吉斯特。有关奥古斯丁传教的历史,兰巴德基本引用的是比德的记述,埃塞尔伯特是第一位皈依基督教的国王。C. 柯里评价道:"该书的主要价值在于,它对地方习俗和郡的经济调查进行了非常详细的描述。"[③]

　　威廉·兰巴德不是土生土长的肯特人,然而他一生的绝大多数时间都是在这里生活,他深爱着这片土地。乡绅对方志感兴趣,不仅仅是因为方志描述熟悉的地形地貌、展现当地的古物古迹,还因为它们扮演特定的秩序,

---

①　William Lambarde, *The Perambulation of Kent*, Trowbridge: Redwood Press, 1970, pp.3—5.

②　Ibid., p.154.

③　C.R.J. Currie and C.P. Lewis, ed., *A guide to English County Histories*, Stroud: Sutton, 1997, p.208.

而这是乡绅主要的政治功能。①为了编修郡志,威廉·兰巴德游历了很多地方,进行了实地调查。再加上他对古籍的阅读,了解历史与掌故,因此,他对肯特的地形与典故了然于心。在书中,兰巴德附上了一张沿海岸灯塔的图。为什么要附上这幅图呢?附上这幅图会不会泄露情报呢?兰巴德解释道:固然敌人可能会借此获得相关的情报,但是更为重要的是,更多的民众也会知道灯塔的位置与作用——在此之前许多人都不知道灯塔。因此,当面临海上外敌入侵时,灯塔可以报警,并迅速地让民众武装起来保卫家园。其实即使自己不把灯塔的图印出来,敌人也会通过其他的途径侦察到。②

威廉·兰巴德的《肯特郡志》在当时引起了热烈的反响。威廉·卡姆登称兰巴德是一位"博学且虔诚的杰出人士",认为兰巴德的《肯特郡志》"属于近乎完美之作,对后人来讲,几乎没有留下什么可以续写的余地。"③在他的《不列颠尼亚》一书有关肯特郡的部分,威廉·卡姆登还特意提及兰巴德的事迹。他写道:为了有关慷慨事迹的记忆不被忘记,我还得加上兰巴德,他是一位博学虔诚的杰出人士,他在格林威治修了一座救济穷人的医院。④可见威廉·兰巴德在卡姆登心中的地位。费利克斯·赫尔(Felix Hull)称赞兰巴德是"肯特郡的历史巨擘之一",认为兰巴德的《肯特郡志》在四个方面仍有重要的价值:一是它对郡志编修的开创性贡献;二是它代表了都铎晚期的肯特郡;三是该书是一本阅读性很强的读物;四是它对研究肯特郡的习俗仍有价值。⑤

威廉·兰巴德的《肯特郡志》对后来的郡志写作产生了深远的影响。科普利认为该书是"地方志研究最重要的起点之一"⑥。这一影响体现在如下方面。一是近代早期不列颠史研究的诸多学者,如威廉·卡姆登等都以肯特郡作为各自研究的样板。威廉·卡姆登《不列颠尼亚》中有关肯特郡的内容,很大程度上参阅了兰巴德的《肯特郡志》一书。二是肯特郡的乡绅延续了兰巴德的写作传统,不断增补方志的内容。1659 年,理查德·科尔本(Richard

---

① John M. Adrian, "Tudor Centralization and Gentry Vision of Local Order in Lambarde's Perambulation of Kent", *English Literary Renaissance*, Vol.36, No.3(2006), p.310.

② Retha M. Warnicke, *William Lambarde: Elizabethan Antiquary, 1536—1601*, Chichester: Phillimore, 1973, p.31. 又见 Frank W. Jessup, *A History of Kent*, Chichester: Phillimore, 1995, p.97。

③ William Camden, *Britannia*, London, 1722, Vol.I, p.216; Gordon J. Copley, *Camden's Britannia Kent*, London: Hutchinson, 1977, p.1.

④ Gordon J. Copley, *Camden's Britannia Kent*, London: Hutchinson, 1977, p.11.

⑤ Retha M. Warnicke, *William Lambarde: Elizabethan Antiquary, 1536—1601*, Chichester: Phillimore, 1973, p.35.

⑥ Gordon J. Copley, *Camden's Britannia Kent*, London: Hutchinson, 1977, xiii.

Kilburne)出版《肯特郡概况》(*Brief Survey of the county of Kent*)。"与兰巴德的书不同,科尔本的书更像是一个名录,提供了有关肯特地理与政治区域当代事实的有用目录。"①1659 年,托马斯·费里珀特(Thomas Philipot)出版其父约翰·费里珀特(John Philipot)的《肯特郡志》。该书主要分为两个部分。一是有关肯特政治,主要是郡守的名录②,此外还叙述了"五港口同盟"的情况。③另一部分是主体部分,按照字母顺序介绍各个教区、庄园与村庄的情况。④托马斯·费里珀特的《肯特郡志》(*Villare Cantianum*)侧重于肯特地名的词源学,与 18 世纪时爱德华·哈斯特德建构的郡志写作范式相似,缺点是"安排混乱"。⑤在威廉·兰巴德方志编撰的基础之上,肯特乡绅延续了他的传统,这是他对郡志编撰的重要贡献。按照彼得·拉斯莱特(Peter Laslett)的看法,英国地方史的研究发轫于 16 世纪晚期的肯特,并在 17 世纪早期由其乡绅培育。⑥1719 年,约翰·哈里斯的《肯特郡志》(*History of Kent*)第一卷出版。"为了准备该书的资料,这位罗切斯特的牧师花费了八年的时间收集素材。"⑦遗憾的是,哈里斯有生之年没有看到该书的出版。关于该书的学术价值,学界的评价并不高。"尽管哈里斯试图写一部比以往内容更丰富的肯特郡历史研究的书,然而很明显,他缺乏从事这一工作必需的学术能力。这一卷的主要价值在于有关乡村豪宅宏伟的版画。"⑧1776 年,查尔斯·西摩(Charles Seymour)出版《新肯特郡志》(*A New Topographical*, *Historical and Commercial Survey of the Cities*, *Towns*, *and Villages of the County of Kent*)。该书有 800 多页,前言部分介绍了肯特郡的历史、地理、行政区划、气候、物产、矿产、民风、职业、宗教、家族、名人等诸多方面。虽然有些内容是对先前方志的转述,但是整体完整,结构清楚。主体部分按照字母顺序⑨

---

① C.R.J. Currie and C.P. Lewis, ed., *A guide to English County Histories*, Stroud: Sutton, 1997, p.208.

② Thomas Philipot, *Villare Cantianum*, Lynn, 1776, pp.17—35.

③ Ibid., pp.11—14.

④ Ibid., p.39.

⑤ C.R.J. Currie and C.P. Lewis, ed., *A guide to English County Histories*, Stroud: Sutton, 1997, pp.208—210.

⑥ Peter Laslett, "The Gentry of Kent in 1640", *Cambridge Historical Journal*, Vol.9, No.2(1948), p.159.

⑦ Edward Hasted, *History and Topographical Survey of the County of Kent*, Vol.I, Canterbury, 1797, preface, iv.

⑧ C.R.J. Currie and C.P. Lewis, ed., *A guide to English County Histories*, Stroud: Sutton, 1997, p.210.

⑨ Charles Seymour, *A New Topographical*, *Historical and Commercial Survey of the Cities*, *Towns*, *and Villages of the County of Kent*, Canterbury, 1782, p.1.

介绍了庄园、村庄与教区,包括它们的词源、简史、行政等方面。可以这么讲,该书应该是兰巴德版肯特郡志之后,内容最全面也是结构最清晰的一部方志。然而由于不久之后,另一部更重要的肯特郡志出现,使该书的价值被研究者低估。

在威廉·兰巴德的《肯特郡志》之后,肯特郡最重要的方志是由爱德华·哈斯特德(Edward Hasted)编撰的。哈斯特德出生于伦敦,他的父亲是林肯律师会馆的成员。哈斯特德8岁时,其父去世,在经济压力下,他们家搬到查塔姆。哈斯特德从小受过良好的教育,并在1750年成为林肯律师会馆的学生,但是不能出庭。从1757年开始,他担任治安法官,是四季法庭的主持人,也是肯特郡的副都尉。哈斯特德有广泛的社交圈,这使他很容易获得编写方志所需要的资料。1763年时,他在伦敦待了两个月,访问了伦敦塔、大英图书馆以及兰贝斯宫,可能就是在这时候,他的《肯特郡志》(*History and Topographical Survey of the County of Kent*)已经成型。同年,他成为古物学会的会员,并于1766年被选为皇家学会的会员。为了准备写作的资料,哈斯特德从公共档案局、大英图书馆、伦敦塔、坎特伯雷遗嘱法庭等机构,收集了各种手稿、遗嘱、私人信件等等。此外,他还实地勘查各个教区。他的著作的一些素材取自前人的书籍,更多的是通过调查问卷,询问乡绅、律师、牧师等人,从而获得更多有价值的资料与信息。由此,哈斯特德从1763年到1799年期间,花费了近40多年的时间编撰肯特郡志。这种敬业的精神令人感动与钦佩。第一版的《肯特郡志》是对开本,有四卷,写于1778年至1799年期间。新版的《肯特郡志》编于1797—1801年间,八开本共十二卷,这一版本内容更加详细。哈斯特德对肯特郡充满了自豪感。他对肯特的描写可用一个词概括——"人杰地灵"。[①]全书结构简洁,分为两个部分。第一部分是肯特郡简史,介绍郡的历史、人文、宗教、物产等。第二部分按照行政区划,从西到东,对郡的每一个堂区进行了详细的描述。[②]堂区的研究按照如下的标准:首先是庄园的历史,然后是圣职推荐权的历史与堂区教堂的结构,以及对堂区慈善的考察,最后是现任牧师的名单。[③]在书的末尾,还附录了邦斯(C.R. Bunce)1800年写的一篇对解散奥古斯丁修道院的感想[④],

---

① Edward Hasted, *History and Topographical Survey of the County of Kent*, Vol.I, Canterbury, 1797, pp.1—4.

② Ibid., p.336.

③ C.R.J. Currie and C.P. Lewis, ed., *A guide to English County Histories*, Stroud: Sutton, 1997, p.210.

④ Edward Hasted, *History and Topographical Survey of the County of Kent*, Vol. xii, Canterbury, 1797, pp.666—669.

读来很不错。此外,哈斯特德的《肯特郡志》有一个很大的特点,就是他的内容记载到很近的时候,为后来的研究者提供了丰富的资料。后人称哈斯特德为"郡志史家中的王子"。①

19世纪末,亨利·德雷克(Henry H. Drake)准备编写新版本的郡志,该郡志充分利用了公共档案资源,内容非常详细。②此外还有其他涉及肯特郡志的写作,但是都无法称为真正意义上的郡志。当然,在郡志的书写与编撰中,不得不提及《肯特考古》(*Archaeologia Cantiana*),该杂志是肯特考古学会的出版物,开始于1858年,收集了有关肯特郡历史珍贵的记录。③

第四节　郡志编修的兴盛

一　威廉·卡姆登与《不列颠尼亚》

F.W. 梅特兰(F.W. Maitland)曾经说:17世纪上半叶是英国法律研究者的英雄时代。④而琳达·范·诺顿(Linda Van Norden)更进一步指出:假如把形容词"法律的"去掉,事实依然如此,并且在更大程度上是正确的,也比以前更为重要。17世纪早期是英国学者英雄辈出的时代。⑤在这个学术兴盛的时代,方志就是其中一个重要的组成部分。1570—1670年是英国方志编撰的第一个繁荣期。除了前文已述的威廉·兰巴德,又涌现了威廉·卡姆登、威廉·伯顿(William Burton)、威廉·达格代尔等著名的方志史家。他们是时代的见证者与记录者,他们编撰的方志为英国的学术成长与繁荣,贡献了自己的才华与才智。

威廉·卡姆登⑥是近代早期英国最著名的古物学家、方志史家与历史

---

① John Cave-Browne, *Detling in Days Gone By*, *Or The History of the Parish*, London, 1880, p.4.

② William Page, *The Victoria History of the County of Kent*, London: Archibald Constable and Company Limited, 1908, Vol.I, xxi.

③ Ibid., xxii.

④ H.A.L. Fisher, ed., *The Collected Paper of Frederic William Maitland*, Vol.III, Cambridge: Cambridge University Press, 1911, p.453.

⑤ Linda Van Norden, *The Elizabethan College of Antiquaries*, Phd thesis of University of California at Los Angeles, 1946, pp.1—2.

⑥ H.C.G. Matthew and Brian Harrison, ed., *Oxford Dictionary of National Biography*, Vol.9, Oxford: Oxford University Press, 2004, pp.603—614.

学家。他出生于伦敦,儿时在伦敦著名的圣保罗学校学习,受到人文主义思潮的熏陶,从而发展起对历史与古物研究的兴趣。此后威廉·卡姆登求学于牛津大学。二十岁时,卡姆登离开了牛津大学,游历不列颠各地,收集有关古物、地形学以及历史的资料。1575年,他担任伦敦威斯敏斯特学校的负责人,以后他在此工作了22年。在卡姆登的努力下,威斯敏斯特学校成为当时伦敦非常重要的一个学术机构,一度取代圣保罗学校的地位。在这时,卡姆登也与威廉·塞西尔产生了交往。

1586年,威廉·卡姆登出版了《不列颠尼亚》一书,这是描写不列颠民族、地理、地志、古物的一部杰作,是民族再发现的作品(a work of national re-discovery)。C. 柯里指出:"它代表了都铎王朝和斯图亚特王朝早期英国古物研究的顶峰,也是许多后世著作的基础。"①这一评价并非溢美之词,当我们检视后世的方志文本时,随处可见对该书的引用。②由此,威廉·卡姆登被称为"不列颠史之父"。《不列颠尼亚》一书的内容分为两个部分:一是概论,二是分论各郡的情况。概论的内容包括不列颠的地理位置、地形地貌、气候、物产、特洛伊传说、最初的居民、不列颠人的生活方式与礼仪、在不列颠的罗马人、皮克特人、苏格兰人、威尔士人、盎格鲁-撒克逊人、诺曼人、等级、法庭等。威廉·卡姆登写道:不列颠气候温润,夏天不炎热,阵阵微风吹过,冬天也不太冷,比较温和。这是由于不列颠为海洋所环绕,带来了暖流,减轻了冬日的寒冷。这不像法国以及意大利的一些地区。威廉·卡姆登说,不列颠是"世界上最著名的岛屿"③。这里土地肥沃,物产丰富。"在以前,不列颠是罗马帝国的粮仓与货仓。罗马人每年都用800艘船装运大量的粮食,供应日耳曼前线的军队。"④为了让别人不觉得是自吹自擂,威廉·卡姆登引用了诸多罗马作家的叙述,证明不列颠的富庶。第二部分详细地介绍了各郡的基本情况。

近代早期的英国学术界是一个有机体,一个学术共同体。通过手稿、书稿、通信、学会等,学者们交流研究心得和写作进展,互借资料与文献,促进

① C.R.J. Currie and C.P. Lewis, ed., *A guide to English County Histories*, Stroud: Sutton, 1997, p.14.

② Charles Leigh, *The Natural History of Lancashire, Cheshire, and the Peak in Derbyshire*, Oxford, 1700, p.1; Richard Gough, *Antiquities and Memoirs of the Parish of Myddly*, Shrewsbury, 1875, p. 23 等处; John Morton, *The Natural History of Northampton-shire*, London, 1712, p.1。

③ William Camden, *Britannia*, Vol.I, London, 1722, I.

④ Ibid., IV.

了学术的发展。在以伦敦为中心的学术圈中,威廉·卡姆登凭借其杰出的组织能力,宽容的学术精神,成为这一时期英国史学界的领袖。以威廉·卡姆登为代表的英国方志史家与古物学家的学术圈,包括两个方面。一是国内的学术群体,他们志同道合,热爱自己国家的历史与过去。这些以律师、方志史家、古物研究者和历史学家为代表的乡绅群体,怀着对历史和民族的热情,相互督促相互鼓励,逐渐形成属于自己的学术圈,以此为基础促进史学研究和古物研究的发展。其二是不列颠学者与欧洲大陆学者的联系和交往,通过借鉴并融合欧洲大陆的研究,英国学者再认识不列颠的历史与文化。首先是不列颠国内的学术圈。方志史家绝大多数是地方乡绅,年轻时会求学于大学或者律师会馆,自然他们就会认识,由此这些方志史家相互通信、讨论、商量,并由于有着共同的兴趣而相互帮助。以威廉·卡姆登为代表的学者继承并借鉴前人的研究成果,特别是重要的手稿,用于自己的研究和写作。在同时代人中,威廉·卡姆登与威廉·兰巴德有着较为密切的学术往来。①威廉·卡姆登把自己有关盎格鲁-撒克逊的知识归功于那个时代的古物学者,其中就包括威廉·兰巴德。《不列颠尼亚》一书有关肯特郡的许多内容,就来源于威廉·兰巴德的《肯特郡志》。威廉·卡姆登写道:"在此我承认,威廉·兰巴德的著作是我写作有关肯特郡内容的基础,以免有人怀疑我抄袭或者不诚实。"②在探讨撒克逊人时,威廉·卡姆登说,自己与博学的牛津学者托马斯·艾伦等人交流颇多。③在《不列颠尼亚》有关考文垂的历史部分,沃里克古物学家亨利·弗勒斯为卡姆登提供了相关的信息。在弗勒斯写于1590年的备忘录中,记载了他准备给威廉·卡姆登更多有关沃里克郡家族、城堡、宗教团体等方面的信息。后来,当弗勒斯收集材料准备写作有关沃里克郡伯爵的著作时,卡姆登也为他提供了有关的资料。④威廉·卡姆登也是一位杰出的学术社会活动家,与欧洲大陆的人文主义者有着密切的学术交流。他希望通过叙述罗马不列颠的古物与历史,来表现不列颠民族的伟大与光荣。威廉·卡姆登写作《不列颠尼亚》一书的契机与来自佛兰德斯的地理学家亚伯拉罕·奥特柳斯(Abraham Ortelius)密切相关。1577年,奥特柳斯来到伦敦,他希望威廉·卡姆登

---

① Richard Gough, *British Topography*, Vol.I, London, 1780, p.25.
② William Camden, *Britannia*, London, 1722, Vol.I, p.216.
③ Ibid., clvii.
④ Elizabeth K. Berry, "Henry Ferrers, an early Warwickshire antiquary, 1550—1633", Dugdale Society Occasional paper, No.16, 1965, p.26.

写作一本有关罗马不列颠的书，包括附带说明的地形图，以向欧洲大陆学者展示不列颠。①这成为卡姆登写作《不列颠尼亚》的起因。在威廉·卡姆登写作《不列颠尼亚》一书的过程中，他与欧洲的许多学者也保持密切的联系。如他与法国学者尼古拉斯·法布里就保持经常的信件联系。在有关钱币研究方面，威廉·卡姆登写道：法国年轻绅士尼古拉斯曾经给他展示了在法国发现的一些钱币。不管是新教的还是天主教的欧陆学者，当他们来到不列颠时，都会拜会卡姆登，如佛兰德斯的地理学家墨卡托，意大利法学家根提利，诗人帕玛留斯等人。同时在威廉·卡姆登的帮助与引荐之下，库顿等英国历史学家与欧洲大陆学者也建立了密切的学术联系。事实上，差不多同时代的亨利·斯佩尔曼的情况，也可以说明那个时代英国学者的学术圈的状况。亨利·斯佩尔曼在写作《考古录》（Archaeologus）时，就与法国、德国等国的学者广泛通信，保持密切的学术联系和信息的沟通。在该书的致谢名单中，作者共列举了 12 名外国学者，竟然超过了本国学者的数目。②

欧洲大陆学者称卡姆登是不列颠的"斯特拉波"（Strabo），盛赞他对英国历史学和历史地理做出的杰出贡献。威廉·兰巴德称威廉·卡姆登为"这个时代最闪耀的古物学家"。③关于威廉·卡姆登的学术地位，汤普森也给予了很高的评价："喜格登的《多面编年史》（polychronicon）在两百多年当中对英国人说来正如威廉·卡谟登对都铎王朝时期、H.G. 韦尔斯的《世界史纲》对于现代一样。"④为了纪念威廉·卡姆登在英国学术史上的崇高地位，1838 年，以出版不列颠古代史资料为己任的"卡姆登学会"成立，该学会在整理收集历史材料领域贡献颇大。按照汤普森的说法，"他当之无愧"。⑤

二 威廉·达格代尔与《沃里克郡志》

在介绍威廉·达格代尔之前，必须提及沃里克郡的乡绅与古物学家亨利·弗勒斯（Henry Ferrers）。弗勒斯家族是一个历史悠久的家族，可以追溯到中世纪。亨利·弗勒斯的父亲爱德华·弗勒斯曾担任过沃里克郡的议

---

① Graham Parry, *The Trophies of Time*, Oxford：Oxford University Press, 1995, pp.22—23.

② [英]J.G.A. 波考克：《古代宪法与封建法》，翟小波译，译林出版社 2014 年版，第 88 页。

③ William Lambarde, *The Perambulation of Kent*, Trowbridge：Redwood Press, 1970, p.3.

④ [美]J.W. 汤普森：《历史著作史》，（上卷　第二分册），孙秉莹、谢德风译，商务印书馆 1996 年版，第 575 页。

⑤ James Westfall Thompson, *A History of Historical Writing*, Vol.I, New York：The Macmillan Company, 1942, p.608.

员,晚年遭遇财政危机,地产被抵押,1564 年去世。亨利·弗勒斯是家中的长子,曾在牛津大学求学。1572 年,亨利·弗勒斯进入中殿律师会馆。与同时代的乡绅一样,亨利·弗勒斯对家谱与纹章感兴趣。在 16 世纪中叶时,知识界对家谱的整理与研究处于初始的阶段,这一时期有关纹章的著作大多不太可靠。在这种情况下,像弗勒斯这样的乡绅,由于有能力更愿意亲自去整理自己家族的家谱与族谱,由此他被同代人奉为这方面的权威。①弗勒斯试图模仿威廉·兰巴德的《肯特郡志》,写一部沃里克郡的郡志。②为了这项工作,弗勒斯收集了许多的材料,但是只留下手稿,没有成书。威廉·达格代尔在编写《沃里克郡志》时,就使用了亨利·弗勒斯的手稿与许多资料。③

　　沃里克郡最著名的方志史家是威廉·达格代尔。这位伟大的方志史家与古物学家的名字,几乎等同于沃里克郡。④威廉·达格代尔出生于沃里克郡的舒斯托克(Shustock),他的父亲原是兰开夏的乡绅,他的母亲伊丽莎白·斯维伊芬(Elizabeth Swynfen)来自斯塔福德郡的一个乡绅家庭。按照著名的占星师威廉·李利(William Lilly)的说法,达格代尔出生时,他家的花园里有一群蜜蜂,这表明"威廉·达格代尔将非常勤奋,是一位天才。"⑤在达格代尔十岁的时候,他接受文法教育,接着他在考文垂的免费学校学习。在十五岁离开学校后,他被父亲安排学习历史和法律方面的课程。威廉·达格代尔从没上过大学,因为他逐渐衰老的父亲希望儿子早日结婚。1623 年,威廉·达格代尔与斯塔福德郡一位绅士的女儿玛格丽·休巴赫结婚。1625 年,他的父亲去世。威廉·达格代尔在舒斯托克购置了布莱斯庄园(Blythe),在此他度过了一生大部分的时间。威廉·达格代尔有位亲戚,名叫萨缪尔·罗珀(Samuel Roper),他是林肯律师会馆的出庭律师,似乎是

---

　　① Sampson Erdeswicke, *A Survey of Staffordshire*, Westminster, 1820, p.392.

　　② Frederick Leigh Colvile, *Worthies of Warwickshire*, Warwick, 1870, p.281. 学界对此有不同的观点,如伊丽莎白·贝里认为,并没有特别的材料表明,弗勒斯计划写沃里克郡志,更多的材料表明,他计划写一本有关沃里克伯爵历史的著作,参见 Elizabeth K. Berry, "Henry Ferrers, an early Warwickshire antiquary, 1550—1633", *Dugdale Society Occasional paper*, No.16, 1965, pp.32—33。

　　③ Elizabeth K. Berry, "Henry Ferrers, an early Warwickshire antiquary, 1550—1633", *Dugdale Society Occasional paper*, No.16, 1965, p.3; Frederick Leigh Colvile, *Worthies of Warwickshire*, Warwick, 1870, p.282.

　　④ Frederick Leigh Colvile, *Worthies of Warwickshire*, Warwick, 1870, p.253; Samuel Timmins, *A History of Warwickshire*, London, 1889, pp.120—124.

　　⑤ Anthony A Wood, *Fasti Oxonienses, or Annals of the University of Oxford*, Second Part, London, 1820, p.13.

罗珀首先激发了达格代尔对古物学和方志研究的兴趣。威廉·达格代尔阅读过威廉·伯顿的《莱斯特郡志》(*The Description of Leicestershire*)之后,进一步明确了自己的研究方向。威廉·伯顿是达格代尔的近邻,两家距离大约 8 英里。伯顿鼓励达格代尔收集关于沃里克郡历史的相关材料。[①]后来,布顿将达格代尔介绍给沃里克郡的西蒙·阿彻(Simon Archer)爵士。阿彻对纹章与古物感兴趣,搜集大量关于沃里克郡各家族历史的信息,并打算写有关该郡乡绅的书。阿彻也乐意将自己收集的资料提供给达格代尔,并把他介绍给沃里克郡的乡绅。乡绅很在意自己家族和郡的荣誉,因此特别赞同达格代尔的设想,愿意为达格代尔提供自己拥有的文献和资料。1638 年,西蒙·阿彻爵士将达格代尔带到伦敦,把他介绍给著名的古物学家亨利·斯皮尔曼爵士。[②]斯皮尔曼是伊丽莎白古物学会的创始人之一,当时他已 80 岁高龄。斯皮尔曼对这位天才非常欣赏,决定帮助达格代尔,让他在更高的层次上发展。斯皮尔曼把达格代尔推荐给阿伦德尔伯爵(Earl of Arundel)托马斯·霍华德。此外,斯皮尔曼还向达格代尔推荐了约克郡乡绅罗杰·多兹沃思(Roger Dodsworth),他已经开始研究该郡古物,特别是有关修道院的情况。不久,达格代尔与多兹沃思相见,两人一见如故并就研究达成共识。达格代尔在伦敦停留的那段时间里,他被介绍给克里斯托弗·哈顿(Christopher Hatton)爵士,此人是伊丽莎白一世大法官的亲戚,同时也是"一个对古物着迷的人"。在克里斯托弗·哈登的帮助下,达格代尔可以接触到财政署和伦敦塔的档案材料。达格代尔在里面发现了卷轴(plea rolls)和分类账目书(ledger books),这些是研究中世纪土地所有权不可或缺的材料。另一个重要的文献资料所在地是罗伯特·库顿爵士的图书馆。威廉·达格代尔在塞缪尔·罗珀的引荐下,认识了罗伯特·库顿的儿子托马斯·库顿,获得了进入该图书馆的权利。此外,达格代尔还接触到《末日审判书》。1638 年,威廉·达格代尔成为一名纹章官。在政治上,威廉·达格代尔属于保皇党,内战期间,他追随国王到牛津。在牛津的时候,威廉·达格代尔研究了宗教改革后散落到各处的修道院特许状和契据,同时他也收集了许多贵族族谱的信息,这些材料后来被他用于《英格兰贵族》一书的写作中。1646 年夏天,他重续了与罗杰·多兹沃思的关系,两人商讨了有关修道院的书。1648 年 5 月,威廉·达格代尔陪同哈顿爵士前往巴

---

① Thomas Fuller, *The History of the Worthies of England*, Vol.II, London, 1840, p.238.
② Frederick Leigh Colvile, *Worthies of Warwickshire*, Warwick, 1870, p.13.

黎。在巴黎的时候,他收集了有关在英格兰的法国宗教团体的材料。此后,达格代尔与多兹沃思继续就修道院的写作准备资料。不幸的是,罗杰·多兹沃思在 1654 年 8 月去世。威廉·达格代尔最终独自完成了这部作品,即三卷本的《英格兰修道院史》。1656 年,威廉·达格代尔出版了《沃里克郡志》(*The Antiquities of Warwickshire*)。1677 年,达格代尔被任命为嘉德纹章官,随后被封为骑士。1686 年 2 月,威廉·达格代尔因感冒在布莱斯庄园离世。

威廉·达格代尔勤奋又天赋过人,社会活动能力超强,他能清晰地处理纷繁复杂的各种零散资料,因而所取得的成果也是惊人的。威廉·达格代尔著作等身,他的研究涉及方志、古物学、修道院史、贵族族谱等诸多方面。在此我们先介绍他在方志领域的贡献,有关古物研究的内容后面补充,当然他的方志书写与古物研究是交织在一起的,只不过是出于研究的方便而分开论述。在书写体例上,《沃里克郡志》以百户区为单位。该郡有四个百户区,分别是金尼顿(Kineton)、奈特罗(Knightlow)、巴利奇威(Barlichway)、海林福德(Hemlingford)。①从内容来讲,文本涉及沃里克郡的教堂、修道院、族谱、纹章、墓志铭、特许状等,书中还有许多精美的插图。书后附有该郡郡守与议员的名录。②《沃里克郡志》的资料来源丰富,包括手稿、特许状、墓碑与各种档案,威廉·达格代尔对这些材料进行了精心的组织与安排,各个部分结构紧凑,层次分明,体现了作者高超的写作水平。与之前侧重地形学为特征的郡志相比,《沃里克郡志》开创了郡志书写新的范式。③1656 年,《沃里克郡志》出版后,在英国知识界引起了强烈的反响。牛津学者安东尼·伍德在看了《沃里克郡志》之后兴奋地写道:"我的笔都不能书写了,当我读到该书时,我柔弱的情感和对知识强烈的渴望被夺走被融化。"诺福克乡绅托马斯·佩克(Thomas Pecke)写信给达格代尔:"我将在诺维奇的广场修建一座镀金的黄铜雕塑纪念你,鼓励我们的子孙后代。"④爱德华·哈斯特德认为,《沃里克郡志》是最有条理性、最准确也是最好的一部方志。⑤霍斯金斯认为,达格代尔的《沃里克郡志》与桑顿的《诺丁汉郡志》是 17 世纪

---

① William Dugdale, *The Antiquities of Warwickshire*, Vol.I, London, 1730, p.1.

② Ibid., pp.1145—1153.

③ Elizabeth K. Berry, "Henry Ferrers, an early Warwickshire antiquary, 1550—1633", *Dugdale Society Occasional paper*, No.16, 1965, p.32.

④ Graham Parry, *The Trophies of Time*, Oxford: Oxford University Press, 1995, p.1.

⑤ Edward Hasted, *History and Topographical Survey of the County of Kent*, Vol.I, Canterbury, 1797, preface, v.

最伟大的两部郡志。①

三 其他郡的方志编撰

首先是威廉·伯顿的《莱斯特郡志》。威廉·伯顿是 17 世纪初米德兰地区古物研究与方志编修领域的核心人物。他曾经在牛津大学读书并获得学士学位，1593 年进入伦敦内殿律师会馆，并于 1603 年获得出庭辩护律师资格（bar）。起初威廉·伯顿的兴趣是古典学研究，曾经用拉丁文写过一部喜剧，并翻译过一本希腊语的文学作品。由于对家族与地产的历史感兴趣，于是逐渐地转到古物研究领域。他最得意的是拥有约翰·利兰《游记》的手稿，在当时学者圈中广泛流传，最后捐给了牛津大学博德利图书馆。伯顿的学术圈广泛，包括罗伯特·库顿，约翰·塞尔登、传令官奥古斯丁·文森特、斯塔福德郡历史学家桑普森·厄德斯维克（Sampson Erdeswicke）等人。奠定威廉·伯顿方志史家学术地位的是他的《莱斯特郡志》（1622 年出版），该书还对其他学者的研究起到了激励的作用。威廉·达格代尔曾经说，伯顿的著作激发了他从事地方史研究的兴趣火花。《莱斯特郡志》的内容主要分为两个部分。第一部分是郡的概况。莱斯特郡郡名来自莱斯特镇，该镇坐落在莱尔河畔。根据麦卡托（Mercator）投影测量，该郡纬度是 54 度，经度是 20 度。②在土地方面，郡南部土地肥沃，物产丰富，唯一的缺点是缺少森林与日常的柴火，居民不得不到远处取木材。郡西北部土地贫瘠、多山石，出产水果，但拥有大片的林区与煤炭。东北与西南地区土地较好，适合种植谷物和草地，也有较多的柴火资源。③在概况部分，作者还记录了该郡的城堡情况，列举了市镇的名称、开市时间等信息，再有就是郡内的河流、森林、公园等情况。在概况部分的最后，作者提及，原来莱斯特郡与沃里克郡共有一名郡守，在伊丽莎白一世时期，才分别有自己的郡守。④第二部分是具体的描述。这部分内容按照字母顺序⑤，介绍该郡堂区（或庄园）的情况，如堂区所在的百户区、地理位置、名字的由来、土地的继承与转让、庄园领主的情况、领主的婚姻、教堂、牧师以及他的收入、享有的权利、古物、纹章、乡绅的

---

① W.G. Hoskins, *Local History in England*, London: Longman, 1959，p.18.

② 参见［英］亚·沃尔夫：《十六、十七世纪科学、技术和哲学史》，周昌忠等译，商务印书馆 1984 年版，第 476—478 页。

③ William Burton, *The Description of Leicestershire*, Leicester，1777，p.2.

④ Ibid., p.6.

⑤ John M. Adrian, "Tudor Centralization and Gentry Vision of Local Order in Lambarde's Perambulation of Kent" *English Literary Renaissance*, Vol.36, No.3(2006)，p.309.

族谱等诸多方面。"伯顿的主要兴趣是莱斯特郡的人,显贵家族与他们的纹章、教堂与教堂的收入,特别是享有圣职推荐权的所有人。"[1]最后是附录,包括郡内修道院的名录,郡骑士名录以及郡守名录。为了写作该书,伯顿收集的资料包括伦敦塔的档案、乡绅的契约文书、房产地契等,同时他对所收集的材料进行了严格的考证,力求准确客观。该书的一个缺点是内容拖沓,不成系统。[2]《莱斯特郡志》出版后,反响热烈,收到不少反馈意见。1636年左右,伯顿开始修订该书,并于1638年完成,但是一直没有出版。第二版的《莱斯特郡志》资料来源更加广泛,包括地方档案馆的档案、公共档案以及朋友提供的素材等,由此伯顿补充了更多的历史和考古方面的材料,并增加了有关地方政府和教会的部分。修订版的《莱斯特郡志》还有一个特点,就是更加重视乡绅族谱的内容。"《莱斯特郡志》书写的演变提供了一个有用的例证:乡绅对族谱的迷恋如何影响地方史的发展。"[3]在第一版中,威廉·伯顿叙述了郡内古老家族的族谱,以阐述庄园的承袭,但是对当代的族谱叙述不够。在修订版中,由于乡绅们对自己族谱的热切渴望,伯顿增加了这方面的内容,以满足他们的愿望。此外,威廉·伯顿计划进行米德兰地区各郡的地方史研究。开始时,他自己研究沃里克郡史,可能由于个人精力所限,1636年,他希望西蒙·阿彻、托马斯·哈宾顿(Thomas Habington)以及克里斯托弗·哈顿分别研究沃里克郡、沃切斯特郡以及北安普顿郡。最终,有关沃里克的郡志经西蒙·阿彻之手,由威廉·达格代尔在1656年完成。达格代尔的《沃里克郡志》就用了威廉·伯顿的材料。

　　康沃尔郡志的编修也很有典型性。方志史家与古物学家、"康沃尔历史学家之王"理查德·卡茹(Richarde Carew)出生于康沃尔郡的托波因(Torpoint),是家中的长子。他曾经在牛津大学求学,但他似乎并没有获得学位。在牛津,他结识了威廉·卡姆登和菲利普·西德尼(Philip Sidney),然后他进入中殿律师会馆,在那里学习法律。[4]后理查德·卡茹返回康沃尔继承父亲的遗产,他余生的大部分时间在康沃尔度过。卡茹经营自己的庄园,作为乡绅参与地方社会的治理。1581年,卡茹成为一名治安法官。1584

---

① Stan A.E. Mendyk, 'Speculum Britanniae': Regional Study, Antiquarianism and Science in Britain to 1700, Toronto: University of Toronto Press, 1989, p.89.

② Ibid., p.88.

③ Jan Broadway, 'No historie so meete': Gentry culture and the development of local history in Elizabethan and early Stuart England, Manchester: Manchester University Press, 2006, p.169.

④ Anthony Wood, Athenae Oxonienses, Vol.II, London, 1815, p.284.

年,担任议会议员。1586 年,他任郡守,并不时地担任副都尉(deputy lieu-
tenant)与司库(treasurer of the lieutenancy)。1596 年,他担任海岸防卫军
团的上校。卡茹文武兼备,知识渊博且颇有成就。他自学希腊语、意大利
语、德语、西班牙语和法语,并能很好地运用。卡茹也是伊丽莎白古物学会
的成员,与威廉·卡姆登等是好友。他曾经协助亨利·斯佩尔曼爵士进行
有关什一税史的研究。①在语言学特别是词源学方面,卡茹写作了"英语语
言的卓越性"一文,首次刊于威廉·卡姆登的《不列颠补遗》一书的第二版
中。②卡茹接受撒克逊人的语言是英格兰的"自然语言"这一观点,但是与理
查德·维斯特根(Richard Verstegan)相比,他更愿意承认外国语言和文化
的贡献。1620 年,卡茹在自己的书房中去世。

　　在方志领域,理查德·卡茹为人所熟知是因为他 1602 年出版的《康沃
尔郡志》(The Survey of Cornwall)一书。③作者把该书献给沃尔特·罗利
爵士。《康沃尔郡志》一书诠释了什么是"开始动笔便意味着长时间的投
入",但"一旦完成即为佳作"。该书的写作得到了威廉·卡姆登的帮助。④
书写体例与兰巴德的《肯特郡志》类似。⑤卡茹版本的《康沃尔郡志》内容包
括两部分。第一部分对康沃尔郡进行了概述。在概述部分,作者描写了康
沃尔郡的地理与地形特征,涉及气候、四季、土壤、矿物、岩石等内容,还包括
一些社会生活以及经济等信息。《康沃尔郡志》也涉及对贸易的记载。⑥此
外,还包括当地的锡矿等信息。⑦第二部分对康沃尔郡进行了从东到西的勘
察,以百户区为体例,对郡内的行政单元进行描写。相对而言,他的作品中
包含的历史较少。《康沃尔郡志》几乎不包含乡绅纹章的内容。也许是因为
亚瑟王是康沃尔人,卡茹的《康沃尔郡志》涉及亚瑟王的内容。当然,他对亚
瑟王的真实性表示怀疑,但他形容自己不愿意"动摇圆桌不容置疑的权威"。
卡茹对康沃尔的乡绅事务很感兴趣。他感叹道:"大多数康沃尔绅士都可以
更好地夸耀自身的门第,而不是其谋生之道。"卡茹既是方志史家,又是政府

---

　　①　Richard Carew, The Survey of Cornwall, London, 1811, Preface xxi.

　　②　William Camden, Remaines concerning Britaine, London, 1614, pp.36—44.

　　③　卡茹计划出版新的修订版,但是在他去世之前并未完成。1811 年,新的版本出现。参见
R.J. Currie and C.P. Lewis, ed., A Guide to English County Histories, Stroud: Sutton, 1997,
p.87。1953 年,哈利迪(F.E. Halliday)编校出版了《康沃尔郡志》的现代版本。

　　④　Richard Carew, The Survey of Cornwall, London, 1811, To the reader.

　　⑤　Stan A.E. Mendyk, 'Speculum Britanniae': Regional Study, Antiquarianism and Sci-
ence in Britain to 1700, Toronto: University of Toronto Press, 1989, p.78.

　　⑥　Richard Carew, The Survey of Cornwall, London, 1811, p.48.

　　⑦　Ibid., pp.45—47.

代理人,这双重身份与角色给了他独特且广博的视角。《康沃尔郡志》一书体现了卡茹的写作风格,这一点完美地体现在他对康沃尔老鼠的评论中:"当它们晚上在屋顶上跳着欢快的三拍子舞时,它们哭泣和嘎嘎作响的声音又显得它们很笨拙。"①

　　威廉·博莱斯(William Borlase)的《康沃尔郡志》(*Antiquities*, *Historical and Monumental of the County of Cornwall*)(1754 年第 1 版,1769 年第 2 版)是 18 世纪康沃尔郡的一部郡志。威廉·博莱斯是康沃尔郡著名的古物学家与自然志学者,他出生在一个历史悠久的诺曼家族,很早就在康沃尔定居。博莱斯幼时即受到良好的教育,并在牛津大学埃克塞特学院求学。威廉·博莱斯兴趣广泛,对本郡的自然很感兴趣,写成《康沃尔郡自然志》(*The Natural History Cornwall*)。此外,威廉·博莱斯也对古物有着浓厚的兴趣,写成《康沃尔郡志》。与一般意义上的方志不同,《康沃尔郡志》主要涉及古物,鲜有地理与地志方面的描述。该书第一部分是不列颠历史的总括。他说:"为了阐述在康沃尔发现的古代历史遗迹(monument),应该回顾一下不列颠的历史。有关起源的问题应该被关注……去发现最早期的民族、名字、民族语言、邻居、习俗、法律、历史遗迹、宗教都会有贡献。当然,我们的研究要建立在真实的资料基础之上。"②在讲述不列颠历史的过程中,博莱斯介绍了康沃尔郡的基本情况。第二部分讨论宗教的问题,特别是德鲁特教,包括德鲁特教的仪式、崇拜、神灵、教义及相关的自然知识等诸多方面。第三部分是有关历史遗迹的情况,涉及古代坟墓、墓葬、山谷、1749 年发现的金币、1744 年挖掘出来的黄铜器皿、古代康沃尔的洞穴等等。第四部分内容包括在康沃尔的罗马遗迹,如罗马钱币、坟墓、要塞、军营、罗马大道、古代城堡,也涉及诺曼征服之前康沃尔基督教和修道院、石刻。书的最后,附有康沃尔语与英语单词表。③《康沃尔郡志》最主要的内容是有关德鲁特教,因为博莱斯认为,作为凯尔特人的宗教信仰,在康沃尔郡应该有许多的表现。

　　德文郡的方志编修也比较兴盛。约翰·胡克是德文郡最早的方志史家。④除了他的《埃克塞特城志》之外,胡克还撰写了《德文郡志》(*Synopsis*

---

　　① Richard Carew, *The Survey of Cornwall*, London, 1811, p.73.

　　② William Borlase, *Antiquities*, *Historical and Monumental of the County of Cornwall*, London, 1769, p.1.

　　③ Ibid., p.415.

　　④ C.R.J. Currie and C.P. Lewis, ed., *A Guide to English County Histories*, Stroud: Sutton, 1997, p.115.

Chorographical of the County of Devon),但未能出版,以手稿形式存留,这是德文郡最早的方志。后来,著名的德文郡方志史家托马斯·韦斯科特、崔斯特瑞姆·瑞思登,都从约翰·胡克的手稿中获得了史料。①托马斯·韦斯科特出生于德文郡的乡绅家庭,参与过 1589 年德雷克远征葡萄牙的行动,②他曾经在林肯律师会馆学习过,但是不清楚有没有拿到出庭的资格。韦斯科特博览群书,学识渊博,特别热衷于本地的古物研究,这些奠定了他著作的学术基础。③托马斯·韦斯科特的《德文郡志》共由五部分组成,完成于 1630 年。该书按照河流体系对郡的自然地理与行政等进行了比较详细的描述,内容涉及许多的方面。④德文一词来自拉丁文 Danmonia。⑤韦斯科特的《德文郡志》描述了郡内的百户区、市镇以及教区、郡内的两个重要的王室林区达特莫尔(Dartmoor)与埃克斯莫尔(Exmoor)等情况。在气候方面,德文郡空气温暖、干净且温润。在地形上,德文郡地势起伏,有许多小山与山谷,对路人和旅行者来讲不容易。该地山岩较多,土地相对贫瘠,生产燕麦与豆类作物。在民风方面,本地人身体健壮,适合高强度的劳作,他们勇敢尚武,慷慨待客,但是会心高气傲,容易情绪化。⑥作者把民众分为四个等级:贵族乡绅;约曼与农民;商人;雇工与日工。德文郡矿产丰富,包括金、银、铜、铅、锡、铁等各种矿产。⑦由此衍生出有关矿工的法律和机构,这成为研究社会史的重要内容。由于德文郡既靠大西洋,又靠英吉利海峡,地理位置独特,因此它有丰富的渔业资源,发达的造船业以及其他与海洋有关的故事。如该书就记载了德雷克与霍金斯的事迹和生平。⑧书中也记录了德文郡的古物与古迹,如重要的教堂建筑、石碑、墓碑以及墓志铭。⑨在郡内的权贵方面,作者记载了许多大家族的情况,以及德文郡伯爵与公爵的名单,为研究德文郡的政治史留下了一些有价值的材料。在宗教方面,《德文郡志》

---

① C.R.J. Currie and C.P. Lewis, ed., *A Guide to English County Histories*, Stroud: Sutton, 1997, p.117.

②③ John Prince, *Danmonii Orientales Illustres or Worthies of Devon*, London, 1810, p.756.

④ 涉及的河流包括埃克斯(Exe)河、克利斯特(Clyst)河、泰玛(Tamar)河等。参见 Thomas Westcote, *A view of Devonshire*, Exeter, 1845. C.R.J. Currie and C.P. Lewis, ed., *A Guide to English County Histories*, Stroud: Sutton, 1997, p.117。

⑤ Thomas Westcote, *A view of Devonshire*, Exeter, 1845, p.19.

⑥ Ibid., p.42.

⑦ Ibid., p.63.

⑧ Ibid., p.376.

⑨ Ibid., p.135、p.182、p.366、p.409.

记载了埃克塞特的修道院与济贫院的情况①，以及宗教改革前后该城的主教。总体看来，该书的内容不是依据历史编年体的格式，而是按照行政划分，全面地叙述了德文郡的地理、物产、市场、宗教、谱系、古物等方面的内容，是比较成熟的 17 世纪方志。韦斯科特还写了一本有关德文郡乡绅族谱的著作②，可以作为方志的补充资料。也有学者指出该书存在不少的错误。③

崔斯特瑞姆·瑞思登是德文郡另一位重要的方志史家与古物学家，他出生在德文郡的西部，曾经在牛津大学求学，但是没有获得学位。④瑞思登的《德文郡志》主要由三个部分组成。第一部分是有关德文郡地名来源、地形与地貌、气候、民众、土地植物、矿产以及教会机构等的描述。德文郡东部的土壤覆盖在白垩上面，适合放牧与种植谷物，南部的土壤薄，下面多岩石，西部与北部的土壤更加贫瘠。⑤在社会等级方面，崔斯特瑞姆·瑞思登把居民分为四个类型，分别是贵族乡绅、商人、自耕农约曼、手工业者与短期的雇工。⑥这是有关风土人情的内容。第二部分是传统方志的内容，介绍了德文郡的堂区等行政单元，包括堂区名称的来源，河流，以及相关的地形信息。这些内容显得冗长枯燥，不如韦斯科特的著作。⑦第三部分是附录，主要包括德文郡的贵族（公爵、侯爵、伯爵、子爵以及男爵）的名录、百户区的列表、自诺曼征服以来德文郡郡守的名录（续写者续到 1809 年）、德文郡的修道院以及修道院财产价值、拥有特权市镇的名单、17 世纪时德文郡乡绅的名单等等。这部分内容资料价值比较高，对于后来的研究者有用。关于该书，瑞思登曾经说过，他的写作很大程度上得益于另一位德文郡古物学家威廉·普尔的启发。⑧

威廉·普尔出生于德文郡的乡绅家庭，家族地产遍布乐德义地区，他曾经到内殿律师会馆学习。1586 年，普尔作为康沃尔郡的代表进入议

---

①　Thomas Westcote, *A view of Devonshire*, Exeter, 1845, p.145.

②　Thomas Westcote, *The Pedigrees of Most of Our Devonshire Families*.

③　Thomas Westcote, *A view of Devonshire*, Exeter, 1845, Memoir of Thomas Westcote, V.

④⑧　John Prince, *Danmonii Orientales Illustres or Worthies of Devon*, London, 1810, p.704.

⑤　Tristram Risdon, *Chorographical Description or Survey of the County of Devon*, London, 1811, pp.4—5.

⑥　Ibid., pp.10—11.

⑦　C.R.J. Currie and C.P. Lewis, ed., *A Guide to English County Histories*, Stroud: Sutton, 1997, p.119.

会,后来他成为德文郡的治安法官,并担任过郡守。1606 年,他被詹姆斯一世封为骑士。①他是早期德文郡方志史家中,唯一没有受约翰·胡克影响的人。②为了准备该书的写作,普尔收集了大量关于本地的材料。遗憾的是,他的手稿在内战中遗失了不少,直到 1791 年才正式出版。普尔的《德文郡志》分为两个部分。第一部分有三本书,第一本书讲述郡内一些百户区的情况,如堂区或者庄园名字的由来、土地的分封、继承、转让、买卖等,以及男爵领地的一些信息。第二本书讲述诺曼征服以来历代国王的编年史,一直写到查理一世时期。此外还有德文郡守的信息,以及巡回法庭的情况。第三本从介绍埃塞克特城开始,介绍城市的修道院、桥梁、饮水、山丘等,然后是以百户区为单位,介绍堂区与庄园的情况,与前面的叙述手法相同。值得关注的是,《德文郡志》记载了许多修道院地产转手买卖的情况,具有一定的史料价值。③此外,第三本书还介绍了一些家族的族谱,如卡茹(Carew)家族。④第二部分的内容包括其他一些百户区的情况,内容与前面的相同。此外,该书还附有德文郡贵族乡绅的纹章介绍,以及该郡贵族骑士乡绅的名录。总体看来,普尔的《德文郡志》属于比较典型的 17 世纪方志类型,内容方面侧重于地形学与地理信息,以百户区为介绍单元,在具体的介绍中,保存了许多有关土地流转继承等方面的信息,此外还有一些有关贵族乡绅的家族信息。普尔的《德文郡志》一书的缺点是内容安排有点混乱,国王编年史内容混杂于地形学的内容之中,有关贵族乡绅的信息多处表达不清晰。出现这种问题的原因可能在于,此书在作者在世时,是手稿,并没有正式出版,后世的编辑者只好在原来手稿的基础上,进行适当的归纳与排版,由此难免会出现以上的问题。

　　到 19 世纪,在主题方面,郡志的编写已经形成了一些基本范式。乔治·贝克(George Baker)认为郡志的内容包括:自然志如土壤与物产;庄园史如土地财产与族谱;修道院以及宗教团体;地志史如建筑与居民;杂项包括本地名人与古代居民的记载等。⑤

---

① John Prince, *Danmonii Orientales Illustres or Worthies of Devon*, London, 1810, p.637.

② C.R.J. Currie and C.P. Lewis, ed., *A Guide to English County Histories*, Stroud: Sutton, 1997, p.117.

③ Ibid., p.152, p.154.

④ William Pole, *Collections Towards a Description of the County of Devon*, London, 1791, p.129.

⑤ George Baker, *The History and Antiquities of the County of Northampton*, Vol.I, London, 1822—1841, To The Reader.

第五节　区域自然志的兴起

一　从自然神学到自然志

英国知识界对自然世界的认识经历了自然神学(natural theology)、自然志(natural history)、自然哲学(natural philosophy)的演变,也是从神学走向科学漫长的过程,并且三个发展阶段矛盾与融合并存,充满张力。这其中的自然神学与自然哲学分别在宗教研究、哲学研究和自然科学研究中得到了极大的关注,而此间承前启后的自然志却受到研究者的冷落,特别是历史学研究领域,对此更鲜有涉及。《剑桥科学史》指出:"直到 20 世纪 90 年代早期,科学史学者很少强调自然志的发展是 16、17 世纪发生的知识转变的一部分,而是更强调物理学与天文学。"[1]R.B. 弗里曼(R.B. Freeman)指出:"现在自然志这一词经常以轻蔑的含义,来描述爱鸟者与爱花者的活动。它真正的、更古老的意思是对任何主题事实的收集与研究——除了宗教、军事或者具有民事意义的以外。只有在这个世纪(20 世纪),也只有在这最近的几年,绝大多数人才意识到,这一研究对于环保是必要的,甚至那些对植物和动物种类不甚敏感的人。"[2]在大多数研究者眼中,自然志与科学相距甚远,不过是有闲者附庸风雅的行为,体现的是工业革命之后,饱受环境污染和拥挤生活之苦的人们的怀旧心理。"随着工厂大量增加,城市居民的思乡之情被投射在了小小花园、宠物、苏格兰和湖区的度假中,反映在对野花的兴趣,对鸟的关注,对乡下周末小屋的梦想之中。"[3]这些认识忽视了人类认识与探究自然世界过程的曲折与艰辛,割裂了宗教、经验主义、科学实验等之间有机的联系,体现的是一种线性的自然发展观与认识论。其次,现代社会由于环境问题日益严重,进而重新意识到自然世界的重要性,这在越来越多人关注周边的自然、环境、生态以及鸟、植物、山川、河流等中得到了体现,不

---

[1]　Katharine Park and Lorraine Daston, ed., *The Cambridge History of Science*, Vol.3, Cambridge: Cambridge University Press, 2008, p.436.

[2]　R.B. Freeman, *British Natural History Books*, Folkestone: Dawson Archon Books, 1980, p.7.

[3]　[英]基恩·托马斯:《人类与自然世界:1500—1800 年间英国观念的变化》,宋丽丽译,译林出版社 2009 年版,序言,第 2 页。

正是说明了以观察和经验为特征的自然志的重要吗? 自然志是一个相对宽泛的概念,它包括各种专门志,如鸟志、蛇志、昆虫志等,也包括研究某一地区自然环境的自然志,这就是区域自然志。关于区域自然志,学界的研究更少,值得在此强调一下。区域自然志是方志与自然志相结合的一种方志类型,它侧重于叙述某一地区内有关自然物质世界的内容,包括空气、土地、化石、动物、植物、矿产、古物、人等。从书写方式的角度来看,区域自然志是一种新的书写范式,体现了从中世纪的修道院编年史逐渐地转向对客观世界的描述。

修道院编年史不会有意识地描述客观世界,在它有限的对自然世界的认识领域,修道院编年史认为,上帝创造了宇宙以及世间的万物,万物永恒不变,对自然现象和自然环境的观察与解释,不过是对上帝创始说的补充与阐释。14 世纪下半叶兴起的文艺复兴运动的成就不仅体现在人文方面,也体现在科学领域和人的心智层面。丹皮尔指出:"虽然由于当时的思想方式习惯于宗教的权威,人们在世俗文献方面也容易接受权威,而且过度看重希腊哲学家的学说也是有危险的,但人文主义者毕竟为科学的未来的振兴铺平了道路,并且在开扩人们的心胸方面起了主要作用。只有心胸开阔了,才有可能建立科学。假使没有他们,具有科学头脑的人就很难摆脱神学成见的学术的束缚;没有他们,外界的阻碍也许竟无法克服。"①

16、17 世纪时,中世纪的宗教神学观对人们的思维依旧有着较深的影响。"在近代之初,科学还没有与哲学分离,科学也没有分化成众多的门类。知识仍然被视为一个整体;哲学这个术语被广泛使用来指称任何一种探索,不管是后来狭隘意义上的科学探索还是哲学探索。"②民众对自然与环境认识的出发点,仍然是对上帝创造世界的理解,体现出的是宗教的虔诚。③神学是认识的源头,任何试图挑战宗教神学的人,都将受到教会的严密控制。因此,有关自然的描述与研究,需在宗教神学的范式下进行,研究的目的是把此看作是上帝创造世界的方式。如曾经有研究者对化石进行过仔细的研究,并发现曾经有过地壳的移动。这接近于现代科学的研究,却最终成为论证《圣经》的有力证据。约翰·雷被誉为"英国的亚里士多德",他的自然志研究涉及鸟、兽、鱼、虫、植物、矿产、宇宙天体等自然世界的诸多方面。约翰·雷对自然的论述综合了自然神学与自然志,并且带有鲜明的宗教神学

---

① 〔英〕W.C. 丹皮尔:《科学史》,李珩译,广西师范大学出版社 2001 年版,第 85 页。

② 〔英〕亚·沃尔夫:《十六、十七世纪科学、技术和哲学史》,周昌忠等译,商务印书馆 1984 年版,第 5 页。

③ Patrick Armstrong, *The English Parson-Naturalist*, Wiltshire: Cromwell Press, 2000, IX.

色彩。约翰·雷写道："没有什么证据，能比庄严整饬的天上与地上一切部分与成员的组成与结构、秩序与分布、目的与用处中体现出的惊人技艺与智慧，更有力地——至少不会是更明显、更具说服力地——证明神（Deity）的存在……那么，在大自然的作品中，那些显而易见的宏伟壮观之处，那些体现出美感、秩序以及功用的匠心独运之处，都远远高于人工的技能（恰如无穷的力量和智慧超越有限的力量和智慧），为什么就不能预示出一位全能、全智的创造者的存在与作用呢？"①

　　另一方面，近代以来欧洲的天文、地理、航海、仪器、军事技术、建筑、医学等方面都取得了很大的发展，这种进步也体现在对自然的探索方面。首先是植物学方面。许多植物不仅具有观赏性，也具有药用功能，同时那些色彩鲜艳的花草，还能触发画家和人文主义者的艺术情愫。"因此，一半由于药草的需要，一半由于对天然界的好奇心，以及更加爱好颜色和美，在16世纪里，植物知识有了很大发展。"②再加上探险者和冒险家从世界各地带回来的奇花异草，欧洲各地纷纷建立起花圃与药园。1613年，英国药剂师学会创立切尔西药用植物园。亚·沃尔夫指出："这种对生物学研究的新的兴趣的表现之一是植物园和动物园的建立以及植物标本和解剖标本的采集，它们是这个新时代的特征。"③16世纪时，欧洲许多博物学者重新开始研究植物学。在英国，威廉·特纳（William Turner）和约翰·杰拉德（John Gerard）是这一时期重要的代表。威廉·特纳曾经在剑桥大学彭布罗克学院学习，自幼就对植物很感兴趣。他观察植物，希望弄清楚它们的栖息地，并介绍那些英格兰还没有发现的植物品种。为了了解植物的医学功效，他曾经到意大利博洛尼亚等大学求学访问。他希望编写出权威的英国动植物目录。1551年，他出版《植物志》一书的第一部分，奠定了他在植物学研究领域的名声。1562年，他出版该书的第二部分。在他去世的那年，出版了该书的第三部分。威廉·特纳也研究英格兰的鸟类，他曾经写作过有关鸟类的专著，这是第一部该类型的著作。在特纳之后，比较重要的植物学家是约翰·杰拉德。他曾经负责管理威廉·塞西尔在伦敦的花园。1597年，他出版巨著《植物志》，该书共1484页，并配有插图，这是17世纪英国最流行的植物学书籍。在他去世20年后，该书被重新

① ［英］约翰·雷：《造物中展现的神的智慧》，熊姣译，商务印书馆2013年版，第15—16页。

② ［英］W.C.丹皮尔：《科学史》，李珩译，广西师范大学出版社2001年版，第107页。

③ ［英］亚·沃尔夫：《十六、十七世纪科学、技术和哲学史》，周昌忠等译，商务印书馆1984年版，第491页。

校对，并扩展到约 1700 页。17 世纪时，随着透镜的改进以及复式显微镜的发明，对动植物组织与器官的研究产生了很大的推动，其中约翰·雷是一个里程碑式的人物。约翰·雷的代表著作是 1660 年的《植物的分类》，1684—1704 年间写成的《植物志》，以及 1695 年写成的《各郡的植物》。《植物志》记载了当时已知的植物种类，并对它们进行了科学意义上的分类。先是分为几个主要的大类，每个大类下面再分为属的小类，每个属都有各自的特征与概述，这些工作有助于命名。这些科学的研究方法是约翰·雷在自然志中的重要贡献，直到后来更为科学的林奈命名法出现。亚·沃尔夫评价道："雷的工作所以值得一提，是因为它第一次列举了重要的植物自然类群或者目。"①约翰·雷的学术研究与宗教神学观联系在一起，他在植物学、动物学、分类学以及自然神学方面的研究，是一个整体性的工作。奥斯勒写道："自然神学，即试图通过研究自然界来认识上帝，是 17 世纪末思想的一个显著特征。"②

在"英国地形学之父"③约翰·利兰的游记手稿中，除了古物内容，还包含了许多自然志的内容。在涉及英国河流与湖泊时，他特别关注鱼。利兰的游记记载，在什罗普郡的湖泊中，就有梭子鱼、丁桂鱼、鲈鱼、雅罗鱼等。④威廉·兰巴德的《肯特郡志》也对肯特郡的地理、气候、环境等进行了详细的介绍。威廉·兰巴德的《肯特郡志》对该地区自然环境以及自然资源详细的记载与描述，在以往的著作中是鲜有的，这是英国乡绅阶层对自己所生活的客观世界的一种新的认识，从宗教的迷雾中解脱出来，通过自己的观察与勘察，他们需要重新确立新的认识世界的范式。这既是一种书写的方式，也是一种新的实践的方式。为了描述肯特郡的全貌，兰巴德走遍了该郡的各处，在这一过程中，他自觉或不自觉地观察并记载了有关自然环境与自然资源的信息。威廉·兰巴德还有著作论述排水等水利设施，初显这一时期的乡绅对自然环境的探索与改造。当然《肯特郡志》并非真正意义上的区域自然志，罗伯特·普洛特（Robert Plot）的《牛津郡自然志》首开区域自然志书写

---

① ［英］亚·沃尔夫：《十六、十七世纪科学、技术和哲学史》，周昌忠等译，商务印书馆 1984 年版，第 499 页。

② ［美］玛格丽特·J.奥斯勒：《重构世界：从中世纪到近代早期欧洲的自然、上帝和人类认识》，张卜天译，湖南科学技术出版社 2012 年版，第 159 页。

③ H.B. Walters, *The English Antiquaries of the Sixteenth, Seventeenth, and Eighteenth Century*, London: Edward Walters, 1934, p.2.

④ Lucy Toulmin Smith, *Leland's Itinerary in England and Wales*, London: Chiswick Press, 1907, Vol.IV, p.1.

的先河,此后不断有此类著作问世。

二　对客观世界的描述的自然志

在近代早期英国知识界中,弗朗西斯·培根的哲学思想对人们的世界观产生了重要的影响。培根的归纳法强调观察与实验,这是一种崭新的思维方式,体现的是经验理性。在培根主义的影响下,英国知识阶层注重对自然现象、动植物、岩石矿石、化石①等的描述与记载。由此,一种新的书写方式——自然志——出现。自然志是有关自然界中人们所知、所感兴趣事物的描述和分类,研究的内容包括动物学、植物学、矿物学、古生物学、地球、宇宙起源和地方古物。

何为"自然志"? 它的英文表述是"Natural history"。国内学界对此有着不同的翻译与解释。有人把"Natural history"译为"自然史"。②古罗马作家普林尼(老普林尼)著有 *Natural history*,中译本译为《自然史》。该书采取叙述的手法,记叙的内容包括宇宙、地理学、人类、动物、植物、花卉、医学、矿产等。"如果我们按照古希腊语'史'字的本意,把希罗多德的《历史》理解为当时希腊人所知道的故事,那么《自然史》实际上就是当时罗马知识界对自然界各种事物的记载而已。"③休谟的 *The Natural History of Religion*,中译本译为《宗教的自然史》。曾晓平指出:"《宗教的自然史》是西方宗教研究的里程碑之一,它第一次系统考察宗教信念的起源和演变,标志着对宗教的科学研究的开端,被人们看作一部关于宗教的历史学、哲学、心理学、社会学和人类学的著作。"④有人把"Natural history"译为"博物志"⑤或者"博物学"⑥。吴国盛建议,在学术研究中,natural history 应该译成"自

---

① 在近代早期,"化石"一词并不是指有机物的遗骸,而是指"从地里挖出的东西"。参见[美]玛格丽特·J.奥斯勒:《重构世界:从中世纪到近代早期欧洲的自然、上帝和人类认识》,张卜天译,湖南科学技术出版社 2012 年版,第 152 页;[英]亚·沃尔夫:《十六、十七世纪科学、技术和哲学史》,周昌忠等译,商务印书馆 1984 年版,第 434 页;John Aubrey, *The Natural History of Wiltshire*, London: Wiltershire Topographical Society, 1847, p.39.

② [法]米歇尔·福柯:《词与物》,莫伟民译,上海三联书店 2016 年版,第 133 页。

③ [古罗马]普林尼:《自然史》,李铁匠译,上海三联书店 2018 年版,汉译者前言,第 4 页。

④ [英]休谟:《宗教的自然史》,曾晓平译,商务印书馆 2014 年版,前言,iii。如果按照吴国盛的理论,《宗教的自然史》应该译为《宗教志》。

⑤ [英]吉尔伯特·怀特:《塞尔伯恩博物志》,梅静译,上海文化出版社 2019 年版。

⑥ 刘华杰认为,"博物学"大致对应于西方的"自然史"(Natural History),但要比"自然史"含义广一些,侧重点也略有不同。刘华杰:"博物学与地方性知识",江晓原、刘兵(主编):《科学的越位》,华东师范大学出版社 2010 年版,第 39 页。

然志"。他指出,英文 natural history 来自拉丁文 naturalis historia。要准确把握这个词组的本来意思,需要考虑两个因素:第一,natural history 是与 natural philosophy(自然哲学)相对的一种认识方式和知识类型;第二,这个词组搭配中的 history 指一种特别的对待事物的方式,不同于我们今日所理解的"历史"。就第一个因素而言,用"自然志"对应"自然哲学"很合适。就第二个因素而言,我们必须注意到 historia 并不是关于过去事件的"时间性"梳理,而是对具体个别事物"分门别类"的探究、调查、记述。吴国盛指出,如果我们力求把这一层意思表达出来的话,把 natural history 译成"自然志"比译成"自然史"更准确。18 世纪之后,natural history 中的history 慢慢具有时间性意义。之后的著作家有些的确是在"历史"的意义上使用 history 一词,此时可以具体问题具体分析,译成"自然史"。但是,我们需要注意到,即使在进化思想出现之后,natural history 的基本意思仍然是关于个别事物的现象描述,作为时间性的历史性是派生的、附加的。①如上所述,理解这一问题的关键是"history"这一单词。按照第二版《牛津英语词典》的解释,history 有一种含义,即对一系列自然现象(不涉及时间)系统的解释,它与一国、某一地区的自然或者自然物体、动物或者植物等的物种有关。现在很少使用该意思了,只在 natural history 中使用这一含义。②而有关"natural history"的含义,第二版《牛津英语词典》认为自然志有三层含义:有关自然物体,植物或者动物性质研究的著作,按照相似的方法,对任何主题的科学的解释;有关自然物体事实的集合体;起初是对所有自然物体、动物、植物、矿物的研究,现在严格地指动物生活的研究,以一种大众的,而不是严格意义上科学的方法进行。③下面我们再来看第三版《牛津英语词典》的解释:自然志(Natural history)是有关动物或者植物的科学研究,它注重观察,而不是实验;它研究整个自然世界,包括矿物学与古生物学,也包括科学观察有关的自然现象。这里的 history 不是讲述自然发展与演变的历史,而是对自然界物质的列举。④此外,在中国语境下,"志"具有记载与记叙的含义。由此我认为,在方志文本中,"natural history"应该翻译

① 吴国盛:"自然史还是博物学?",《读书》,2016 年 1 月 15 日。
② J.A. Simpson and E.S.C. Weiner, *The Oxford English Dictionary*, second edition, Vol. vii, Oxford: Clarendon Press, 1989, p.261.
③ Ibid., p.244.
④ Angus Stevenson, ed., *Oxford Dictionary of English*, third edition, Oxford: Oxford University Press, 2010, p.1182.

为自然志。[①]

　　"弗朗西斯·培根是英国自然志研究的第一人。"[②]以往对培根的研究侧重于哲学等领域,他的自然志思想并没有得到相应的关注。事实上,在弗朗西斯·培根重建科学的计划中,自然志占据重要的地位。[③]培根有关自然志的论述见诸 1605 年的《学术的进展》、1620 年的《新工具》、1622 年的《自然和实验的认识》、1623 年的《论学术的发展和价值》,以及培根去世后在 1627 年由其神父罗利编辑出版的《木林集:自然志》。在培根还在世的时候,罗利写了该书的前言;该书叙述了培根有关自然志的观点。[④]培根批评经院哲学道:"学问的这种堕落主要体现在经院学者身上,他们具有敏捷和强大的智力,又有很多闲暇,不过阅读范围狭窄,交往的范围只限于修道院和学校,对自然或历史的演变了解不多(knowing little history, either of nature or time),只利用极少的材料和无限的才智,辛勤地编织学问之网,人们从他们留给后世的著作中可以窥见他们的这种学问。"[⑤]在《学术的进展》一书中,培根把人类的知识归为三种,即历史、诗歌、哲学。历史又可以分为自然志、社会史、宗教史以及学术史。自然志继续分为普通的自然志、变异的自然志,以及加工过的自然志。[⑥]在用拉丁文扩写《学术的进展》而成的《论学术的发展和价值》一书中,培根把历史只分为自然志与社会史。在培根论自然志的著作中,我们可以归纳出这样一种特征,即自然志与社会史联系密切,他不是就自然志论自然志,而是与社会史融合,体现了他独特的自然观,即人与自然的关系。培根认为:"人作为自然界的臣相和解释者,他所能做、所能懂的只是如他在事实中或思想中对自然进程所已观察到的那样多,也仅仅那样多;在此以外,他是既无所知,亦不能有所作为。"[⑦]培根在《学术的进展》一书中,特别提及宇宙志(history of cosmography)与自然志的关系。"还有另一种混杂的历史,那就是宇宙志。由于它所包含的地理方

[①] 也可参见蒋澈:《从方法到系统:近代欧洲自然志对自然的重构》,商务印书馆 2019 年版,第 1 页。

[②] Richard Gough, Anecdotes of *British Topography*, London, 1768, p.60.

[③] Wilbur Applebaum, ed., *Encyclopedia of the Scientific Revolution from Copernicus to Newton*, London: Garland Publishing, 2005, p.701.

[④] James Spedding and Robert Leslie Ellis and Douglas Denon Heath, *The works of Francis Bacon*, Vol.IV, p.143.

[⑤] 参见[英]弗朗西斯·培根:《学术的进展》,刘运同译,上海人民出版社 2007 年版,第 22 页。

[⑥] [英]弗朗西斯·培根:《学术的进展》,刘运同译,上海人民出版社 2007 年版,第 64—65 页。

[⑦] [英]培根:《新工具》,许宝骙译,商务印书馆 1984 年版,第 7—8 页。

面的记载,可以把它们看作是自然志;由于它们所记录的居民、管理和风俗方面的内容,又可以把它们当作是社会史;由于它们所记载的气候和天空的形状,它们又可归属到数学中。这种宇宙志在现代的各种学问中算是最先进的。"①

三　区域自然志的兴起

17 世纪下半叶开始,方志的一个新分支与新类型——区域自然志——出现,包括郡自然志、城市自然志以及堂区自然志等,其中最重要的是郡自然志。按照《剑桥科学史》的观点,自然志的研究方式有两种,一是选择一个地区,二是选择一个主题。对于前一种研究方式,英国的传统开始于 1677 年罗伯特·普洛特的《牛津郡自然志》,结束于 1789 年吉尔伯特·怀特的《塞尔伯恩自然志》。②罗伯特·普洛特的《牛津郡自然志》(*The Natural History of Oxford-shire*)首开郡自然志写作的先河,"这是以培根主义的范式写作的一部新类型的郡志。"③1686 年,罗伯特·普洛特又出版《斯塔福德郡自然志》(*The Natural History of Stafford-shire*),体例与《牛津郡自然志》类似。罗伯特·普洛特被称作"不列颠郡自然志之父",可谓名副其实。④

罗伯特·普洛特 1640 年出生于肯特郡一个富裕乡绅家庭,是家中的独子。他从小就接受良好的教育,曾在牛津大学莫德林学院求学。1661 年他获得文学学士学位(BA),1664 年获得文学硕士学位(MA),1671 年获得民法学士学位。他坚信培根的格言,认为自然志"要么是为了获得它所包含的特定事物的知识,要么是作为哲学的主要材料,以及真正归纳法的材料和主题"。对自然的探索与考察,需要亲力亲为。为了准备自然志的写作,普洛特在英格兰及威尔士进行勘测。田野调查是辛苦的,普洛特或是骑马或是步行。在 1674 年的夏天,他对埃文洛德河和泰晤士河之间的乡村进行了勘察,沿着埃文洛德河考察了牛津郡西部,又沿着泰晤士河考察了牛津郡东部。1677 年《牛津郡自然志》出版后,引起强烈的反响。埃利亚斯·阿什莫

①　[英]弗朗西斯·培根:《学术的进展》,刘运同译,上海人民出版社 2007 年版,第 72 页。中译本把 history of cosmography 翻译为地方志,是不准确的。

②　Roy Porter, *The Cambridge History of Science*, Vol.4, Cambridge: Cambridge University Press, 2008, p.417.

③　Graham Parry, *The Trophies of Time*, Oxford: Oxford University Press, 1995, p.301.

④　Stan Mendyk, "Robert Plot: Britain's 'Genial Father of County Natural Histories'", *Notes and Records of the Royal Society of London*, Vol.39, No.2(Apr., 1985), p.159.

尔劝说牛津大学建立一个自然博物馆，用以收集、整理、研究并展览相关的实物。1683 年，罗伯特·普洛特被任命为阿什莫尔博物馆的首任馆长。

区域自然志一个显著的特点就是关注本地区自然现象或自然界中的物质，而不太聚焦于族谱与家谱。罗伯特·普洛特写道："我首先要考虑的是自然的东西，比如动物、植物和大千世界的万物。"普洛特的《牛津郡自然志》与《斯塔福德郡自然志》体例相同，包括如下章节："天空与空气""水""土地""岩石""成型的石块""植物""动物""男人与女人""工艺""古物"。在牛津郡，牛津大学一个地理学教授把该郡所发生的诸如雷电等自然天象，发表在《英国哲学通讯》上。①普洛特的自然志也会记载不可思议的事情。1659年，下了一场冰雹，鸡蛋大的石头从天而降，对于农作物造成了很大的伤害。②与以前方志不同的是，他对这些现象进行科学的解释。例如，从天上掉下的青蛙"可能是从山顶上吹下来的，也可能是被水汽吸上来……然后在云中汇集起来，并且在阵雨中释放。"③在"水"这部分，罗伯特·普洛特说牛津郡的水质是全英国最好的，或者说是最好的之一，因为该郡境内有五条大河。④《斯塔福德郡自然志》系统地论述了泉水的起源，并对泉水进行了详细的分类。罗伯特·普洛特认为，泉水的最终来源是降雨。在"土地"这部分，普洛特引用威廉·卡姆登的话，牛津郡土壤肥沃，平原地区是庄稼和草地，小山丘上是森林，不仅物产丰富，而且是猎狗和鹰的乐园，该郡水源充沛且多鱼。普洛特说，卡姆登对牛津郡土地的描述在他的时代，依旧是真实的，甚至更好。⑤《斯塔福德郡自然志》介绍了该郡的地理位置，北面是柴郡，东面是德比郡与莱斯特郡，西面是什罗普郡，南面是沃里克郡与伍斯特，特伦特河把该郡分为南北两部分。第三章主要涉及农业以及黏土和泥灰土的使用。还有一些内容讨论了煤炭的问题，并告诉人们如何找到煤。在有关"岩石"这一章，他关注了地方研究中似乎长期关注的一个主题，即石灰堆肥。但是这一章还包含了一则有趣的轶事，涉及普洛特关于指南针变化的实验。在野外时，他发现他的指南针读数与标记相差六度，普洛特"想不出磁铁会产生这样的偏差，除非是内战时期的一些老旧盔甲掩埋于此"。事实上，最有可能的情况是当地存在磁铁矿的磁性所致，而现在我们确实在斯塔福郡

①　Robert Plot, *The Natural History of Oxford-shire*, Oxford, 1705, p.6.
②　Robert Plot, *The Natural History of Stafford-shire*, Oxford, 1686, p.23.
③　Ibid., pp.23—24.
④　Robert Plot, *The Natural History of Oxford-shire*, Oxford, 1705, p.18.
⑤　Ibid., p.52.

附近发现了大量的磁铁矿。第五章的主题是"有形状的石头"(formed stone)。在有关化石起源的问题上,存在不同的认识。①一种理论认为,在采石场等地发现的石头,是由于某些特别的潜在"塑造性属性"(plastic virtue),形成了这些贝壳图案的岩石。另一种理论认为,它们原本就拥有贝壳的形状,是被洪水、地震或者其他方式,移到它们被发现的地方,被泥浆、黏土和石化液包裹,随着时间的作用变成石块,直到今日被我们发现,总的来说它们仍保持着原来的线理、洞空等特征。②普洛特反对洪水说,他认为化石是自然形成的物体。在有关"古物"这一章,普洛特强调,地区研究是科学的古物研究的背景,相对于自然志来说,古物处于第二位。普洛特说:"为了使读者满意,我在我的《自然志》中增加了古物一章。我不打算陷入家谱和有关土地或家庭世袭的研究之中,也不涉及有关修道院,或者任何宗教或者世俗的事务。我在这一章中确实打算尽量省略人和事,而主要关注于物,包括地面上与地下的,如古代的纪念章、道路、人行道、瓮、石碑、防御工事等,无论其属于古不列颠、罗马、萨克森、丹麦还是诺曼时期。"③

《牛津郡自然志》与《斯塔福德郡自然志》为罗伯特·普洛特带来了极大的声誉。在很长的时间内,有关区域自然志的研究,无人能超越他。对斯塔福德郡而言,第二部《斯塔福德郡自然志》出现在 1844 年,作者是罗伯特·戛纳(Robert Garner)。④在此之后,普洛特回到自己的故乡肯特郡。他计划编修肯特郡的自然志,进行了实地的考察,并收集了许多有价值的资料。遗憾的是,普洛特在 1696 年春去世。普洛特留下了身后名,一种名为"Clypeus plotii"的海胆就以他的名字命名。

当然,也有一些学者对自然志书写的内容冷嘲热讽或不屑一顾,但是后来的历史证明,罗伯特·普洛特那些看似随意的记载,并不是没有历史意义的。他有关当时工业程序的记录极其宝贵。⑤在《牛津郡自然志》前言的致辞中,罗伯特·普洛特告诉读者,他的作品将有助于"在英格兰被忽视学问

---

① [英]亚·沃尔夫:《十八世纪科学、技术和哲学史》(上册),周昌忠等译,商务印书馆 1991 年版,第 484 页。

② Robert Plot, *The Natural History of Oxford-shire*, Oxford, 1705, p.112;[美]玛格丽特·J.奥斯勒:《重构世界:从中世纪到近代早期欧洲的自然、上帝和人类认识》,张卜天译,湖南科学技术出版社 2012 年版,第 156 页。

③ Robert Plot, *The Natural History of Stafford-shire*, Oxford, 1686, p.392.

④ C.R.J. Currie and C.P. Lewis, ed., *A guide to English County Histories*, Stroud: Sutton, 1997, p.361.

⑤ Ibid., p.328.

（例如自然或艺术）的发展”，并且可以促进贸易。[①]这一表述说明，自然志研究并非完全有关自然现象的叙述，它是包含于方志的大框架内的，并且与社会、文化、习惯和历史等交织在一起，成为一个包罗万象的集合体。R.B. 弗里曼认为：虽然罗伯特·普洛特标榜该书为自然志，但是该书不应该属于自然志，因为它的内容绝大多数是地志学，也包括一些古物。[②]在 R.B. 弗里曼编写的《不列颠自然志书籍》一书中，他把罗伯特·普洛特的书收入，是“出于礼貌”。[③]

事实上，在罗伯特·普洛特写作《牛津自然志》之前，另一位方志史家与古物学家约翰·奥布里（John Aubrey）从 1656 年至 1685 年间也准备写作《威尔特郡自然志》（*The Natural History of Wiltshire*）。约翰·奥布里说，“我从 1656 年起就在写作有关威尔特郡自然方面的文章。1675 年，我得知罗伯特·普洛特在写《牛津郡自然志》，认为他写得很好，我希望普洛特也能写有关威尔特郡的自然志，我愿意将手头的资料赠送给他，并给予他帮助。但是这时，普洛特准备写《斯塔福德郡自然志》，并于 1684 年完成。我再次邀请他从事威尔特郡自然志的写作，他回复说，自己正忙于阿什莫尔博物馆的工作，没有时间写作威尔特郡的自然志，除非是他的故乡肯特郡的自然志。因此他希望我自己完成并出版威尔特郡自然志。”[④]《威尔特郡自然志》包括两部分。第一部分叙述空气与气候、温泉、河流、土壤、矿石与化石、石头、有形状的石头、动植物、鱼类与鸟类、昆虫与爬行动物、男人与女人、疾病与治疗等。奥布里意识到堂区登记簿的价值，这是有关堂区居民出生、洗礼、结婚与死亡等重要的资料，可惜这部分内容比较单薄。第二部分涉及郡的名人、花园、建筑、农业、贸易、手工业、市集、游戏、意外事故等，有些社会史的意思。从他的著作中，我们也可以知晓约翰·奥布里有广泛的学术圈。在他的著作中，不时地会提及当时著名的学者，如哈维（Harvey）告诉我什么事[⑤]，作者告诉罗伯特·波义尔（Robert Boyle）什么事情[⑥]，威廉·达格代尔告诉我什么事[⑦]，威廉·配第（William Petty）告诉我什么事[⑧]等等，这

---

① Robert Plot, *The Natural History of Oxford-shire*, Oxford, 1705, To the Reader.

②③ R.B. Freeman, *British Natural History Books*, Folkestone: Dawson Archon Books, 1980, p.8.

④ John Aubrey, *The Natural History of Wiltshire*, London: Wiltershire Topographical Society, 1847, preface.

⑤ Ibid., p.71.

⑥ Ibid., p.74.

⑦ Ibid., p.98.

⑧ Ibid., p.111.

样的事例比较多。这一方面可能是奥布里自我显摆，另一方面也从侧面证明他的自然志有较高的可信度。约翰·奥布里的《威尔特郡自然志》是一部重要的自然志。在内容与体例上与罗伯特·普洛特的《牛津郡自然志》有许多相似的地方，可见奥布里与普洛特之间有着密切的学术交流。正如约翰·布里顿在 1847 年重新编辑校订并出版《威尔特郡自然志》时所言，"假如奥布里的作品出版，将会与普洛特的自然志、伯顿的《莱斯特郡志》、约翰·莫顿的《北安普顿郡自然志》、菲利普特的《肯特郡志》等一样，成为重要的、有价值的著作。该书记载了威尔特郡有价值的信息，将唤醒人们的好奇心，促进调查与研究，种下地形学收获季节的种子。"①

约翰·莫顿(John Morton)的《北安普顿郡自然志》(*The Natural History of Northamptonshire*)是另一部典型的郡自然志。约翰·莫顿是北安普顿郡的自然志学者，先后在剑桥大学和牛津大学学习，后成为牧师。莫顿对地方自然志兴趣浓厚，认识的朋友包括罗伯特·普洛特、伍德沃德(John Woodward)、汉斯·斯隆(Hans Sloane)等人。1703 年，他入选皇家学会；1712 年，他出版了《北安普顿郡自然志》。《北安普顿郡自然志》的内容包括：郡的概况、土壤、石头、海洋贝壳、水、空气与天空、植物、动物、人类、艺术、古物等。此外，在书中，作者还附录了许多化石图像。这些内容与传统意义上的自然志相似。《北安普顿郡自然志》有一个独特的地方在于，该书的末尾附录了北安普顿郡的《末日审判书》的内容。②后来的研究者指出，这部分内容存在不准确的地方，但是毕竟这种内容在其他书中很少出现。

虽然理查德·卡茹的《康沃尔郡志》对康沃尔的自然世界进行了描述，但是真正的康沃尔自然志是 1758 年威廉·博莱斯的《康沃尔郡自然志》。除了《康沃尔郡志》之外，威廉·博莱斯对自然世界也非常感兴趣，闲暇之余研究植物与园艺，收集化石与矿石。《康沃尔自然志》是他对自然世界研究的代表作。书中涉及康沃尔郡的概况，如地理位置、行政区划、空气与气候、水(包括蒸汽、露水、湿气、泉水、雨水、小溪、河流、湖泊、大海)、港湾与河、井与井水、土壤、岩石与化石、沙子、山脉的起源、农牧业、肥料、金属、矿与矿脉(锡矿、铜矿、铁矿、金矿等)、植物与植被、森林与果树、花草、珊瑚、鸟类、陆地与水生昆虫、海洋生物、鱼类与贝壳类、爬行动物、四足动物(包括羊、牛、马鹿)、居民以及民众的日常生活与游戏、贸易等。《康沃尔自然志》以记载

---

① John Aubrey, *The Natural History of Wiltshire*, London: Wiltershire Topographical Society, 1847, To George Poulett Scrope.

② John Morton, *The Natural History of Northamptonshire*, London, 1712.

自然世界和自然现象为主，也包括一些社会等方面的内容，这也是这一时期自然志书写的一个特点，即具有一定的混杂性。如书中记载了有关锡矿管理的情况。康沃尔的锡矿资源特别丰富，在书中多处涉及锡与锡矿的内容。在当时，有五个镇被指定从事与锡和锡矿有关的事务。由此产生关于锡矿的特权与管理的事务。①再有，与《康沃尔郡志》不同，在《康沃尔自然志》一书的最后记载了当地居民的民风、习俗、出生、节日、游戏、贸易、语言、土地所有等内容，特别是最后单独叙述了自 1753 年以来在康沃尔发现的古物的情况。②

本杰明·马丁（Benjamin Martin）的《英格兰自然志》（*The Natural History of England*）是另一部重要的自然志。该书献给当时的威尔士亲王，记叙的内容包括英格兰和威尔士各郡的自然志。《英格兰自然志》写作的特点是按郡讲述，每个郡的结构相似，先是讲述本郡的名字由来，然后是地理位置、空气与气候、土地与土壤、河流与水、矿产、居民、商品、特产等。这些内容都讲述得简明扼要，条理清晰。然后是按照百户区（ward 或称 division），描述这些行政单元内的地理位置、行政、济贫与医院、物产、历史以及古物等方面的内容。该书的一个特色，就是在书中讲述了各郡特色的事物。如讲述威尔特郡时，就重点记叙了巨石阵的内容。③讲述苏塞克斯郡的自然资源时，强调该郡矿石的特殊性。苏塞克斯郡东部的许多地方有数量巨大的铁矿，它们分为三类：一种是坚硬的黑色的铁矿石；另一种纹理更好、颜色更淡也更柔软；第三种介于其中。在外部特征方面，苏塞克斯的铁矿石与英格兰其他地区发现的矿石截然不同。④在讲述牛津大学与剑桥大学时，侧重于介绍大学的各个学院的情况。总体说来，《英格兰自然志》的内容包罗万象，既有历史地理，也有经济社会，当然还有自然环境与自然资源等。它为我们研究历史提供了丰富的资料，且这些材料是正史之中很难获得的。

在自然志的书写过程中，有一个有趣的现象，就是堂区牧师热衷于撰写堂区（村庄）自然志。劳顿曾在《自然志杂志》中对这一现象做过解释，"居住在乡村的牧师适合自然志的研究，这一点毋庸置疑。……对牧师来讲，有关自然志的爱好对其本人和其他人都有好处。……自然志学家在室外田野中研究习性，搜寻鸟类、昆虫或植物的习性与栖息地，这不仅有助于他自己的

---

① 　William Borlase, *The Natural History of Cornwall*, Oxford, 1758, pp.182—192.

② 　Ibid., p.322.

③ 　Benjamin Martin, *The Natural History of England*, Vol.I, London, 1759, p.96.

④ 　Ibid., p.173.

健康,而且也提供了与堂区居民相互交流的机会,由此可以相互熟悉。最终,牧师既成为居民的精神导师,又成为建议者与朋友。"①帕特里克·阿姆斯特朗(Patrick Armstrong)称他们为"牧师自然志学家"(parson-naturalist)。堂区牧师的身份是多重的,除了宗教的身份之外,他们也可能是诗人、音乐家,或者对方言、语言有着特别的研究,也可能是地方史的作者,还有一些堂区牧师是政治活动的积极参与者,如因什一税或者圈地而参与政治。也有一些堂区牧师收集、研究堂区内的野花,或者研究鱼类、虫类、蜘蛛等化石。他们就是堂区自然志学家。②

吉尔伯特·怀特的《塞尔伯恩自然志》既是文学研究中一部非常重要的著作,也是一本有关自然志别具特色的书籍。吉尔伯特·怀特出生于汉普郡的塞尔伯恩堂区。"塞尔伯恩堂区位于汉普郡最东端,与苏塞克斯郡接壤,距萨里郡不远,它处于北纬 51 度,在伦敦西南约 50 英里处,几乎处在奥尔顿和彼得斯菲尔德两镇的正中间。"③1739 年,怀特进入牛津大学学习,先后取得学士与硕士学位。此后他游历英国各地,回到塞尔伯恩之后,担任堂区的副牧师。1789 年出版的《塞尔伯恩自然志》是英国文学史中一颗璀璨的明珠,后世新的版本非常多。④在此,我们从自然志研究的视角对该书进行探讨。首先,在体例上,《塞尔伯恩自然志》与之前的自然志著作不同,它属于书信性质的随笔,分别写给他的朋友,威尔士自然志学家托马斯·彭南特,以及黛恩斯·巴林顿。后来按照写信时间顺序,编辑成书。因此,与之前按照类别或者行政区划而成书的著作不同,该书娓娓道来,并不特意按照某种体例书写。刘华杰写道:"安闲度日的绅士怀特,'随心所欲'地记录了离伦敦不远的一个乡村塞尔彭的自然景物,文笔精密生动,润物无声。人事、虫草、物候不落谋画,若从笔尖率然流出,体物而不言志,倾心而不矫情。"⑤其次,它记录的单元不是郡,而是堂区,也就是作者所生活的堂区,在这里,怀特可以用脚丈量这片土地。由此,他的观察与记录非常细致与详

① David Elliston Allen, *The Naturalist in Britain*, New Jersey: Princeton University Press, 1994, pp.18—19.

② Patrick Armstrong, *The English Parson-Naturalist*, Wiltshire: Cromwell Press, 2000, IX—X.

③ Gilbert White, *The Natural History of Selborne*, edited by Richard Mabey, London: Century Hutchinson Ltd, 1988, p.21. 相关的翻译参阅了梅静的中文译本,[英]吉尔伯特·怀特:《塞尔伯恩博物志》,梅静译,上海文化出版社 2019 年版。以下同。

④ Gilbert White, *The Natural History of Selborne*, edited by Richard Mabey, London: Century Hutchinson Ltd, 1988, pp.243—250.

⑤ 刘华杰:《博物学文化与编年》,上海交通大学出版社 2014 年版,第 13 页。

细。再次,该书的内容也是较为广泛的,如塞尔伯恩的鸟类、植物、花卉、河流、地形地貌、地理位置、土壤、气候以及特殊的天气、疾病、化石、古物如罗马钱币等等,不一而足。如有关自然环境,怀特记叙了塞尔伯恩的空气状况。"这里空气温润,虽然许多树有恶臭的气味,但该地却非常利于健康,免受疟疾。"①"这种蓝色的雾略带煤烟味,总是随着东北风飘到我们这儿。这雾应该来自伦敦,气味浓烈,据说可导致植物枯萎。起过这样的雾后,通常都会有几日干旱天气。"②再如有关降水的记载,列举了1782—1793年塞尔伯恩的降雨量。③在《塞尔伯恩自然志》出版的初期,由于该书写得古典精致,并不流行。从19世纪20年代开始,该书逐渐成为经典。约翰·布里顿(John Britton)说:"没有其他地形学的著作比《塞尔伯恩自然志》更流行了。"④"罗威尔称《塞尔伯恩自然志》是'亚当在天国的日记',这非常接近真相。因为它是宁静者的圣约:自己与世界和平相处,满足于深入了解自己所生活的地方,悬在完美心智平衡中。"⑤

在自然志蓬勃发展的同时,以牛顿为代表的英国自然哲学开始形成。自然哲学强调物理学研究以及数学,这标志着近代科学的诞生。自然志与自然哲学之间存在密切的关系,是自然哲学的基础。英国知识界对于自然的关注与研究来源于培根主义。1604年,培根在写《论人类的知识》时指出,如果我们要有一个比较纯粹的自然哲学,那么它的基础必须建立在坚实的自然志之上。真正把百科全书(自然志)的编撰提上日程的是《伟大的复兴》中的《工作计划》⑥,以及"给詹姆士的献词"里。⑦在《新工具》一书中,培根认为:"这样说来,在作为自然哲学的基础的自然历史一旦在较好的计划上纂成之后,亦只有到了那个时候,我们是可以对自然哲学怀抱许多好希望的。"⑧而《自然与实验历史的准备》一文是培根有关百科全书编纂的具体计划和说明。⑨这

---

① Gilbert White, *The Natural History of Selborne*, edited by Richard Mabey, London: Century Hutchinson Ltd, 1988, p.28.

② [英]吉尔伯特·怀特:《塞尔伯恩博物志》,梅静译,上海文化出版社2019年版,第350页。

③ 同上,第352页。

④ John Britton, *An Essay on Topographical Literature*, London, 1843, p.xiv.

⑤ David Elliston Allen, *The Naturalist in Britain*, New Jersey: Princeton University Press, 1994, p.44.

⑥ 在《工作计划》中,培根称百科全书为natural history;在"给詹姆士的献词"里,培根称之为natural and experimental history。参见余丽嫦:《培根及其哲学》,人民出版社1987年版,第156页。

⑦ 余丽嫦:《培根及其哲学》,人民出版社1987年版,第155—156页。

⑧ [英]培根:《新工具》,许宝骙译,商务印书馆1984年版,第86页。

⑨ 在该文中,培根又称之为primary history, mother history。参见余丽嫦:《培根及其哲学》,人民出版社1987年版,第156页。

说明,自然志是自然哲学的基础。但是自然哲学没有局限于对自然现象等简单的记叙,而是更近一层。

第六节 乡绅修志与地方认同

一 "群体志"视角下的乡绅修志

方志是文本,也是人们思想与情感的表达方式。我们研究方志记载的内容时,更需要关注是谁,或者说是什么群体主持方志的编撰,因为他们的知识结构、社会经历、思维模式、认同意识等,决定了方志的意义与价值。由此我们借用"群体志"(Prosopography)的概念,对此问题进行进一步的探讨。

何谓"群体志"? 1971 年,劳伦斯·斯通(Lawrence Stone)写道:"在过去的 40 年中,集体的传记(如现代历史学家称谓的)、多重事业线分析(如社会科学家称谓的)或者群体志(如古代历史学家称谓的),已经发展成为历史学研究最有价值与最为熟悉的工具之一。群体志是通过对一群行动者生活的集体性研究,探讨历史中这一群体共同的背景特征。"[1]事实上,西方学者对于具有相似性质、经历、思想等群体的研究由来已久。《圣经》中的使徒列传、希腊罗马时期的哲学家与名人传、帝国的皇帝本纪、中世纪的圣徒传、近代的学术人物词典以及现代的《英国人名辞典》(ODNB)等,都具有这样的色彩。罗伯特·默顿(Robert K. Merton)在统计的基础之上,描绘的 17 世纪英格兰科学家共同体的群体志,就是一个典型案例。"人们的职业兴趣转移的情况是随时代而异的。在一个社会里成为智力精英的兴趣中枢点的种种事业,在另一个社会里则很少受到注意。既然这些变化着的兴趣聚焦点全都是同一社会和文化复合体的组成部分,那么某些方面的变化一般说来都必然引起与之相关的其他方面的变化。各种新的活动,连同与其相关的一连串的态度和价值,也许会得到传播与繁荣,这是要以其他职业的牺牲为代价的,因为它们转移了人们对与之密切相联而又显然互不兼容的事业的注意力。因此,倘若我们要更充分地评价对科学和技术的兴趣的成长,就几乎不能忽视一般职业兴趣的分布情况。"[2]不同研究领域的学者对群体志的

---

① Lawrence Stone, "Prosopography", *Daedalus*, Vol.100, No.1(1971), p.46.

② [美]罗伯特·金·默顿:《十七世纪英格兰的科学、技术与社会》,范岱年等译,商务印书馆 2002 年版,第 36 页。

观点并不完全一致，由此，群体志有广义上与狭义上的区分，同时它既是一种研究内容，也可能是一种研究方法。有研究者总结了它的基本内容与性质，可供我们借鉴。群体志研究有许多特征：①它们集中于相关社会群体中的个人。与思想、制度等的关系无关，或者是次要的，或者这种关系就是源于对群体的研究。②群体志研究要对群体进行界定，以便决定将谁包含在内。这种界定标准有时看似武断，但它们是必要的。③需要一个针对相关个体的、明确或暗含的群体志人物概评或传记纲要，以使所收集的资料系统化。因此，人们通常要收集名字、生卒日期和地点、受教育情况、职业等。群体志可能会收集较少个体的大量材料，而统计研究通常不得不设法处理大量人群的少量几个方面的材料。④人们常常关心的是：从相关群体成员的群体志中获得对该群体更为正确的判断。⑤人们常常期望揭示在思想史、建制史或其他类似的历史中不明显的模式或关系。①

在梳理近代早期郡方志史家的身份等级、人生经历、教育经历、职业等要素后，我们发现，他们大多数人具有的一些特征：本郡的乡绅；有良好的教育背景，或者受过大学教育，或在律师会馆学习过；在职业方面或是律师，或是纹章官。这一群体是近代英国乡村社会的管理者。从 13 世纪后期到 14 世纪初，乡绅在英国地方社会的治理中已经发挥重要的作用。J.R. 马迪科特(J.R. Maddicott)认为，在 13 世纪时，乡绅就已经是一股政治力量了。②英国乡绅的兴起一方面是国王在依赖贵族并不得不与之博弈的同时，需要一个更加广阔的社会基础与社会阶层。于是在国王与贵族既依赖又相互斗争的形势下，乡绅得到了生存与扩张的空间。另一方面，乡绅群体凭借着在地方的凝聚力与影响力，他们参与社会政治生活的能力也大为加强。这种情况在中世纪晚期与近代早期更为明显。作为一个整体，乡绅积极地参与地方社会的政治生活，担任地方政府官员与各种委员会(commission)成员，通过长期的政治与社会实践活动，乡绅熟悉地方民情，对本郡怀有深厚的情感与认同。

乡绅的兴起也得益于他们接受的教育。乡绅接受教育的一个途径是进入大学学习，或者有大学生活的经历。根据一些学者的推断，主持实际工作的治安法官具有大学经历的从 1562 年的 5％上升到 1636 年的 61％，威尔特郡 1590—1620 年的数据也从侧面证明了这一点。此外，南部郡比北部郡

① 罗伊·波特(主编)：《剑桥科学史》(第四卷)，方在庆译，大象出版社 2010 年版，第 184 页。
② J.R. Maddicott, "Magna Carta and the Local Community 1215—1259", *Past and Present*, No.102(1984), p.25.

受教育的程度更高。①乡绅进入牛津、剑桥大学或在伦敦学习,表明了社会迫切地需要他们提高自身的素质,以便适应近代社会发展的要求。这种经历也有利于他们对于民族国家的认同和国家意识的加强。笔者一直认为,在英国历史发展的过程中,民族国家意识的成长与地方自治主义的延续是一个统一的过程,而不是矛盾的对立。乡绅利用一年中固定的或者是间断的时间来到首都伦敦,或者牛津与剑桥,有利于他们更好地了解国家发展的情况,有利于身份认同感的加强,也有利于他们处理地方社会出现的各种问题。在一个相对固定的社交圈之中,他们可以进行信息与情感的交流,在宏观上把握地方社会的治理。当然,我们对他们是否真正进行学术研究,并不应该抱以太高的期望。事实上,固然有一部分乡绅会对学术研究感兴趣,热衷于学习历史、神学与法律甚至自然科学,也可能有一部分人还会藏书,但是大多数乡绅不可能取得真正的学位。30%的人最终获得学位就已经是较高的估计了。不过,这些对他们来讲不是主要的,重要的是他们有过这样的经历,进入到朋友圈。在近代早期,教育的内容更加丰富。除了传统的中世纪课程之外,乡绅们可以接触到更多的知识,学习到更为实用的技能。在伦敦,只要付得起钱,可以学到诸如神学、逻辑、哲学、法律、音乐、数学、几何学、地理学、水利学、航海知识、书法、射箭、骑马、游泳、纹章学,甚至还有关于宇宙的知识。另一个接受知识的途径是律师会馆。乡绅们认为,学习古典文化固然重要,知晓自己国家民族的法律与历史文化也同样必需。伦敦的律师会馆是教授普通法的大学。②乡绅进入律师会馆接受法学教育,随着时间的推移,律师会馆逐渐地变成兼具社交功能的专业大学。年轻贵族和乡绅在此学习法律。③他们并以此为据点,接触上流社会。在亨利六世时,四大律师会馆的每个会馆有 200 名学生。④这种经历有利于乡绅在四季法庭的工作,也有利于乡绅对历史的了解。到 17 世纪时,乡绅经常去伦敦甚至住在伦敦已经成为一个普遍的现象。乡绅们渴望得到有关首都的各类消息,不论是政治的,社会的,经济的还是宫廷的,甚至是小道消息与花边新闻;通过伦敦他们还可以接触到国外的新闻与信息。伦敦还为乡绅供应各种奢侈品,如糖、丝绸等。乡绅不在自己的家乡,却常在伦敦,以至于詹姆斯

① Anthony Fletch, *Reform in the Provinces: the government of Stuart England*, New Haven: Yale University Press, 1986, p.36.

② Robert Richard Pearce, *A History of the Inns of Court and Chancery*, London, 1848, p.54.

③④ Cecil Headlam, *The Inns of Court*, London: Adam and Charles Black, 1909, p.16.

一世与查理一世不得不颁布命令,要求乡绅回到自己居住的郡,这样才可以更好地管理地方社会事务。乡绅接受新鲜知识还有到欧洲大陆游学这一方式。在18世纪大游学(Grand Tour)之前,已经有许多贵族和乡绅游学欧洲大陆,即使没有游学欧洲大陆的,许多乡绅还通过与欧洲学者通信的方式获得知识与信息。此外,由于宗教改革和欧洲大陆的战争,许多意大利、法国、弗兰德斯等地的学者以及来自西班牙葡萄牙的犹太人,纷纷来到英伦。

二 民族国家视野下的乡绅修志

16、17世纪是英国民族国家的形成时期,都铎政府革命[①]与宗教改革都是直接的体现。中古晚期近代早期的英国社会存在着复杂的关系。一是中世纪形成的封建附庸关系,表现为封君与封臣之间的臣服效忠与责任义务。从13世纪开始,这种以土地为纽带的封建关系受到商品经济的冲击,骑士的军事服役可以用盾牌钱代替,由此,骑士从职业的武士逐渐地演变成乡村中的乡绅阶层。英法"百年战争"(1337—1453)之后,英国爆发了贵族之间的红白玫瑰战争。经过30年左右的贵族混战,英国的传统贵族几乎消失殆尽,在这种情况下,都铎王朝的开国之君亨利七世可以比较容易地树立君主的权威,结束封建割据的局面,由此,封建关系的色彩逐渐地淡化,只能够隐隐约约地存在于国家与社会生活之中。但是在民族国家的形成过程之中,基于封建贵族分权的地方主义并没有完全消失。另一方面,在宗教领域,存在着罗马教廷的大一统天主教会思想与民族教会意识之间的冲突。基督教经过千余年的发展,在中世纪已经成为联系欧洲各地各人群的基本纽带。而同时,各国的君主——特别是法兰西王国的君主和德意志的皇帝以及英格兰的国王——都不断地对罗马教廷权威提出挑战,这 方面有着经济和税收方面的因素,另一方面也表明欧洲民族国家意识的萌芽与发展。特别是"阿维农之囚(1309—1378)"之后,罗马教廷与教皇的权威一落千丈,再加上教廷本身的堕落与腐化,使得西欧基督教认同面临着巨大的危机。到16世纪,终于演变成为蔓延欧洲各地的宗教改革运动。在英国,都铎王朝的第二任君主亨利八世面对欧洲大陆错综复杂的局势,不甘寂寞,试图有所作为,提高自己个人与英国的国际地位。在欧洲争霸的舞台上,亨利八世与大陆传统强国法国和西班牙等既有战争也有联姻。在国内,亨利八世原

---

① G.R. Elton, *The Tudor Revolution in Government*, Cambridge: Cambridge University Press, 1969, pp.415—427.

本是虔诚的基督徒，聆听布道，潜心神学研究，撰写神学论文。但是就是这样一位虔诚的教徒和教皇忠实的仆人，却在 1534 年为了自己一段不光彩的婚姻发动了宗教改革，颁布《至尊法案》，宣布不再承认罗马教皇的权威，自己及继承人为英格兰教会的最高首脑，拥有任命教职和决定宗教教义的最高权威。继而，亨利八世宣布解散修道院并没收修道院的地产，由此引发了英国历史上第二次规模巨大的土地流转潮流。这一跌宕起伏的年代充满着战争的阴霾、信仰的危机、社会的动荡。近代英国方志的编撰就是在这一时代大背景下进行的。

近代早期的肯特郡就是体现地方的命运与国家民族的命运紧密联系在一起的典型案例。丽贝卡·布拉克曼（Rebecca Brackmann）写道："威廉·兰巴德的《肯特郡志》有时在地方身份和民族身份之间摇摆，这一点也不令人奇怪。"[1]亦如尼尔·杨格（Neil Younger）所认为的："其实威廉·兰巴德比其他人都更理解，地方与国家民族紧密地交织在一起。"[2]

在漫长的历史发展过程中，肯特郡形成了悠久的历史与文化传统。在盎格鲁-撒克逊时期，肯特郡就已经确立了其宗教文化重镇的地位。由于地缘因素，肯特郡的乡绅与伦敦城有着特殊的关系。一方面是伦敦城的资本流入肯特，伦敦的商人、律师等资产阶级通过购买修道院的土地成为新兴的地主阶层。另一方面是本地的有钱人为了建立与首都和宫廷的联系，把自己的儿子送到伦敦学习或者成为贵族的侍从，借以历练子女，谋求发展的机会。在肯特郡，许多乡绅都可以追溯到两三代人之前的成功。肯特乡绅的财富在英格兰首屈一指，曾有说法，肯特郡约曼阶层的财富相当于北部或者西部地区的缙绅（Squire）。[3]在信息获得方面，肯特郡的乡绅也是国内外各种信息较早的知晓者。一方面，肯特郡处在欧洲大陆人进入不列颠的重要通道上，来往于伦敦和欧洲之间的使节、游客和商人等可以带来许多政治与商业消息。坎特伯雷又是重要的宗教中心，这使得肯特人与法国等地交往密切。其二，许多肯特乡绅在伦敦有房产，一是为了商业投资，二是为了娱乐休闲，这也便利乡绅获取首都的各种资讯。有些乡绅甚至都不太较真自

---

① Rebecca Brackmann, *The Elizabethan Invention of Anglo-Saxon England*, Cambridge: D.S. Brewer, p.135.

② Neil Younger, "William Lambarde on the Politics of Enforcement in Elizabethan England", *Historical Research*, Vol.83, No.219(2010), p.78.

③ Mildred Campbell, *The English Yeoman under Elizabeth and the Early Stuarts*, London: Merlin Press, 1967, p.77.

己是肯特人还是伦敦人,可见他们之间的融合程度。即使在伦敦没有房产的乡绅,他们的亲戚与朋友还在伦敦,借助信件可以给他们带来信息。乡绅经常去伦敦甚至住在伦敦,已经成为一个普遍的现象,他们渴望获取有关首都的各类消息,不论是政治的,社会的,经济的还是宫廷的,甚至小道消息与花边新闻。

另一方面,在波谲云诡的欧陆争霸与宗教改革的大形势下,英国多次面临外敌的入侵威胁,不得不加强海岸地区的防御力量。这时候,像肯特郡这样的沿海地区成为重点,由此,地方的命运与国家和民族的命运直接相联。方志的书写不仅仅是事关本地区的描述,它还有着更为广阔的社会与历史背景,他们对历史和地理等内容的描述,或隐或显地表述自己的情感与史观。再回看威廉·兰巴德的《肯特郡志》,他如是介绍肯特郡:"不仅罗马人与撒克逊人,而且菲利普使徒的信徒以及格里高利教皇的使者都是首先在肯特登陆的。同样,货物商品以及国外来访者来英国,也是首先到达肯特,感受到英国特别是肯特居民的热情好客。"①这表明,肯特作为英国东南部门户的重要性,以及对于国家安全的战略意义。为了准备与西班牙的战争,英国政府重新启用沿岸的灯塔,以便把敌情迅速传到伦敦,中央政府可以及时做出部署。在威廉·兰巴德的《肯特郡志》一书中,就对该郡的灯塔进行过介绍,当时还引起了一阵非议。许多人认为在地图上把灯塔标示出来不合适,因为这将使得敌人了解这一军事设施。威廉·兰巴德解释道:固然敌人可能会借此获得相关的情报,但是更为重要的是,更多的民众也会知道灯塔的位置与作用——在此之前许多人都不知道灯塔。因此,当面临海上外敌入侵时,灯塔可以报警,并迅速地让民众武装起来保卫家园。其实即使自己不把灯塔的图印出来,敌人也会通过其他的途径侦察到。②在紧张的战争氛围下,肯特郡的民众一方面为自身的安全而保家,另一方面又执行卫国的任务。在多维的压力和责任之下,地方的认同与民族国家的认同相互补充,互为因果。这实质上就是威廉·兰巴德写作《肯特郡志》最深层次的原因与动力。因此,威廉·兰巴德的《肯特郡志》被后人誉为"爱国主义"的佳作,实际上包含了三层含义:一是对郡的情感,二是对王国和民族的情感,三是对

---

① William Lambarde, *The Perambulation of Kent*, Trowbridge: Redwood Press, 1970, pp.1—2.

② Frank W. Jessup, *A History of Kent*, Chichester: Phillimore, 1995, p.97; Retha M. Warnicke, *William Lambarde: Elizabethan Antiquary*, *1536—1601*, Chichester: Phillimore, 1973, p.31.

女王的忠诚。①

　　近代早期的方志也包括方志学者对国家命运共同体的热爱和赞美。这一时期包括方志史家在内的英国学者所体现出来的民族自豪感是一个普遍的现象。威廉·哈里森在介绍英格兰风土人情时，对英格兰的赞美近乎夸张。他认为，在英格兰，世界上其他地方有的牲畜，英格兰都有并且更多，如马、牛、山羊、绵羊、猪等。他说："我们很容易证明英格兰拥有的牲畜数量超过其他的国家。"②然后他就具体地描述英格兰牲畜的情况。英格兰的牛体型更大，马更为优雅与令人愉悦，母牛更适合圈养，绵羊产更多的羊毛，猪更肥且健康，山羊更赚钱。英格兰的母牛奶多，用来制成奶酪与黄油。牛体型巨大，牛肉肉质鲜美，在其他欧洲国家都不能找到这样好的牛。英格兰养的马个头高大，因为英格兰不怎么养驴子，所以缺乏骡子，在运输的时候绝大部分需要用马来牵拉。英格兰的绵羊非常好，羊肉肉质鲜美，超过其他的国家。羊身上的羊毛质量非常好，有人曾说英格兰出产的羊毛，纺纱时就像蜘蛛织的网一样，既细又密。山羊也很多，并且有各种各样的颜色，特别是威尔士地区和山区的羊毛质量更好，牧羊人由此收入颇丰。③

三　郡共同体视野下的乡绅修志

　　在英国民族国家形成的背景之下，"乡绅修志"现象也与近代早期的郡共同体密切相关。20世纪40年代，彼得·拉斯莱特在探讨17世纪英国内战史起源时，提出了郡共同体的概念。他认为，17世纪中叶，英格兰社会存在着一个重要的居间性的机构，即郡乡绅共同体（Community of County Gentry），它处于个人（或者家族）与整个英国社会中间，是政治意识的中间物，通过它们，政治观点被阐述并扩展。统治集团可以借助郡共同体体现自己的支配地位、执行行政措施，地方可以通过郡共同体向中央政府施压，表达自己的政治诉求，它们是地方上重要的共同体。④从本质上讲，郡共同体就是在民族国家形成时期的地方命运共同体。"郡共同体是指乡绅因拥有

---

① Stan Mendyk, "Early British Chorography", *The Sixteenth Century Journal*, No. 4, 1986, p.472.

② William Harrison, *The Description of England*, Cornell: Cornell University Press, 1968, p.305.

③ Ibid., pp.305—314.

④ Peter Laslett, "The Gentry of Kent in 1640", *Cambridge Historical Journal*, Vol.9, No. 2(1948).

郡内的地产，并且通过亲属和血缘关系，以及社会交往和相似的教育经历，而形成的身份与地区认同感，这种认同感使得乡绅成为相对独立的政治力量，从而形成一个命运共同体。郡共同体的形成体现在乡绅广泛地参与到地方社会的治理之中，能够提出体现地方共同体利益的诉求。"①另一方面，宗教改革也促使乡绅阶层特别是新教乡绅阶层的发展与巩固。一些家族与乡绅在解散修道院的过程中，抓住了机遇，大量购进土地，进而成为土地乡绅。然而，并非所有的老乡绅家族都接受宗教改革，有一些乡绅公开反对新教改革——即使会被投入监狱或被没收土地，也在所不惜。另一些乡绅伺机而动，等待好的机会。还有一些乡绅，虽然欢迎宗教改革运动，但是对解散修道院感到悲哀，谴责这种破坏文化的野蛮行为。"16 世纪晚期到 17 世纪早期，是有关土地和地产私人诉讼爆发的年代。"②乡绅关注并热衷历史研究，并不单纯是兴趣，而是有着现实的经济因素。一些乡绅的家族起源历史悠久，也有一些乡绅是由于在宗教改革期间，抓住了解散修道院的机遇，购进土地成为乡绅的。他们希望自己手头的地契与家族的族谱，准确及时地出版，从而为社会所知晓。这实际上就是希望，在宗教改革之后，土地经过流转后的确权问题，方志就是一个很好的体现。我们以托马斯·瓦特起义为例，说明乡绅阶层特别是新教乡绅阶层认同感的发展与巩固。1553 年 7 月，体弱多病的爱德华六世去世，亨利八世的长女玛丽继位，史称玛丽一世。玛丽笃信天主教，并与天主教西班牙的菲利普订婚，这意味着英格兰面临天主教复辟的危险。亨利八世的宗教改革解散了绝大多数的修道院，修道院地产几经辗转，大部分落入乡绅手中。如果玛丽复辟天主教，这就意味着乡绅的既得利益将受到严重的威胁，因此，玛丽的婚约在英格兰不受欢迎，多地发生叛乱，肯特郡是最为严重的地方。1554 年，肯特郡爆发了托马斯·瓦特起义。托马斯·瓦特是一个投机商人性质的乡绅，在宗教改革中，他获得了大量以前修道院的土地，如果天主教复辟的话，他的财产将一无所有。于是他率众反叛，一路进军直到伦敦，但是最终失败身亡。托马斯·瓦特起义说明，在 16 世纪的英国，乡绅以各种方式维护自己的经济、政治与宗教利益，表明了以乡绅为核心的郡共同体的形成。

在乡绅主导郡共同体的背景下，如何叙述历史就成为乡绅的责任与荣

---

① 陈日华：《中古晚期英格兰郡共同体探析》，《世界历史》2016 年第 1 期。

② Elizabeth K. Berry, "Henry Ferrers, an early Warwickshire antiquary, 1550—1633", *Dugdale Society Occasional paper*, No.16, 1965, p.3.

誉，这是以威廉·兰巴德为代表的乡绅编纂方志的直接动力，体现了他们作为地方社会精英应该具有的责任感与荣誉感。如威廉·兰巴德的《肯特郡志》多处涉及秩序（order），这是乡绅非常关心的一个问题。约翰 M. 艾德里安（John M. Adrian）做过相关的统计："秩序现在由我来阐述"（第 1 页），"我会遵守这一秩序"（第 87 页），"中断我自己的秩序"（第 89 页），"我必须保持秩序"（第 100 页），"我已经开始观察秩序"（第 119 页），"我秩序的目的以另一种方式进行，在我秩序的旅程中，我将继续它们"（第 178 页）。这些词组在《肯特郡志》一书中经常出现，充当提示的角色，兰巴德致力于为肯特郡地方和古迹规划出既定的秩序。①郡志也体现了乡绅强烈的地方自豪感。在兰巴德的《肯特郡志》一书中，作者在书中讲述了许多撒克逊的故事。如在介绍斯陶茅斯（Stourmouth）时，他就介绍了阿尔弗雷德大帝与丹麦人作战的历史。9 世纪时，阿尔弗雷德大帝的王国多次遭受丹麦人的入侵，丹麦人经常从不同的地方蜂拥而至。阿尔弗雷德大帝无法阻止丹麦人登陆，于是他建立了王室海军来保卫海岸。他希望在海上打败丹麦人，或者摧毁丹麦人的船只。不久，阿尔弗雷德大帝的海军就在斯陶茅斯河口遭遇丹麦人的舰队，击毁他们 16 只船。但是阿尔弗雷德大帝的军队以为丹麦人要修船只，于是就放松了警惕，丹麦人偷袭了阿尔弗雷德的军队，他们还在睡梦中，于是阿尔弗雷德的军队大败。②查尔斯·西摩在自己编修的《肯特郡志》中也写道，长久以来，肯特在英国编年史中被描述成最重要、最富有、最商业化的地区之一。恺撒认为，肯特人是不列颠最文明的人，他们勇敢，受人尊敬，享有古老的习俗与特权，土地的所有关系最自由。③

方志的编撰体现了乡绅的地方认同。认同是一个抽象的概念，它以经济、地域、教育、文化等为基础，体现在生活方式、言谈举止、社会等级等方面。《肯特郡志》的作者威廉·兰巴德，并非肯特郡本地人，他原先居住在伦敦，后来迁到肯特郡。虽说伦敦与肯特郡相距并不遥远，但是以一个外来乡绅的身份撰写肯特郡志，自然是一件微妙的事情。1570 年，威廉·兰巴德已经写出了《肯特郡志》，但是没有决定出版，他希望倾听肯特郡其他乡绅的

---

① John M. Adrian, "Tudor Centralization and Gentry Vision of Local Order in Lambarde's Perambulation of Kent", *English Literary Renaissance*, Vol.36, No.3, 2006, p.309.

② William Lambarde, *The Perambulation of Kent*, Trowbridge: Redwood Press, 1970, pp.236—237.

③ Charles Seymour, *A New Topographical, Historical and Commercial Survey of the Cities, Towns, and Villages of the County of Kent*, Canterbury, 1782, Introduction ix—x.

意见。于是,他首先选择了肯特郡前任郡守托马斯·沃顿,作为该书的第一个阅读者。事实上,托马斯·沃顿在威廉·兰巴德写作的过程中,就曾经为他提供有关的手稿,帮助过兰巴德。1576 年,托马斯·沃顿在介绍《肯特郡志》时肯定了该书编修的意义与价值,希望这本郡志能够得到乡绅的喜爱。①威廉·兰巴德对肯特的地形与历史典故了然于心。如梅德韦河名字的由来,他列出两种解释:一是河流位于肯特王国的中间,二是它流经两个主教区(坎特伯雷与罗切斯特)之间。②肯特郡的乡绅阅读此书非常认真。在涉及沿海地区的灯塔时,威廉·兰巴德认为,最早使用灯塔的是撒克逊人,而督副罗杰·特怀斯登(Roger Twysden)对此持怀疑态度。这一细节从一个侧面说明,郡内的民众对地方事务与历史的关心,假如没有强烈的地方认同,谁会在乎这些呢!《肯特郡志》出版之后,大为流行,包括该郡乡绅在内的众多古物研究者频繁地引用此书,也从一个侧面说明威廉·兰巴德得到了郡内乡绅的认同,不再认为他是外来者,而是自己阶层的一员。《肯特郡志》出版之后大为流行,1596 年再版,到 1640 年时,已经是第四版了。③

　　乡绅的地方认同感还体现在方志编撰内容的转变。理查德·赫尔格森指出:威廉·兰巴德时代的方志关注地名,词源学是主要的原则,后来的方志侧重于家族系谱与人物。逐渐地,方志变成了郡乡绅展示他们庄园、古物古迹和家谱的书籍。④郡志涉及郡乡绅与名人等内容,事关乡绅家族的荣誉与情感。托马斯·韦斯科特在 1630 年撰写《德文郡志》时,还续写了德文郡乡绅的谱系,全面叙述了该郡的乡绅家族。⑤这一转变赋予了方志更为积极的意义,它表现了方志所附有的社会与政治内涵,而不再是简单的地名解释。这一点特别体现在威廉·达格代尔的《沃里克郡志》一书中。该书通过对家族历史、庄园、土地保有等的追溯,为乡绅治理地方社会提供了合理的历史性的解释。C. 戴尔指出:部分隐藏在地方史后面的动力是乡绅阶层对社会认同的渴望。郡志史家追溯庄园的血统并阐明纹章,这为郡社会的乡绅提供了其先辈的自豪感,以及家族之间联系的知识。乡绅也再次确认其

　　①　William Lambarde, *The Perambulation of Kent*, Trowbridge:Redwood Press, 1970, vii—x.

　　②　Ibid., p.197.

　　③　Ibid., introduction, VIII.

　　④　Richard Helgerson, "The Land speaks:Cartography, Chorography, and Subversion in Renaissance England", *Representations*, No.16, 1986, p.73.

　　⑤　参见 Thomas Westcote, *The Pedigrees of Most of Our Devonshire Families*, 1845。

对土地与租佃的头衔，这些是他们财富与地位的立足点。拥有郡志的乡绅可以阅读他的家族谱系与先辈的历史，赞美纹章等，所有这些都证明，他在这个世界上出众的地位。他也可以了解邻居以及郡中其他大人物的情况。地方志强化了乡绅的认同感，首先通过赞美其精英身份与地位，其次是通过他们对庄园的领主权以及对教区教堂的赞助，界定他们的地方根基。乡绅觉得，他们属于本地区，也属于郡本身。①

近代早期郡志的编撰与出版表明：在英国乡村社会中，由于共同等级意识的存在与发展，以乡绅为主体的社会阶层对于本地区认知逐渐加强，并开始产生相应的地方意识。正是基于共同的情感和共同的生活方式，使得以乡绅为代表的地方共同体凝聚了一种认识，即郡是他们生活的基础、交往的平台以及对抗外界侵扰的主要阵地。近代早期的"乡绅修志"体现的是一种文化现象，显示了乡绅群体对英国文明的贡献。这一文化现象并不是孤立的，方志的编撰与当时的古物研究交织在一起，古物研究的进展促进了地方志的编撰，许多古物学家同时也是方志史家。方志史家对不列颠历史、习俗、制度和种群的思考与描叙，契合近代英国人对自己民族的历史与传统重新认识与评价的思潮。我们的历史从何时开始，我们的祖先来自哪里，我们是什么样的族群，我们的制度又起源于什么，这些问题都是处于社会转型时期的英国人特别是知识阶层所思考的内容。近代英国民族国家的形成没有消除地方共同体的存在，而是使地方生活与国家命运紧密地结合，这两个因素相互交融，联动共生。在此基础上，一种崭新的民族国家形态出现在世界历史的舞台上。方志史家既是时代的见证者，也是历史的书写者，他们用方志的形式书写着国家与民族的历史和文化，为英国的学术成长与繁荣贡献着自己的才华与才智。

---

① Christopher Dyer and Catherine Richardson, ed., *William Dugdale*, *Historian*, 1605—*1686*, Woodbridge: The Boydell Press, 2009, pp.4—5.

第三章 城市方志的编修

第一节 传统的城市史研究范式

19世纪西方制度史研究的热点经历了从封建制度研究到中世纪城市起源研究的转变。"正如封建制度的起源和性质吸引了19世纪中叶制度史家最大的注意那样,中世纪城市起源的问题在19世纪后半叶比任何其他问题引起他们的兴趣都大。如果说两者之间有什么差别的话,那就是写这个题目的著作比写封建制度的著作还多,当然它也是大众更有兴趣的一个题目。"①在中世纪城市起源问题上,形成了"罗马说""马尔克说""庄园说""市场法说""驻军说""商业移民团说"等各种理论流派。由此,以城市政治史为基础的城市史研究逐渐在西方学术界兴起并发展。英国城市史的研究,到了19世纪80年代的时候,开始有职业历史学家对此感兴趣,弗里曼就在研究国家民族史的同时开始关注城镇史的研究。到19世纪90年代,著名法律史学家梅特兰真正奠定了市镇史写作的基础,他的研究视角是法律史。F.W. 梅特兰整理了自己在牛津大学的讲座稿,以《村庄与市镇》②之名发表,探讨了城市特权问题,并特别提到了法团概念。泰特等学者从宪政史研究视角,探讨了自治城市的演变,对城市司法权、市民团体等深入剖析。③这些著作奠定了英国城市史研究的基础。二战结束后,英国城市史研究迎

---

① [美]J.W. 汤普森:《历史著作史》(下卷 第四分册),孙秉莹、谢德风译,商务印书馆1996年版,第546页。

② Frederic William Maitland, *Township and Borough*: *Being the Ford Lectures Delivered in the University of Oxford in the October Term of 1897*, Cambridge: Cambridge University Press, 1964.

③ May Mckisack, *The Parlimentary Representation of the English Boroughs During the Middle Ages*, Oxford: Oxford University Press, 1932; James Tait, *The Medieval English Borough*: *Studies On Origins and Constitutional History*, Manchester: Manchester University Press, 1936.

来了新一轮的热潮。作为新史学的一个重要分支，城市史研究吸引了众多学者投身其中，并成为独立的研究领域。H.J. 戴奥斯致力于维多利亚时代英国城市的研究，并积极推动城市史研究组织化与机构化的发展。①在他的努力下，刊印发行介绍最新学术动态的《城市史通讯》(*Urban History Newsletter*)，成立了"城市研究小组"(Urban Study Group)，召开了交流最新学术成果的城市史国际会议。作为现代英国城市史研究的奠基者，戴奥斯获得了"英国城市史研究之父"的荣誉。他运用社会科学的范式研究城市，使得城市史摆脱描述性的窠臼，超越制度层面，愈加富有思辨性。戴奥斯之后，城市史研究蓬勃向前。随着研究的发展，一些学者或出版专著，或归纳概括形成总论。彼得·克拉克(Peter Clark)和保罗·斯莱克(Paul Slack)编辑了《英国城市的危机与秩序：1500—1700 年》(*Crisis and Order in English Towns，1500—1700*)《过渡时期的英国城市：1500—1700 年》(*English Towns in Transition，1500—1700*)两部作品，学术价值重大。前者为论文合集，亚当斯、约翰逊、帕理泽、克拉克、斯莱克、琼斯等学者对这一时期的考文垂、切斯特、约克、坎特伯雷、伦敦进行探索，辨析了过渡时期城市所遭遇的危机。后者依次介绍市镇、新城市、地方都会、伦敦，阐述各地人口、政治结构、经济发展、文化与社会结构等，勾勒出城市共同体的面貌。另有乔纳森·巴里(Jonathan Barry)梳理了都铎、斯图亚特王朝的市镇历史②，约翰·帕顿(John Patten)对 1500—1700 年的英国市镇进行考察③，科菲尔德(P.J. Corfield)在《1700—1800 英格兰市镇的影响》(*The Impact of English Towns 1700—1800*)中介绍了 18 世纪英格兰城市的情状。此外，罗斯玛丽·斯威特等学者亦有论著面世，在此不再进一步展开叙述。2000 年，三卷本的《剑桥英国城市史》(*The Cambridge Urban History of Britain*)出版，成为英国城市史研究的集大成者。该书集众家之所长，系统介绍了英国城市的发展沿革，囊括城市政治、经济、文化、空间、宗教等方方面面，又分门别类，以专题形式对不同类型城市的发展逐一解析，探索休闲城市的流行、港口城市的兴衰、工业城市的崛起。该书

---

① David Reeder，"H.J. Dyos：an appreciation"，*Urban History Yearbook*，Vol. 6，1979；Seymour J. Mandelbaum，"H.J. Dyos and British Urban History"，*The Economic History Review*，New Series，Vol. 38，No. 3(Aug.，1985).

② Jonathan Barry，*The Tudor and Stuart Town：A Reader in English Urban History 1530—1688*，London：Longman，1990.

③ John Patten，*English Towns 1500—1700*，Folkestone：Dawson Publishing，1978.

还讨论了英国城市化与郊区化进程,探究了发展过程中暴露出的城市问题等等,为我们了解英国城市史学术前沿提供了翔实信息,是最具权威性的作品。

我们注意到,在很长的一段时间内,国外研究者都没有把城市方志以及它的书写范式作为城市史研究的内容,城市方志的学术价值一直没有得到应有的重视。这表现在,各城市志书文本除了如约翰·斯托的《伦敦城志》、安东尼·伍德的《牛津城志》这些时常为学者所引用的作品外,许多城市方志所记录的内容往往未被学者所关注。城市方志未被充分认识与使用,有以下几个原因:一是因私人编修之故,书写较为缓慢,往往拖延好长时间都不能出版,即便问世,也仅在小范围内流通。二是各地城市方志的书写不均衡,许多市镇的历史被忽视。如霍斯金斯所言,大多数英国市镇甚至是古代十分重要的城市如约克和诺维奇,都一直等到 18 世纪才有城市方志出现,一些等到 19 世纪才有,而一些现在还在等待。①再有,因编撰者搜集的信息纷繁复杂,且夹杂着作者的看法与评论,这样的书写模式被后世的历史学家批评为偏袒和不准确,并被视为不成功的郡史。②最后就是后世学者常见的误解,即简单认定城市方志是一城资料的汇编,书写视野较为狭隘,只是大量列举事实而缺乏问题意识。对于后世的学者来说,研究此类文献往往被认为是屈尊俯就。③这种偏见一直存在于英国方志的研究领域。

霍斯金斯的《英格兰地方史》一书简单介绍了近代早期英格兰市镇历史的书写情况,指出自 1598 年约翰·斯托的《伦敦城志》出版后,英格兰市镇历史缓步发展,但这"不是市镇发展的详细论述,而是记录性文献与考古学资料有价值的收集"。④此处只有寥寥数言,使我们难以窥得英格兰城志书写的全貌。直到 1983 年,彼得·克拉克发表了一篇题为《城市共同体的视角:1800 年前的英国城市和古物学家》的文章,才引起学界对城市方志文本的重视。彼得·克拉克研究了 18 世纪编修的城市方志的数量和种类,他将

①④　W.G. Hoskins, *Local History in England*, London: Longman, 1959, p.19.

②　Rosemary Sweet, "The Production of Urban Histories in Eighteenth-Century England", *Urban History*, Vol.23, Pt.2, (August 1996), p.171.

③　Diarmaid MacCulloch, "Review": 'Speculum Britanniae': Regional Study, Antiquarianism and Science in Britain to 1700. by S.A.E. Mendyk, *The Sixteenth Century Journal*, Vol.21, No.3(Autumn, 1990), p.510.

城市方志的编写与社会生活的变化联系起来，揭示了城市方志作为一个研究领域的潜在性。①罗斯玛丽·斯威特研究了18世纪城市历史书写的繁荣，指出城市历史的书写初期旨在保存记录和传统，而后逐步具有政治意义，这些文本被用来验证政治主张和维护法律判断。由此，城市史书写除却凝结城市认同感外，还将城镇与国家紧密相连，呈现出国家和地方文化相互渗透的范式。②这些论述为我们研究城市方志拓展了思路。方志文本是市民精神的体现，透过文本考察城市历史，能看出前人字里行间折射出的社会百态与生活风貌。单个的城市方志给人以资料汇编的感觉，杂乱无章且内容混杂。但是，我们如果收集相当数量的城市方志进行研究的话，就会发现许多共性的现象，不只是看到树木，而是看到了森林。如城市方志中有关市集的记载，汇聚起来就可以了解当时商品经济与贸易的概况。再如，有关市民生活的描写，综合许多城市的情况，可以概括出当时的休闲生活情景。可见，城市方志给予我们完善时代与城市记忆的可能。在转型时期的经济与社会大背景下，我们从方志文本中获取信息，进而促进城市史研究的发展。

第二节　前城志时代的城市书写

一　威廉·菲兹斯蒂芬与12世纪的伦敦城

英国的城市历史记载有着悠久的传统。比德的《英吉利教会史》涉及不列颠的城市，传递出相关的信息。在第一章《不列颠和爱尔兰的地理位置及其古代居民》中，比德介绍道，"这个岛上旧时除了有无数城堡外，还有二十八座规模相当的城镇，这些城市和城堡一样，防守坚固，都设有厚墙、塔楼、大门和门闩（bulwark）。"③在《盎格鲁-撒克逊编年史》中，约克、坎特伯雷、切斯特、埃克塞特、奇切斯特、伦敦、牛津、莱斯特、林肯、诺丁汉、斯坦福、德

---

① Peter Clark, "Visions of the Urban Community: Antiquarians and the English City before 1800", in Derek Fraser and Anthony Sutcliffe, ed., *The Pursuit of Urban History*, London: Edward Arnold Ltd, 1983; Rosemary Sweet, "The Production of Urban Histories in Eighteenth-Century England", *Urban History*, Vol.23, Pt.2, (August 1996).

② Rosemary Sweet, *The Writing of Urban Histories in Eighteenth-Century England*, Oxford: Clarendon Press, 1997, p.237.

③ ［英］比德：《英吉利教会史》，陈维振、周清民译，商务印书馆1996年版，第23—24页。

比、巴斯、伊普斯威奇、诺里奇、布里斯托尔等都列入记述。①诺曼征服后，1086 年的《末日审判书》成为英国许多城镇有记录历史的开端。

凭借着独特的政治地位以及优越的地理环境，随着与欧洲大陆贸易往来的发展，12 世纪时，伦敦逐渐成为欧洲的大城市。港口贸易日益繁忙，街道日益拥挤，城中塔楼鳞次栉比，见证了城市的发展与繁荣。真正具有史料价值的是威廉·菲兹斯蒂芬所写的《伦敦城描述》。威廉·菲兹斯蒂芬是坎特伯雷大主教托马斯·贝克特手下的书记员。1173 年，威廉·菲兹斯蒂芬用拉丁语写成《伦敦城描述》。这一关于伦敦城的简短介绍，起初以"Descriptio Nobilissimæ Civitatis Londoniæ"为标题，作为前言出现在菲兹斯蒂芬的《托马斯·贝克特传》(Vita Sancti Thomæ)中。在接下来的几个世纪中，威廉·菲兹斯蒂芬的《伦敦城描述》一文陆续有新的版本问世。

将视线回归文本，可见作者是怀着崇敬的心情来描绘伦敦的。威廉·菲兹斯蒂芬写道："在世界上那些高贵而著名的城市中，英国的首都伦敦是最负盛名的城市之一，它最富有，商业繁荣、宏伟壮丽。伦敦气候宜人，信奉基督教，城防坚固，自然环境优越，市民具有荣誉感，已婚的妇人保守忠贞。伦敦的娱乐活动最令人愉快，最幸运的是它孕育了很多杰出人物。"②在简述气候与宗教之后，菲兹斯蒂芬按东南西北四个方向描绘城市的防御，再讲述山川河流、树林草场、学校、风俗、娱乐等内容。毫无疑问，菲兹斯蒂芬笔下的伦敦城魅力无穷。在叙述了伦敦的市容市貌后，作者笔锋一转，开始回溯古史。他写道："根据编年史家的证据，伦敦比罗马更古老：因为两者都起源于同一个特洛伊祖先，布鲁图斯在罗慕路斯和雷穆斯之前就建立了伦敦。因此，直到今天，这两座城市仍然使用着同样古老的法律和条例。"③显然，他的描述有虚构与附会的成分，目的在于为伦敦城的荣耀加砖添瓦，体现了作者对城市强烈的情感。这种情感还表现在其他地方。在文章的最后，威廉·菲兹斯蒂芬自豪地说："伦敦城孕育了一些人，他们征服了许多王国，甚至包括罗马帝国。还有许多其他的人，他们的美德使他们无比崇高，正如阿波罗神谕对布鲁图斯所说：'布鲁图斯，在高卢边界之外，有一座岛，西海环绕着它。为了抵达这快乐的海岸，你的风帆已竭尽全力。在这里，命运之神命

---

① ［英］《盎格鲁-撒克逊编年史》，寿纪瑜译，商务印书馆 2017 年版，第 53、79、94、95、102、103、118、124、130、137、143、147、148、227、228 等页。

② John Stow, *A Survey of London*, London, 1603, p.501；William Fitzstephen, *Description of the City of London*, London, 1772, pp.21—22.

③ John Stow, *A Survey of London*, London, 1603, p.506.

令建立第二个特洛伊,将建立一个王室血统的帝国,时间永远不会毁灭它,它将永远不会有界限。'自从基督教在此落地生根后,伦敦已经诞生了高贵的君士坦丁皇帝,他把罗马城和所有帝国的荣誉,献给了上帝、圣·彼得和西尔维斯特教皇,他举着他们的马镫,并且宁愿被称作神圣罗马教会的捍卫者,而不是皇帝。为了使教皇的和平不被因他存在,而导致的纷争的世俗事务所打扰,他撤出了赐予教皇的城市,为自己建造了拜占庭城。在近代,伦敦也孕育了杰出而威严的统治者,玛蒂尔达皇后、国王亨利三世,大主教和基督光荣的殉道者圣·托马斯,没有人比他们更诚实、更忠诚于整个罗马世界所有的好人。"①

应该说,《伦敦城描述》的出现兼具偶然性与必然性。该文原为《托马斯·贝克特传》的前言部分,目的在于对托马斯·贝克特大主教进行渲染铺叙,而对城市的记载并非主要目的。然而,出于对伦敦城的热爱,在目睹城市繁华之后,菲兹斯蒂芬写文称颂是必然之举,他也有能力这样做。他以土生土长的家乡人视角,生动再现了伦敦城的风光地貌以及风土人情。从文风来看,菲兹斯蒂芬深受古典风格影响。有关特洛伊和布鲁图斯的传说,在文中占据重要的地位。"他按照布鲁图斯的构建,生动地描绘了城市中庄严的特洛伊传统和正直的人。他的书和古典城市的描述类型相一致,在其中,传说扮演了重要的部分。"②传说的出现不是目的,而是手段。作者将伦敦和罗马置于多重场合下进行比较,得出的结论均是当今的伦敦城远胜于古罗马城。有关建城历史,作者意在强调不列颠被首先建立,故以布鲁图斯建起伦敦的传说为证,论述伦敦城历史的悠久。相较之下,埃涅阿斯建立罗马城是后来的故事了。通过与罗马城这一"他者"的古今之辩,菲兹斯蒂芬重新定义伦敦城。在《伦敦城描述》之后,威廉·菲兹斯蒂芬又创作了《诺曼伦敦》(*Norman London*),阐述伦敦的地形、碑文、贸易、产业和人口。纵观全文,菲兹斯蒂芬身为伦敦人的自豪感洋溢在字里行间,他的责任感也充分凸显。他用不多的话语阐述了伦敦人谋求自由与王室周旋的历程,市民团结一心,在冲突中建立起良好的内部认同。再回到菲兹斯蒂芬的牧师身份,作为托马斯·贝克特的随侍,在目睹了大主教的被刺后,作者对国王统治的不满是难以掩藏的,而当时国王的统治也不稳固,伦敦虽繁盛,但城堡的矗立却也折射出丝丝隐忧。

在阅读完《伦敦城描述》之后,我们可以想象伦敦风貌与 12 世纪市民的

---

① John Stow, *A Survey of London*, London, 1603, p.509.

② Abigail Wheatley, *The Idea of the Castle in Medieval England*, York: York Medieval Press, 2004, p.56.

日常生活,亦可感知作者透露出的弦外之音,文章值得我们细细研读。到16世纪时,古物学家欣喜地在这篇短文中发现了大量珍贵的史料,并充分利用。约翰·利兰从其中摘录了他所需的内容。约翰·斯托则索性将该文本置于他1598年出版的《伦敦城志》一书尾部,成为附录。

二　城市编年史与市政记录

威廉·菲兹斯蒂芬的《伦敦城描述》是偶然之作,因为编年史是那个时代的主流,城市编年史只是其中的一个类型。此外,市政记录也保留了大量的原始资料,是后世历史学家研究的基础。

首先是城市编年史。修道院生活创造出了修道院年代记。所谓年代记,顾名思义就是当代人每年记录的文本,按年代记事的传统起源于复活节表。修道院的修士在日期表的边缘记载事件始末,后不断增加内容。编年史是扩大了的年代记,它通常由一个或多个系列的年代记联结而成,年代在先,事件附后。修士把历史浓缩在一个不间断的时间序列之中,最大限度地保存着史料。时间的连续性占据非常显眼的位置,相比之下,依附时间的事件倒是显得无关紧要。从本质上来说,这些文本多不加分析地平铺直叙,连续性占据绝对主导,因果关系则被弃如敝屣。与年代记相较,编年史的记述更侧重事件的进程。在教会占据历史编撰绝对主导的年代,修道院学术氛围浓厚,基督教以自我为中心自觉地构建历史,描绘上帝如何在时间中体现自己的意志。但是进入13世纪,尽管圣奥尔本修道院编修了大套修道院编年史,在马太·巴黎逝世后,其不可避免地走向衰落。

与此同时,中世纪后期的英国社会正在发生翻天覆地的变化,唤醒了比过去更为强烈的历史感。尽管在修道院编年史中可以查阅到关于城市的记载,但严肃而阴沉的僧侣视角无法展现时代的风貌。在城市与商业繁荣的年代,市民精英期望着大展身手的机会,他们要求社会认可商业行为,并为积累财富正名。在这一背景下,城市编年史出现了。城市编年史是中古盛期欧洲社会和经济革命的产物,有关城市政务、商业税收、财政等内容的描叙迅速取代教会事务,与城市自治运动相映生辉。汤普森指出:"新兴的资产阶级史学以城市编年史的形式表达出来,这种编年史产生于13世纪;至14、15世纪数量大增,特别是在意德两国。"[①]在英国,最为瞩目的莫过于伦

---

① ［美］J.W.汤普森:《历史著作史》(上卷　第一分册),孙秉莹、谢德风译,商务印书馆1996年版,第389—390页。

敦编年史的书写。中世纪后期以及都铎时代的伦敦,有近 30 个不同的编年史手稿复本。[1]

　　早期的城市编年史脱胎于罗列市长名单的纪事录,是当代人记录的当代事。阿诺德·菲兹·西德马(Arnold Fitz Thedmar)按时间顺序编撰了《伦敦市长和郡守编年史》(*Chronica Maiorum et Vicecomitum*)一书。阿诺德·菲兹·西德马出生在伦敦商人家庭,父母都是德国人。他的外祖父阿诺德和祖母曾经访问伦敦,并前往圣托马斯墓朝圣,称赞伦敦是“一个高尚而有名的城市”。后将女儿朱莉·安娜嫁给了移居英国的不莱梅商人西德马。[2]阿诺德·菲兹·西德马继承了父亲的财富和地位,他也是伦敦的市议员之一。编年史记录的时间始于 1188 年,这是亨利·菲兹·埃里温(Henry Fitz-Elywin)成为首任市长的年份,继而按年叙事,至 1274 年告结。秉承编年史的体例,作者记载了城市官员的选举和城市法律。马尔科姆·理查森(Malcolm Richardson)评价道:“这是伦敦第一本习惯法汇编,是城市官方所拥有的关于地方法律、特许权、宪章和历史的概略。”[3]除此之外,阿诺德·菲兹·西德马并不拘囿于伦敦城,国内国外之事均有涉猎。作为坚定的保皇党人,国王的功绩、国王与伦敦的交锋也一一记载在案。汤普森认为:“在伦敦城诸编年史中,他这部书是最有价值的一部,特别是关于 1236 至 1274 年间的记述。”[4]该书是城市精英视角下的城市概貌,作者把理想的城市看作一个统一的整体。在其中,市议员是头部,民众是四肢,对自封“平民阶层”(手工业协会和较小行业的人,以及较穷的人)的敌意贯穿文本始终,且特别指责了在男爵战争期间制造麻烦的平民。毫无疑问,这种看法展现出了鲜明的时代特征。同时期还有一部古诺曼法文书写的伦敦编年史,因编著与写作年代等均不可考,无法深入探查。该书作为附录,以《伦敦编年史》(*Croniques de London*)为题名,编入西德马的作品中。之后著名的伦敦编年史来自安德鲁·霍恩(Andrew Horn),他是伦敦一名律师和法

　　[1]　Peter Clark, "Visions of the Urban Community: Antiquarians and the English City before 1800", in Derek Fraser and Anthony Sutcliffe, ed., *The Pursuit of Urban History*, London: Edward Arnold Ltd, 1983, p.106.

　　[2]　Antonia Gransden, *Historical Writing in England: c.550-c.1307*, London: Routledge, 1996, p.510.

　　[3]　Malcolm Richardson, *Middle-Class Writing in Late Medieval London*, London: Routledge, 2016, p.3.

　　[4]　[美]J.W.汤普森:《历史著作史》(上卷　第一分册),孙秉莹、谢德风译,商务印书馆 1996 年版,第 405 页。

律学者。从 1320 年起,他担任伦敦城财政官一职,直至去世,因此作者有机会接触大量珍贵的城市档案。霍恩编写了《伦敦年代记》(*Annales Londonienses*),记录的时间跨度从 1194 年到 1330 年。显然,在霍恩 1328 年去世后,其他学者续写了该书。这是以事件发生年月为主线的资料汇编,但并不完善。1301 年以前的内容大多是《史学花朵》一书的缩写,其后 15 年为通史记述,1316 年到 1330 年的部分主要记述伦敦城地方史。①此外,霍恩于 1311 年编写了《法律汇编》(*Liber Horn*)一书,该书从市政厅记录中辑出有价值的城市法律和习俗,某些不确定日期的法规和注释也包括在内。可以推断,霍恩的两部作品相辅相成。

城市编年史的真正突破必须等到 15 世纪初。伴随着民族国家意识的增长与学术的复兴,伦敦编年史跻身潮流。它们提供了一种真正的需要,作为强烈地表达市民和民族利益的手段,取代了长期以来独霸史学地盘的修道院编年史。在新的时代,以英语写作的著作越来越多地出现,并呈现在民众的面前,具有鲜明的时代特征。英文的伦敦编年史首先出现在 1414 年,记载的内容包括官员的政绩和任内的重大事件。此后,此类编年史源源不断地涌现。较为著名的是约翰·卡朋特(John Carpenter)以英文写的《伦敦编年史》,该书记录了从爱德华一世到爱德华四世时伦敦城的历史。此外,卡朋特还编著英国第一部《伦敦白皮书》(*Liber Albus*)②。到 15 世纪 80 年代,新的复本不断地被制作出来,并且在此基础之上由后人继续更新。城市编年史的主要内容包括公民选举、议会法律、商业谈判和协议,偶尔会加入国家或国外的重要材料。③伦敦编年史盛行一时,这并不令人讶然。伦敦正日益成为民族国家的中心,作为英格兰的首都,它享有不断增长的经济和政治权力,因此,它也需要这样的形式来映衬自己。彼得·克拉克指出:"在某种程度上,人们可以将伦敦编年史视为对首都及其统治者不断增长的自我重要性的表现和庆祝。"④在不断重写和续写的过程中,城市编年史成为促进城市意识和城市共同体认同的新手段。渐渐地,因反映首都对当时事

---

①　参见[美]J.W. 汤普森:《历史著作史》(上卷　第二分册),孙秉莹、谢德风译,商务印书馆 1996 年版,第 572 页。

②　John Carpenter, *Liber Albus*: *The White Book of the City of London*, London, 1861.

③　C.L. Kingsford, *English Historical Literature in the Fifteenth Century*, Oxford: Clarendon Press, 1913, pp.71—72.

④　Peter Clark, "Visions of the Urban Community: Antiquarians and the English City before 1800", in Derek Fraser and Anthony Sutcliffe, ed., *The Pursuit of Urban History*, London: Edward Arnold Ltd., 1983, p.108.

件的普遍看法，伦敦的历史开始具有全国史书的性质，变成一种"王国公民史"。

除伦敦之外，其他城市编年史与年代记的书写工作也在进行中，主要是一些较大城市的创作。如雷丁从 15 世纪 30 年代开始城镇纪事的编写，林肯和金斯林恩在 15 世纪末之前有市长年代记等。①最为突出的是布里斯托尔的编年史，基于里卡特版本（Ricart Chronicle）和亚当斯版本（Adams Chronicle）的书写手稿多达四五十种。②总体看来，这一时期的城市编年史仍然以时间为线索，继而填充历史事件。"很明显，所有的伦敦编年史起初都是当时人记当时事。它们共同的特点是把事件记载在市长任期年代之下，把民政官员的姓名列在前面。这些著述的主要兴趣是把伦敦人——主要是中等阶级——对当时事件的意见记下。这些书所记伦敦城以外的事件虽说不甚可靠，却载有许多有关地方史的细节。这些群众写作尽管粗朴，但它们却激起人们对历史的兴趣。"③

到近代早期，编年史书写范式的变革是明显的。"都铎时期标志着从中世纪精神向近代精神改变的那些编年史著作有两种新的特色：一是用英文写作，二是作者都是俗人。"④首先，世俗之人而非教士来承担城市历史的书写，城市编年史的编者多为市民精英。在伦敦，市长或者高级官员热衷于以自己的名字命名城市纪事，也有亲自参与编修的。在 1451 年至 1452 年任伦敦市长的威廉·格雷戈里，曾经插手以他的名字命名的城市编年史；曾于 1479 年至 1484 年任城市财政官（City Chamberlain）的迈尔斯·爱迪斯，则亲自编写了伦敦编年史。⑤地方各市镇也不例外。布里斯托尔编年史由城市验尸官菲利普·詹金斯撰写，城市警官詹姆斯·怀特创作了埃克塞特年代记，曾任切斯特市长的威廉·伯德负责了 1580 年版编年史卷的著录。城市书记员编修的其他史书也不断增多，并在市民阶层中传阅。作者身份的转变直接导致了作品视角与内容的变化。这是市民视角下的世俗生活，为我们展现出新时代的风貌，尽管不能完全脱离上帝荣耀的笼罩，却真切与生

---

①⑤　Peter Clark, "Visions of the Urban Community: Antiquarians and the English City before 1800", in Derek Fraser and Anthony Sutcliffe, ed., *The Pursuit of Urban History*, London: Edward Arnold Ltd., 1983, p.107.

②　Rosemary Sweet, *The Writing of Urban Histories in Eighteenth-Century England*, Oxford: Clarendon Press, 1997, p.76.

③　［美］J.W. 汤普森：《历史著作史》（上卷　第二分册），孙秉莹、谢德风译，商务印书馆 1996 年版，第 601 页。

④　同上，第 851 页。

动。城市编年史围绕城市共同体展开,所记载内容包括治安法官的选举与任命、市长年鉴、城镇主要官员的简介、物产、地形、气候、物价、疫情等。同时,城市编年史逐渐被新的民族国家历史所容纳,随着城市重要性的增长,城市与国家的联系越来越多地反映在书写中。其次,在书写语言上,拉丁文与英语书写齐头并进。中世纪后期,英语逐渐成为英国社会的通用语言,英语书写逐渐兴盛,英文编年史的兴起成为 15 世纪最显著的史学发展特征之一。"用拉丁文改为用英文这件事十分重要,它是从中世纪教会对学术的统治枷锁中解放出来的象征,这话是再强调也不会过分的。"①再者,以英语写作城市编年史等历史文献,更加能够体现这一时期的民族认同,也更能充分表达民众的认知。自盎格鲁-撒克逊时代以来,本国语言纪事从来没有取得过这样的重要性。②再有,在史料的收集运用上,实证特色鲜明。一来这是当代人的书写,作为重大事件的亲历者,他们天然享有第一手资料。二是因为城市精英、商人阶层与政府官员的身份,他们可以接触到政府文件、市政与行会记录、法律条例、城市档案等。由此,还得提及市政记录的撰修。

赫恩肖(F.J.C. Hearnshaw)将市政记录分为城市宪章、城市官员的文件、行会名册与条例、法庭案卷、汇编册集、审查宣誓书、杂项备忘录等七项。③现存最早的城市记录是行会的登记册,反映了市镇的制度组织、经济结构与社会生活。④1189 年,亨利二世发布责问令状(Quo Warrento writ),要求市镇从先前的文件中,找寻与其权利和特权相关的书面证据。从 1193 年到 1205 年,大主教休伯特·沃尔特启动了王室行政机构的记录维护工作,从罚款、特许状、名册着手。在这样的背景下,城市一则急需回应王室令状,按要求提供书面证据;二来明确城市的权利和特权,也尤为重要。与此同时,伦敦、五港口同盟城市和沿海贸易市镇等商业发达之地,来自欧陆的商人带来了记录保存的良好风气,尤以汉萨同盟的商人最为瞩目。由此,来自英国王室行政的压力、地方市镇的需要与外国商人的影响,共同促使英国

① ［美］J.W. 汤普森:《历史著作史》(上卷　第二分册),孙秉莹、谢德风译,商务印书馆 1996 年版,第 851 页。

② Antonia Gransden, *Historical Writing in England: 1307 to the Early Sixteenth Century*, London: Routledge, 1998, p.220.

③ Frederick George Emmison, *Archives and Local History*, Second Edition, Chichester: Phillimore, 1974, p.35.

④ Christopher Lewis, *Particular Place: A Introduction to English Local History*, London: British Library, 1989, p.32.

城镇记录的保存。据卡特拉统计,英格兰有 11 个城镇系统地保存了 1272 年以前的记录,这是十分宝贵的资料。1231 年,沃灵福德首次进行所有权登记,伦敦的 Husting roll 则始于 1252 年。①英格兰城市开始有意识地保留:①宪章,包括城市特许状和行会特许状,这是最重要的资料;②内部文件,关于财产所有权、遗嘱、债务以及债权的文件,政府需为此提供永久性可查阅的记录;③学徒材料,这是有关授予市民权的重要依据;④官方的行会法令和记录;⑤城市、组织和个人因反对不公正而呈递的官方请愿书。②逐渐地,对于城市政府的正常运作来说,登记册、习惯法汇编和宣誓书变得越来越必要。同样,这些资料对于编年史家来说意义重大,阿诺德·菲兹·西德马即受益于此。1419 年的伦敦,城市记录和文件的数量已经达到难以处理的程度,以至于约翰·卡朋特在将基本文件置入习惯法汇编时遇到困难。在该书第四部分的书写中,卡朋特沮丧地放弃了重新整理,仅将剩下的记录按时间顺序简单罗列。③虽编辑整理不易,但数量众多、琐碎细致的市政记录的保存实在是意义非凡。都铎王朝时期,随着托马斯·克伦威尔"政府革命"的进行,市政记录的保存愈加受到关注,对其重要性和效用的认识进一步提高。城市"重大事件"的清单在 16 世纪变得更为详细。在这样的情境下,堂区登记簿(Parish Registers)被创立,堂区居民的洗礼、婚姻、死亡等被纳入记载。这是更贴近社会基层生活的实践,在城市宪章、法庭档案、行政记录、财政账目之外,为后来人提供了可探索的广阔空间。

综上所述,英国市政记录的保存比较完备。伦敦市政厅中以档案馆(The Corporation of London Record Office)保存城市政府的官方记录,图书室(The Guildhall Library)保存其他市政文件,这样分工明确,材料目录完备易获得。其他重要的郡治、沿海城市的记录保存也较为发达。如埃克塞特,有着悠久的存史传统;南安普顿则以积极的记录协会而著称,大量市镇信息被印刷,使得记录广为人知;约克自 1376 年起撰写市政备忘录,内容丰富,细节充实。④可以说,市镇档案材料作为地方性质的文献材料,为城市史学的进一步发展奠定了牢固的基础。

---

① Eric Ketelaar, "Records out and Archives in Early Modern Cities as Creators of Records and as Communities of Archives", *Archival Science*, 10.3(2010), p.204.

② Malcolm Richardson, *Middle-Class Writing in Late Medieval London*, London: Routledge, 2016, pp.29—30.

③ Ibid., p.32.

④ Elton Geoffrey Rudolph, *England, 1200—1640*, Cambridge: Cambridge University Press, 2008, pp.122—124.

三　《布里斯托尔市长日历》与《伦敦习俗》的探索

随着社会的发展,城市需要记录的内容也越加丰富,在传统的市政史之外,更多的社会素材进入写作者的视野。有两部典型的作品,分别为罗伯特·里卡特(Robert Ricart)的《布里斯托尔市长日历》(*The Maire of Bristowe is Kalendar*)和理查德·阿诺德(Richard Arnold)的《伦敦习俗》(*Customs of London*),这些著作不再拘囿于只记录"有用"的材料。

15世纪时,布里斯托尔已经跻身大城市之列,寡头政治稳固,商业贸易繁荣,更有着好的记史传统。罗伯特·里卡特的《布里斯托尔市长日历》就是很好的例证。关于作者,我们知之不多,没有留下关于其出生或死亡的确切记录。只知道他曾经担任堂区委员会书记员的职务,1479年,他被选为市镇书记员,此时布里斯托尔的市长是威廉·斯宾塞。[1]受威廉·斯宾塞的委托,里卡特收集了大量城市历史的文件,对城市的特权、法律、社会习俗做了系统的梳理工作,仿照伦敦城志书写的范式,完成了《布里斯托尔市长日历》。全书分为六个部分,前三部分记述历史,后三部分记述地方习俗和法律,在第三部分的末尾,作者留存了15页的空白以待后续,可见有着长远的规划。书中共有18幅插图,大部分描绘的是国王。此外,书中有一幅布里斯托尔鸟瞰图。该图展示了布里斯托尔的城市布局:城市中心四条主要街道(葡萄酒街、高街、玉米街和宽街)构成圣安德鲁十字架的样式,主街不断向外扩展,通往城市主要城门。右上角的葡萄酒街的尽头是新门(Porta Nova),右下方是圣尼古拉斯门,左上角是高高矗立的圣约翰门,左下角则是圣伦纳德门。[2]书中还有一幅市长就职仪式的画像。图中,城市纹章高悬,气氛肃穆,即将离任的市长与新任市长位于正中,官员与市议员分立两侧,6位显贵人物均着猩红色外袍,内衬灰色毛皮,新任市长的手放置于《圣经》之上,正听取市政官员的宣誓。[3]《布里斯托尔市长日历》一书从布鲁图斯的儿子布伦纽斯创立市镇的历史开始记述,第一章以哈罗德的败亡结束,第二章涵盖诺曼征服到1216年约翰王去世,第三章从亨利三世继位起述,城市历史与王室统治史错落穿插。该书关注国家大事,内容包括国王的到访与王子的诞生。当然,该书的重点是第四章,市长就职代表了市政权力的交替更新,是城镇政治生活的中心,也是书写的核心。这是全书最为谨慎细

---

① Robert Ricart, *The Maire of Bristowe is Kalendar*, London: Camden Society, 1872, i—ii.

② http://www.buildinghistory.org/bristol/ricart.shtml.

③ Robert Ricart, *The Maire of Bristowe is Kalendar*, London: Camden Society, 1872, xii.

致的章节，里卡特重点关注市长的选举与就职，界定了市政官员的权责，并对公民仪式、司法事务、市政条例等有所涉及。第五章是城市特许状的列举，是自我鉴定与宣扬的最好体现。因此，在抽离基本的编年格式之后，研究者可以从大量的附录条目中看到诸多有价值的内容。值得注意的是，《布里斯托尔市长日历》一书最后一部分也就是全书的第六章，转录了一本伦敦史书，这是爱德华三世时期亨利·达西为市长时的记录，伦敦在这一时期也有了新的发展。理查德·阿诺德的《伦敦习俗》一书记载了议会议案、特许状、教皇训谕、法令、地形、习惯、物价和税收、商业信函、裁决书、对海盗的控诉、行政官员名单等，内容极为庞杂。①约翰·斯托评价道："受到古物思想的激励，勤学好问，观察到了值得后代记住的事件。"②究其体例，该书拥有城市编年史的结构，又充斥城市法律和习俗的描述，而成为习惯法的汇编。金斯福德称之为"与伦敦古物相关的摘录簿"③。理查德·阿诺德的书稿于1502 年在安特卫普出版，1520 年重印，到 1811 年以《伦敦习俗》之名再版。因该书史料丰厚，对于后来的研究者影响较大，不少编年史家直接抄录其内容为己所用。如查理·里斯利的《编年史》和《伦敦灰衣托钵僧编年史》等，约翰·斯托和霍林希德修撰编年史时，也从该书中截取了一些内容。

总体而言，这两部作品是城市书写过渡时期的探索，共同的特征在于，它们为城市历史书写注入了更多样的史料。在新的时代，编年史显然已经不能满足历史书写的需求。

第三节　伦敦城志的书写

一　约翰·斯托笔下的伦敦城

随着城市编年史逐渐地衰落，城市方志这一新体例满足了市民自我界定与自我认同的需要，承担了城市历史书写的功能。"这一叙事方式以地形而不是严格意义上的编年组织材料，是伊丽莎白时期历史编纂的一个新趋势，它与先前的编年史有着亲缘关系，同时它从编年史出发，朝着更复杂的、

---

① 何平：《西方历史编纂学史》，商务印书馆 2010 年版，第 73 页。

② Richard Arnold, *The Customs of London*, London, 1811, v.

③ C.L. Kingsford, *English Historical Literature in the Fifteenth Century*, Oxford: Clarendon Press, 1913, p.108.

以描述过去为目标的方向发展。"①事实上,介于编年史和方志之间、最早关于城市描叙体的书写,是 1575 年有关诺维奇的描述,由马修·帕克大主教的秘书亚历山大·内维尔完成,这甚至比威廉·兰巴德的《肯特郡志》的出版还要早一年,但这尚属于过渡期的编修。真正意义上城市方志出现在1598 年,伦敦充当了先行者的角色。对于这一点,人们并不感到意外。在郡志修撰热潮的引领之下,城志的问世指日可待。C. 柯里指出:"在英国,与郡志相对的是强烈的城志传统,这可追溯到 17 世纪。"②

伦敦主导了英国的政治、经济和文化等领域。时人曾这样描述:"听说不是伦敦在英国,而是英国在伦敦。"(London is not said to be in England,but rather England to be in London)③伦敦处在不列颠道路系统的枢纽位置,作为国内交通和运输的中心,它通过泰晤士河口连接王国内的主要港口,同时连通北欧的商业中心。④到伊丽莎白一世时,伦敦在人口、文化、政治各方面都居于王国主导地位。伦敦城市人口也在快速地增长:1500 年为75 000 人,1600 年为 200 000 人,1650 年为 400 000 人,1700 年为 575 000人。⑤就规模而言,在欧洲范围内,伦敦从 1550 年的第七位(或第八位)逐渐上升到 1600 年的第三位(巴黎和那不勒斯是前二),1650 年起仅次于巴黎,到 1700 年成功称霸欧洲,成为 18 世纪最大的欧洲城市。⑥伦敦也是各种社会矛盾的发源地与聚居地。16 世纪晚期的伦敦,宗教改革矛盾最尖锐,又面临着瘟疫、通胀、贫困、犯罪、骚乱等危机。正是在这样的社会土壤中,孕育着深厚的修史传统。

前文已述 12 世纪威廉·菲兹斯蒂芬的《伦敦城描述》,安东尼亚·格兰斯登(Antonia Gransden)指出,这本书是对城市社会生活的描述,而不是一

---

① William Keith Hall, "A Topography of Time: Historical Narration in John Stow's 'Survey of London'", *Studies in Philology*, Vol.88, No.1(Winter, 1991), p.1.

② C.R.J. Currie and C.P. Lewis, ed., *A guide to English County Histories*, Stroud: Sutton, 1997, p.211.

③ Thomas Platter, C. Williams, *Thomas Platter's Travels in England 1599*, London: Jonathan Cape Ltd, 1937.

④ Robert Tittler, *Townspeople and Nation*, *English Urban Experiences*, *1540—1640*, Stanford: Stanford University Press, 2001, p.32.

⑤ Peter Clark, *The Cambridge Urban History of Britain*, volume II, Cambridge: Cambridge University Press, 2000, p.316.

⑥ Jeremy Boulton, *Neighbourhood and Society A London Suburb in the Seventeenth Century*, Cambridge: Cambridge University Press, 1987, p.1.

部编年史。①此后的伦敦城市编年史延续着这一传统。至近代早期，伦敦城将政治的魅力与创造的活力完美地结合，将城市的熙熙攘攘与街道背后的贫穷肮脏相融，不同社会层级与不同职业的人都生活在这里，拥有单独与共同的记忆。由此，大都市的环境提供了丰富的书写资源，且城市旧貌与新颜的对比，能够形象地折射出社会的变迁。1598 年，约翰·斯托的《伦敦城志》问世。该书凝结了斯托六十年的观察，包含了对城市起源、发展以及城市现状的描述，生动描绘出 16 世纪伦敦欣欣向荣的生活场景。约翰·斯托在前言中坦言，这是受了威廉·兰巴德《肯特郡志》一书的影响。②在近代早期"乡绅修志"热潮的影响之下，斯托收集各种材料与资料，尝试着记录家乡伦敦的历史与现实，以完成对城市的整体介绍。作者将该书献给伦敦的市长、城市共同体以及所有的市民。安德鲁·戈登（Andrew Gordon）盛赞该书："为近代早期的城市研究提供了无与伦比的资源，并被几代学者参考引用，价值非凡。"③以后的伦敦城志大多以此书为蓝本与底本，或是续修，或是重修，修志之风经久不衰。

约翰·斯托 1525 年出生于伦敦的一个商人家庭，父亲托马斯·斯托（Thomas Stow）是一个牛油蜡烛商。他没有继承父亲的生意，在接受基础教育后成为一名学徒。1547 年，斯托成为裁缝行会（Merchant Taylors' Company）的一名享有市民权的自由人。后斯托兴趣转向文学，从事编年史的修撰。当他完成《伦敦城志》一书时，已经 73 岁了。约翰·斯托的一生见证了诸多重要的历史事件，《伦敦城志》是他一生见闻的结晶，为我们研究近代早期城市史提供了珍贵的素材与视角。

第一重是城市公民视角。市民的身份是充分参与城市经济、政治与社会生活的先决条件，这不仅仅是一种荣誉，也彰显他所拥有的权利，同时为他带来了荣耀与责任意识。斯托在伦敦城生活了 80 年，见证了这里发生的一切。他写城市方志的原因，即在于"给伦敦最富有和最重要的公民一个有尊严的历史"。为此，斯托认真收集了记录伦敦公民行为和慈善事业的材料，致力于在文本中培养人们对显赫公民的崇敬。更重要的是，斯托拥有对这座城市的满腔热爱与激情，有着强烈的地方认同，他了解市民的兴趣所

① Antonia Gransden, *Historical Writing in England：550—1307*, London：Routledge, 1996, p.508.

② John Stow, *A Survey of London*, London, 1603, To the Right Honourable Robert Lee.

③ Andrew Gordon, "Writing Early Modern London", *Early Modern Literature in History*, 2013, p.110.

在,即相比遥远的过去,人们更热衷于当代历史。他用华丽的词句赞美伦敦,引起大众的共鸣。作为一个传统的爱国者,约翰·斯托表现了对威尔士、苏格兰和爱尔兰的偏见。他不加鉴别地记录了英格兰对苏格兰与爱尔兰的军事行动,但是很少涉及政策制定者和导致行动的决定。①斯托和大多数普通市民一样,他的关注点是伦敦市民的生活而不是制度和政府,因此表达的都是最纯粹的看法。

第二重是斯托的商人身份。中世纪时,商人并不受重视,随着经济的发展与贸易的繁荣,商人形象在伊丽莎白时代开始改变,从商者的美德得到赞扬。斯托在捍卫商人地位中发挥了重要作用,他被认为是首个以积极态度来正面书写商人的作者。②在作品中,斯托使用了大量和商人相关的材料,他笔下塑造的商人,忠于国王和国家,办事干练。商人的经历使得斯托能够更敏锐地感知城市的细微变化,他接触城市中形形色色的人,最能体察常人的心态。他的作品文风淳朴,语言平易近人,贴近大众需求,因而也更容易吸引大众的目光。斯托的著作有着广泛的读者群,这在当时是十分少见的。

第三重视野来自斯托的编辑生涯,即文学与史学的共举,先编后著,体现了他扎实的学术基础与客观的实证精神。作为编辑者和出版者,他孜孜不倦地搜寻诗歌文本,对文学有着重要的贡献。斯托早年收藏整理了桂冠诗人约翰·斯克尔顿(John Skelton)许多的著述。他喜爱乔叟的作品,潜心编辑并于1561年出版了《乔叟文集》(*The Works of Geffrey Chaucer*)。此外,斯托还帮助推广约翰·莱德盖特(John Lydgate)的诗歌,可见,他在伦敦文人圈中颇有分量。16世纪60年代之后,斯托的兴趣转移到古物研究上。他收集了埃德蒙·达德利的手稿《共和国之树》(*The Tree of the Commonwealth*),将之献给其孙莱斯特伯爵罗伯特·达德利。此后在大主教马修·帕克的支持下,斯托参与了《霍林希德编年史》(*Holinshed's Chronicles*)③的修撰。此外他还编辑了威斯敏斯特的马修的《史学花朵》

---

① Elizabeth Lane Furdell, "Tudor England Observed: The World of John Stow, by Barrett L. Beer", Review, *The Sixteenth Century Journal*, Vol.30, No.3(Autumn, 1999), p.888.

② Robert Tittler, *Townspeople and Nation*, *English Urban Experiences*, 1540—1640, Stanford: Stanford University Press, 2001, p.118.

③ 1548年,伦敦印刷商雷纳·沃尔夫(Reyner Wolfe)构想了一个英文版"世界史"(Universall History)修撰计划,力求汇编从创世纪大洪水时期到伊丽莎白女王时代的全部历史,雄心勃勃。这项工作太过于庞大,仅靠沃尔夫收集的利兰手稿无法弥合,后这部巨作以译者拉尔夫·霍林希德的名字冠之,于1577年以两卷本面世,并在十年后再版,即是我们熟知的《霍林希德编年史》(*Holinshed's Chronicles*)。其中,约翰·斯托、约翰·胡克、威廉·哈里森、理查德·斯坦霍斯特等学者均是著史群体的成员,为编年史的面世做出了极大的贡献。

(*Flores Historiarum*)和马修·巴黎的《编年史》(*Chronicles*)(1571)等。以至于后世的史家给予斯托"英国历史之父"的荣誉。①丹尼尔·伍尔夫(D.R. Woolf)也称赞斯托为"都铎王朝晚期最多产、最有能力的编年史家，也是他们中唯一真正的学者"。②斯托置身于大量羊皮纸卷与手稿中间，悉心勾勒城市与国家的历史。1565 年，斯托的《编年史概要》(*A Summarie of Englyshe Chronicles Conteynyng the True Accompt of Yeres*)一书出版，十分受欢迎，并于随后的岁月中多次再版，再版时都包含比以前更多的伦敦历史。1580 年，《英格兰编年史》(*The Chronicles of England*)一书问世，记述了从布鲁图斯到 1580 年的历史。之后，斯托将其扩充，加入大量权威的资料，以古物碑文相佐证，并提供了伦敦名人的详细描述，于 1592 年以《英格兰年鉴》(*The Annales of England*)的形式出版。此后不断延续，分别有 1600 年版，1601 年版，1605 年版，其中最后一版一直延续到 1605 年 3 月 26 日，即他去世前的 10 天。斯托的敬业精神让人动容，也足见在市场充分主宰出版的年代，他的史书有多么畅销。值得一提的是，斯托在他的编年史中，涉及对城市地理等方面的描述。在 1592 年版的《英格兰年鉴》中，斯托提到了埃克塞特、剑桥、沃里克、巴斯等地的情况。斯托逝世后，埃德蒙·豪斯(Edmond Howes)着手将他的编年史缩略，以迎合市民的需求。1607 年，《英格兰编年史概略》(*The Abridgement or Summarie of the English Chronicle*)问世，1611 年、1618 年分别再版。1615 年豪斯还出了一部延续自斯托的《英格兰编年史与年鉴》(*The Annales, or a Generall Chronicle of England*)，此书于 1632 年再版。除此之外，斯托还在帕克大主教的鼓励下撰写了一部《英国史》(*A History of This Island*)，但该文本已经佚失，无缘得见。③显而易见的是，斯托的编年史是大多数英国人认知历史的最便捷途径，比早期托马斯·兰考特(Thomas Lanquet)、爱德华·霍尔、理查德·格拉夫顿等人的编年史更受欢迎，这些文本经常可以在 17 世纪早期的书单中见到。④在编年史方面的成功为斯托编写城市方志提供了便利条件。

---

① E.J. Devereux, "Empty Tuns and Unfruitful Grafts: Richard Grafton's Historical Publications", *The Sixteenth Century Journal*, Vol.21, No.1(Spring, 1990), p.56.

② D.R. Woolf, "Genre into Artifact: The Decline of the English Chronicle in the Sixteenth Century", *The Sixteenth Century Journal*, Vol.19, No.3(Autumn, 1988), p.335.

③ 关于该书的考证详见 John Stow and G.J.R. Parry, "John Stow's Unpublished 'Historie of This Iland': Amity and Enmity amongst Sixteenth-Century Scholars", *The English Historical Review*, Vol.102, No.404(Jul., 1987), pp.633—647。

④ Daniel Woolf, *The Social Circulation of the Past: English Historical Culture, 1500—1730*, Oxford: Oxford University Press, 2003, p.253.

斯托还有另一层追求，在他的编年史中披露了这一点，即对古物的探究。斯托关注古代的建筑、街道、墓碑、碑文、钱币等等。由于缺乏正规的古典教育，相比同时代的其他人，他对后罗马时代的古物更感兴趣。[1]因此，古物学家的身份是斯托的第四重视角。相对同时代的其他人，斯托对"我们失去的世界"有着敏锐的观察力与怅然若失的怀旧感，他热衷于从各种文献手稿和纪念碑中收集材料。斯托对古物的热情来自幼时，他喜欢听老人讲述理查三世时候的故事，并记下他的观察和地理描述的细节。此后，他对古物研究一直热爱，还因"拥有许多危险和迷信的天主教书籍"遭到当局的怀疑。1569 年 2 月，斯托家被搜查，报道说斯托的财物包括"愚蠢的寓言书……古怪的民谣笑话"等。[2]随后斯托受到控告，但这些并未阻挡他的探索。此后，斯托一心投入书写。在史料考证方面，斯托较早地意识到，只依靠文献撰写方志与历史并不可靠。于是在修撰《伦敦城志》之时，这位已逾花甲的暮年老者怀着对家乡城市的无限热爱与敬畏，用脚步丈量城市，悉心探问城中每一处，最终完成了对伦敦的全面勘察。他感慨古建筑被损毁，愤懑于古代碑文被摧残，以致城市的前尘记忆被无情地抹去。作为一个伦敦土著，斯托的一生见证了城市的剧变与历史的流逝，他的追念承载着首都的变迁，他是家乡最好的发声人。值得注意的是，斯托对城市各区进行的探查，遵循了1558 年伊丽莎白一世登基巡游的路线。他不是简单的巡视，而是在注视着一列队伍的行进，这是对昔日的美好回忆。[3]戈登指出，斯托的书由于坚持真实的步行经历，促使公共空间出现在共同的记忆中具有强烈的怀旧意味，有力驳斥了同时代写作与调查实践中越来越抽象的社区和空间的概念化。[4]除此之外，考古发现作为"幸运的恩赐"为斯托所用。他已经意识到，除了直接可见的书本和物体之外，过去的痕迹还存在于地表之下，埋藏在地下的东西对于现今来说可能是一种强有力的刺激。[5]考古挖掘出的实物能够让过去与现在直接互动，从而使得历史具体化。约翰·斯托关注伦敦地

---

① Daniel Woolf, *The Social Circulation of the Past*: *English Historical Culture*, *1500—1730*, Oxford: Oxford University Press, 2003, p.236.

② Marcia Lee Metzger, "Controversy and 'Correctness': English Chronicles and the Chroniclers, 1553—1568", *The Sixteenth Century Journal*, Vol.27, No.2(Summer, 1996), p.450.

③ Benjamin Deneault, "'The World Runs on Wheeles': John Stow's Indescribable London", *ELH*, Vol.78, No.2, (SUMMER 2011), p.338.

④ Curtis Perry, "Reviewed, John Stow and the Making of the English Past(1525—1605) by Ian Gadd and Alexandra Gillespie", *Renaissance Quarterly*, Vol.59, No.1(Spring 2006), pp.296—297.

⑤ Angus Vine, *In Defiance of Time*: *Antiquarian Writing in Early Modern England*, Oxford: Oxford University Press, 2010, p.43.

下发现的物体，并详细记录。如莱姆街区修建水泵时，发现的由罗马瓷砖装饰的炉膛；圣保罗大教堂地基下祭祀用的牛骨；弗利特街和善德里巷下腐烂的木材；斯皮塔菲尔德满是瓮、钱币、水罐、盘子等陪葬品的墓等。斯托以此作为构建城市历史景观的证据，设想了埋在伦敦街道下面的昔时平行城市，绘制了伦敦古物的地理分布。

无数个日夜里，约翰·斯托都伏案而书，废寝忘食，终于有所成就。彼得·阿克罗伊德（Peter Ackroyd）称赞约翰·斯托是"约翰·利兰的继任者"。①斯托也是古物学会的重要成员。都铎王朝的学者痴迷于家谱和史学，部分是作为一种在国家的神话和传说中，确认当代王朝政治的方式，部分是作为一种在宗教改革者手中，恢复濒临毁灭危险过去的方法。②他们组成了古物学会以探讨学术，斯托是唯一的一个市民身份成员。尽管斯托的社会地位和受教育程度比不了其他成员，但包括威廉·卡姆登、威廉·哈里森、亨利·萨维尔爵士等在内，都向这位谦卑的市民与从事裁缝职业的人请教。③再如，斯托与沃里克古物学家弗勒斯也有交往。弗勒斯曾经向斯托借过书，他写给斯托的信现藏于大英图书馆，只不过不知具体的日期。④斯托在和其他学者的交往中也受益良多，他们互相促进，又相得益彰。

基于此，约翰·斯托在《伦敦城志》中为我们呈现了伦敦市民与商人眼中的城市。比尔认为，他是一位更接近于中世纪传统的学者，而不是文艺复兴人文主义类型的学者，与受过大学教育、塑造了伊丽莎白时代高尚文化的知识分子截然不同。⑤在城市档案保管人罗伯特·波义耳的帮助下，斯托获取了有关城市记录第一手的权威资料。同时，斯托还深入堂区，寻找堂区登记簿，以便更具体地了解普通民众生老病死的信息。斯托的《伦敦城志》的成功也得益于其好友的帮助。在威廉·弗利特伍德（William Fleetwood）任职期间，斯托可以自由出入市政厅获取资料。⑥书中关于罗马古物的部

---

① Peter Ackroyd, *Albion：The Origins of the English Imagination*, London：Doubleday Publishing Group, 2002, p.257.

② Ibid., pp.204—205.

③ Andrew Gordon, *Writing Early Modern London：Memory, Text and Community*, New York：Palgrave Macmillan, 2013, p.110.

④ Elizabeth K. Berry, "Henry Ferrers, an early Warwickshire antiquary, 1550—1633", Dugdale Society Occasional paper, No.16, 1965, p.27.

⑤ Barrett L. Beer, "English History Abridged：John Stow's Shorter Chronicles and Popular History", *A Quarterly Journal Concerned with British Studies*, Vol.36, No.1, (Spring, 2004), p.12.

⑥ J.D. Alsop, "William Fleetwood and Elizabethan Historical Scholarship", *The Sixteenth Century Journal*, Vol.25, No.1(Spring, 1994), p.175.

分,得到威廉·卡姆登的帮助。此外,关于伦敦的习俗、运动、休闲娱乐的叙述,则仰赖于威廉·菲兹斯蒂芬的文本。菲茨斯蒂芬和斯托的文本极为融洽,这不仅仅是因为他们在文中暗藏了深深的怀念,而且还因为他们对叙事环境有着最原始的环境感。①作为"一切研究伊丽莎白时代和更早期的伦敦这个主题的起点"②,《伦敦城志》以城市的物理空间为基础,描述伦敦的各区、街道和建筑物的空间布局,构建全新的书写范式。约翰·斯托的历史书写没有进行史料分析,而是包含了大量没有引起同时代人注意的零散事实。并且,他不确定布鲁图斯与特洛伊人的传说。③这是实证精神的具体体现。

《伦敦城志》的第一部分是城市概况。依次描绘伦敦的起源、古物、城墙、河流、小溪、水塘、沟渠、桥梁、城门、塔楼、城堡、学校、律师会馆等。然后介绍市民的秩序和习俗、城市旧时的休闲运动、城市守卫、城市名人。之后介绍城市二十六个区,从区的命名开始,以街道为经,小巷为纬,逐一介绍街巷中的建筑,主要是教堂、小礼拜堂、济贫院,一些会堂以及民宅,详略得当。斯托简要描述了区的边界,城区内主要居民(通常是市长或贵族)以及重要的事件,如火灾、叛乱、谋杀和处决,还注意到了各种古物和古迹的现状。城市郊区、威斯敏斯特、南华克及公爵领地的阐述也在其列,与主城形成鲜明对比。最后是论说城市的慈善救济与当下的城市统治,并附上一系列主教、市长、市政官的名单。

约翰·斯托的《伦敦城志》摆脱了传统城市编年体的束缚,他对于客观世界的描述丰富了历史书写的方式,留给后世的研究者珍贵的素材。更为重要的是,约翰·斯托所用的材料与所述的见闻,随着1666年的大火烟消云散,故而该书的史料价值尤为珍贵。约翰·斯托曾宣称,他如英国探险家正在开发美洲一般开发伦敦,专门为城市公民和游客创作志书文本。④《伦敦城志》包含了约翰·斯托复杂的情感:既有自己的宗教情感,又有对伦敦城无限的眷恋,还有他对于历史古物的热爱。这是矛盾交织下的记忆重构,

---

①　Benjamin Deneault, "The World Runs on Wheeles: John Stow's Indescribable London", *ELH*, Vol.78, No.2(Summer 2011), p.354.

②　[美]J.W. 汤普森:《历史著作史》(上卷　第二分册),孙秉莹、谢德风译,商务印书馆1996年版,第877页。

③　Ernst Breisach, *Historiography: Ancient, Medieval & Modern*, Chicago: The University of Chicago Press, 2007, p.175.

④　Peter Clark, "Visions of the Urban Community: Antiquarians and the English City before 1800", in Derek Fraser and Anthony Sutcliffe, ed., *The Pursuit of Urban History*, London: Edward Arnold Ltd, 1983, p.110.

他以自己的情感写下了志书,寄托了他对伦敦城未来的遐想。约翰·斯托和家人感情浅淡。他是最后一代在传统天主教下长大的人,尽管成年后经历了爱德华和玛丽时代的剧变,但仍倾向于旧信仰,而他的母亲则是一个清教徒,信仰差异造就了家庭的不睦。他的兄弟托马斯曾告发他在家中施行巫术,使他尝尽人世的悲凉。家庭的不睦使得斯托把全部感情献给了他生长的城市,在这里留下了他所有的回忆。在他的少年时代,约翰·斯托目睹了权贵的奢华,体会到民众慈心善行和良好旧俗正快速衰退。在他的中年,他亲历了革命与改革的贪婪和暴力,痛惜动乱中被毁的文明与古物。在他的晚年,都市的发展无情地侵蚀幼时徘徊的田野和小路,他记忆中的那些小道和绿地,此时已经由大片的街道和房屋取代。斯托见证了中世纪的逝去和现代化首都的诞生。新秩序已然成长,国家新生活的热情蓄势待发,这正是焕然一新之际,但斯托却表达出怅惘与隐忧。他对城市的巨变隐隐约约地感到不安,因为随着年龄的增长,斯托的怀旧之情日益强烈,由此《伦敦城志》中这种潜在的感情到处可见。斯托感慨于宗教改革的冲击,并在面临新教主义时,表现出宗教保守情结。他深深怀念着天主教时代的慈善与传统,这激励人们在重新恢复古建古物时,做出更大的努力。作为一个古物研究者,斯托讨厌变化;而作为一位方志史家,斯托每天都要面对变化。在他有生之年,伦敦的人口急剧增加,信仰上从天主教转变成新教,教会的土地和财产被没收。经济方面,通货膨胀严重,人民深陷对叛乱的恐惧,对外战争和饥馑的年份十分常见。可以说,社会巨变与他的理想产生了严重的冲突。

二　伦敦城市方志的续写

约翰·斯托之后的伦敦城市方志书写分为两个类型。其一是以斯托原作为基础进行续修,主要是安东尼·蒙迪(Anthony Munday)、汉弗莱·戴森(Humfrey Dyson)、约翰·斯特莱普(John Strype)等人的续写与扩写。其二是脱离斯托的原作进行的编修。需要指出的是,斯托的《伦敦城志》是基础,续修与重修作品的许多史料仍然取自斯托的文本,再增以作者有关现貌的描绘。

对于斯托本人来说,《伦敦城志》并不是终点,他计划了对作品精细化与详细化的措施。斯托希望能够尽最大努力扩充文本,并弥补书中不完美之处,但每况愈下的身体使他力不从心,于是他开始酝酿合适的接班人选。同样在伦敦出生并在伦敦成长,曾对家乡进行大量文字创作的安东尼·蒙迪进入了斯托的视野。与斯托一样,安东尼·蒙迪来自伦敦的商人家庭,两人私交甚笃。蒙迪从事布料贸易，也是名噪一时的戏剧家与作家。蒙迪自1576 年起在印刷商约翰·奥尔德身边担任学徒，8 年的学徒生涯，斯托收获颇多。随后，蒙迪怀着见识异国风情的目的前往罗马，另有说法是他作为间谍，被派往罗马耶稣会学院，执行政治任务，这些难以考证。此后他还曾前往低地国家旅行，阅历丰富。回到家乡后，蒙迪致力于为书商和剧院写作，他编辑宗教作品，翻译法国的浪漫故事，创作舞台剧的剧本，撰写政论小册子。同时，蒙迪也是伦敦 1592 年至 1605 年游行盛会的操办人之一，是城市盛会的描叙者（pageant-writer）。在他有关盛会的文章中，蒙迪总是将自己称为"伦敦市民、布商"，可见他有着明确的认同。斯托十分看重蒙迪，逐步把自己的想法灌输给他，并转交给他大量的材料，希望蒙迪能够继续他的工作。"通过他不懈的信念，坚持我的工作，纠正我所发现的问题，并着手完善这部有价值的作品。"[①]对于蒙迪来说，能参与编辑斯托的作品是一个好机遇。他没有读过大学，此前的作品时常会被学院派攻击，而城市方志的编修不需要华丽的辞藻与高级的语汇知识，只需要坚持与勤勉。怀着对约翰·斯托的敬慕，对城市的热爱以及名垂青史的冀望，蒙迪接过了这一重担。此外，王室对他的续写寄予厚望，并愿意提供帮助。《伦敦城志》并不是蒙迪续写的唯一一部斯托的作品，蒙迪的《简略编年史》也是以斯托的历史著作为基础撰写的。从国家历史到地方史，蒙迪都模仿斯托的书写，他对斯托的风格十分熟悉，而他在奥尔德那里学到的本领，能够帮助他更有效地处理文字。塞莱斯特·特纳称蒙迪为斯托的"文学执行人"。[②]

经过多年的艰苦准备与辛勤工作，1618 年版的《伦敦城志》顺利面世。蒙迪在卷首强调，这是对约翰·斯托版本的延续、校正与大幅增补，他增加了诸多关于古物和遗迹的资料，而这些都是此前从未出版过的。该书被献给时任伦敦市长、市政官员、议员以及伦敦主教。蒙迪的献辞充满了他对伦敦这座"皇家之城"（Royal City）的热爱与眷恋，作为伦敦的市民，能够记录它并做出贡献是自豪的，他希望人们能够阅读该书，并由此深入了解城市的历史与荣耀。在更新伦敦市貌描写的过程中，蒙迪走访了各处教堂，堂区书记员为新文本提供了翔实的资料。值得注意的是，斯托的叙事传统和天主

---

① David M. Bergeron, "Afterlives: Thomas Middleton and Anthony Munday", *Studies in Philology*, Vol.111, No.1(Winter, 2014), p.70.

② Helen Moore, "Succeeding Stow, Anthony Munday and the 1618 Survey of London", in Ian Gadd & Alexandra Gillespie, ed., *John Stow (1525—1605) and The Making of the English Past*, London: The British Library, 2004, p.101.

教的视角被蒙迪重新定位,蒙迪将旧文本中的怀旧之情转化成了"皇家之城"发展的必经之路。在斯图亚特王朝的统治下,蒙迪为维护斯托文本的完整性,通过对信息的重构转化为新教胜利的描绘。[①]在宗教斗争汹涌的暗流中,蒙迪是积极的前行者,他创作了大量反天主教的政论文章。17世纪的伦敦已然是一个全新的新教城市,蒙迪在书写中细致刻画了伦敦市民的新教美德,对市民善行给予了相当大的篇幅,着力呈现出都市生活的积极面貌。鉴于此,该书获得了伦敦主教约翰·金的支持。约翰·金在1618年要求伦敦所有堂区都拥有最新版的《伦敦城志》,以便让市民知晓城市的历史。尽管这一指示没有得到完全执行,但是在一些堂区中,蒙迪的续修文本已然流传,许多行业公会也拥有此书,可见该书影响力大增。[②]

到了1633年,据约翰·斯托原稿(1598)的问世已经过去了30多个年头,在安东尼·蒙迪和汉弗莱·戴森的共同努力下,更新版的《伦敦城志》问世。汉弗莱·戴森是英国近代早期著名的图书收藏家,他出生在伦敦的蜡烛商家庭,从事书记员和公证人的工作,关于他如何与蒙迪合作的史料已经不可考证了。1633年版的《伦敦城志》发表之时,蒙迪业已逝世,戴森也于该年过世。该书被献给时任伦敦市长拉尔夫以及其他市政官员。作者在文中着意添加了纹章描叙,介绍了伦敦著名的慈善法案,记录了市民和赞助人的捐助行为,并抄录了教堂中的碑文内容,辑录范围更是扩大。由此,旧时的荣耀焕发出勃勃生机。方志书写充分呈现了时代特色,古今皆载,详略交织,为读者提供了丰富的学术信息。尤需注意的是,作者重点描绘了詹姆斯一世继位以来,伦敦人"对宗教的爱意"。相比前版,这是一部大体量的志书,按章列目共有60章的内容,十分完备。前部分围绕城市物质实体展开,自古史今颜、城墙、河流、沟渠、桥梁、塔楼、城堡等娓娓道来;继而关注城市文化教育,如学校、学生、市民秩序与习俗等。值得一提的是,作者把有关城市显赫家族的描述单列成章,城市荣誉市民与慈善事业的记载独成子目。此外,该书续写了12世纪菲兹斯蒂芬所记叙的城市日常运动与休闲生活。这三部分是伦敦城志的特色所在,因为无论是此前其他城市历史的书写,还是此后以《伦敦城志》为借鉴的各地城志,都鲜有将城中望族、荣誉市民、休闲娱乐进行单独详述的,唯有伦敦有此传统与积淀。该书剩下的章节围绕

---

① Vanessa Harding, "Recent Perspectives on Early Modern London", *The Historical Journal*, Vol.47, No.2(Jun., 2004), p.439.

② Ian W. Archer, "Discourses of History in Elizabethan and Early Stuart London", *Huntington Library Quarterly*, Vol.68, No.1—2(March 2005), p.210.

城市的 26 个区展开描写，并附录诸如教区教堂、行会纹章、作者目录等相关的细述，图文并茂，面面俱到。凭借着新版《伦敦城志》，蒙迪也得到了应有的荣誉。他的墓碑上写道："通过各种努力，用笔为城市古史的书写服务，特别是续写了《伦敦城志》一书。"①

蒙迪逝世之后，斯托版《伦敦城志》的续修陷入较长时间的沉寂。至1694 年，斯托版《伦敦城志》计划再印，约翰·斯特莱普承担了这一工作。斯特莱普与斯托、蒙迪一样，都来自伦敦的商人家庭，但他受到了更好的教育。从圣保罗学校毕业后，他前往剑桥大学深造，并拿到硕士学位。1674年，他被伦敦主教授权宣讲和阐述《圣经》，并在空缺时执行祭司和助理牧师的职能，牧师的身份使得他广泛接触了当时的政教名人，获得了大量的珍贵素材。由此，约翰·斯特莱普成为 17 世纪晚期续修城志的上佳人选。斯特莱普能力出众，且对续编工作抱有极大的热情，他希望纠正蒙迪版《伦敦城志》的错误，并以自己的努力延续斯托的盛名。与他的前辈一样，斯特莱普一方面着手整理资料，另一方面实地探访城市。此外，主教卡普顿为他提供了莫大的帮助，卡普顿致信伦敦的教士，要求他们为斯特莱普提供每个堂区的详细资料。由此斯特莱普获得了斯托及蒙迪先前从未触及的堂区史料，留存了伦敦大火前堂区的描叙，使得那些在大火中付之一炬的建筑得到描绘。在城市档案的找寻过程中，斯特莱普希望获取伦敦商会的记录。然而这属于特权领域，并不对外开放。在友人的帮助下，市议员准许他抄录"合宜"的内容，即使是这样，笔记也需由专人审查后方能带出，以免其中的内容公布后会对城市不利。经过诸多曲折后，法院最终裁定斯特莱普的作品"绝不会改变或损害这个光荣城市的习俗"，内容"非常可观的"笔记最终获准使用。斯特莱普得以出版并传播与"城市荣誉和名誉"相关的"更为广泛的知识"。②然而，正当斯特莱普完稿待刊之时，爱德华·海顿的方志率先问世，两者均是斯托著作的续延产物，书商当然只择其一。爱德华·海顿的《伦敦新志》(*A New of London*)以"新"取胜，率先出版发行，斯特莱普的作品直到 1720 年才发行。在待刊的这段时间中，斯特莱普不断地增加新的材料，建构新的书写方式，尽最大努力使自己的作品以更完美的形式呈现。与蒙迪相比，斯特莱普的书写更为集聚且有效。斯蒂芬·迈克尔(Stephen Michael)

---

① John Entick, *A New and Accurate History and Survey of London*, *Westminster*, *South-wark*, *and Places Adjacent*, London, 1766, Vol.IV, p.75.

② Paul Griffiths, "Secrecy and Authority in Late Sixteenth- and Seventeenth-Century London", *The Historical Journal*, Vol.40, No.4(Dec., 1997), p.931.

称赞他的作品建构了城市的"社会形态"。①斯特莱普引入了页边注，使得文本可以容纳更连续的材料。著名学者托马斯·赫恩在 1707 年听到这一设想时，提出应在保存斯托原稿的基础之上，另起章节进行补充，以示差别，但是斯特莱普并没有这么做。最终面世的版本仍然大幅保留斯托和蒙迪的文本，以达到续修的一致性。他沿用斯托的文字与修志理念，并将自己的书写夹杂其中，融为一体。当然，这其中有斯特莱普自己的目的，即重塑约翰·斯托书写的地位。在斯特莱普的文本中，我们可以看到他对约翰·斯托生平进行的详尽的介绍，而对于蒙迪，斯特莱普并没有给出过高的评价。斯特莱普重新将约翰·斯托捧上圣坛，有力地驳击了像有牛津学术背景的托马斯·巴罗这类学院派的负面评价，使得出版的伦敦城志延续其光荣，保持认可度。斯特莱普的文字艺术需要我们深入案卷细细品味，他的作品也是跨越世纪的力作。斯特莱普坚持原版导向的续修，为我们带来了许多的启示。

三　其他人笔下的伦敦城志

1657 年，保皇党人詹姆斯·豪威尔（James Howell）出版了他所编撰的《伦敦城志》（*Londinopolis*，*An Historicall Discourse or Perlustration of the City of London*）。这是首部名义上脱离约翰·斯托《伦敦城志》的作品，作者迫不及待地宣扬他方法论上的创新，但实际上不过是截取斯托的史料，并按自己意志重新编排的方志。豪威尔曾在牛津大学求学并获得学位，也前往过欧陆旅行。他从事过管理人、谈判人、贵族家庭教师等多种职业，后进入枢密院任职。他与本·琼森、迪格比等文学大家交好，自身也是语言学的翘楚，因此该版城志文字优美，风格典雅。该书扉页是一首赞美伦敦桥的小诗，从中可以感受到作者炙热的情感。这部作品献给伟大的伦敦城，以及所有在伦敦幸福生活的人。在文前，作者列出了他所使用的主要材料。②作者首先介绍了伦敦的建立和起源、河流、沟渠、泉水、泰晤士河、泰晤士河上的桥、伦敦塔、伦敦的科学和文学公共场所、伦敦的政府、教会、社团以及伦敦的商人。随后，作者详细地描写了城市的 26 个区。③此外，该书还涉及伦敦附属区域，记载了威斯敏斯特的古物、修道院等，最后对财政署、法院、

---

① Stephen Michael, "The Building Pathology of Early Modern London", PhD thesis, Birkbeck, University of London, 2015, p.27.

② James Howe, *Londinopolis*, *An Historicall Discourse or Perlustration of the City of London*, London, 1657, the chiefest materials.

③ Ibid., p.47.

海军法庭进行描写。从对城市的调查视角来看，该书保留了斯托对伦敦的概览，并无新意，但关于城市实况的介绍已然更新。自蒙迪与戴森合修的1633年版《伦敦城志》问世，到此时已过了24个年头，伦敦经历了内战与岁月的洗礼，城市面貌有了较大的变化。圣保罗大教堂和齐普赛十字街都遭到损毁，这让作者惋叹。他试图通过书写唤起人们对城市的追忆，并谴责破坏者。豪威尔的志书体量不大，但是充分反映了战后的伦敦生活。值得一提的是，豪威尔并非伦敦本地人，而是来自威尔士一个古老家族，是牧师的儿子。这是"他者"视角下的伦敦书写。

同样持"他者"视角的是托马斯·德罗纳（Thomas Delaune）的方志。1681年，托马斯·德罗纳的《伦敦城志》刊行，该书献给时任市长的佩行思·沃德爵士（Patience Ward），以感谢市政当局对他书写的帮助。作者在前言中坦言，他的书部分地采纳了别人的智慧结晶，即从编年史、古物学家的作品、法令集以及当代作家的著作中辑录了资料。[1]他不想进行面面俱到的阐述，而是只书写伦敦最为显赫的部分，以纲要形式呈现。这确实是一个较为可取的方法，绕开了作者单枪匹马、力不能及的短处，也为他带来了更多的读者。人们对于长篇大论总是有所畏惧的，而这样一部短小精悍却充分呈现要点的书籍，满足了普通读者的阅读需求。作者共安排了五章来叙述，章下按节展开，并重点把视野放在城市的现状上。第一章介绍伦敦的起源、古物、名称由来等。第二章介绍伦敦的地理位置。第三章介绍伦敦的城市范围、城市发展、公共建筑、居民人数等。本章有如下内容：伦敦的城墙、塔楼、城门、古城堡；教会和碑文；济贫院；宫殿、国王法庭；伦敦交易所；伦敦的学院和律师会馆；伦敦桥、泰晤士河和其他河流。第四章介绍伦敦的政府、教会事务、世俗事务。第五章介绍伦敦的贸易、商人、市场、行会等。最后是一些附录，收录了关于战争、骚乱、火灾、疾病等的历史文件，还有一些市政官员的名单。该书另附一些城市建筑插图，如考文特花园的实景插图。该书还描绘了广场上的行人，夫妇牵手共步，女士小姐并肩相携，绅士头戴礼帽，握着手杖悠然散步，更有正与宠物狗嬉闹的市民，好生热闹。[2]动静相宜之下，大都市的盎然活力展现无遗。对于伦敦人来说，生活场景的重现增添了真实与亲切，这是每日所见的城市，日常的记忆渗入其中，也是人人参与其中的方志。对于英国人来说，首都是他们所无限向往的地方，通过方

---

① Thomas Delaune, *The Present State of London*, London, 1681, To the Reader.
② Ibid., pp.158—159.

志，他们了解了都市的生活，更想身临其境亲自体验。作者托马斯·德罗纳也是一个外来人，他出生于爱尔兰科克的一个天主教家庭，父母依靠租种庄园为生。他在修道院中长大，并接受了良好的教育。信仰天主教为德罗纳带来了麻烦，他不得不离开家乡，前往伦敦居住。凭借良好的文字水平，他在伦敦从事翻译工作，并将所见所闻汇聚起来，编撰了《伦敦城志》。我们能从文字中感受到爱尔兰人对伦敦的热爱与发自内心的赞扬，这打破了地域界限，挣脱了宗教藩篱。文本出自作者本人想要记录描绘的内容，这是他所关心、关注的，也是他想呈现给时人的，没有什么比这更能展现认同了。

另一本《伦敦城志》出现在 1681 年，作者是理查德·伯顿（Richard Burton）。据考证，这是印刷商纳撒尼尔·克劳斯（Nathaniel Crouch）的别名[1]，也就是说，克劳斯匿名出版了这部作品。究竟是什么原因呢？克劳斯生于 1632 年，是一名雇佣文人，同时也从事出版印刷的工作。克劳斯最常干的活就是从其他人的书本中借用材料，重新组织编排后使用假名出版。这部方志即属此列。书的首页是两幅对比鲜明的插画：一幅是火焰中的伦敦，图中象征着城市的女郎衣衫褴褛，背后的建筑坍塌过半，情形十分萧条；另一幅则是光荣的伦敦，此时的女郎庄严肃穆，正襟危坐，背后的城市秩序井然，呈现欣欣向荣之貌。由此可见，该书主要描绘城市的过去与现在，重点突出伦敦大火后城市的重建。该书依循前人的体例，按章节编排史料，从描绘城市的物理建筑入手，继而论及都市政府的统治，并记录城市诸如战争、火灾、瘟疫等事件；再对城市各区与市郊进行简述，并介绍城市的文化、教育与慈善事业。值得一提的是，在对行会的介绍中，作者收集了伦敦 65 个行业的纹章，并精心绘在了书中，很好地保存了史料。[2]此外，文中配一些插图，起辅助说明、增加意趣的作用。因此，该书麻雀虽小五脏俱全，凭借简洁而引人入胜的书写手法，赢得了读者的喜欢。此后该书陆续再版，成为流行一时的读物。

1682 年，威廉·高夫（William Gough）的《伦敦城志》（*Londinum Triumphans*）出版，献与城市的市议员、市政官以及对城市作出贡献的显赫市民。关于作者，我们几乎一无所知，唯一感到的是他对城市的热爱。高夫在"致读者"中坦言，他更像是一名转录者而非作者，他尊重先辈的书写，并尽力在文本中呈现自己的智慧。[3]由此，高夫花费了大量的笔墨在城市古史与

---

① Bridget Cherry, "Edward Hatton's New View of London", *Architectural History*, Vol.44 (2001), p.98.

② Richard Burton, *Historical Remarques, and Observations of the Ancient and Present State of London and Westminster*, London, 1691, pp.85—95.

③ William Gough, *Londinum Triumphans*, London, 1682, To the Reader.

荣誉上,贸易与特权也是该书书写的重点。他详述了城市特许状的获得,并强调了市民的权利与力量。从写作风格上看,此书稍显晦涩,缺少章节目录,大段堆砌资料。因此,此书陷入湮没无闻的境地。

威廉·高夫版《伦敦城志》之后是爱德华·海顿(Edward Hatton)的著作。爱德华·海顿是伦敦一家火灾保险公司的勘查员,有专业探查背景,由此,他的城志书写进展较为顺利。1708 年,爱德华·海顿的《伦敦城志》(*A New View of London*)出版。该书共两卷,分为八个部分。第一部分描写了街道、广场、小巷、市场、庭院、胡同、路等,包含了一份 92 页的街道目录。第二部分围绕教堂展开叙述,就其名称、建造、建筑安排、装饰、外部尺寸、钟、纹章、碑文、坟墓等进行描述。牧师、执事、主教等人的名单也包括在内,还有关于赞助人的介绍,100 多个教堂及其历史也容纳其中。第三部分展示了一些社团及其组织与会堂等。第四部分就国王的宫殿、贵族的宅院、议会所在地、伦敦塔等展开。第五部分论及学院、图书馆、博物馆、法庭、档案室与学校。第六部分介绍济贫院、监狱、慈善学校。第七部分描述了伦敦的桥梁、泉水、沟渠、渡口、码头、城市用水。第八部分展示了伦敦的公共雕像。由此可见,海顿放弃了约翰·斯托此前的方志架构,开启了全新的著述模式。他自己说,该书是采纳了《巴黎指南》(*A Guide through Paris*)的方法。①在他看来,约翰·斯托 16 世纪的视野已经不再适用于日新月异的伦敦城,这个大都市已经发生了翻天覆地的变化。海顿的方志突出的是"新"意:新的作者,新的视角,新的书写方式,为我们呈现了 1666 年伦敦大火后新生的都市景观。虽然体例新变,但关于以前伦敦的内容仍旧取自约翰·斯托的文本。此外,从威廉·卡姆登到韦物、达格代尔、富勒、豪尔等先辈的著作,都在摘抄之列。②作者有效地将历史信息与个人观察相结合,书中充满了伦敦都市景观与生活细节,几乎是百科全书式的著作。为了防止书籍过于庞大,哈顿还附录了艺术术语词汇表,并对缩略词进行解释,可谓十分精心。有趣的是,哈顿匿名出版了这部方志。有一种解释是,哈顿并不是古物研究圈的学者,匿名出版会使作品接受度更高。③事实完美印证了这一说法,哈顿的作品具有城市指南的性质,十分受欢迎。有一个细节需要补充说明,在哈顿《伦敦城志》的前页,附有约翰·斯托《伦敦方志》重印再版的广告。④该广告宣称,约翰·斯托《伦敦城志》续修工作已经进行了很长时

---

① ②　Edward Hatton, *A New View of London*, London, 1708, the Preface.

③　Bridget Cherry, "Edward Hatton's New View of London", *Architectural History*, Vol.44 (2001), p.102.

④　Edward Hatton, *A New View of London*, London, 1708, Advertisement.

间,投入了大量的人力物力,如今已经全部完成,只待出版。可惜这一广告一打就是数十年,直到 1720 年斯特莱普续修的约翰·斯托版《伦敦城志》问世。哈顿的《伦敦城志》成为伦敦大火后方志书写的代表,同时代没有一本作品能与哈顿的书抗衡。"在许多方面,它是一本杰作。"①

此后,威廉·斯托以哈顿的《伦敦城志》为样本,在阅读了许多希腊和拉丁历史学家书写的关于巴比伦和其他东方城市的作品后,1722 年创作了新的城志。威廉·斯托以伦敦城为中心,以方圆 25 英里为半径进行勘察,囊括了更多书写内容。全书以地点为子目,按首字母排序,介绍了每一街道、小巷、庭院、胡同、广场及其他地方,细致描述了关于所有大教堂、学院教堂、堂区教堂、修道院等,是海顿风格的仿作。该版《伦敦城志》为旅行者和外来人提供了一个完美的介绍指南。

约翰·斯托版《伦敦城志》的续修活力不减,由后辈作者接棒再创作,其坚持学术性的编纂,直到今天仍不断再版,生机勃勃。而其他建立在斯托文本之上的新书写则各自外沿,寻找属于自身的地位,扩宽了志书的用途。以此为样本,此后的学者再接再厉,不断创新,保持了伦敦志书书写的强劲态势,并辐射到全国各地。

第四节　其他城镇方志的编撰

彼得·克拉克认为,约翰·斯托的《伦敦城志》可能是例外。这一时期的英国没有可以比拟 15 世纪德国城镇编年史,或者文艺复兴时期有关威尼斯专题研究的历史作品。高质量史学编撰的缺乏反映了 18 世纪末以前英国大多数城镇人口规模小,以及对人文主义思想的迟来接受。英国古物学家的作品通常是散漫离题的、组织糟糕的、不准确的,因虚夸而满是漏洞。②这样的评价有些过激。正如有学者指出的:"伦敦在这个时期的意义非常大,很难将首都的历史与其他地方的历史隔离起来。"③约翰·斯托等人对

---

① Bridget Cherry, "Edward Hatton's New View of London", *Architectural History*, Vol.44 (2001), p.96.

② Peter Clark, "Visions of the Urban Community: Antiquarians and the English City before 1800", in Derek Fraser and Anthony Sutcliffe, ed., *The Pursuit of Urban History*, London: Edward Arnold Ltd, 1983, pp.105—106.

③ Edward T. Bonahue JR., "Citizen History: Stow's Survey of London, Studies in English Literature, 1500—1900", *The English Renaissance*, Vol.38, No.1, (Winter, 1998), p.62.

首都伦敦形象的完美塑造,成为英国其他城镇学者的修撰榜样,引领其他各城镇纷纷模仿,力图以方志颂扬家乡城市,进而构建地方认同。由此,英国城市方志呈现出鲜明的特点。

一　市政意志:埃克塞特城志

埃克塞特是德文郡郡治,Exeter 由古英语 Escanceaster 一词发展而来,Escan 是河流的指称,表示城市坐落于埃克斯河畔,ceaster 是典型的后缀,用于标记重要的堡垒或防御性城镇。这里曾是罗马人最西南的防御定居点,后来演变成英国西南部重要的商业、宗教、文化中心。威尔士语将这里称作 Caerwysg,是为"埃克斯河边的堡垒"之意,仅从城市名称便可窥得其在历史早期的地位与重要性。至伊丽莎白一世统治时期,埃克塞特获得郡级行政的地位,市政当局实行寡头统治,致力于维护城市的秩序与稳定。城市社会在很大程度上不仅仅是个人的组成,而是地方共同体,他们忠诚于王室,服从国家的统治,却绝不以牺牲自身利益与认同为前提,已然成为一个整体的微缩世界。[1]在经济上,埃克塞特作为西南部重要的进出口贸易中转站,港口贸易十分繁荣,呢绒产业达到鼎盛,集市发达,是英国西部仅次于布里斯托尔的地方。

由此,埃克塞特以悠久的历史为底蕴,以忠诚的传统为基石,以繁荣的社会为依凭,建立起了强烈的身份认同。为了颂扬城市的发展,城市方志在市政当局的鼓励下兴起,并显现出鲜明的特征。纵观 16、17 世纪,承担埃克塞特城志编撰的三位作者约翰·胡克、理查德·阿扎克、塞缪尔·阿扎克均出身望族,受过良好教育,担任过城市官员。因为编撰的目的是为市政官员提供借鉴,因此该城的方志创作受市政当局意志的直接影响,呈现出城市精英视角下的埃克塞特风貌。

首先进行城市方志创作的是约翰·胡克(John Hooker,也称作 John Hoker 或 John Vowell)。他出生在德文郡埃克塞特布里奇霍尔一个显赫的家庭。约翰·胡克曾在牛津大学就读,后到欧陆游学。他先是在科隆学习法律,继而旅居斯特拉斯堡,由于欧洲战争,他不得不回到家乡埃克塞特。受 1549 年叛军围城的影响,他开始从事历史与古物的研究。[2]1555 年,他成

---

① Wallace T. MacCaffrey, *Exeter*, *1540—1640*: *The Growth of an English County Town*, Cambridge: Harvard University Press, 1978, Introduction.

② 胡克是一位非常高产的作者。除了有关埃克塞特的城市方志以外,他的著作还有:John Vowell, alias Hoker, *The Order and Usage of Keeping of the Parlements in England*, London, 1572; John Vowell, alias Hoker, *A Catalog of the Bishops of Excester*, London, 1584; John Vowell, alias Hoker, *A Pamphlet of the Offices*, *and Duties of Euerie Particula Sworne Officer*, *of the Citie of Excester*, London, 1584.

为埃克塞特财政官。作为市政官员，胡克接触到大量的城市档案，收集了许多原始手稿，以此为基础，他撰写了《埃克塞特城志》(*The Ancient History and Description of the City of Exeter*)。该书前一部分内容包括：城市的地理位置、有关布鲁图斯的传说、托勒密的观点、城墙、水源、山丘、城堡、港口、教区与教堂、居民、职业、官员与治理、叛乱等。后一部分是一些著作的摘录，并记载了天象与自然灾害、议会法律、济贫院、主教名录和城市官员等。该书还记载了1714年安妮女王的去世①，时间延续到18世纪，可见是后人的续写。总体看来，该书内容庞杂，结构混乱，存在不少的错误。胡克作品的影响力是深远的。有学者认为：大多关于埃克塞特市的近代历史，都是对胡克著作不加鉴别的重复。②此外，约翰·胡克的另一身份是《霍林希德编年史》的作者之一，他写作关于埃克塞特与德文郡的历史被纳入国家编年史。

在约翰·胡克之后，理查德·阿扎克贡献了一部新的方志。理查德·阿扎克(Richard Izacke)出生于埃克塞特，曾作为自费学生就读于牛津大学埃克塞特学院。1642年因内战而失学，继而进入内殿律师会馆求学，并于1653年成为家乡埃克塞特的财政官，后又任职城市书记员，始终兢兢业业为城市服务。应市政当局的要求，他用了8年的时间整理法令条例等史料，在1665年交稿呈送后，继续扩充文本内容，直至12年后方出版。阿扎克将这部方志献给埃克塞特的市长、市政官及市议会，这是多年磨一剑的力作。翻开阿扎克版的《埃克塞特城志》(*Antiquities of the City of Exeter*)，映入眼帘的是扉页的城市座右铭插画"永远忠诚"(*Semper fidells*)③，这是伊丽莎白一世为奖励埃克塞特1588年帮助女王击败西班牙"无敌舰队"而授予的，是莫大的荣耀。书中包括一幅埃克塞特的城市地图，可以鸟瞰城市及郊区，并给出了各种建筑物的参考编号，对我们了解城市整体非常有益。这里丘陵环绕，风景秀美，河流绕城而过，城墙将城市牢牢包裹，城堡高耸，城中教区排布齐整，秩序井然。在详述了城市概貌与历史沿革之后，作者给出了多份目录表。首先是一份教区主教目录，以分栏表格的形式呈现，包含主教的姓名、纹章图样、出身、就职日期、在任年份、死亡与埋葬情况。继而是埃克塞特城市官员的名单、行会的纹章与历史。然后是城市统治历史的编年

---

① John Hooker, *The Ancient History and Description of the City of Exeter*, Exeter, 1765, p.221.

② Bertie Wilkinson, *The Medieval Council of Exeter*, Manchester: Manchester University Press, 1931, p.9.

③ Richard Izacke, *Antiquities of the City of Exeter*, London, 1677.

叙述章节，详略得当。此外，城市的捐助名单目录也在列，以感激他们对济贫作出的贡献，更是以此歌颂了城市市民的慈善美德。附录则是一份囊括城市官员、主教、捐助人等姓名，济贫院、教堂、法庭等场所，法令、条例、判例等公文，习俗，授予，战争，教育等杂项在内的详细索引，为读者快速在文中检索条目提供了极大的便利。文本的内容包罗万象，是了解该城历史、古物、政治、经济、社会等重要的资料。除从城市编年史、市政记录、修道院文书中摘录史料外，城市的特许状、习俗、市集等信息都有记载，城市政要、主教乃至居民被鲜明刻画，教会历史、政治历史乃至市民生活安排妥当，地方利益与认同凝聚其中。不可否认的是，这是建立在前人方志基础之上的再创造。查尔斯·格罗斯(Charles Gross)指出，理查德·阿扎克的作品中最有价值的部分，即取自胡克未完成的作品。[①]阿扎克在书中坦言，他是博学的约翰·胡克的继承人，从胡克的手稿中选取了大量资料，跟随着胡克的步伐继续探索城市。这显示了方志编写的延续性，后辈学者将方志续写到当代，在作者本人见证的时代，他就是权威。相比约翰·胡克，阿扎克旨在将书中的内容传播给更多的市民，容纳更多的材料与史实，使其具有实用性功能。此后，他的儿子、埃克塞特后任的财政官塞缪尔·阿扎克(Samuel Izacke)将该书续修，进一步扩容，纪事一直延续到1723年。新书献给当时的英国王子乔治·奥古斯都，即后来的乔治二世。[②]这与当时流行献给城市的做法相悖，也不同于其父的初衷，这或许与当时埃克塞特激烈的市长选举有关。塞缪尔·阿扎克版的《埃克塞特城志》(*Remarkable Antiquities of the City of Exeter*)先后出版了多个版本，至19世纪还陆续有再版问世。

此外，亚历山大·詹金斯(Alexander Jenkins)的《埃克塞特城志》(*The History and Description of the City of Exeter*)也具有一定的代表性。该书大致分为如下部分：首先是概况，介绍城市地理位置、经度与纬度、人口、河流、居民等。接下来是历史，从罗马人入侵开始，讲到乔治三世时期。这一部分除了政治史与战争之外，比较有价值的是记载了一些饥荒与瘟疫的情况。[③]第五章讲述教会的历史。最后一部分属于描述性的内容，涉及城市

① Charles Gross, *A Bibliography of British Municipal History*, London: Longmans, 1897, p.233.

② Richard Izacke and Samuel Izacke, *Remarkable Antiquities of the City of Exeter*, London, 1724, i.

③ Alexander Jenkins, *The History and Description of the City of Exeter*, Exeter, 1806, p.59, p.63, p.75, p.85, p.96, p.124.

政府、城堡、教堂、济贫院、市集、堂区等诸多方面。最后是目录，为读者检索内容提供了方便。

二 鲱鱼之城：大雅茅斯

大雅茅斯是诺福克郡的一个古镇，它比郡治诺维奇的历史更古老。渔民逐鲱鱼而来，并定居于此。至1086年时，大雅茅斯已经成为一个有70名居民的城镇。在约翰王时，市镇获得了第一个王室特许状，成为自治市，拥有自治权。①大雅茅斯有着得天独厚的地理优势——位于亚尔河口、拥有极长的海岸线，这使它成为英格兰最好的鲱鱼港口。在整个中世纪，雅茅斯独自成为鲱鱼的主要供应者，并位居欧洲渔业的顶峰。②每年从9月29日米迦勒节到11月10日圣马丁节这段鲱鱼的收获期，市镇格外繁荣。托马斯·纳什写道："如同圣德尼之于法兰西，圣詹姆斯之于西班牙，圣帕特里克之于爱尔兰，圣乔治之于英格兰，对于雅茅斯而言，则是红鲱鱼。"③由于鲱鱼市集的兴起，以及面临着其他港口城镇的竞争，大雅茅斯产生了许多有关贸易的司法事务，由此，证明市镇权利和特权的书面记录异常关键。13世纪后期，法庭卷轴信件即被密封箱存，此外还保存了大量和法律事务、习俗相关的文件，自1538年起，集会记录也纳入保存。④除此之外，1386年，圣尼古拉斯教堂中安装了一个记录该镇历史的"计时表"，市镇的历史记载连续不断。⑤这些都为城志书写奠定了坚实的基础。

最早的是托马斯·达梅特编修的《大雅茅斯城志》，该书约写于1585年至1603年间。这是初期的探索，究其原因有两个：首先，由于鲱鱼业繁荣导致诉讼频发，大雅茅斯除了保存相关特许状等史料外，更需要外扬声名，以更好地带动渔业贸易；二是达梅特的身份。托马斯·达梅特1542年出生于

---

① Charles John Palmer, *The History of Great Yarmouth*, *Designed as a Continuation of Manship's History of that Town*, Great Yarmouth, 1856, p.2.

② Robert Tittler, "The English Fishing Industry in the Sixteenth Century: The Case of Great Yarmouth", *Albion: A Quarterly Journal Concerned with British Studies*, Vol.9, No.1 (Spring, 1977), p.40.

③ Thomas Nash, *Nash's Lenten Stuff: Containing, the Description and First Procreation and Increase of the Towne of Great Yarmouth in Norfolk*, London, 1871, p.113.

④ Paul Rutledge, "Archive management at Great Yarmouth since 1540", *Journal of the Society of Archivists*, Vol.3, No.2(October 1965), p.89.

⑤ Andy Wood, "Tales from the 'Yarmouth Hutch': Civic Identities and Hidden Histories in an Urban Archive", *Past & Present*, 230(2016), p.214. 至1587年，这个表还悬挂在教堂里，到1612年它被更新的所取代。

大雅茅斯一个显赫的家庭,是一名"严肃而诚实的居民",于 1584 年、1586 年、1593 年和 1604 年当选为大雅茅斯议会议员。托马斯·达梅特毕生都致力于市镇的发展,作为市政官员,他希望通过方志保留城市的历史与记忆,为后人提供借鉴。为了准备城市方志的编修,托马斯·达梅特在 1580 年编修了《特许状汇编》(*Book of Charters*)。因达梅特的作品以手稿形式存留,未曾出版,由此还引起一段公案。19 世纪时,大雅茅斯的史学家、城市方志作者查尔斯·约翰·帕尔默(Charles John Palmer)在众多文献中发现了这一著作,悉心编撰并加注了笔记,着意添了附录进去。由于当时手稿的作者尚未明确,帕尔默认为这是由老亨利·曼希普所写。于是,在 1847 年以《大雅茅斯城志》(*A Book of the Foundation and Antiquitye of the Town of Great Yarmouthe*)的题名将之出版。后来,保罗·拉特利奇撰文证明达梅特才是原稿作者,方真相大白。从 1847 年帕尔默编辑整理的文本来看,达梅特的城志重点在于呈现历史上王室授予城镇的权利与特权,一则起厘清且保存之效,证明延续性,二来可彰显城市在王国内的重要地位。该书有三个主题:大雅茅斯与海洋、法律冲突与诉讼以及城市与王室的关系。安迪·伍德认为,达梅特讲述了忠诚勤奋的人民反抗外敌、叛军、贪婪的邻居和恶劣生存环境的故事。[①]

1599 年,托马斯·纳什经实地探访,编撰并出版了《大雅茅斯城志》,此时距约翰·斯托的《伦敦城志》出版不过一年。作者托马斯·纳什出生于萨福克郡洛斯托夫特,曾在剑桥大学就读,后前往伦敦谋生。他从事文学研究,也创作剧本,常常撰写政治小册子。他的一生留下了很多的作品,后人将其手稿整理后以《托马斯·纳什作品集》(*The Works of Thomas Nash*)多次出版。但在其生前,纳什因言辞辛辣尖锐,在首都树敌颇多,他的自命不凡也使他始终得不到赞助人的青睐。有人形容他是一名"不光彩的作家"(Disgraced Writer)。为了逃避政敌,也为了增加新的收入来源,他来到大雅茅斯,在这里,他获得了热情的接待。出于感激或是希望得到薪俸,他开始为大雅茅斯写志。纳什早在 1592 年即公开表达了对编年史家的不满,他认为这些作者除了市长、市政官之外,什么也不写。[②]由此,他对雅茅斯的描叙势必跳出编年体的框架。全书仅七十多页,是一本薄薄的小册子,带我们

---

① Andy Wood, "Tales from the 'Yarmouth Hutch': Civic Identities and Hidden Histories in an Urban Archive", *Past & Present*, 230(2016), p.220.

② D.R. Woolf, "Genre into Artifact: The Decline of the English Chronicle in the Sixteenth Century", *The Sixteenth Century Journal*, Vol.19, No.3(Autumn, 1988), p.321.

领略了"他者"视角下的大雅茅斯。在书中,纳什首先简要地介绍了城市概况,叙述了从哈罗德、征服者威廉开始的大雅茅斯历史,这是从达梅特书写中取精去粗的产物。继而,他关注城市风貌,尤以城墙、塔楼、城堡着墨多。当然,有关鲱鱼贸易的描叙是不可或缺的。尤其值得一提的是,该书中有一处提及中国(Cathay)。①纵观全书,无体例可循,更像是随性所致的记载,但却十分真实。纳什既非本地人士,又无常住于此的经历,他以游客的眼光打量这里,留下了对城市的有趣鉴赏。

此后,小亨利·曼希普(Henry Manship)的城市方志问世,为城志书写展现了新的气象。小亨利·曼希普出生于大雅茅斯的一个商人家庭,他的父亲即是上述被误认为是达梅特版城市方志作者的老亨利·曼希普。老亨利·曼希普原是商人,1550 年当选为市议员。他深深意识到城镇的繁荣完全依赖于港口的运转,于是积极参与港口的疏浚与改善。小曼希普在受过免费文法学校的教育后成为一名律师,在父亲的影响下,先在市镇法庭中从事辩护,至 1579 年成为市镇书记员,继而担任市议会议员。1604 年,因公然讥讽达梅特先生等人丢掉职务,遂潜心投入修志事业。1612 年,小亨利·曼希普组织了一个由十三名市民组成的委员会,帮助他收集并整理家乡城市的资料。该委员会多次开会,顺利完成任务。他们的努力为小曼希普的《大雅茅斯城志》(The History of Great Yarmouth)一书提供了坚实的档案基础。②这一作品于 1619 年完成,市议会给了他 50 镑的酬金作为答谢。然而,他对金钱和名望的期望却没能借此实现。1620 年,因作品中有诬蔑市镇的不当言辞,以及其他滥用职权行为,小曼希普被指控有罪,他承认了错误和罪行,并对此感到抱歉。③究竟书中有无"不当言辞",还需进一步深入研究,但此书的价值已经得到后辈大雅茅斯人的认同。1854 年,C.J. 帕尔默重新编辑了该书并出版,是为小亨利·曼希普版的《大雅茅斯城志》,该书后半部分为帕尔默所做的注释与附录。1856 年,C.J. 帕尔默出版《大雅茅斯城志:亨利·曼希普的延续》。受达梅特和小曼希普的影响,帕尔默后来也独立编撰了三卷本《大雅茅斯城志》(The Perlustration of Great

① Thomas Nash, *Nash's Lenten Stuff*: *Containing the Description and First Procreation and Increase of the Towne of Great Yarmouth in Norfolk*, London, 1871, p.30.

② Robert Tittler, "Reformation, Civic culture and Collective Memory in English Provincial Towns", *Urban History*, 24.3(1997), p.295.

③ Charles John Palmer, ed., *A Book of the Foundation and Antiquitye of the Town of Great Yarmouthe*, *From the Original Manuscript Written in the Time of Queen Elizabeth*, Great Yarmouth, 1847, ix.

Yarmouth , with Gorleston and Southtown）。此外，亨利·史云顿、查尔斯·帕金、弗朗西斯·布洛姆菲尔德在他们的城志作品中，均借用了曼希普的文字为己所用，以之为信史。同样，市政当局也没有忘记小曼希普书志的功劳，1625 年，小曼希普由于贫困且年老而逝世，时任财政官哈德沃尔先生受理了他遗孀的请愿，为感谢小曼希普的贡献，给予了她一些抚恤。①

　　回到文本，相比达梅特的单一主题，小曼希普的视野更为丰富。与格雷和斯托一样，他受到古物研究和地形学的影响，熟悉斯皮德、卡姆登、斯佩尔曼的著作。他的阅读广度不仅可以在他的隐喻和引用中看到，而且反映在他方志的描叙中。②小曼希普采用了温和而显明的主观态度，反映城镇的过去与现在，他把不合时宜的谬论、神迹和神话人物置于文本之外。③当然，书写的重点仍旧是城市特权的沿革，详叙了大雅茅斯城市本身，以及与周边贵族、邻市、五港同盟等就权利问题进行的斗争。在此基础上，城市精英的立场促使他更多地关注大雅茅斯政治历史的变迁与市镇政府的运作，并塑造了城市寡头统治的良好形象。市政官员对内积极修缮港口，发展经济；对外运用法律与竞争者抗衡，并始终对王室忠心耿耿。小曼希普的文字中洋溢着对家乡的热爱与赞美之情。他写道："如果修昔底德将雅典视作是古希腊的典范，那么在英格兰所有的沿海市镇中，大雅茅斯就是典范。"④他悉心描写了城市建筑，展现了河流、海岸线、码头和港口，教会、修道院及济贫院。除却书面记录的转抄，他还善于利用口述回忆，借此展现鲜活的城市风貌。值得一提的是，达梅特和小曼希普两人之间可谓是结怨已久。两人均有在市政当局供职的经历，却获得了截然相反的评价。达梅特受到大多数市民的尊重，而小曼希普却因不诚信而声誉不佳。达梅特的成功使得小曼希普十分不满。1604 年，小曼希普在市议会中公开辱骂达梅特与约翰·惠勒，称他们是"绵羊"和"愚笨之人"，由此被逐出议会。政治上的失意使得小曼希普更加看重修志，因为只有通过这种方式，他才可能超越达梅特并重获社会地位。小曼希普成功了，他的方志更加具有生命力，这不仅仅是一个资料

---

①　Henry Manship(Edited by Charles John Palmer), *The History of Great Yarmouth*, Great Yarmouth，1854，iv.

②　Rosemary Sweet, *The Writing of Urban Histories in Eighteenth-Century England*, Oxford：Clarendon Press，1997，p.87.

③　Robert Tittler, "Reformation, Civic Culture and Collective Memory in English Provincial Towns", *Urban History*，24.3(1997)，p.296.

④　Henry Manship(Edited by Charles John Palmer), *The History of Great Yarmouth*, p.118.

汇编，而是就这一主题进行了深刻的思考。菲尔·威辛顿将小曼希普视作共和主义者，认为他发展了一种"公民的而非商业的话语"，"对公民生活形成了一种强烈的人文主义写照"①。蒂特勒更大赞其是地方史书写概念进步与相对复杂化的一个重要里程碑。②

纵观这一时期大雅茅斯的城市方志书写，达梅特与小曼希普尽管有通过文本博取声名的意图，但是他们的出发点与落脚点均是为市政当局，为城市精英服务。方志文本作为市情总览，发挥了政治教科书的作用，为官员汲取历史经验提供依据，并向市民阶层传播知识与信息。通过方志的编修与传播，宣扬了大雅茅斯的地方权利与物质资源，提升了城市的荣誉感和认同度。

三 "宗教之城"：坎特伯雷

公元596年，奥古斯丁奉教皇格里高利一世之命，自罗马来到肯特王国的都城坎特伯雷传教，国王埃塞尔伯特在基督徒王后的影响下皈依基督教。随着肯特王国的消亡，坎特伯雷不再具有政治性首都的冠名，但其宗教首都的地位未曾动摇。这是英格兰基督教信仰的圣地，圣托马斯·贝克特殉道于此，虔信的教徒朝圣而来，逶迤不断。至亨利八世创立英国国教，《至尊法案》出台，坎特伯雷大主教由国王任命，全权代管宗教事务，地位超然。有关圣城的史书古籍繁多，相关的描叙也早在威廉·兰巴德的《肯特郡志》中出现。坎特伯雷隶属肯特郡，自然在《肯特郡志》中占据一定的篇幅。先在卷首可见，以"The See of Canterbury"为页眉，下有关于自奥古斯丁以来历任坎特伯雷大主教的介绍，并附有详表以供查阅。③而在卷中，坎特伯雷自成一章。④从建城古史起叙，按时间记叙大事，先述世俗，后录宗教，再载建筑兴修，娓娓道来。

该城真正意义上的方志是1640年威廉·萨姆纳（William Somner）的《坎特伯雷城志》（*The Antiquities of Canterbury, or A Survey of that Ancient City, with the Suburbs and Cathedral*）一书。此书1662年重印，

①　Andy Wood, "Tales from the 'Yarmouth Hutch'：Civic Identities and Hidden Histories in an Urban Archive", *Past & Present*, Vol.230(2016), p.220.

②　Robert Tittler, *Townspeople and Nation, English Urban Experiences, 1540—1640*, Stanford：Stanford University Press, 2001, p.127.

③　William Lambarde, *A Perambulation of Kent*, Trowbridge：Redwood Press, 1970, pp.70—88.

④　Ibid., pp.262—284.

经由尼古拉斯·贝特利编辑修订补充后，于1703年再版，后另有数版问世。威廉·萨姆纳是17世纪英国著名的古物学家，同时也是方志学家，他出生于1598年，父亲是坎特伯雷法庭登记处职员。萨姆纳从小在这一历史文化名城长大，潜移默化间受教良多。他对古物充满好奇心，从年轻时代起，就渴望了解城市的建筑以及掩于灰尘中的谱系。他的传记作家怀特·肯尼特（White Kennett）说："当他在田野里时，不仅仅是为了呼吸空气，更是调查英国的砖、罗马道路、丹麦山丘、防御工程、撒克逊修道院和诺曼教会。"①同样，萨姆纳对坎特伯雷的教堂、城市建筑也有着无比的热情，他能清楚辨认出教堂玻璃窗与雕刻物上的各种纹章。萨姆纳最为关心的始终是肯特郡的历史，他的目标是写一部有关该郡古物与历史的作品，只是这一愿望从未实现过。因受到大主教威廉·劳德的赏识，萨姆纳成为坎特伯雷教会法庭的一名书记员，并在劳德的帮助下编撰坎特伯雷城志。萨姆纳是一名保皇主义者，他在卷首感谢大主教的"恩典"，赞扬其以虔诚的态度收藏古物。

　　该书以坎特伯雷的古物为中心展开描叙。坎特伯雷的蒙眬起源使萨姆纳十分头疼，他用心探索，力求介绍明晰。依照方志写作的惯例，萨姆纳对城市的城墙、城门、城堡、沟渠、河流、堂区、城市的区均作叙述，呈现了城市6个区的风貌。在书中，作者对教会、修道院、济贫院进行了描述，并着重描写了教堂，阐述了城市的教会管理。书中详细记载了历任坎特伯雷大主教的情况。②该书的附录部分也包含了丰富的信息，如国王赠予教会土地的特许状、给医院捐赠土地的特许状、有关城市道路的议会法案、有关修道院院长的选举，以及伦敦塔有关坎特伯雷特权的记录摘要等。③格雷厄姆·帕里指出，这是第一本专门研究英国大教堂的书。④萨姆纳对城市建筑进行了细致的描绘，唱诗班的圣经选段被摘录，纪念碑与铭文俱受重视。教堂四壁点缀的大型彩绘玻璃，也成为作者的关注点，具有启蒙色彩的圣经故事、画像与纹章被细致解读。萨姆纳以"好奇而敏锐的目光"逡巡城市，力图重塑信念，恢复市民的旧时记忆。然而，17世纪40年代正是山雨欲来的态势，教堂与修道院的研究虽一时引起学者关注，但很快湮没于共和国时代对古物

---

①　Graham Parry, *The Trophies of Time*, Oxford: Oxford University Press, 1995, p.180.

②　William Somner, *The Antiquities of Canterbury*, *or A Survey of that Ancient City*, *with the Suburbs and Cathedral*, London, 1640, pp.229—275.

③　Ibid., p.502.

④　Graham Parry, *The Trophies of Time*, Oxford: Oxford University Press, 1995, p.183.

研究的敌意中。萨姆纳是坚定的王党支持者,他以"王子的不安"写了"一首激昂的挽歌",以哀悼查理一世之死。①待到复辟,古物研究重新回归时尚之列,萨姆纳为恢复坎特伯雷教会土地与财产而奔忙。威廉·萨姆纳的《坎特伯雷城志》一书引领了城市方志书写的新潮流,鼓励了后辈学者继续编录。牛津古物学家安东尼·伍德就曾受其恩惠。1661 年,安东尼·伍德首次收到威廉·萨姆纳的来信,随信附有《牛津坎特伯雷学院的特许状抄本》(*A Copy of the Foundation-Charter of Canterbury College in Oxon*),这无疑给了伍德鼓舞,牛津的城市方志书写由此开始。

四 "大学志与城志":雅典牛津

当人们谈起牛津的时候,首先想到的是牛津大学,大学的学院分散在牛津城内,大学与城市互融共生。大学历史是牛津城历史的重要组成部分,牛津城历史在大学历史中举足轻重,城镇与学袍(Town and Gown)、城市方志与校史相辅相成,更添人物志的描叙。安东尼·伍德(Anthony Wood)的《牛津城志》充分展现了这一点。

安东尼·伍德出生于牛津,他是古物学家、历史学家、方志史家、传记作者。其父托马斯·伍德毕业于牛津大学,母亲出自望族。伍德受洗后拥有了身份高贵的教父母,两位教父一位是基督学院的学监安东尼·克洛普顿,另一位是林肯学院的爱德华·道森,教母凯瑟琳·费雪则是律师威尔·西摩的太太。虽年幼丧父,伍德由母亲带大,但伍德成长在牛津一个较为优渥的家庭中,他的亲戚也多在郡中任高官,这决定了他的精英视野。安东尼·伍德住在莫顿学院的对面,他的故居现在仍然存在。他在牛津浓厚的学术氛围中长大,并进入莫顿学院就读。因出身绅士家庭,他对纹章与族谱有着天然的志趣,常扼腕于父亲拒绝骑士称号,以及家族纹章不能载入籍册。伍德的一生见证了牛津历史发展的重要时刻,也经历了英国 17 世纪的剧变时代,他的日记体自传《安东尼·伍德的一生》(*The Life of Anthony Wood*)是最充分的体现。地方精英天然的责任感、荣誉感、认同感,让他走上了学术之路,他怀揣着对牛津和牛津大学的激情与热爱,笔耕不辍,立志为城市作传,为大学添彩。伍德的牛津城方志由大学志、城市志、人物志等三部分构成。

一是《牛津大学志》(*The History and Antiquities of the University of*

---

① Graham Parry, *The Trophies of Time*, Oxford: Oxford University Press, 1995, p.188.

Oxford），这是他早期的创作。1668 年,安东尼·伍德用英语写作了这一长篇巨制。该书分为两个部分。①首先是总述牛津大学的历史,从其建立早期一直讲到 1649 年。第二部分由两篇论文组成:第一篇介绍古代与当前学校面貌,剧院、讲师职位、档案馆管理员、公共图书馆的历史等;第二篇介绍牛津大学各学院和学堂从其建立到 1668 年的历史。书最后附有一个牛津年表,并附有对牛津大学治安官、校长、副校长、学监、司法执事以及市政议员的评论,内容十分丰富。1670 年,牛津大学出版社以 100 镑的价格从作者手中购买了这本书,并把该书译成拉丁文,于 1674 年出版。拉丁文版《牛津大学志》肃穆庄严,与牛津的厚重底蕴正相称,经历时代变迁而毫不褪色。遗憾的是,伍德对拉丁译本非常不满,他抱怨翻译不准确,且疏漏重重,篡改频频,导致文本在许多地方被歪曲了。1676 年 8月,安东尼·伍德重写了他的英文副本,并续写第一部分至 1660 年,增加了新的内容。第二部分关于学院和学堂的历史也被扩充,一直延续到作者于 1695 年去世。然而伍德《牛津大学志》的手稿,编辑出版是 100 年后的事情了。约翰·古奇以伍德手稿为基础,重新编辑后出版了我们现在所见到的 1786 年版《牛津大学志》。1786 年版《牛津大学志》主要内容是介绍各个学院、学堂等的概况与历史,与最初的版本相比,内容有一些删减。《牛津大学志》首先介绍的学院是莫顿学院②,这或许与安东尼·伍德毕业于莫顿学院有关。

二是《牛津城志》。安东尼·伍德生前走遍城市每一处角落,留下了关于家乡的大量手稿。他逝世后,这些手稿被汇编为第 8491 号手稿文件。需强调的是,现存的一份伍德手稿目录显示,第 8491 号文件共有 77 个子目。其中前 7 列目为牛津城的兴建、城市众所周知的地名、地理位置、河流、城市高地、威廉征服时期的城市状态。自第 8 列目起,对城市按区划分,按东南西北分述各区教堂、宗教场所、会堂、街道。第 14 到 20 列目为城堡、郊区、市场、集市、桥梁、城市草地、会堂附录。此后多是关于城市建筑的描叙,包括教堂、学校、修道院、济贫院等。③后世学者分别从伍德手稿中选取材料,

①　Anthony Wood, *The History and Antiquities of the Colleges and Halls in the University of Oxford*, Oxford: Clarendon Press, 1786, preface.

②　Ibid., p.3.

③　Anthony a Wood, *Catalogus Librorum Manuscriptorum Viri Clarissimi Antonii A Wood: Being a Minute Catalogue of Each Particular Contained in the Manuscript Collections of Anthony a Wood Deposited in the Ashmolean Museum at Oxford*, Oxford: Clarendon Press, 1761, p.33.

加以编辑。裴谢尔(J. Peshall)爵士编撰成《牛津城古今》(*The Antient and Present State of the City of Oxford*)。安德鲁·克拉克编撰成《牛津城志》(*Survey of the Antiquities of the City of Oxford*)。裴谢尔爵士 1773 年版《牛津城古今》的主体部分来源于博德利图书馆所藏的伍德手稿,此外,裴谢尔增添了少许新的内容,包括卷首一幅 1773 年的牛津地图。文本以城市概貌的描绘起始,牛津城作为郡都,以学术之古老而闻名。牛津大学各学院肃穆而立,分散城中,图书馆宏大博观,贵族建筑富丽堂皇,街道齐整庄严,小礼拜堂错落有致。这里风景秀美,空气芬芳,花园优雅繁盛,河流汩汩流淌。这里社会活动丰富,戏剧演出频繁。伍德笔下的牛津和谐而有序,堪称礼仪之邦。在介绍完牛津城历史沿革后,伍德按行政区对各堂区展开描述,对各堂区教堂的描摹是最为出彩的部分。秩序(order)一词贯穿始终,被严格遵守。通常分为堂区、教堂概观、堂区慈善、堂区登记簿等。描绘每一教堂,必先从建筑外观着眼,教堂主体、辅助建筑与塔楼都在记述之列;继而谈及教堂的历史变迁,并关注堂区的财政收支情况。此外,教堂高坛的圣母画像与窗户上的纹章也被细致记录,建筑外在与内部功用详略得当。之后记述的是堂区的捐献名单、善举事件以及遗赠清单。继而以堂区登记簿为基础,列出堂区居民的施洗、婚姻情况与葬礼情况。方志末尾是关于城市官员的名单附录,分别载录了 1128—1771 年市长的名单、1574—1772 年市镇记录员的名单、1574—1759 年大学执事(High Steward)的名单、1605—1756 年市政会委员会的名单。这是城市编年史的遗产。值得一提的是,方志以城市各教堂的碑文转录结束,包括圣坛围栏内的碑文、高坛上的碑文、教堂墙上的碑文、礼拜堂内的碑文、大理石平地层上的碑文等。一个世纪后,新版牛津城市方志横空出世,由安德鲁·克拉克依据伍德的原稿,重新组合而成。全书分为三卷。第一卷于 1889 年出版,是对牛津城的综述。第二卷叙述牛津城的教会与修道院。安德鲁·克拉克坦言,在这部分工作中,我没有什么可做的,我的目的在于呈现伍德自己的书写。伍德所书的这些章节相当具有连续性,只需要少许重新编排和节略即可付诸出版。①全文分为牛津的教堂、牛津的宗教团体与修道院、小修道院三章开展,每章下各自细分,架构齐整,一目了然。第三卷由九个章节和

① Anthony Wood, *Survey of the Antiquities of the City of Oxford*, Oxford: Clarendon Press, Vol.2, 1890, preface.

两个附录组成,主述当时牛津政府的行政管理,列有市长、市政官、议员、财政官、书记员等名单,并介绍了地方自治特权。在世俗管理之外,宗教管理也不可或缺,于是教会的管理占据许多篇幅,最后是各教堂碑文的抄录与堂区登记簿的誊抄。

三为人物志《牛津雅典》(*Athenae Oxonienses*)。该书先以拉丁文写成,后以英文再版。该书本是《牛津大学志》的附属产物。在重新修订大学志时,伍德将曾就读于各个学院与学堂的学者辑出,以顺应人物传记兴起的潮流。文艺复兴以来,"以人为本"的思想流传甚远。伍德在爱国主义和民族主义思想的影响下,从英国人和君主主义者的角度进行书写。①伍德热爱牛津,热爱牛津大学,他盼望建立起牛津学术的至尊地位。将著名学者的生平记录成册,以学生的成就映照大学与城市,没什么比这更荣耀、更添光彩的了,由此,人物志一举成名。后续版本的编辑菲利普·碧利斯指出,安东尼·伍德传记工作的优点和价值是如此众所周知,因此得到广泛而公正的赞赏。②伍德广泛使用大学档案,并实地走访获取口述史料,此外,他通过广泛地与其他学人、新友故交进行通信获知史料。他创造了英格兰前所未有的传记收集规模,充满了细节,拥有高度的准确性。③书中包含了所有在牛津大学受过教育的学者、大主教和主教的历史信息。无论国内国外,只要曾是牛津大学的一员,其出生、晋升、死亡、作品、财富乃至一生中的重大事件,都一一记录在案。那些诸如剑桥等著名大学的学者,只要他们曾经与牛津大学有所交集,也囊括在内。伍德秉笔直书,因有关克莱伦登伯爵的记载未曾曲笔,晚年还招致了一场旷日持久的诉讼。威廉·托马斯·朗兹(William Thomas Lowndes)认为,每个英国图书馆都应当收藏安东尼·伍德的《牛津雅典》一书,以作指导。④

城市方志、校志与人物传记各具特色并相互交融,这是牛津方志书写的特色。

---

① Anthony Hobson, "Review", Reviewed Work(s): The Library of Anthony Wood by Nicolas K. Kiessling, *The English Historical Review*, Vol.119, No.482(Jun., 2004), p.723.

② Anthony Wood, *Athenae Oxonienses*, Vol.I, London, 1813, p.9.

③ Allan Pritchard, "According to Wood: Sources of Anthony Wood's Lives of Poets and Dramatists", *The Review of English Studies*, *New Series*, Vol. 28, No. 112 (Nov., 1977), pp.407—420.

④ William Thomas Lowndes, *The Bibliographer's Manual of English Literature*, Vol.2, London, 1834, p.1979.

五 "新城堡"——纽卡斯尔

1649年,威廉·格雷(William Grey)出版了《纽卡斯尔城志》(*Chorographia, or a Survey of Newcastle upon Tyne*)一书,这是最早的纽卡斯尔方志。[①]在卷首致读者部分,格雷言辞恳切:"每个国家都有自己的编年史家或作家,为国家塑像并描绘它们的古物和崇高的行为。希腊有荷马,罗马有维吉尔,我们不列颠人有吉尔达斯,撒克逊人有比德,英格兰最近的古物学家卡姆登和斯皮德,他们描绘了英格兰所有郡的古物和古迹。然而,不可能有人能完全了解所有地方的所有知识。因此我冒险描写这个城镇和地方的古代遗迹,通过阅读和实践,我已经收集了古代遗存,力求将这些因新近战争而毁灭的古迹留给后代。"[②]泰恩河畔的纽卡斯尔是诺森伯兰郡首府,英格兰东北部的港口城市,曾是罗马不列颠时期的北部边陲重镇,虽饱受苏格兰人和丹麦人入侵之苦,但城市的重要性不言而喻。格雷在文中曾惋惜,过去很多勇敢的人都住在这里,他们的骑士精神令人难忘。但岁月沧桑,这些行为湮没而无人知晓。[③]随着古物研究与地形学的风靡,威廉·格雷希望能够以同样的方式描绘家乡。由标题可见,这是典型的地方志作品,"调查"(Survey)一词可能受约翰·斯托《伦敦城志》的影响。翻开文本,先是有关纽卡斯尔在古罗马和撒克逊时期的历史简述,继而叙述城中实景,城墙、城门、桥梁、区、教堂、街道、市场、河流俱在描述之列,这些古迹实景无一不能引起读者的共鸣。该书由斯蒂芬·巴尔克利(Stephen Bulkley)出版,他是国王查理一世的印刷商。1649年,巴尔克利出版了格雷的方志。威廉·格雷是保皇党人,因此该书在方志意义之外,增加了浓厚的政治色彩。该书后于1660年重印,正是复辟之年,更富意味。威廉·格雷版的《纽卡斯尔城志》篇幅甚小,一个标题下多只有一两页的陈述,可能是由于纽卡斯尔留下的市镇记录少而混乱的缘故。格雷简明扼要地展现了纽卡斯尔如何一步一步发展起来的。纽卡斯尔地处英格兰北部,罗马时期为前哨阵地,在中世纪则为反苏格兰入侵的堡垒。近代以来,依托天然良港,煤炭贸易促进经济扩张,拉近了与首都伦敦的距离。城市中商业寡头政治的

---

① John Brand, *The History and Antiquities of the Town and County of Newcastle upon Tyne*, Vol.I, London, 1789, iii.

② William Grey, *Chorographia, or a Survey of Newcastle upon Tyne*, Newcastle, 1649, p.13.

③ Ibid., p.14.

力量占据绝对核心。特许状、城墙、城门等都是城市历史延续性的见证。贸易在纽卡斯尔的发展中扮演着关键的角色,因此格雷的写作重心也放在这一方面,他细致阐述了城市崛起的根源与基础。煤炭行业是纽卡斯尔的经济支柱,更是这座城市与国家联系的纽带。作为燃料的煤炭是英国经济发展与繁荣的重要因素,由此,纽卡斯尔的重要性昭然,这大大加深了公民的自豪感。格雷在书中列举了与国家事件有关的历史资料,这暗示着城市社会对其在全国范围内的地位充满信心,并意识到地方和国家之间复杂交织的问题。①再有,政治意识形态贯彻书写始终,格雷宣扬城市对王室的效忠。卷首即是纽卡斯尔的纹章,象征着君主与城市之间的联系。关于城镇特许状的记叙独辟一章,自约翰王最早给予城市特许状起,历代英王都给予纽卡斯尔荣耀与特权。国王赋予城市意义与价值,城市则是国家不可或缺的部分,国王与城市处于良性互动之中。格雷力图建构保皇主义史学,并将其表现在地形描述之中。他根据国王的意志描绘纽卡斯尔,重申保皇党人对国家空间的划分,从而重申国王在建构英国中的作用,着重强调了王室权力。②纽卡斯尔被重新塑造为地区性王室主义的灯塔,城市的重要性不言而喻,格雷通过新的志书体例重构了国家认同。在完笔之后,格雷指出,希望其他的纽卡斯尔市民能够继续他的工作,以保存对这个著名城市的永恒记忆。

1736年,亨利·伯恩(Henry Bourne)的《纽卡斯尔城志》(*The History of Newcastle upon Tyne*)面世。按照作者的叙述,该书得到了许多人的帮助,或赠予手稿或提供材料。③亨利·伯恩的《纽卡斯尔城志》内容包括:罗马城墙、罗马人之后的城镇、城门、街道、区划、教堂、河流、医院、济贫院以及城市政府的历史等。特别是城市政府历史部分,附有13世纪以来市长与执事的名录,对于研究纽卡斯尔的政治史有较大的参照。④

1789年,约翰·布兰德(John Brand)两卷本的《纽卡斯尔城志》(*The History and Antiquities of the Town and County of Newcastle upon Tyne*)出版。"有两个因素使得纽卡斯尔的历史具有整体的与民族的重

---

① Rosemary Sweet, *The Writing of Urban Histories in Eighteenth-Century England*, Oxford: Clarendon Press, 1997, p.85.

② Jerome De Groot, "Chorographia, Newcastle and Royalist Identity in the Late 1640s", *Seventeenth Century*, 18.1(2003): pp.62—63.

③ Henry Bourne, *The History of Newcastle upon Tyne*, Newcastle Upon Tyne, 1736, vii—viii.

④ Ibid., pp.187—246.

要性。一是地理位置，纽卡斯尔离苏格兰边界不远，成为前沿堡垒。二是广泛的煤炭贸易。"①该书内容更为完备，结构也比较合理。约翰·布兰德的《纽卡斯尔城志》内容包括：街道、修道院、教堂、桥梁、早期的特许状、医院、学校、城堡、图书馆、墓碑与墓志铭、城市的商人行会、城市议员代表、市长名录等等，不一而足。在书中，作者多处提及堂区登记簿这一珍贵的文献材料，虽然叙述得并不丰富，但也可见约翰·布兰德的良苦用心。②此外，值得一提的是，该书还记录了社会史的一些内容，如瘟疫的情况。③

　　进入 19 世纪，更多版本的纽卡斯尔城志相继问世，更不用说许多的手稿和未发表的汇编了，一时纽卡斯尔的方志呈现出百花齐放的态势。更重要的是，在内容和作者身份方面，这种书写范式不同于乡绅和受过教育的精英的模式，成为任何有文化公民的兴趣，展示出城市历史学家和他所书写的社会之间的相互关系。④

六　"修志问道"：约克

　　约克城是英格兰北部地区的政治、经济、文化重镇，从很早的时候起，就在编年史中保持着重要的地位。⑤约克始建于公元 71 年，罗马人在乌斯河旁建造了一座军事要塞。此后，约克（Eboracum）成为罗马人重要的驻地，罗马皇帝驻跸于此，留下了许多的记述。为抵御外敌，罗马人在这座军事要塞外沿修建了蜿蜒高耸的城墙，砖石默默见证着城市的历史变迁。公元 400 年后，盎格鲁-撒克逊人接管了这里，后来成为诺森伯利亚王国的都城。9 世纪时，维京人入侵，同样对约克格外青睐，长期定居于此。1066 年诺曼征服后，约克遭到严重破坏，但随着时间推移重新崛起，成为约克郡重要的行政与宗教中心。中世纪晚期，约克商业繁荣达到鼎盛。北方议会（Council of the North）与北方宗教事务委员会（Ecclesiastical Commission for the Northern Province）的设立，使其牢固确立了英格兰北部政治与宗

---

　　① John Brand, *The History and Antiquities of the Town and County of Newcastle upon Tyne*, Vol.I, London, 1789, iii.

　　② Ibid., p.184、p.374.

　　③ John Brand, *The History and Antiquities of the Town and County of Newcastle upon Tyne*, Vol.II, London, 1789, p.447.

　　④ Rosemary Sweet, "The Production of Urban Histories in Eighteenth-Century England", *Urban History*, 23.2(1996), p.174.

　　⑤ Henry Francis Lockwood and Adolphus H. Cates, *The History and Antiquities of the Fortifications to the City of York*, London, 1834, VII.

教中心的地位。稍微令人惊讶的是,作为北都的约克,城市方志编撰并没有很快跟上伦敦的步伐。当然,有关约克郡的历史记载不少。①托马斯·莱韦特(Thomas Levett)保留了约克郡克吕尼修道院的早期文件,罗杰·多兹沃思收集了大量的郡志材料,约翰·伯顿编录了自诺曼征服以来约克郡重要的历史手稿与特许状等,托马斯·费尔法克斯勋爵将大量的郡志手稿遗赠予牛津博德利图书馆,供后人研究。此外,再没有哪个郡比约克郡更经常地接受纹章官的巡阅了。1665 年威廉·达格代尔即来郡中,力求明晰系谱。

托马斯·韦德灵顿(Thomas Widdrington)爵士率先涉足城市方志的编修。韦德灵顿来自一个古老的诺森伯兰家族,身世显赫。②但他最看重的则是另一重身份,即"约克市民"(A Citizen of York)。韦德灵顿曾在格雷律师会馆担任律师,继而成为约克城的记录员,后担任议会发言人(Speaker of the House of Commons),现存有一篇他 1641 年在议会的发言稿。韦德灵顿爵士在议会中十分活跃,1658 年成为财政署首席男爵(Chief Baron of the Exchequer),一时位高权重。1664 年,他在伦敦去世。韦德灵顿爵士阅历丰富,视野开阔,这些奠定了他修志坚实的基础。为了写好《约克城志》,韦德灵顿爵士从查理一世时期即开始着手编撰,未及问世,即负有盛名。韦德灵顿希望出版自己的作品,并献给城市,遗憾的是约克市政当局拒绝了他的请求。有研究者认为,这是因为韦德灵顿在克伦威尔的议会中任职时,曾漠视城市利益,招致市政当局的不满。③韦德灵顿爵士去世后,他的手稿抄本留给了曼斯顿的托马斯·费尔法克斯爵士,因为费尔法克斯的姐姐弗朗西丝·费尔法克斯是韦德灵顿爵士的妻子,将稿件交予妻弟无可厚非。值得一提的是,后手稿辗转流落到弗朗西斯·德瑞克手中,他在 1736 年出版了《约克城志》(*Eboracum*:*Or*,*The History and Antiquities of the City of York*),资料大多引自韦德灵顿爵士的手稿。韦德灵顿爵士的手稿直至1897 年才出版,委实遗憾。韦德灵顿爵士修志最重要的目的是希望向城市当权者提供政策建议。他从城市的古物、名称、市容市貌开始,逐步介绍城市自治、习俗、惯例、市民的特权等,继而细致描绘了城墙、城门、区、城堡、围

① 详见 Richard Gough, *British Topography*, Vol.2, London, 1780, pp.395—478,书中的 Yorkshire 部分。

② Thomas Widdrington, *Analecta Eboracensia*:*Some Remaynes of the Ancient City of York*, London, 1897, XX.

③ Richard Gough, *British Topography*, Vol.2, London, 1780, pp.418—419.

墙、河流和桥梁,再对政府、议会与法庭等逐一叙述。接着介绍城市的郊区、诸堂区教堂、济贫院、会堂等。然后是约克议会、理事会、法庭事宜与城市议会的法令条例。最后介绍了城市主教、约克公爵和伯爵以及出生于约克的名人,城市捐赠者的名字也一并附在内。可见该书的重点是市政,为时人认识地方风貌,汲取历史经验教训提供可靠依据。"修志问道,以启未来!"

同一时期,克里斯托弗·希尔德亚德(Christopher Hildyard)编撰了另一版本的城志,但同样未及时问世,后由詹姆斯·托尔从其手稿中辑录资料,汇编为新版的《约克城志》(*The Antiquities of York City, and the Civil Government Thereof*)①。希尔德亚德来自地方望族,在城市中担任记录员和法庭执事。他在工作之余,编录史料整理成册,并出版了《约克市长、市政官名单目录》,正如标题所示,这是经典形式的城市政要名单汇编。需要指出的是,希尔德亚德的编录尚未摆脱城市编年史的范畴,虽有志书之实,然仍是编年史之形。这同样是旨在提供施政经验的作品,与韦德灵顿的书写相得益彰。

约克方志的资政传统一直未断。18世纪时有两部代表性的城市方志出现,分别是弗朗西斯·德瑞克(Francis Drake)的《约克城志》(*Or, The History and Antiquities of the City of York*)以及威廉·科姆(William Combe)的《约克城志》(*The History and Antiquities of the City of York*)。弗朗西斯·德瑞克的《约克城志》第一版出现在1736年,全书基本分为三个部分。第一部分是有关城市的编年史,从罗马统治时期开始,一直到写作的当下。第二部分有关城市的治理,涉及城市官员、堂区、医院、集市与市场、各类修道院团体、出生与死亡率、食品的价格、城市的地界、堂区牧师名录、约克伯爵与公爵名录、郡守名录、议会议员名录、市长与高级官员名录、与约克城有关的名人等。第三部分记载了约克大教堂的历史以及历任大主教,并涉及地产、铸币、特许状等。此外,这一部分还详细地记载了圣玛丽修道院的情况,包括该修道院历任的院长、特许状以及管辖的村庄。在该书的前言,作者致谢了包括托马斯·韦德灵顿在内的许多人。②总体来看,弗朗西斯·德瑞克的《约克城志》结构清晰、内容丰富、资料可靠。威廉·科姆的《约克城志》出版于1785年,该书的大部分内容来自弗朗西斯·德瑞克的

---

① Christopher Hildyard, *The Antiquities of York City, and the Civil Government Thereof*, York, 1719; Richard Gough, *British Topography*, Vol.2, London, 1780, p.419.

② Francis Drake, *Eboracum: Or, The History and Antiquities of the City of York*, London, 1736, Preface.

《约克城志》，结构也与前书有较大程度的雷同。在该书的结尾部分，作者增加了一些法令的内容，如乔治一世时期有关约克城度量的法令，以及提升河流通航能力的法令，也算是与时俱进。①概括而言，这两本城市方志的写作重心都在政府管理与城市建设，着意阐述城市的自治、特许状、特许权、习惯法。文本关注行会、手工业、贸易、互助会，并囊括约克公爵和伯爵的历史文件、约克郡市政官的名单、约克著名事件辑录、教堂碑文清单等在内。由此，约克城志书的书写特色鲜明。

七 "小镇故事多"：市镇方志的编撰

大城市的方志历史色彩强，政治意味浓。然而更多的是小城镇与市镇，它们区域狭小，由此强调细节的市镇方志日渐盛行。

最先编撰方志的市镇是托特纳姆。1631 年，《托特纳姆镇志》(*A Briefe Description of the Towne of Tottenham High crosse in Middlesex*)问世，早于许多城市。②究其原因，大概是因为托特纳姆紧临伦敦，可以及时师法首都，追逐潮流。作者威廉·贝德韦尔(William Bedwell)出生于 1561 年，在剑桥圣约翰学院接受教育后，掌握了希伯来语、阿拉米语、叙利亚语，并专攻阿拉伯语，被誉为英格兰的"阿拉伯语研究之父"。他自 1607 年起担任堂区牧师，并着手方志的编修。限于小镇规模，该书极为简明，不过二三十页，承继了约翰·斯托的笔法，将城市的方方面面均囊括其中。

1646 年，理查德·布彻(Richard Butcher)出版《斯坦福德镇志》(*The Survey and Antiquitie of the Towne of Stamforde, in the County of Lincolne*)。布彻是土生土长的林肯郡斯坦福德人，彼得·克拉克考证他曾在伦敦居住过一段时间③，后返回市镇担任书记员。理查德·布彻的写作面临着许多不利的条件。罗斯玛丽·斯威特指出：在斯坦福德，似乎没有编年史的传统，无法向布彻提供资料；同时，这个小镇与布里斯托尔和埃克塞特不同，布彻也没有任何的市民记录可供借鉴。④但是这些不利因素并没有影响布彻的写作，他注重亲身的调查与实践，在书名标题中选用"调查"(Survey)

---

① William Combe, *The History and Antiquities of the City of York*, York, 1785, pp.240—274.

② John P. Anderson, *The Book of British Topography*, London, 1881, p.177.

③ Peter Clark, "Visions of the Urban Community: Antiquarians and the English City before 1800", in Derek Fraser and Anthony Sutcliffe, ed., *The Pursuit of Urban History*, London: Edward Arnold Ltd, 1983, p.116.

④ Rosemary Sweet, *The Writing of Urban Histories in Eighteenth-Century England*, Oxford: Clarendon Press, 1997, pp.80—81.

一词,显示是受约翰·斯托《伦敦城志》的影响。在他的书中,除了城市地名溯源、建城古史与沿革、城门、城墙、街道、小巷、教堂等描写外,作品的重点十分鲜明地集中在城市特权、政府权力、市政官选举等方面。布彻希望城市摆脱当地土地精英阶层的干涉,并努力构造城市认同。作者将此书献给出生在斯坦福德的伦敦市民,感谢他们作为镇志的赞助者,给予作者鼓励。由此可见,是伦敦的风潮带动了斯坦福德,地方市镇受首都的影响颇深。

此后较为出名的小镇方志是《哈维奇与多佛考特城志》(*The History and Antiquities of Harwich and Dovercourt*)。哈维奇和多佛考特都是埃塞克斯的沿海小镇,毗邻而居,哈里奇更具声望,多佛考特则更古老,它们曾出现在 1086 年的《末日审判书》中。这是综合两个小镇的文本。该城志的主要内容由 17 世纪的古物学家赛拉斯·泰勒(Silas Taylor)收集。据该书前言介绍,泰勒 1625 年出生于什罗普郡,他的父亲是赫里福德郡的一名议员、也是克伦威尔的支持者。内战爆发后,泰勒放弃牛津大学的学业,加入克伦威尔的阵营,并很快成为军官。战后他在赫里福德郡任职,泰勒谨慎地行使他的权力。复辟后他一度赋闲在家,后获得了哈维奇国王军需储存保管员的职务,同时担任该镇议员。由此,他可以查阅市政与教堂的记录,留下了关于城市描叙的手稿。手稿分为五个部分。①首先是宗教改革背景下的市镇地形学描述,以及有关教会和修道院的资料,包括教会碑文、铭文、石刻等资料,还有从过去到现在所有该市市长的名单。继而是关于城市自然的描绘,文字简短扼要。随后是专制王朝统治下的城市简史,这部分内容丰富,作者还从达格代尔的作品中选取资料以作己用。再有是城市的政治、自治、公民历史,最后为历史综述。这些手稿在他死后辗转到塞缪尔·戴尔(Samuel Dale)手中。戴尔是一名药剂师,同时也是一名业余的植物学家。他受教于著名自然志学家约翰·雷,由此,戴尔补充了关于城市自然志的一些笔记与新观察②,这显然是受自然志风潮影响。最终,手稿 1730 年在伦敦出版,因受到著名的汉斯·斯隆的帮助,该书献给他。值得一提的是,塞缪尔·戴尔在正文前插入了他编撰城志所用的文献目录,作者、书名、出版地、出版年份无一不详,涉猎颇广,从中可以见到其他城市方志的题名,也可得见当时流行的历史作品,意义颇大。总体而言,该部城志的内容丰富,是难得的佳作。

---

① Silas Taylor, *The History and Antiquities of Harwich and Dovercourt*, London, 1730, To the reader, iii.

② Ibid., vii.

17 世纪后期以后，一些城市方志特别是小镇方志，逐渐衍生出旅游指南的新功能。一个小镇的形象和在文本中创造的认同，不仅仅是公民传统和自豪的体现，而且也是吸引旅行者的宣传品。[①]先行者是约克城附近的小镇斯卡伯勒，这里有得天独厚的温泉。17 世纪 20 年代，执政官约翰·法拉尔的太太发现斯卡伯勒南部的悬崖下冒出天然泉水，泉水把岩石染成红褐色，味道微苦，但可以治病。很快，泉水成为当地的热点，但却在科学界引起一场争议。争论双方罗伯特·威蒂（Robert Wittie）与威廉·辛普森（William Simpson）俱有志书文本问世，分别为《斯卡伯勒的温泉》（*Scarborough Spaw*）和《斯卡伯勒温泉志》（*The History of Scarborough Spaw*）。两者的争论却无形间宣传了该镇。通过出版带有指南性质的志书，旅行者对他们所访问的城市有了更深入的了解。这不仅仅只是本地市民感受和认同的表达，不是纯粹的地方利益和环境的产物，而是作为中间媒介，向更广大的公众介绍，随着读者的增加，小镇的价值得到进一步的认可。

第五节　城市方志编修的特点

一　体例与描叙的结合

纵观这一时期的城市方志书写，文本体例呈现出重"神"轻"形"的特征。编年史与地形学相结合是承前又创新的空间历史模式（Spatio-Historical）。这样既没有否定编年史的重要性，也没有在方志和编年史之间产生对立。这一原则意味着虽然历史事件的时间仍然很重要，但历史事件的空间概念更为重要。由此，城市的过去与现在通过空间与地域相互联系。

一般而言，作者会把市镇的概况置于文首。究其原因有二：一是向读者介绍他要写的市镇全貌；二是借此可以为不了解市镇的读者提供引人入胜的介绍。紧接着是城市历史的编年叙述，如城市起源与名称由来等。以时间线索为主体进行架构，这是编年史和年代记的特征，也是中世纪历史书写所提供的认知逻辑。任何一个时代都没有像中世纪那样注重时间不间断的

---

① Rosemary Sweet, *The Writing of Urban Histories in Eighteenth-Century England*, Oxford: Clarendon Press, 1997, p.102.

有序排列,在他们眼里,时间之流的完整性在一定程度上要远远比所发生的事件重要,如果说时间体系是一座大厦的话,历史事件只不过是一些填充物而已。①关于历史连续性的思想已经深入人们的潜意识。此后是按照地理单元对城市生活环境进行系统描叙,再现市容市貌,唤起共同记忆。这要求作者既饱览古籍,又实地寻觅遗迹,如实记录城市现貌。这些内容的布局既受客观情况影响,又取决于作者的认知水平。城墙、城门、城堡、河流、桥梁、沟渠、街道、市场、城市片区、著名建筑、教堂及其他宗教场所等是必备的内容。值得一提的是,不同城市方志作者对城市片区开展的调查,以不同的方式呈现。约翰·斯托以街道为经小巷为纬,对伦敦二十六个片区进行了全方位的刻画。安东尼·伍德则以堂区教堂为中心,继而逶迤延展到城市片区,别出心裁。约翰·帕顿(John Patten)指出:一位好的作者可以成为城市地形学和外观的信息宝库。②确实如此,方志史家对城市的方方面面可谓是烂熟于心,他们悉心选择材料,意在吸引更多的读者。除此以外,城市的政治、经济、宗教、文化无一不蕴藏文中,地方政府的运行、商业贸易的发展、习俗法律的追溯等等均是必存的章节。城市特许状与古老特权的誊录是重中之重,教会历史、政治历史乃至公民历史分门别类,并有其他一些内容充当点缀。由此大类建章,小类成节,具体事与物为目,构成完整的体例。方志的末尾往往是主教名录、市长与市政官名单、城镇慈善捐赠等。这些都体现城镇历史的延续,彰往昭来,经世致用。

方志是"空间的社会生产",通过绘就地形特征揭示景观的塑造,打造新的地方特征与意义。读者依随作者的视线,遵循空间格局,移步换景,漫游于"文字地图"中,是新鲜而有别致的体验,从文字秩序自然过渡到社会秩序,习惯于家乡风貌的城市民众潜移默化地从叙事中获得了身份感与认同。如果说体例是框架,那么内容即是里充的实物,体现地方的记忆。

城市方志的书名是作品内容的概括与表达。有以调查(Survey)为题名的,这是重视探访实地的书写,如约翰·斯托的《伦敦城志》、威廉·格雷的《纽卡斯尔城志》。有以历史(History)为题名的,这是着重城市沿革的文本,如小亨利·曼希普的《大雅茅斯城志》、威廉·辛普森的《斯卡伯勒城志》。有以古物(Antiquity)为题名的,多出自古物学家之手,如威廉·萨姆纳的《坎特伯雷城志》。也有融合这三者予以混合题名的,显示作者博览广

---

① 张广智(主编):《西方史学通史》(第三卷),复旦大学出版社 2011 年版,第 2 页。

② John Patten, *English Towns 1500—1700*, Folkestone:The Shoes String Press, 1978, p.29.

著,无有偏爱,如《约克城志》等。更为常见的则是以描述(*Description*)为题名的,这是力求详尽实录城市风貌的书写,譬如约翰·胡克的《埃克塞特城志》等。

早期的城市方志书写主要是编年史作者与市政官员的率先尝试,属于过渡时期的探索,作者的立场、写作水平与目标受众决定了书写的内容。编年史家刚刚从编年史文本转移到方志作品,他们已经认识到体例的不同之处,正在适应与改变,离近代史学写作与研究还有一定的距离,他们在尝试中摸索,力求为城市市民与外来参观者提供可靠的城市信息。同样,早期的市政官员谋求修志的资政之功,他们的志书最初是作为市政当局的咨询手册而编录的,反映城市威权与统治的材料内容最为关键。作者将大量的市政档案为己所用,内容多涉及城市政治沿革、法律条例究源、地方利益的维护等,并提供大量经济社会历史的细节描叙,将之渗透进城市的共同意识,以捍卫城市权利,彰显城市的荣耀。

随着时代的发展,这样的文本稍显狭隘,无法满足人们的需求。但在不断实践中,书写体例基本固定,作者们开始驾轻就熟地往框架内填充史料。城市方志的书写紧紧围绕城市特色展开,同时极具时代特质。另一方面,城市方志文本的目标受众较多。首先是市镇当局的城市精英与学术圈的同行。其次,随着时代的变迁,读者群体不断扩大,逐步下移到普通市民阶层。作者们尽力打造城市的风貌,扩大家乡声望,以吸引更多的读者,从迎合精英转到普惠大众。方志史家在志书中详述城市历史的延续与沿革,以彰显古意,塑造地方认同;他们一心维护王室国家,从编年史中择取材料来说明自己国家的历史,广纳国家事件于文本,并展示城市在这些事件中所扮演的角色。国王的访问、议会事件、与城市有关的战役等都在载录之列,作者们力求充分反映城市的荣誉与久存,宣扬城市的重要与忠诚,并理顺城市与国家的关系。同时,方志史家敏锐地意识到城市特权的重要性,通过对历史先例的保存来验证政治主张并维护法律判断。在历史叙事之外,城市古物古迹等物理实体旧貌新颜的描绘是重中之重,物质遗存是古代主义的标记。城墙、城门和城堡是古老城市最突出的外在特征之一,除了防卫功能外,还融汇了城市荣耀与自治的含义。城市街道的地形描绘是空间的重构,再现了城市的格局与扩张。城市公共建筑与空间见证了社会变迁,体现了市民生活与经济水平,象征着城市统治的连续性。教会历史是地方历史的重要组成部分,以教堂为核心的宗教场所包含着宗教改革以来的记忆嬗变,作者们叹惋物质文化遗产遭受的破坏,勉力弥合修道院解散的碎片,使其不至于湮没无闻。他们希望,当时代再次转向罗马教会时,他们的继承人会修复并重建这些教堂和结构。①除却城市风貌外,通常,方志中最显眼的是城镇发展现状。前文我们曾提及约克城方志的作者托马斯·韦德灵顿爵士,他的书被市政当局驳回而未能出版。城市议员苛责道:"你告诉我们……这个城市是什么样的,我们的前任曾是什么人,我们不知道这可能会有什么荣耀,但我们确实没有获得什么安慰……相比冗长的故事,我们更需要实用的追求。"②由此,志书纳入了更多鲜明的实用主义内容,作者希望以文本为鉴,让市政府清楚看到他们前人的所作所为,汲取成功的经验,借鉴失败的教训,从而以先例为示警,以先辈为榜样,以授予特权为依据,运行更稳定的政府,实现更完美的统治。

二　平朴的文风与实证的方法

16 世纪以降,英语书写已经开始普及,城市方志也不例外,多以简单易懂的英文书写,这是时代的潮流。这一时期仅有两部城市方志是用拉丁文撰写,皆有缘故。其一是 16 世纪下半叶亚历山大·内维尔的《诺维奇城志》。③内维尔是剑桥大学的高才生,书写志书时正服务于坎特伯雷大主教,是特殊的环境造就特殊的写作。其二是 17 世纪下半叶安东尼·伍德的牛津志书系列,这与牛津特殊的文化地位息息相关,牛津厚重的历史文化底蕴需要肃穆的拉丁文与之相契。其余方志文本则皆由母语书写,文风淳朴,文笔简凝,具有鲜明的实用主义色彩。因为要面向市民阶层,城市方志不需要太高级的语汇,也无须刻意追求文艺风格,平实易懂是它最大的特点。方志史家要完成一部出色的作品,并不是难事,唯一需要的是对现有资料的精心取舍与排布,以严密的实证精神保证准确性。所幸,方志史家都拥有谨慎的态度与极好的耐心,他们中的大多数人花费多年精心打磨志书作品,使其以最好的面貌问世。

论及文本修辞,有一点必须明确,即城市方志作为方志体裁的一种类型,经历了"去历史化"叙事到历史化叙事的转变过程。在近代早期,"古物

① Alexandra Walsham, "History, Memory, and the English Reformation", *The Historical Journal*, Vol.55, No.4(December 2012), p.919.

② Peter Clark, "Visions of the Urban Community: Antiquarians and the English City before 1800", in Derek Fraser and Anthony Sutcliffe, ed., *The Pursuit of Urban History*, London: Edward Arnold Ltd, 1983, p.117.

③ John Hutchinson, *Men of Kent and Kentishmen: A Manual of Kentish Biography*, Canterbury, 1892, pp.105—106.

学家"与"历史学家"这两者身份并不等同。丹尼尔·伍尔夫指出:古物学家首要的事就是坚持自身写作目标和规则的独立性,同时放弃历史学家的头衔。①威廉·卡姆登如此,威廉·兰巴德如此,其他从事方志书写的古物学家更是如此。他们追随的是斯特拉波、普林尼与托勒密的步伐,他们从地理而不是从历史中获得"方志史家"称号,他们研究非政治性的过去,不希望自己的书写被按照历史学家的标准评判。他们摇摆于描写(descriptio)与叙述(narratio)之间,谨慎处理空间与时间之间的紧张关系,力求将内容与形式协调一致,在事实细节中体现真理,使得陈述本身既有序又兼顾审美。②约翰·斯托是典型的践行者。他将已经发表的多部编年史作品作为《伦敦城志》的资料来源,并将这两种体裁进行区分。但进入 17 世纪,随着城市方志书写内容的扩大,其书写逐渐演变为带有历史的叙述。作者们通常尝试将市镇的历史追溯到罗马时代,渴求发现其与古罗马城镇的相似性。此时兴起的考古为此提供了便利,一些发掘出来的罗马时代的钱币、瓷罐、盆等古物,为市镇拥有伟大古史的长篇论证储备了很多的材料。作者们不再有束缚,古物与历史往往相提并论,不再泾渭分明,而是相得益彰。由此,辨析书写的资料来源与取舍极为重要,鲜明体现了方志史家的批判实证精神。

　　城市方志建立在市政记录、历史文献基础之上,许多散落的手稿被拾获而重见天日。方志史家们或于私人图书馆查阅文献,或进入市政档案馆与教堂辛勤抄录,或收集前辈学者未竟的手稿等。马多克斯指出:包含在"教会登记簿"或"古代作家的手抄本里的历史记载或过去的事情",可能是有价值的资料,但"官员或政府当局在事件进行时记录下来的有关该事件的"公共档案,"则具有充分的、不容置疑的可信性"。③此外,方志史家对城市进行了实地探访与调查,对物质遗存进行了精心测绘,对每一地名、地点都遍查无虞。他们抄录碑文,细绘纹章,描摹教堂及其他建筑的平面图,最终以生动的文字对它们加以描述,呈现出可视的城市风貌。此外,就口述史料的运用,需稍做说明。口述史料的价值毋庸置疑,但可靠性也同样难以保障,不同的方志史家对此采取了不同的态度。威廉·萨姆纳在《坎特伯雷城志》中经常采用这一方法。他发现,共同的传统是如此明确,以至于从记录中引用

---

① D.R. Woolf, "Erudition and the Idea of History in Renaissance England", *Renaissance Quarterly*, Vol.40, No.1(Spring, 1987), p.23.

② Ibid., pp.29—30.

③ [美]B.A. 哈多克:《历史思想导论》,王加丰译,华夏出版社 1989 年版,第 72 页。

文字是不必要的,"因为传统在一些记忆中保存着它",他只需引用一条记录作为额外的证据。而约翰·斯托在《伦敦城志》中很少记录口头证据,可能是因为伦敦提供了更为丰富的考古证据,也可能是因为城市编年史书写与市政记录保存的强大传统,这些口述已然化为文字证据。[①]

综上所述,城市方志在书写过程中,发展出实证方法以及多样性材料的选择,其文本内容广博,来源多样,既有文献、手稿和档案,又有当时人的口述,还有实物遗迹相证。这种形式既满足了城市的实证考察,又填补了时人的好奇心理。对城市现状的调查不仅仅是为了获得当前的知识,而是以此为基础探究国家的过去与未来。

第六节　城市认同的构建

城志的作者往往具有多重身份,集多个头衔于一身。如约翰·胡克,他与约翰·斯托一道服务于霍林希德编年史团队,是赫赫有名的编年史家;他才智卓越,成为家乡埃克塞特的首任财政官;还曾作为法律顾问陪同彼得·卡鲁爵士前往爱尔兰;作为古物学家,他晚年跃出城市视野,组织和撰写了德文郡志,可谓能者多劳。托马斯·纳什精通文学,擅长创作剧本,兼作政论,是活跃但不得志的诗人、剧作家、时评家。威廉·萨姆纳曾为教会法院的书记员,后成为著名的教会古物学家,又是盎格鲁-撒克逊语研究的重要学者。托马斯·韦德灵顿爵士曾担任律师,先后担任约克城市记录员、议会议长、财政署首席男爵等。由此可见,城志史家并非一叶障目者,而是久经世故的复合人才。他们在国家社会中有着广泛的经验,而不是安于本地,不同的职业属性带来多重的格局与视野,能够很好地为个人书志事业服务。其中,早期志书作者最常见的职业是市镇的书记员,或是在市政当局担任官职。他们有一定的知识储备与视野;他们可以便利地获得写作的一手资料,并深知资料的重要性及妥善保管的必要性;他们热爱城市,将之视作为家乡服务奉献的施展途径。古物学家也是城志作者的一大组成,他们将对城市的调查研究当成愉快的爱好,在当时较为压抑的环境下,怀旧之情在他们疏远社会现状中扮演了离间的角色,学者们甘于逃避政治、宗教压迫,偏向在

---

① D.R. Woolf, "The 'Common Voice': History, Folklore and Oral Tradition in Early Modern England", *Past & Present*, No.120(Aug., 1988), p.38.

过去中寻找安慰。①而轻松自在的志书编撰远离喧嚣，不涉政治，是上佳选择。除此以外，城志作者最为重要的一重身份，是市民。他们在城市中生活，城市在他们的生活中扮演着重要的角色。城市的政治经济利益与他们密切相关，作为共同体的一员，他们在精神层面和行为上趋同，拥有一致的道德品德与秩序观念。当时，城镇统治者正努力维持或重申城市共同体的价值观，凝聚团结，城志即是良好的宣传媒介。市镇的居民有好奇心去记录过去发生的各种各样的历史细节，对市镇从混沌到显赫的发展感到自豪。他们义不容辞，有着强烈的自身写作愿望，力图通过平实而具有吸引力的文本发挥作用，以文字落实理想化秩序的制定。怀着发现和恢复地区、国家的社会历史及当代文化的浓厚学术兴趣，他们对城镇景观进行了丰富且细节化的描述，从历史沿革到地形风貌，从经济文化到政治宗教，从市政管理到习俗法律……脱离时间，代以空间，给出了完整的城市古景今情，在磨合中，他们有意识地以新的文本方式塑造了新的书写话语，成为权威的发言人。志书的编写不断进步，呈现出时新的体例与内容。

城市志旨在通过一城一地的书写，恢复民族的过去，宣扬当下的繁荣，于文明之上领先其他国家，实现超越，构建认同，它不仅是一种时尚风潮下的追求，更是爱国主义的外在表现。其撰修动力自外向内，外部动力是伦敦与各郡的文化创新，风潮逐级而下传播到市镇，引起追捧，虽郡志中已存有关于城市的书写，但一不细致二不全面，无论是深度还是广度都难以及至。这一时期，城市要重点强调其历史连续性，更需突出其独特性，展现新时代下的跃进。由此，受郡社会文化的渗透，独立的城志书写很快施展，不甘落于人后，这是城市发展的需要，也是为城市正名的需要。人们可能希望：庄重严肃的城市志早期应该由排名较前的市镇承担，或在财力较丰厚或和伦敦及欧陆知识界联系更紧密的地方开始。但实际情况并非全然如此。从前述文本来观，16、17世纪问世的志书都来自英格兰的地方重镇，自伦敦起，有志书文本出现的或是排名在前的大城市、郡治，或是主要贸易、商业城镇，也有军事要塞、沿海港口、新兴工业名城，更有文化、宗教圣地乃至历史古城、旅游胜地，每个市镇都极具特色，即便是小城斯坦福德，也作为伦敦与约克之间的重要枢纽服务，不可或缺。可见，最早发表城志的城市绝非等闲，均是实力派。相比之下，城市规模与地理位置则对志书问世的影响较弱。

---

① Daniel Woolf, *The Social Circulation of the Past*: *English Historical Culture*, *1500—1730*, Oxford: Oxford University Press, 2003, p.148.

自然，大城市得天独厚，所受关注更多，从事书志的作者广众，作品的延续性极强；小城的书写则依靠个人力量承担，留存不易。在地理分布上，临近伦敦的城镇更易受到修志风潮的影响，但东南西北各地都有遍及，即使是像大雅茅斯这样边远的郡城，也没有超越这个时代更广泛的知识潮流，更从来都没有远离过国家生活的中心，各地均有力作呈现。于问世时间上，大城市与小市镇的书写交错出现，并不分彼此。城市的发展决定了城志的书写重心，城志文本则是城市发展的详尽写照，城志特色鲜明，即它不是建立在受伦敦贵族气息影响的基础之上，而是一种家乡式的，深深根植于地方城市的经验展露。①内向推力则源于作者与城市共同体的意识。这是乡土热爱的自发、应需实践，是城市自豪感与民族自豪感共生的产物。书写并不囿于学术范畴，而是市民精英可以广泛参与的领域，于社会变革的大融合中，他们与传统等级社会区分开来，创造了属于自己的文化认同，决心在地区和国家舞台上重新塑造城市的声音与力量。除却托马斯·纳什以"他者"的眼光为大雅茅斯书志外，其他城志均是地方人士对家乡的自我打量。强烈的地方依恋意识引导和激励他们的研究。经由实地调查再结合文字实录进行书写，是出于作者真正的好奇心，也出于他们对城市的公共服务意识。我们可以看到，城志作者普遍都接受过一定的教育，稍逊色一些的如约翰·斯托、小亨利·曼希普，也曾在文法学校就读，掌握了基本的学识；众多作者曾在大学及律师学院求学，如理查德·阿扎克、赛拉斯·泰勒、约翰·胡克、亚历山大·内维尔、托马斯·纳什、威廉·贝德韦尔等在牛津大学；托马斯·韦德灵顿爵士、纳撒尼尔·培根等在格雷律师学院等等。而像约翰·胡克还曾经前往欧陆游学，周游列国，见识广博。再有，城市方志为城市、国家提供了权力象征及合法性依据。作为新体裁的文本，是形成英国地理地位和政治认同感的关键力量。②如克莱尔·肯尼迪（Claire Kennedy）所指，志书并不仅仅来自地理学传统，而且在英国法学研究中也有起源。修志是一项天生的爱国主义的努力，作为对政治和社会需求的回应，它也推动了英国文化认同的界定过程。③

---

① Robert Tittler, *Townspeople and Nation*, *English Urban Experiences*, 1540—1640, Stanford: Stanford University Press, 2001, p.139.

② Vladimir Jankovic, "The Place of Nature and the Nature of Place: The Chorographic Challenge to the History of British Provincial Science", *History of Science*: An Annual Review of Literature, Research and Teaching, 38.1(2000), p.79.

③ Claire Kennedy, "Those Who Stayed: English Chorography and the Elizabethan Society of Antiquaries, Motion and Knowledge in the Changing Early Modern World", *Springer Netherlands*, 2014, p.47.

　　前文已然论述，这是市民作者自发的书写，充分呈现了作者对城市的热爱与肯定。他们的作品通过印刷文字与口耳相传，直接或间接地将恢复与整合过的细节，融合到城市共同体的意识形态中。自伦敦开始，城市方志作为新的知识潮流风靡一时，英格兰各地的市镇都有遍及，连大雅茅斯这样的边陲地区都有修志之举。由此也可见，尽管地处边远，但是地方市镇从来都没有远离过国家生活的中心。同样，这是市政当局支持的书写。从16世纪初开始，城市当局开始重视城市档案的保护，城市方志内容的充实也得益于此。地方当局支持修志，以唤起集体的记忆并彰显城市的当下。政府为城志作者们提供帮助，作者们投桃报李，将文本敬献于市政官员，以表尊崇与感激。再者，城志是读者期盼下的书写。R.K. 韦伯估计，英国都铎王朝民众的识字率可能为百分之四十或五十，而理查德·阿尔特里克虽然比较谨慎，但也表明大量的伊丽莎白时代人可以阅读。赖特指出，这些有文化人多出自商人家庭，而同时代的学徒相较先前也更具聪明与智慧，他们往往"沉迷"于书本。①英语书写且言简意赅的城志有很高的购买率，这一点由文本的多次再版、续修、重修可知。

　　城志成功塑造了一个稳定而又灵活的结构，可以容纳大量的材料，为我们再现了城市的规划布局与空间分配，折射了权力乃至价值观不同层次的划分，给读者带来了十分强烈的社会归属感。由体例排布可见，脱离时间线性而代之以地形分布，方志书写本身即是理想化秩序的制定过程，蕴含了许多有关社会控制、政治权力和文化优势的信息与线索。作者首先构建物理层面的认同，这一点通过对城市外在景观及空间布局的细致描绘来达成。城市方志作者悉心探查，从城墙、河流、沟渠、桥梁、城门、塔楼、城堡等处着手，这些代表了与城市历史的有形联系，既有实际意义又有象征意义。关于市镇内教堂与新旧建筑的描摹更为周详，这是时代的见证。再深入城市片区，街头巷尾逐一造访，这是市民们生活的领域，一步一景中都是日常所见，化成文字录入书中，读来倍感亲切。由此，市容新颜绘就，都市风貌鲜活而立。继而是城市文化层面的认同。大城镇的形象不再主要是防御和生存，而是体现着城市文明。志书建立在城市作为统一体的概念之上，以期打造共享的市民精神，力求自豪感与归属感并重。开篇的城市溯源是人们通晓城市古史的良好途径。城市绵延连续至今，拥有悠久的历史传统与深厚的

---

　　① Laura Caroline Stevenson, *Praise and Paradox*, Cambridge: Cambridge University Press, 1984, p.51.

文化底蕴,这为居于此的人们带来了强烈的地域认同,没有什么比这更让人自豪的了。城市方志以淳朴的文风与简明的文字,为读者们提供了具有可读性的知识概要。在每一部城市方志中,城市特许状都被认真转录,并加以强调。特许状是城市的荣耀象征,更是其作为独立政治共同体的立身之本。据此,城市享有相当程度的自治,获得独立的立法权、司法权和行政权。市民权利也通过文本得到确认与保护,他们在政治上拥有选举权与被选举权,经济上获得财产所有权,得以免除封建赋税,并在人身权利上赢得自由。在这个自治的市民社会中,市民的身份是人们最佳的体现,也成功区隔开城乡之别。城市之中,并无各郡乡绅的谱系溯源与血缘羁绊,唯有以身份实现凝聚。各市镇的特许状内容大同小异,王室授予城市的特权细节不尽相同,这又是地域特色的单独展现。

任何一种书写给读者带来的影响力都不可小觑。我们知道,认同的建构一重来自自身,一重来自外部。对于城志的作者来说,他们已然拥有了自身的深切认同,故通过书写外传。对于城志的读者来说,他们原本有着自己的理念,览毕志书后求同存异,以外部的思维重塑自身,取其精华为己所用。

16 世纪以来,城市现代化的进程加快,中小城镇、地区中心城市或郡治、首都伦敦构成的三级城市体系日益明朗,层次分明。城市作为政治和经济活动场所正逐步走向专业化与开放化。同时近代早期英格兰民族国家的兴起也需要以直接控制城镇作为控制农村的中心框架。[1]于城市内部而言,各市镇是为"小共同体",但是在王国内部,它们均是"大共同体"的组成部分。中心与地方并非天然对立,而是形成了同一个整体的不同方面,并于特殊情形下处于利益对立之势。尽管 16、17 世纪见证了人口增长、社会流动、经济变迁和宗教分裂,政府与政治国家从严苛一致最终沦为内战与革命的无序状态。但是于崩溃之外,在城志文本之中,我们足见以往被忽略的一点,即在伊丽莎白时代和斯图亚特王朝早期,在绝大多数的时间里,国家政体有效运转,城市治理有方。公民领导人发现,维持自己共同体秩序和权威的最佳方式是参与国家更广泛的治理结构。[2]市民阶层也有着共同维护秩序,实现利益共享的觉悟,他们广泛地参与保持稳定。

由此,城市认同正在越来越多地提及王室国家背景。如同城市各片区

① Sybil M. Jack, *Towns in Tudor and Stuart Britain*, Basingstoke: Macmillan, 1996, p.134.

② Catherine Patterson, "Conflict Resolution and Patronage in Provincial Towns, 1590—1640", *Journal of British Studies*, Vol.37, No.1(Jan., 1998), pp.1—2.

是为城市重要组成,在更广泛的视野下,地方市镇也同样是国家集聚秩序、不可或缺的组成部分。城志作者们努力打造的地域认同,在某种意义上而言,也是为国家认同的组成构造服务的。志书的出版不仅是对当地爱国主义的赞扬,也是对国家知识的贡献。城镇的历史是国家甚至人类历史的一个缩影。作者们深知,城市自治虽是由公民通过自身努力赢得的特权,但其权力始终源于王室的授予,处于国王的意志和管辖之下。城市官员们是作为"国王的代理人"负责城市政务,而市民们的身份也得自国王给付。君主赋予的特权,恩典和恩惠可以撤销,这是城镇通常会牢记在心的事实。①

尽管同一时期欧洲大陆的印刷业已经建立起一个有效而广泛的分布网络,但书籍作为一种商品,在英伦三岛取得进展要慢得多。英格兰地方印刷的迟滞与地方书写的快速发展形成鲜明对比,技术的落后、意识形态的严密监管、对欧陆书商的排外等因素交织,出版业难有寸进。所以大批作者或许在生前既无法得享物质回报,也无法获得应有的赞美与声望。方志作者们往往要等待一到两个世纪,他们的书才会由后人整理出版,这一现象十分普遍。

而出版对于城志作者来说是至关重要的,书出版才能获得更高的声誉,在出版业的地位直接彰显了他们的学术地位,同样,大量的发行才能使更多人见到文本,跃出熟悉而固定的精英读者圈层,获得更广泛的认同与认可。而出版过程中往往会遇到诸多问题:首先是翻译问题,即文本在英语、拉丁语转译过程中会引发矛盾,这一点在伍德诸文的发表上暴露无遗,作者往往对译者的错译、漏译有较大的不满。其次,删改问题普遍存在,16、17世纪,当文本被书商购买后,作家即失去版权所有,后续的印刷、出版、传播事宜均由书商定夺。作者一心希望他的文本能流传广远,而书商则渴望通过投资获得体面的回报,为利益计,进行了诸多未经授权的篡改与删减。再者,作者个人信仰问题也成为出版的制约,斯托与伍德都曾被疑与天主教过从甚密而遭到审查。此外,面临出版,一些秉笔直书的内容处于两难境地,伍德因为对克拉伦登伯爵的描叙未采用春秋笔法而陷入官司;《赫尔城志》的作者亚伯拉罕·德·拉·普莱美谨小慎微,在给《利兹城志》作者拉尔夫·托尔斯比的信中他这样写道,"通过市长和议员的特别命令,我从镇上所有记录中抽出材料编写志书,但是我没有完全完成它,我也不敢出版它,直到有些现在仍然活着的人去世后才可以付梓出版。"②从中可见一斑。

---

① Sybil M. Jack, *Towns in Tudor and Stuart Britain*, Basingstoke: Macmillan, 1996, p.124.

② Rosemary Sweet, *The Writing of Urban Histories in Eighteenth-Century England*, Oxford: Clarendon Press, 1997, p.89.

相对来说,作者常处在较为弱势的地位,由书商摆布,难有妙计可施。同样,作者一般难以通过书本的出版获得丰厚的物质回报,诸如斯托、纳什、曼希普等在晚年都是处于贫困之中的屡弱文人,有调查显示,约翰·斯托的《伦敦城志》作为他晚年编撰的一项重要的学术著作,仅为其赚取了3英镑。如非有赞助人相依靠,真是很难维持生计,唯有对城市、对书写的热爱方能促使作者们一力奉献,无怨无悔。

倘若生前志书未及出版,那么将手稿交托给放心的人十分关键。但后继的、可信赖的学者十分难寻,达格代尔即将手稿送给了女婿缮存。以安东尼·伍德为例,他与古物学者拉尔夫·谢尔顿(Ralph Sheldon)交好,后者为他的学术生涯提供了诸多帮助。1684年,拉尔夫·谢尔顿去世,他在遗嘱中留下了致伍德的条目:"致我的好友、牛津大学默顿学院的古物研究员安东尼·伍德,我遗赠给他40镑,让他查阅整理我的旧家谱、手稿和其他的文件。"①这是受托于人,需忠人之事。而在安东尼·伍德生命的最后时刻,他同样需要将手稿托付于人。在沙莱博士的建议下,他选定了万灵学院的托马斯·坦纳(Thomas Tanner),即后来的圣阿萨夫主教。在他死后,手稿立即转交给托马斯·坦纳,以供出版。几乎毫无疑问,伍德希望他所有的文件都能够出版,他似乎特别看重这一点。托马斯·赫恩告诉我们,在和沙莱博士进行最后会谈时,伍德择定了托马斯·坦纳。他激动地大声呼喊,他有勇气吗?他会诚实吗?他多次重复这些词,直到他得到完全满意的答案,才放心将藏品托付监管。遗憾的是,托马斯·坦纳背叛了伍德的信任,没有对他的文本出版做出贡献,究竟是何缘故,现在无据可查。但可以猜测,是因为在《牛津雅典》遗稿中发现了太多对仍在世者或新近去世的人的不利文字,遂放弃了出版。但他在整理伍德遗作的基础上,趁机出了一部文学作品,即他的《不列颠作家词典》(Bibliotheca Britannico-Hibernica)一书,该作品很明显地源自伍德的书写,里面的多个人物描叙被公认为抄自《牛津雅典》第三卷。②后来,伍德的遗稿由其他学者悉心整理后陆续问世,全了他的心愿。由此,志书的文稿往往会辗转于多个学者手中,由后者整理后再行出版。活跃于17世纪末18世纪初的托马斯·赫恩即是一位不知疲倦的专门编纂其他学者的著作的人,他精心整理了大量的文本,作出了极大的贡献。

在版本更新的过程中,我们可以不断将前后文本进行对比,厘清原作和

---

① Anthony à Wood, *The life of Anthony à Wood From the Year 1632 to 1672*, Oxford: Clarendon Press, 1772, p.329.

② Anthony Wood, *Athenae Oxonienses*, Vol.1, London, 1813, p.10.

后续。文字见证了近代早期以来城志文献的编订过程,其增补、省略、删节、改换、修订、重组或是变形,赋予了文本非凡的效用,而探查书写的重塑与流传,再现其诠释的更新同样妙不可言。如帕特里克·格里所言,每一个文本都应当不仅被视作传输链条的一环,还应被作为独特的"个体产物"进行研究。文稿不仅是文本的载体,本身也是那个时代的重要见证。①在志书的层累过程中,时人按照年代推演,可以得到不同时代的权威书写。

　　志书的文字累积见证了城市的变迁,并在延续中构成了鲜明的对比。其修撰之功不仅仅在当代,更垂之后世。17 世纪后期,印刷业逐步扩张之后,托马斯·特赖恩认识到"阅读的广泛用处"超出了它的精神利益,有助于更好地理解世界。②出版虽滞后,但认同不会迟来,而是在等待中积攒。不同版本的志书持续在城市历史意识的塑造中发挥重要作用。城志的阅读即是市民群体认识自己,认识家乡的最好途径,只有对生活环境有着深入的认知,建立文化自信,才能在发展变迁中立于不败之地。

---

① 帕特里克·格里:"欧洲认同在中世纪早期的构建与当代挑战——帕特里克·格里在北京大学'大学堂'的讲演",《文汇报》,2016 年 6 月 3 日。

② David Cressy, *Literacy and the Social Order: Reading and Writing in Tudor and Stuart England*, Cambridge: Cambridge University Press, 1980, p.7.

第四章　堂区志的写作

第一节　堂区制度的形成与发展

英国基层行政存在着村庄、庄园与堂区①三种形态。徐浩认为："从社会政治结构看,英国封建社会具有多极性、分散性的特点……中世纪英国农民一身兼有三重身份,在村镇里,他是村民,也是国王的臣民;在庄园中,他是领主的庄民;在教区,他又是教民。无论村镇、庄园还是教区都有权管理和监督他们的行为,但它们中没有一方能完全控制他们。"②首先是村庄(township),它由日耳曼人的早期农村公社马尔克(mark)演变而来。维诺格拉多夫认为:村庄远比封建制度古老,而且在封建制度下,它并没有丧失活力与重要性。③从性质来讲,村庄属于自然形成的定居点与聚居地,与地理环境和生活习惯密切相关。英国的村庄有两种类型:一是聚居而形成的小村,在敞田制地区比较流行;二是西部等地区流行的小屯(hamlet),这些地区人口较少,分散居住。徐浩指出:"英格兰的定居模式分为村庄(village)和小屯(hamlet),分别属于敞田制和非敞田制地区。"④随着英国社会的封建化进程,村庄逐渐私人化,成为领主的庄园,体现了国家公权的封建化特征。村庄与庄园相互融合的情形差异很大。有时候村庄等同于庄

①　Parish 有不同的译法。一是翻译为教区,如［英］戴维·M. 沃克:《牛津法律大辞典》,李双元等译,法律出版社 2003 年版,第 834 页。另一种译法为堂区,教区的英文为 diocese,参见卓新平(主编):《基督教小词典》,上海辞书出版社 2001 年版,第 572 页;刘城:《英国中世纪教会研究》,首都师范大学出版社 1996 年版,第 42 页。本书采取第二种译法。

②　徐浩:"中世纪英国农村的行政、司法及教区体制与农民的关系",《历史研究》,1986 年第 1 期。

③　Paul Vinogradoff, *English Society in Eleventh Century*, Oxford: Clarenden Press, 1908, p.475.

④　徐浩:《农民经济的历史变迁——中英乡村社会区域发展比较》,社会科学文献出版社 2002 年版,第 102 页。

园,即一个自然村落就是领主的一个庄园领地,此时庄园取代村庄。按照梅特兰的看法,典型的庄园应该具备如下的特征:一是庄园与村庄在地理上应该一致,即一个村庄就是一个庄园;二是庄园的土地应该是由三个部分组成,即领主的自营地、农奴的份地以及自由民的土地,这些土地属于条形地,此外还有草地、牧场、荒地以及树林和池塘,这些属于公共性质;三是领主的庄园形成一套管理体制;四是庄园设有庄园法庭,处理有关庄园内农奴的案件,并安排庄园内的农业生产。①有时候几个村庄组成一个庄园,这时的庄园领地显然比较大,如以色列学者兹维·拉济(Zvi Razi)研究的海尔斯文庄园即属于此种情况。海尔斯文庄园面积约 10 000 英亩,由中心市镇(market town)海尔斯文与 12 个村庄(township)组合而成。1300 年,在这些村庄中,居住家庭最多的村庄有 30 至 35 户,其他的有 10 至 20 户家庭组成的村庄,最少的村庄只有 6 户家庭。②但是前面的两种情况都很少,更多的情形是村庄被划分为两个或者几个庄园,特别是在英格兰南部地区。

堂区制度的出现与基督教的传播和发展密切相关。戴维·M. 沃克是这样描述堂区的:"起初该词是指一个设有教堂并由一个牧师主持的地区。是基督教主管教区的下属单位,从 17 世纪起,教区和教区委员开始掌管地方行政,主要是济贫法与公路等方面的事务,自此,民政教区与宗教教区在许多情况下不再完全重合。"③随着基督教传入英国,一方面是主教区的纷纷建立,扩大教会的管辖范围,另一方面是教堂的大量修建,以满足普通民众的宗教生活需求。此外,领主为了自身便利,选择在自己家族居住地附近建立私人教堂,这些教堂同时也会为附近的居民提供宗教服务。这就是堂区制度的雏形。亨利·皮朗在论述一些乡村堂区的起源时候指出:"每个庄园形成一个司法单位,同时也形成一个宗教的单位。领主们在自己的据点附近盖有礼拜堂或者教堂,授予它们土地,并指派牧师。这就是许多乡村教区的起源。"④可见,这一时期的教堂很大程度上附属于庄园,是庄园的一个重要组成部分。1066 年诺曼征服之后,诺曼领主们掀起了修建教堂的高潮,进一步促进了堂区制度的形成。11、12 世纪时,随着教会加强自身制

① Pollock F, Maitland F W, *The History of English Law before the time of Edward I*, volume I, Cambridge: Cambridge University Press, 1968, pp.596—597.

② Zvi Razi, "Family, Land and the Village Community in Later Medieval England", *Past and Present*, No.93, (Nov. 1981), p.4. 也参见 Zvi Razi, *Life, Marriage and Death in a Medieval Parish*, Cambridge: Cambridge University Press, 1980, pp.5—6.

③ [英]戴维·M. 沃克:《牛津法律大辞典》,李双元等译,法律出版社 2003 年版,第 834 页。

④ [比]亨利·皮朗:《中世纪欧洲经济社会史》,乐文译,上海人民出版社 1987 年版,第 60 页。

度的建设,堂区和庄园的管理权逐渐分离,堂区拥有了更独立的地位,其司法权限也逐渐扩大。到 12 世纪末,堂区体制已经扩展到英格兰的整个乡村社会了。堂区由于服务于本地的居民,逐渐有了世俗意义上的职能,在居民的洗礼、婚礼、葬礼、遗嘱等事务上发挥作用。苏珊·雷诺兹(Susan Reynolds)指出:"到 13 世纪,有充分的证据表明,许多堂区在事实上已经是有效的社区了。"[1]14 世纪时,随着黑死病的暴发与流行,英国农村人口规模发生了重大的变化,劳动力变得稀少,劳动力价格上升。以劳役地租为特征的传统庄园无法适应时代的发展,再加上农村周围城市的吸引,使得庄园内的农奴大规模逃离原先的庄园,或者爆发农民起义以摆脱封建庄园的人身束缚。在这种情况下,庄园制度开始解体,庄园行政也发生动摇。普拉克内特(T.F.T. Plucknett)指出:"到中世纪后期,庄园不再具有重要的法律地位了,从行政的角度来看,它被堂区所取代。"[2]到 16 世纪时,英国社会面临着严重的流民与济贫问题,在这种情况下,英国政府为了应对危机,从法律地位上确立了堂区的行政地位。1601 年的济贫法规定:堂区是执行济贫的基层单位,堂区有责任在治安法官的领导下处理流民事务,并对辖区内的贫困者进行救助。在这种情况下,堂区成为地方基层政府。堂区经历了组合与拆分:富有的堂区分为几个堂区,小的贫困的堂区则被临近的堂区合并,但是堂区体制的整体没有改变。庞兹(N.J.G. Pounds)指出:"19 世纪早期的堂区模式与六个世纪前的相比较,几乎没有什么区别。"[3]

第二节　堂区方志的兴起与内容

一　堂区方志的兴起

郡志的编修受到诸多因素的影响与限制,如资料,编撰者的才学、身份与地位等各方面的影响。因此,单个人撰写郡志的风气逐渐地衰落下来,有

---

① Susan Reynolds, *Kingdoms and Communities in Western Europe 900—1300*, Oxford: Clarendon Press, 1984, p.79.

② T.F.T. Plucknett, *A Concise History of the Common Law*, London: Butterworth & Co, 1948, p.86.

③ N.J.G. Pounds, *A History of the English Parish*, Cambridge: Cambridge University Press, 2000, p.3.

志者转而撰写小的行政单元——堂区方志,毕竟堂区的地理范围更小,撰写者更为熟悉。堂区方志常以"某某堂区的历史"命名。[①]堂区方志编修的先行者是怀特·肯尼特(White Kennett)。在怀特·肯尼特之前,托马斯·富勒曾经在 1655 年写出了第一部准堂区志,但是从其内容看,此书关注的是修道院的事情,因此后来的研究者并不认为这是堂区方志真正的开始。1695 年,怀特·肯尼特出版有关 Ambrosden 的方志[②]。该书虽然是按照时间顺序撰写的,但是奠定了堂区方志书写的基础。关于怀特·肯尼特撰写堂区志的历史意义,W.G. 霍斯金斯这样评价:"如同沃切斯特的威廉奠定了写作国家范围内的英格兰地形与古迹,以及威廉·兰巴德是郡志写作的第一人一样,怀特·肯尼特是堂区志的奠基者。"[③]1700—1701 年间,理查德·高夫撰写了米杜尔(Myddle)堂区志。[④]1710—1744 年间,约翰·卢卡斯编写了沃顿(Warton)堂区志。到 19 世纪的时候,更多的堂区方志出现了,它们具有一个共同的特点,即绝大多数是由牧师撰写的——毕竟牧师既是堂区中有文化修养的人,也是堂区的核心人物。正如斯塔布斯主教(Bishop Stubbs)所言:每个堂区都有自己的历史,每个堂区都有一本堂区登记簿,每个民众都属于一个堂区。[⑤]

　　伴随堂区方志写作的兴起,许多作者不再满足于仅仅编写本堂区的历史。他们把眼光投向了附近的堂区,接连写作出版了系列堂区方志。如肯特郡的牧师约翰·卡乌布朗(John Cave-Browne)先后编写了四个堂区(Boxley, Brasted, Detling, Hollingbourne)的堂区方志。[⑥]剑桥郡的威廉·基廷·克莱先后编写了四个堂区(Horningsey, Landbeach, Milton, Waterbeach)的堂区方志。堂区方志的作者常是当地考古或古物等学会的成员,他们作品的出版甚至会得到古物学会的支持。《温汉姆堂区方志》的作者

---

① 如 J. Eastwood, *History of the Parish of Ecclesfield*, London, 1862。

② White Kennett, *Parochial Antiquities Attempted in the History of Ambrosden Burcester and Other Adjacent Parts in the Counties of Oxford and Ducks*, London, 1818.

③ W.G. Hoskins, *Local History in England*, London: Longman, 1959, p.26.

④ Richard Gough, *The Antiquities and Memmmmoirs of the Parish of Myddle*, *County of Salop*, Shrewsbury, 1875, Preface.

⑤ Arthur Meredyth Burke, *Key to the Ancient Parish Registers of England and Wales*, London, 1908, p.5.

⑥ John Cave-Browne, *The History of Boxley Parish*, Maidstone, 1892; John Cave-Browne, *The History of Brasted: Its Manor, Parish, and Church*, Westerham, 1874; John Cave-Browne, *Detling in Days Gone By, Or The History of the Parish*, London, 1880; J. Cave-Browne, *The Story of Hollingborne*, Maidstone, 1890.

阿瑟·霍西是肯特考古学会的会员。[①]威廉·基廷·克莱有关剑桥郡几个堂区方志的出版，就得到本地古物（考古）学会的支持。[②]肯特郡《刘易舍姆堂区方志》(*The Parish Church of Saint Mary, Lewisham, Kent*)的作者都卡在前言中提及，这本方志是在为刘易舍姆古物学会年会提交的论文基础上扩展而成的，并且是在学会其他成员的鼓励下发行出版的。[③]由此可见，各地的方志史家与古物学家等有着密切的学术交流，他们互相鼓励，形成了良好的学术环境。19世纪中后期，堂区历史的研究和堂区方志的写作愈加专业化。在写作风格上，堂区方志的写作也逐渐成熟，内容不断丰富，篇幅从最初的不足百页，到三四百页，部分堂区方志甚至有七百页以上，以至于不得不分卷出版。

二　有关宗教因素的内容

堂区的核心与灵魂是教堂，因此有关教堂的描述是堂区方志的重要内容。方志史家对于教堂的记载主要集中在教堂建筑、教堂的修缮历程与管理、教堂的牧师及其他神职人员等内容。

作为重要的宗教场所，英国教堂的发展也经历了罗马式教堂、诺曼式教堂、哥特式教堂等阶段。当然，与著名的大教堂相比，乡村堂区的教堂规模小，装修简单，更贴近普通人的生活与信仰。堂区志的作者对于教堂十分重视，会设置较长的篇幅进行详细论述。一方面是由于教堂是重要的历史遗迹，作者对古物古迹兴趣浓厚，自然会将其作为重点研究对象。肯特郡达文顿的堂区志在教堂这一小节中，首先介绍的是教堂的建筑，包含几扇窗户、几座塔、教堂正厅的保存情况如何等等。然后对于每一部分进行详细的描述，甚至给出了教堂整体的设计结构图。[④]而对于该堂区教堂曾发生的历史性的大事件，则是穿插在某一部分的具体描述当中，并且侧重的也是与建筑相关的内容，如教堂的重建与修缮情况。另一方面则由于教堂在堂区日常生活占有不可或缺的地位。福克斯通堂区志的作者这样说道："对一个陌生

---

① Arthur Hussey, *Chronicles of Wingham*, Canterbury, 1896, 封面。

② William Keatinge Clay, *A History of the Parish of Waterbeach in the County of Cambridge*, Cambridge, 1859, preface, viii; William Keatinge Clay, *A History of the Parish of Landbeach in the County of Cambridge*, Cambridge, 1861, preface, v—vi; William Keatinge Clay, *A History of the Parish of Horningsey in the County of Cambridge*, Cambridge, 1865, preface, v.

③ Leland Lewis Duncan, *The Parish Church of Saint Mary, Lewisham, Kent*, Lewisham, 1892, Preface.

④ Thomas Willement, *Historical Sketch of the Parish of Davington in the County of Kent and of the Priory there dedicated to S. Mary Magdalene*, London, 1862, pp.27—34.

人来说，教堂是首先吸引他的事物……教堂及遗留下来的古物蕴藏着丰富的意义，一部分代表着虔诚信仰的存在、也有一部分代表反常迷信事物的残存、逝去的希望和生命，罪恶与虚荣……"①

在中世纪早期，堂区教堂的建立主要有两个原因：第一是为了满足神职人员到各地传播基督教的需求，最开始是他们在大城市和偏远乡下之间往返进行传道活动，但时间久了发现并不方便，并且那时候道路状况很差，因此就建立了小的教堂。②第二是为了满足封建地主及其家族的宗教需求。随着封建制度的发展，出现了许多拥有大量土地的庄园主，他们成为基督教徒之后，为了方便他的大家庭以及土地租种佃户们进行宗教活动，庄园领主会向主教请求授权，在自己的土地上建立教堂。主教会在新建立的教堂上举行一些仪式，例如祈祷、诵念赞美诗等，赋予这个教堂以正当性。由于土地所有者还要承担堂区教堂的什一税，因此，堂区教堂通常建立在领主家附近，而并非市中心或其他比较便利的场所，因此许多教堂都十分偏远。③

教堂使用的建筑材料一般是石头、沙砾，有些教堂会使用大理石，也有教堂会使用木头作为立柱的主要材料。④与位于城市的大教堂不同，堂区教堂通常取材于附近或本地区拥有的矿石资源及其他建筑材料。以里德堂区为例，教堂主体材料用的是从海边运来的巨大石块，这些石块已经被海浪磨平了，填补裂缝用的是鹅卵石和碎石块，最后在墙上覆盖了一层灰泥。⑤教堂主体建筑的基本组成是：正厅、圣坛、塔楼、附属室（vestry，又称教堂法衣室）。此外，部分堂区教堂还有附属小教堂（chapel）。正厅是整个教堂最核心的部分，是民众参加宗教活动的主要空间。从广义上来讲，正厅不仅包括中央的主通道和两侧的长椅，还包括外侧两边的通道（aisles），而从狭义上讲，只包括唱诗班（choir）和居民活动的场所。进入正厅的大门称作 porch，门的形状一般是拱形。圣坛主要包括中心的祭坛（altar）以及围绕祭坛的周围空间，这个空间与正厅相连，呈方形或半圆弧形。这里主要是牧师或其他神职人员主持宗教活动的位置，通常在其后方与小附属室（法衣室）相连，牧师会在附属室里换衣服，做一些准备工作。塔楼则是承袭哥特式教堂建筑

---

①　Samuel Joseph Mackie, *A Descriptive and Historical Account of Folkestone and its Neighbourhood*, Folkestone, 1856, pp.98—99.

②　Arthur Hussey, *Chronicles of Wingham*, Canterbury, 1896, pp.84—85.

③　Ibid., p.86.

④　Ibid., p.87.

⑤　Thomas H. Oyler, *Lydd and its Church*, Ashford, 1894, p.4.

特点的典型部分,一般有 3 到 4 层,是整个教堂最高的部分,顶部是尖拱顶。塔楼上会放置巨大的钟,敲击起来声音洪亮,传播极远,也有的堂区教堂会放置编钟。塔楼及其钟表在提示时间,在重大节日召集居民等事务上发挥作用。此外,在教堂的正厅位置,通常会有承重的立柱或拱门与屋顶相连,拱门呈半圆弧形。还有部分教堂拥有一个横向部分,是罗马式和哥特式基督教教堂建筑传统中的十字形建筑中与教堂中殿交叉的区域,被称作是十字架翼部。除了教堂主体建筑以外,墓地(churchyard)也属于教堂的管辖范围。有许多墓碑立在这里,堂区志的作者会将墓碑及碑文单独列为一章,与其他类型的纪念碑收录到一起。

教堂内部的陈列和物品基本上都是服务于基督教仪式的。因此可以按照不同的仪式进行分类。首先是牧师布道(sermon)、祈祷(pray)、唱赞美诗(sing hymn)、诵读《圣经》等单纯讲话类仪式时需要的物品,即讲道台(pulpit)、诵经台(lecture)、信徒坐的长木椅(pew),弹奏音乐用的风琴(organ),以及常用的书(主要是圣经)等。这里值得注意的是,部分教堂的长木椅不会对公众完全免费,在福克斯通堂区教堂,有三分之二的长椅会被牧师、教士出租出去赚取收入,另外三分之一免费。①但这个价钱是比较合理的,收入主要用于支付牧师的薪酬或教堂管理费用。风琴也叫管风琴,其弹奏声音洪亮,气势宏大,主要用于弹奏宗教音乐。最大的风琴占地面积可达三层楼高,堂区教堂的稍小一些,但也至少是单独一面墙的高度。第二是圣餐礼,圣餐礼(Eucharist)相关的物品比较多,包括圣餐台(communion tables)以及一套完整的餐具,有酒杯、圣餐碟、酒壶以及红色天鹅绒做的桌布,铺在桌子上用来防止面包屑掉落。②第三是洗礼、婚礼和葬礼。人的一生从生到死的重大场合,都离不开教堂。因此教堂设有洗礼池(font),一些教堂甚至准备了婚礼上新人穿的礼服。③日常的宗教仪式主要就是这三种,其他重要的节日如圣诞节、复活节等在使用的物品上并无特殊之处。另外,牧师在主持不同仪式时,穿的衣服也不同,因此教堂会专门给牧师准备几套衣服,放置在法衣室。

除了宗教仪式使用的物品之外,还有一些是教堂常设的装饰品。如十字架、圣徒雕像、肖像、纪念碑,这些装饰都带有一定的传教意味。另外,教

---

① Samuel Joseph Mackie, *A Descriptive and Historical Account of Folkestone and its Neighbourhood*, Folkestone, 1856, p.112.

②③ Edward Alfred Webb, G.W. Miller and J. Beckwith, *The History of Chislehurst: Its Church, Manors, and Parish*, London, 1899, pp.42—43.

堂内的光线十分重要,因此窗户和蜡烛、煤油灯等光源也是堂区方志作者花大量笔墨撰写的内容,会详细到每一扇窗户,甚至每一根蜡烛,并且一些教堂的窗户是彩绘玻璃窗,也是之前提及的哥特式教堂建筑的典型特征。"光"在基督教中是一个十分重要的意象,上帝创造了光,这个世界才不再处于黑暗之中。因此,"上帝即光"的思想也影响到了教堂的修建,主要体现在教堂的窗户上。为了让教徒的心灵从过去的沉沦中复活,哥特式教堂通过彩色玻璃折射阳光,使教堂像天堂一般拥有明亮而灿烂的阳光。彩绘玻璃窗上的装饰画多为蓝色、红色和金黄色,具有不同的象征意义。在基督教教义里,"蓝色代表天国的颜色,是忠诚、信念、真实和贞洁的象征;而红色是神圣的色彩,象征上帝之爱、基督的鲜血和献身;红色和蓝色交融的紫色自罗马时期开始就代表着高贵、神秘,是王室、教皇的色彩,更是上帝圣服的颜色;金黄色象征上帝和主权者。"①

堂区志的作者会对教堂的修建历程进行较为详细的论述,根据建筑材料的不同能够判断出教堂的不同部分是何时修建的。很多教堂信息在《末日审判书》中出现,受到国王和教会的承认,具有正当性。堂区教堂个别修缮的情况各不相同,但在整体上经历了两次大的重建期。第一次是16世纪亨利八世进行宗教改革之后,原有的很多天主教堂和修道院被毁坏,堂区教堂也不能幸免,或多或少受到了破坏。并且爱德华六世继续推行新教,延续了亨利八世的宗教政策。在刘易舍姆堂区的堂区志中,就提到了教堂在爱德华六世时期被迫撤掉了室内所有的光源,即蜡烛油灯等,仅仅留下了两处。②第二次大规模的修缮和重建是在18—19世纪中叶,这是由于许多教堂从建成之时起,经历了好多个世纪的风吹雨打,有些已经破败不堪,急需重修。萨顿瓦伦斯堂区的堂区志中记载,1823年,经历了多次修缮的老教堂处于摇摇欲坠的状态,有严重的安全问题,因此堂区决定在原本老教堂的基础上建立一所新教堂,预计花费3 000英镑。③教堂的修缮有文字材料的记载,一般收录在堂区执事簿中,主要记录修缮的具体部位以及费用,还有给教堂捐赠的人及具体物品清单。在阿什福德堂区志中,附录里有堂区居民捐款购买两座钟的记录,包括名字和捐赠的钱数。④

---

①　丁山:《欧洲哥特式教堂的光装饰艺术》,《艺术百家》2006年5月,第189页。

②　Leland L. Duncan, *The Parish Church of Saint Mary*, *Lewisham*, *Kent*, *Its Building and Rebuilding*:*With Some Account of the Vicars and Curates of Lewisham*, Lewisham, 1892, p.26.

③　Charles Frederick Angell, *Some Account of the Parish Church of St. Mary's at Town Sutton*, *or Sutton Valence*, *in the County of Kent*, London, 1874, p.19.

④　Augustus John Pearman, *History of Ashford*, Ashford, 1868, pp.170—173.

塔楼及塔楼上的钟是堂区教堂的重要组成部分，在堂区居民的宗教生活和世俗生活上都发挥着作用。这种大型的钟由青铜等金属铸成，外部形状形似上窄下宽的杯子，内部有负责发声的铃舌。钟通常被悬挂在塔楼的最顶部，即塔尖。敲钟的主要目的是召集居民，参与特定的活动，同时也可召集牧师等神职人员，进行内部集会等。此外，敲钟还有提醒、警示等作用。不同的堂区，钟的数量不一样，并且都有自己的一套管理规则。但总体来说，洪亮悠长的钟声代表着教堂对所处区域宗教和世俗生活的双重管理。堂区全体居民以及教堂牧师、堂区执事等管理人员都对钟有独特的感情。这是因为在天主教时期，大型的钟由主教进行施洗、涂油、驱邪等仪式，世俗的民众相信，在完成这样的仪式之后，钟声就能够驱散恶魔和邪恶的事务，平息暴风雨，带来很多奇迹。普通的教众称其为"被祝福的钟"[1]。因此，铸造钟的费用很多都是由堂区居民共同分担，当地的领主、乡绅、堂区执事也会捐款，而普通的居民会尽自己的微薄之力。例如在温汉姆堂区的堂区志中，记录了钟的捐赠人和捐赠时间，教堂记录簿（church book）上记载了有 6 个钟是全体堂区居民以及当地乡绅等共同出钱铸造的，堂区居民出的钱占大部分。[2]居民们都将塔楼与钟视作与自己息息相关的事物，这也体现在铸造钟时的正式与仪式感上。在钟铸造结束后，居民们会以圣徒的名字给钟命名，在钟的表面题词或写诗作为装饰。这些题词或者诗的风格或诙谐幽默，或富有启示，很少带有迷信色彩。福克斯通堂区志中收录的钟上的诗就是如此。"（第一座钟告诉我们）尽管我又小又轻，但我能让你们之中的所有人听到我的声音。""（第二座钟宣布）我只是希望你们知道，我虽然小，但是我很优秀。""（第四座钟上写着）我们欢乐的声音在山谷中回响。""（第五座钟）当我们处在欢乐的钟声中，爱和忠诚就联系在了一起。"[3]该堂区共有 8 座钟，其中第三、第六、第八座上没有题诗。题词运用了拟人的手法，体现了堂区居民对钟的喜爱之情。除此之外，他们对钟的爱还体现在对其的维护和维修上。温汉姆堂区的钟在 1720 年需要维修，堂区内部专门召开了堂区委员会讨论修理钟表的事宜，同意的居民要占大多数才可以进行，并且详细记录了这项工程花费的费用，包括运费等。[4]在日常生活中，在晨祷、晚祷

---

　① Samuel Joseph Mackie, *A Descriptive and Historical Account of Folkestone and its Neighbourhood*, Folkestone, 1856, p.108.

　② Arthur Hussey, *Chronicles of Wingham*, Canterbury, 1896, pp.95—96.

　③ Samuel Joseph Mackie, *A Descriptive and Historical Account of Folkestone and its Neighbourhood*, Folkestone, 1856, pp.108—109.

　④ Arthur Hussey, *Chronicles of Wingham*, Canterbury, 1896, pp.96—98.

和宵禁时会敲钟。晨晚祷的敲钟时间在不同的堂区会有一些差别，有些会根据季节变化而做调整。晨祷通常是在早上 8 点左右，在人们去工作之前，晚祷的时间不确定。宵禁钟声的时间大约是晚上 8 点，提醒人们熄灭火和蜡烛等，这是由于居民的房屋多为木制，且屋顶上面覆盖着稻草，都是易燃的材料。这一点与中国古代的"天干物燥，小心火烛"有异曲同工之处。在伊斯特里堂区，宵禁敲钟的习俗一直延续到 1824 年。①在一些特殊的节日或场合，也会敲钟。第一是牧师布道的周日或圣餐日，会敲钟召集民众。第二是堂区内有人死去的时候，会敲响丧钟。在一个人因为疾病即将去世的时候敲钟，希望堂区的居民为他向上帝祈祷，让他能够不受病痛折磨地离开。②第三是重大的宗教节日或世俗节日。宗教节日主要包括圣诞节、复活节、降灵节、耶稣升天节、收获节等。世俗节日主要有国家节庆日（State Ringing Days），如国王、王后与王子的生日等。③堂区教堂一般拥有若干座钟，不同的钟用途也不一样。以斯皮特霍斯特堂区为例，教堂共有 8 座钟，第三或者最高声部的钟专为 15 岁以下的婴儿和儿童服务，其中第五座钟是为 15 到 21 岁的青少年服务，第八座是为成年人服务，也是丧钟，并且每次敲钟不得少于半个小时。④另外，由于人们认为钟声象征着好运，因此也会有居民出钱或是捐赠物品来换取敲钟服务。教堂内专门负责敲钟的管理人员称为敲钟人（ringers），这是一个独立的小团体。由于敲钟是费时费力的工作，堂区要对外进行正式的招募，并且有一定的要求。伊斯特里堂区就有一套完整的敲钟人招募要求和管理规则。这里列举其中两条：第一，敲钟人作为教堂的工作人员，必须是传教士，且优先录用当地居民。并且要品格优良，不可以做破坏教堂名誉的事。塔楼是教堂的一部分，也要严格遵循教堂管理的规则。第二，敲钟人队伍最多不能超过 12 个人，要尽可能地保持住这个数目。"实习生"（trial hands，即想要成为敲钟人的备选者）的数量不能超过 4 个，并且首先要经过牧师或堂区执事的推荐，接受过培训之后，正式参与敲钟工作，或是填补他人的空缺。⑤敲钟人要在固定的时间举行集会，同时也要练习敲钟，

---

① William Francis Shaw, *Liber Estriae; Or, Memorials of the Royal Ville and Parish of Eastry, in the County of Kent*, London, 1870, p.149.

② Ibid., p.150.

③ Donald Dimsdale Mackinnon, *History of Speldhurst*, Tunbridge Wells: H.G. Groves, 1902, p.32.

④ Ibid., p.31.

⑤ William Francis Shaw, *Liber Estriae; Or, Memorials of the Royal Ville and Parish of Eastry, in the County of Kent*, London, 1870, p.151.

熟悉不同的钟的使用方法。总体来说,敲钟的目的是在各项仪式中强调信仰,敲击不同的钟会营造出不同的氛围,如悲伤、喜悦或宏伟等等,给倾听者营造了一种"listening air",即通过听觉建立的生活习惯。①

堂区教堂的窗户也是堂区志作者论述的重点对象。这主要是因为堂区居民们将窗户视作一个抒发情感、寄托心愿之地。居民们会通过给窗户题词或赋名的方式,表达自己的愿望,也会通过给窗户画上不同的圣徒像或其他装饰画,祈求保佑。下面以堂区志中的记载为例,进行说明。一是捐赠、题词及赋名。在刘易舍姆堂区志中,作者单独设置了一个小节描述教堂的窗户。在教堂圣坛区域共有三扇窗户,分别代表着信念、希望和仁慈。第一扇的题词是:"深切怀念托马斯·沃森·帕克,这个教区的乡绅,以及他的挚爱,夫人玛丽。他们仍活在世上的孩子捐赠了这扇窗户,以此作为他们为人子女对父母的尊敬和爱的象征。"在教堂的正厅南侧有四扇窗户,其中第二扇窗户的题词是:"这扇窗户是为了纪念乔治·帕克而建造的,他死于 1889 年 3 月 10 日,享年 85 岁。他是这个堂区及其周边地区最慷慨的捐助者,为许多公共机构捐款,他值得所有人的尊敬。"正厅北侧也有四扇窗户,其中第一扇窗户的题词是:"为了纪念陆军上校爱德华·帕克,这扇窗户是由他的兄弟乔治·帕克捐赠的,作为他们之间感情的象征。"最后在正厅西部尽头处,有两扇窗户,第二扇上的题词是:"为了上帝的荣耀和对罗伯特·霍姆斯的纪念,他死于 1889 年 7 月 10 日,享年 74 岁,他的遗孀捐赠了这扇窗户。"②在阿什福德堂区志中也有类似的例子,圣坛东南角的窗户是当地牧师捐赠的,是为了缅怀他仅仅 18 岁就意外去世的女儿,他将这扇窗户献给上帝,希望上帝能保佑幼小的儿童,免受病痛折磨。③从居民们对窗户的捐赠以及题词中能够看出,窗户是人与人之间情感的寄托之地。这些情感包括了亲情、爱情与友情等,是对逝去之人的深刻怀念,居民们选择用这种方式表达哀思,也体现了教堂窗户的重要性。另外,在堂区中,每扇窗户都有与宗教密切相关词语,例如"圣母玛利亚的降生""在十字架之下""抹大拉的玛利亚在为耶稣洗脚""耶稣使五千人吃饱"

---

① William Francis Shaw, *Liber Estriae*; *Or*, *Memorials of the Royal Ville and Parish of Eastry*, *in the County of Kent*, London, 1870, p.148.

② Leland L. Duncan, *The Parish Church of Saint Mary*, *Lewisham*, *Kent*, *Its Building and Rebuilding*: *With Some Account of the Vicars and Curates of Lewisham*, Lewisham, 1892, pp.18—19.

③ Augustus John Pearman, *History of Ashford*, Ashford, 1868, p.37.

"复活节"等。①这使窗户更富有宗教气息。堂区教堂玻璃窗上的彩绘图案大致分为两种：第一种是圣徒的肖像；第二种是动植物。这两种图案都具有一定的象征意义。许多圣徒像的图案也是在堂区居民的要求下绘制的，他们认为，不同的圣徒能够救赎生活的不同方面，如疾病、恶劣天气等。例如在博克斯利堂区的堂区志中有这样的记载："在教堂附属室里，管风琴的后面有两扇小窗户，一扇上面画着大天使加百列，而另一扇上则是圣·米迦勒，他们分别象征着和平与战争。这两幅画像是由 M.G. 贝斯特捐赠的，当时他刚从克里米亚战争与印度士兵兵变中安全返回，于是捐赠了两幅画像作为纪念和他幸运的象征。"②在奇斯尔赫斯特堂区志中，作者认为窗户上的肖像只要与某一行业相关，或是被认为能够治愈某种特定的疾病，就一定会出现在教堂。③第二种彩绘图案是动植物，通常也具有特殊的含义。动植物的图案更为简单，其寓意也广为人知，例如玫瑰花窗象征着永恒等等。

堂区教堂的特殊之处就在于，它并不仅仅具有单一的宗教功能，而是宗教事务与世俗事务的交汇之地，二者难以分割。例如教堂内举行的弥撒、圣餐等宗教活动，在塔楼敲钟提醒居民到了宵禁时刻，窗户上雕刻着象征居民情感的题词，堂区管理人员既是教士，也负责世俗事务等等，这些都体现了教堂在两类事务上都起到引导性作用。这也说明了为何教堂能够成为堂区的核心，也成为堂区志作者首先关注的对象。

堂区方志有关宗教的内容还包括对教会人士特别是堂区牧师的记载，但是这种记载大多数是属于列举的性质。这项内容几乎在每一本堂区志中都有，并且会设置专门的章节。以堂区牧师为例，堂区方志里会详细列出曾经担任堂区牧师的所有人员，以及其生平、受教育水平、任职时间、其他经历等。《奇斯尔赫斯特堂区方志》第四章列举了该堂区所有的堂区主持人（Rector），最早从 1260 年开始，一直到 19 世纪。④威尔特郡的《格里特尔顿堂区方志》（*The History of the Parish of Grittleton in the County of Wilts*）记载的牧师名录信息也比较详细，从 1269 年到 1801 年，并注明了赞助人。⑤《申斯

①　Leland L. Duncan, *The Parish Church of Saint Mary, Lewisham, Kent, Its Building and Rebuilding: With Some Account of the Vicars and Curates of Lewisham*, Lewisham, 1892, pp.18—19.

②　John Cave-Browne, *The History of Boxley Parish*, Maidstone, 1892, p.113.

③　Edward Alfred Webb, G.W. Miller and J. Beckwith, *The History of Chislehurst: Its Church, Manors, and Parish*, London, 1899, p.40.

④　Ibid., p.59.

⑤　J.E. Jackson and John Britton, *The History of the Parish of Grittleton in the County of Wilts*, London, 1843, pp.18—19.

通堂区方志》(*The History and Antiquities of Shenstone in the County of Stafford*)提及，该堂区能够追溯的最早的堂区主持人代理(Vicar)是罗伯特·布维斯(Robert Bervis)。①《特维克纳姆堂区方志》记载该堂区的堂区主持人代理最早出现在 1332 年。②在这一部分，作者还详细地叙述了牧师，也是天文学家乔治·考斯塔德的生平与著作。③《兰德比奇堂区方志》(*A History of the Parish of Landbeach in the County of Cambridge*)记载道，马斯特斯(Masters)提及该堂区 12 世纪的三个堂区主持人，但是随后马斯特斯发现，这些内容有误，他们实际上属于沃特比奇(Waterbench)堂区。该堂区最早的堂区主持人出现在亨利二世统治早期。④《兰德比奇堂区方志》还记载了马修·帕克的有关信息。他担任该堂区主持人超过 9 年的时间，因为结婚以及信仰原因，1554 年他被剥夺堂区主持人的资格。⑤

　　再有一类内容就是有关堂区登记簿的记载。《特维克纳姆堂区方志》(*The History and Antiquities of Twickenham*: *being the first part of parochial collections for the county of middlesex*)记载：堂区登记簿始于亨利八世统治时期的 1538 年。该堂区最早的登记簿开始于 1539 年。⑥作者还摘录了该堂区登记簿中有关结婚登记、信教、葬礼等的记载。⑦《格里特尔顿堂区方志》记载，该堂区登记簿有五卷。第一卷包括 1577—1604 年堂区的洗礼、丧葬以及结婚的情况。第二卷包括 1653—1707 年洗礼、丧葬以及结婚的情况。第三卷包括 1719—1750 年的信息，但是为第四卷所打断。第四卷包括 1721—1754 年和 1763—1812 年的情况。第五卷包括 1757—1812 年间婚姻的情况。⑧

---

① Henry Sanders, *The History and Antiquities of Shenstone in the County of Stafford*, London, 1794, p.10.

② Edward Ironside, *The History and Antiquities of Twickenham*: *being the first part of parochial collections for the county of middlesex*, London, 1797, p.118.

③ Ibid., pp.125—136.

④ William Keatinge Clay, *A History of the Parish of Landbeach in the County of Cambridge*, Cambridge, 1861, pp.99—100.

⑤ Ibid., p.111.

⑥ Edward Ironside, *The History and Antiquities of Twickenham*: *being the first part of parochial collections for the county of middlesex*, London, 1797, p.13.

⑦ Ibid., pp.14—29.

⑧ J.E. Jackson and John Britton, *The History of the Parish of Grittleton in the County of Wilts*, London, 1843, p.2.

三　其他的内容

堂区方志虽然比不了郡志那样结构严谨有序,也没有城市方志那样内容丰富多彩,然而它所包括的内容也不少。19世纪中后期,堂区方志撰写进入一个比较成熟且产量较高的阶段,篇幅一般在三百页以上,部分堂区方志甚至有七八百页,并且也大大扩展了研究范围,虽仍以堂区教堂为核心,但已经并不局限于宗教事务。这一时期的堂区方志一般有完整的目录,从目录来看,能够得知作者撰写堂区志的基本思路。他们会以堂区内部不同的历史古迹或古物为线索,进行一一介绍,并在介绍古物的间隙穿插一些当地的历史、地理风貌、风俗传统,当地的地标性建筑,涉及堂区居民的大事件,历史上的著名人物等,标题也以不同的建筑分类命名。这一时期,作者对于堂区的认识更加全面,并且论述也不仅停留在对于档案材料的简单堆积或整理,而是从中提炼总结当地的发展概况,并与现存的遗迹遗物相结合。由此,堂区方志成为社会史等研究领域有益的补充。

其一是词源学解释(Etymology)。这部分内容虽然篇幅很小,基本上至多一到两页,少的只有一两段,但通常位于正文的开头处或靠前的章节。大部分堂区志都有这一内容,主要介绍堂区名字的起源以及具体含义。例如斯塔福德郡的《利柯堂区方志》(*A History of the Ancient Parish of Leek*)写道:Leek一词来源于威尔士语lech,意思是"石头"(stone),而不是来源于leak,意思是"水或河流"(water, river),也不是来源于诺尔斯语或者古英语。①再如布罗姆利堂区,Bromley这个词最初起源于撒克逊时期,写作Bromleag和Bromleah,后来在拉丁语中演变为Bromlega,意义是金雀花(Broom)生长的田野或牧场。②奇斯尔赫斯特(Chislcburst)的名字则是由两个盎格鲁-撒克逊词汇构成的,为ceosol以及hyrst。前者表示沙砾与碎石,也比喻用这种材料修建房子的人,后者表示木头。所以这个地名连起来的意思就是:在沙地上有一堆木头。毫无疑问,这一场景曾出现在盎格鲁-撒克逊时期。③Twickenham名字的起源并不确定。Twicken由撒克逊语Twy与ken组成,Twy是"两个"(double)的意思,ken表示"看"(look)的意思。Ham在撒克逊

---

① John Sleigh, *A History of the Ancient Parish of Leek*, Leek, 1862, p.7.

② Charles Freeman, *The History*, *Antiquities*, *Improvements of the Parish of Bromley*, *Kent*, Bromley, 1832, p.1.

③ Edward Alfred Webb, G. W. Miller and J. Beckwith, *The History of Chislehurst*: *Its Church*, *Manors*, *and Parish*, London, 1899, p.2.

语中表示村庄。因此，Twickenham 表示"有两个视角的村庄"。①从以上的例子，我们能够看出，堂区的名字来源体现了其最初建立时的景象，也一定程度上反映了早期的地理环境。因此将词源学解释放在开头部分也就可以理解了。

其二是有关遗迹及古物的内容。不论是研究堂区还是庄园，作者会首先将目光投向本地遗留下来的古建筑物和其他古物，这也是堂区方志区别于其他史学文献的一大特征。方志并不以编年作为再现历史的手段，而是以描述为重点，在此基础之上兼论历史。一些堂区方志会设有"罗马遗迹"的章节，将堂区出土的文物列举出来。例如《温汉姆堂区方志》的第二章就是"罗马及其他遗迹"②。在这一章节中，作者提到了 1881 年挖掘出土的古罗马浴场（bath），该浴场是在一片葡萄园下发现的，并详细描述了浴场的情况。浴池的墙壁有十八英尺厚，上面覆盖着白色的嵌花式的石板，地面上也是如此。在西南边角落里的墙壁上有一个排水管道，在北边有一些台阶（这些台阶大约七英尺宽）通往另一个房间。③总体上来看，这种写作倾向体现了一种"溯源式"的意识。从历史悠久的文物中寻找堂区的历史，也说明堂区志的作者对于这些见证物的重视。这部分内容比较庞杂。一是罗马不列颠时期以及盎格鲁-撒克逊时期遗存下来的古迹，如罗马大道、早期建立的定居点、出土的器物等。《申斯通堂区方志》就收录了有关罗马大道的信息。④《汉普斯特德方志》（The Topography and Natural History of Hampstead in the County of Middlesex）叙述了英国最古老的道路之一沃特林古道（Watling Street）的情况。⑤二是有关古钱币等古物件的内容。古钱币是流传下来的曾经通用的货币，古钱币与乡村的商业贸易发展程度相关，因此，许多作者会将地区商业和贸易的发展的内容作为补充，而写入这一章节。《特维克纳姆堂区方志》记载：该堂区有一些古董性质的黑檀桌椅。一张桌子上放着一只法国造漂亮的钟，另一张桌子上是一些精美的瓷器。在桌子下面，是一些来自赫库兰尼姆遗址精美的瓮。⑥三是纪念碑及碑文（Inscription）。在堂区

① Edward Ironside, *The History and Antiquities of Twickenham : being the first part of parochial collections for the county of middlesex*, London, 1797, pp.2—4.

② Arthur Hussey, *Chronicles of Wingham*, Canterbury, 1896, pp.22—24.

③ Ibid., p.22.

④ Henry Sanders, *The History and Antiquities of Shenstone in the County of Stafford*, London, 1794, pp.345—348.

⑤ John James Park, *The Topography and Natural History of Hampstead in the County of Middlesex*, London, 1818, pp.6—11.

⑥ Edward Ironside, *The History and Antiquities of Twickenham : being the first part of parochial collections for the county of middlesex*, London, 1797, p.87.

内部，纪念碑随处可见，是纪念死者的重要传统。在教堂的建筑或者物品上，也经常会有题词，用来感谢捐赠者或对当地教堂有贡献的人。例如在阿什福德堂区的堂区志中，作者在堂区教堂这一章记录了一段纪念词："托马斯·伍德是令人尊敬的堂区牧师，死于 1847 年 11 月 23 日，享年 78 岁。"①教堂内部的纪念词和纪念碑主要记录了堂区牧师、当地乡绅等重要人物的生平，基本上每一本堂区方志都会记录此类内容。②有少数堂区方志比较极端，大部分内容都是对于纪念碑及碑文的收录。《贝尼登堂区方志》（*The Parish of Benenden，Kent*）就详细地收录了堂区内部的所有纪念碑文，并按照一定的顺序列举出来。③这类型的堂区志实际上并不是学者或者堂区牧师的研究所得，更多是一种文献材料的汇编。但由于纪念碑文本身就是含有重要信息的史料，因此对于了解堂区重要人物、家族史还是具有一定的参考价值。还有一些是有关档案（parochial accounts）的内容，例如契约、遗嘱、特许状等。许多堂区方志作者直接将重要的档案材料收录到正文中，包括拉丁语原文以及对应的翻译。

其三是庄园和家族史。庄园作为封建化的产物，自诺曼征服之后直到中世纪晚期、近代早期，都在基层行政上发挥着重要作用。堂区方志对于庄园和庄园领主会进行详细的记录，基本上这部分篇幅仅次于宗教部分。《沃克索普堂区方志》（*The History，Antiquities，and Description of the Town and Parish of Worksop in the County of Nottingham*）第二章记载了沃克索普（Worksop）庄园 500 多年庄园领主的情况，非常翔实，可供英国庄园史研究者参考。④《汉普斯特德方志》收录了埃德加国王给大臣曼古达（Mangoda）在汉普斯特德土地的特许状。⑤再如威尔特郡的格里特尔顿（Grittleton）庄园，其最早的领土权来自盎格鲁-撒克逊时期的特许状，是阿尔弗雷德大帝的孙子"长者爱德华"给予他的大臣威尔弗瑞德（Wilfrid）。这一特许状记载在威廉·达格代尔的书中。⑥《格里特尔顿堂区方志》也记

---

① Augustus John Pearman，*History of Ashford*，Ashford，1868，p.36.

② Edward Ironside，*The History and Antiquities of Twickenham：being the first part of parochial collections for the county of middlesex*，London，1797，pp.30—70.

③ Francis Haslewood，*The Parish of Benenden，Kent*，Ipswich，1889.

④ John Holland，*The History，Antiquities，and Description of the Town and Parish of Worksop in the County of Nottingham*，Sheffield，1826，pp.17—56.

⑤ John James Park，*The Topography and Natural History of Hampstead in the County of Middlesex*，London，1818，Appendix.

⑥ J.E. Jackson and John Britton，*The History of the Parish of Grittleton in the County of Wilts*，London，1843，p.3.

载了该堂区内大家族的族谱信息，如乔治家族、怀特家族以及霍尔滕家族等家族的族谱。①该堂区方志还记载了庄园的习惯②，这一内容在其他方志中并不多见。《汉普斯特德方志》记载了希克斯（Hickes）家族与诺尔（Noel）家族的族谱。③庄园史部分也有纹章（heraldry）的内容。纹章是大家族或庄园领主的标志，有一些刻在建筑物上，也有单独制作成徽章的，通常与大家族的兴衰和历史有关，有些会单独成为一个章节。

其四是有关自然志（Natural history）的内容。有少部分堂区方志还涉及自然志的内容，主要是当地的动植物介绍以及地质与地形的情况等。有一些作者会对所研究堂区的风土、地貌进行论述，在形式上将过去单独列举的某项内容转变为一体化的叙述。以作者的游览顺序为视角，走过堂区内的河流、街道、建筑等，形成一个整体印象。如《博克斯利堂区方志》（*The History of Boxley Parish*）中就有巡游的内容。从蓝钟山的斜坡上走下去，就进入了博克斯利堂区。右边是成群的史前建筑群，被称为是凯特的房屋（Kit's Cotty House），还有一大堆未经刀斧砍凿的石头，左边则是贫瘠的半山腰，但从山顶往下，由稀疏的草木逐渐变成矮林、发育较差的紫衫林，最后就是（山底）丰饶的牧场，有一大片长势良好的榆木林，还能看到农场的建筑和磨坊。之后他顺着残垣断壁往前走，就会发现这些墙壁曾经围绕着诸多修道院建筑。④巡游的内容出现在堂区志中，部分来自堂区执事的工作要求，它对划定堂区边界有着重要影响，因此历年来隔一段时间就会进行一次巡视。堂区执事的每次巡查，还有资金支持。作者在这里将历次巡视的花费表列了出来。⑤由此可见，堂区巡游类似于地理普查，由于堂区本身地理范围比较小，这项工作也相对容易，记录起来也并不复杂，因此就作为一种常规性的内容保留在堂区志中。少数堂区方志将自然志以单独的章节进行介绍。如亨利·桑德斯（Henry Sanders）的《申斯通堂区方志》专门设一个章节，介绍当地的空气、水源、土地与土壤、植物等。⑥《汉普斯特德方志》由

---

① J.E. Jackson and John Britton, *The History of the Parish of Grittleton in the County of Wilts*, London, 1843, pp.7—9.

② Ibid., pp.8—9.

③ John James Park, *The Topography and Natural History of Hampstead in the County of Middlesex*, London, 1818, p.124.

④ John Cave-Browne, *The History of Boxley Parish*, Maidstone, 1892, pp.27—28.

⑤ William Francis Shaw, *Liber Estriae; Or, Memorials of the Royal Ville and Parish of Eastry, in the County of Kent*, London, 1870, pp.34—35.

⑥ Henry Sanders, *The History and Antiquities of Shenstone in the County of Stafford*, London, 1794, pp.326—344.

三部分组成,分别是自然志、地志与地方巡查。自然志包括地理位置、古迹、森林、蔬菜、植物、土壤、化石、沟渠、水、空气等,内容比较庞杂。[1]《巴克顿堂区方志》(*The History，Antiquities and Geology of Bacton in Norfolk*)第三部分有关地理的内容,就包括土壤、悬崖、化石、湖泊、头颅、贝壳、蓝黏土、褐煤、红砾石、动物分类等等。[2]这部分的内容与堂区的地理和物产有关,也与方志作者个人的兴趣爱好相关,体现了方志文本内容的多样性与特色性。

其五是有关慈善与济贫活动(charity)的记载。这涉及学校、医院、济贫院等。学校包括语法学校和主日学校,医院包括普通医院以及为医治麻风病人而设的特殊医院,对这两类的描述所用篇幅较长。《伊斯特里堂区方志》(*Liber Estriae；Or，Memorials of the Royal Ville and Parish of Eastry，in the County of Kent*)中记载了这样一个事件:克里斯蒂安·戈达德夫人是奥利弗·戈达德的遗孀,她在 1574 年立下遗嘱,将位于伊斯特里大街的一座房屋及其花园捐给教区执事,用于资助堂区内最贫困的人的孩子,让他们长大成人。后来的信息显示,这所房子被称为学校以及堂区慈善堂。[3]《布罗姆利堂区方志》(*The History，Antiquities，Improvements of the Parish of Bromley，Kent*)记载,该堂区于 1716 年建立了一所慈善学校,目的是为堂区内生活贫困家庭的孩子提供教育和衣物。这所学校能容纳 20 个学生,其中有 10 个女生 10 个男生。学生们在学校主要学习的是读和写,以及和基督教相关的知识、仪式等,以及其他有助于他们之后谋生的技能。[4]《汉普斯特德方志》记载,该堂区的主日学校成立于 1781 年。[5]《特维克纳姆堂区方志》(*Detling in Days Gone By，Or The History of the Parish*)记载:目前该堂区有一所慈善学校,30 名男孩在读,这所学校建于 1740 年。另外还有一所学校有 20 名女孩就读,由地方的有钱人资助。[6]此

---

① John James Park, *The Topography and Natural History of Hampstead in the County of Middlesex*, London, 1818, pp.1—79.

② Charles Green, *The History，Antiquities and Geology of Bacton in Norfolk*, Norwich, 1842, pp.50—86.

③ William Francis Shaw, *Liber Estriae；Or，Memorials of the Royal Ville and Parish of Eastry，in the County of Kent*, London, 1870, p.176.

④ Charles Freeman, *The History，Antiquities，Improvements of the Parish of Bromley，Kent*, Bromley, 1832, pp.67—70.

⑤ John James Park, *The Topography and Natural History of Hampstead in the County of Middlesex*, London, 1818, p.289.

⑥ Edward Ironside, *The History and Antiquities of Twickenham：being the first part of parochial collections for the county of middlesex*, London, 1797, p.71.

外,根据捐助人维斯特夫妇1720年的遗嘱,该堂区可以派4名男孩与2名女孩到基督医院学习、工作。①《德特灵堂区方志》记载,1856年该堂区的罗伯特·科布(Robert Cobb)为了在堂区内建立一所慈善学校,不辞辛劳四处奔走进行募捐。最后他不仅募集到了修建学校房屋所需要的钱,此外还能够每年为学校提供15英镑用于日常花销。②有关济贫院的内容也是堂区方志记载的重点之一。济贫院由堂区牧师、济贫监督员以及堂区执事进行联合管理,有着严格的规章制度。例如对收容的贫困人口有严格的数量规定、管理者们要定期开会、对济贫院的财产要妥善记录和保管等。《伊斯特里堂区方志》记录了本堂区济贫院的管理规定,一共18条。第一条规定:时任堂区主持人代理、堂区执事与堂区济贫监督员等是该济贫院的永久受托人,并任命其他五位殷实的堂区居民为受托人,他们共同处理相关的济贫事务。第三条规定:如有以下情况,受托人去世、离开堂区、不再拥有堂区的地产、拒绝担任或者没有能力担任受托人时,应该由永久受托人与其他在职的受托人任命殷实的堂区居民为新的受托人。第八条规定:被认定为受救济者的男性与女性必须是本堂区的居民,在被认定为受救济者前,需在堂区居住不少于五年,且在被认定为受救济者时年龄不低于五十岁。此外,除非救济院受托人认为其品德良好、信仰虔诚,否则任何人不得被接纳入济贫院。第九条规定:受救济者在济贫院中不得与任何亲属或其他人员共同居住,除非其在被认定为受救济者前已经结婚,方可与其丈夫或妻子同住,或受救济者得到济贫院受托人之书面允许,方可与一位或多位亲属或其他人员共同居住。为防止任何人员在被认定为受救济者并进入济贫院后结婚,或违反上文提及的济贫院规定与其亲属或其他人员同住,济贫院受托人有权在其认为适当的情况下,开除济贫院中的这类受救济者,并接收其他人员。第十条规定:任何情况下,一旦受救济者行为不端,且受托人认为有必要诉诸本条,则该受救济者在首犯和二犯时将受到受托人劝诫,若不听劝告第三次再犯,则当被开除出济贫院,并接收另一位受救济者。第十三条规定:济贫院内的穷人应该擦窗户玻璃、刷墙、维修房屋、不得破坏济贫院内的设施等。第十五条规定:每年十月,济贫院托管人要检查济贫院的情况。第十六条规定:每年十月,要开会检查账目。③

---

① Edward Ironside, *The History and Antiquities of Twickenham*: *being the first part of parochial collections for the county of middlesex*, London, 1797, p.72.

② John Cave-Browne, *Detling in Days Gone By*, *Or The History of the Parish*, London, 1880, p.59.

③ William Francis Shaw, *Liber Estriae*; *Or*, *Memorials of the Royal Ville and Parish of Eastry*, *in the County of Kent*, London, 1870, pp.196—201.

肯特郡的《斯特鲁德堂区方志》(*History of Strood*)专门有两章内容记载济贫院的济贫。①牧师会在教堂组织募捐仪式,将募捐到的资金用于救济穷人,庄园主和乡绅也会资助济贫院。济贫的具体事项较多,堂区志也会将具体的慈善活动及资金的花费清单收录进去。《布拉斯特堂区方志》(*The History of Brasted: Its Manor, Parish, and Church*)按照年份记录了堂区的慈善活动,最早的一项是1618年威廉·克朗捐赠了一所救济所。②《格里特尔顿堂区方志》记载,该堂区有两个慈善机构。一是"穷人救济院",每年的圣托马斯节为堂区主持人和堂区执事提供20先令,用于救助堂区内的穷人。该项资助由已故的乡绅瓦尔特·怀特在1702年提供。1715年,他的妻子去世后,总额有60镑,每年红利有3镑,此后该基金不断增加。另一个是洗礼基金(Baptists' Fund),该基金经过四季法庭会议批准,于1721年成立。③《特维克纳姆堂区方志》也收录了该堂区有关慈善的内容,包括为穷人提供面包与住宿等。④《汉普斯特德方志》专门有一章内容涉及对穷人的慈善捐赠。如威尔斯(Wells)慈善组织帮助穷人的孩子成为学徒。孩子的家长必须在本堂区生活三年以上,成为学徒的男孩至少14岁,女孩至少12岁。⑤另一个是斯托克(Stock)慈善组织,资助诸多老弱病残。如给基督医院捐赠,让他们抚养并教育4个孤儿。再如,直接把钱给堂区的管理者,请他们为10个没有父亲的孩子提供衣服、教育和成为学徒的机会。诸如此类的情况比较多。⑥医院与药房等也是带有慈善性质的,很多医院会以低廉的价格向穷人提供药品及医疗服务。而很多牧师则是医院的创办者或捐赠人,或者会联合当地乡绅共同出资建立医院。《斯特鲁德堂区方志》中就有这样的记录:斯特鲁德堂区的堂区主持人代理同时也是纽瓦克医院的掌管人。⑦《达特福德堂区方志》(*The History and Antiquities of Dartford*)记载,1452年亨利六世授权在堂区内建立一所医院,实际上也带有救济性质。

---

① Henry Smetham, *History of Strood*, Chatham, 1899, pp.261—299.

② John Cave-Browne, *The History of Brasted: Its Manor, Parish, and Church*, Westerham, 1874, pp.52—54.

③ J.E. Jackson and John Britton, *The History of the Parish of Grittleton in the County of Wilts*, London, 1843, pp.25—26.

④ Edward Ironside, *The History and Antiquities of Twickenham: being the first part of parochial collections for the county of middlesex*, London, 1797, pp.114—117.

⑤ John James Park, *The Topography and Natural History of Hampstead in the County of Middlesex*, London, 1818, p.279.

⑥ Ibid., pp.282—283.

⑦ Henry Smetham, *History of Strood*, Chatham, 1899, p.106.

这所医院最初是为了给 5 位贫困的人提供住所。建成之后,医院将由堂区主持人代理和堂区执事等进行管理。凡是受到过帮助的人,应当向上帝祈祷,保佑国王和王后灵魂的安定。之后,还提到了 1572 年堂区内建立的"穷人医院"和"麻风病人医院",医院的创办人约翰·比尔延续了给穷人、虚弱的人、重病的人和跛足的人看病治疗的传统。①除了医院之外,还有一些其他的卫生组织,例如药房、小型的卫生所等。《格林尼治堂区方志》(*Greenwich; its history, antiquities, improvements, and public buildings*)记录,1783 年建立了一家药房,这家药房并不位于格林尼治堂区,而是在德普特福德堂区,会向穷人提供免费的药物,以及给予分娩后的妇女们一定的照顾,药房的服务范围覆盖了包括格林尼治、沃尔维奇等 7 个堂区。到 1833 年,这家药房已经帮助了 111 951 位患者,并给 18 338 位贫苦妇女提供了产后服务。药房的收入主要来源于每年固定的一些捐款。②

其六是堂区的重大事件(remarkable events)。这些事件包括:国王或者女王曾到堂区内参观,堂区内的著名景点,具有较大社会影响力的事件(如连环杀人案、起义暴动、瘟疫等),改革或其他影响堂区发展的事务等。这部分内容极具差异性,通常会出现令人感到新奇的内容。《沃尔维奇堂区方志》(*A guide to Woolwich*)介绍了皇家军队在此地的驻扎情况,包括海军士兵曾经居住过的宿舍等。③《圣劳伦斯堂区方志》(*The History and Antiquities of the Church and Parish of St. Laurence, Thanet, in the County of Kent*)中记录了一起血腥的连环谋杀案。④当地著名的乡绅亚当残忍地对自己的妻子连砍数刀,最后将头颅砍下,之后又杀害邻居灭口。整个过程及其血腥,他强迫自己的仆从成为他的帮凶,协助他绑住妻子,并且他在杀死妻子之后,又屠杀了六只狗,把其中四只的尸体放在妻子的尸体附近,又把妻子尸体的腿切下来抛到其他地方。谋杀案的相关内容是居住在案发地附近的一位居民所写的,发表于 1653 年,记录的内容十分详细,包括行凶的过程,被害人的身份、性格,审判过程等,还在文章的最后给出了一些宗教性的启示,作者将其收入堂区志中是为了警醒他人。另外,还有一项特

---

① John Dunkin, *The History and Antiquities of Dartford*, London, 1844, pp.193—195.

② Henry S. Richardson, *Greenwich; its history, antiquities, improvements, and public buildings*, London, 1834, p.122.

③ John Grant, *A guide to Woolwich*, Woolwich, 1841, pp.16—17.

④ Charles Cotton, *The History and Antiquities of the Church and Parish of St. Laurence, Thanet, in the County of Kent*, London, 1895, pp.211—216.

殊内容会偶尔出现在堂区志当中,即演讲。这个演讲一般是由堂区牧师或是其他有影响力的人发表,是对堂区情况的说明,以及对一些事务的决策,借由演讲来告知堂区居民。①演讲的标题是"家乡印象,阿什福德的过去和现在",介绍了从 1801 年到 1861 年当地的人口变化、交通发展、市场与贸易、济贫情况等。

此外,堂区方志也涉及人口、税收、公地等内容。《特维克纳姆堂区方志》记载:该堂区有约 350 间或更多房屋,据估计居民有 2 000 人,并记载了1781 年税收的情况。②根据 1635 年的调查,特维克纳姆的公地约有 175 英亩,在其中散落着一些豪宅与村庄。③《格里特尔顿堂区方志》记载,根据1831 年的《人口统计簿》(Population Return),该堂区有 2 060 英亩、76 间房屋、83 个家庭。在 83 个家庭中,38 户以农业为主,28 户是商人、工匠与手工艺者,17 户是其他类型。该堂区人口为 438 人,242 人是男性,196 人是女性。根据 1841 年的《人口统计簿》,有 77 间房屋,人口 351 人,其中男性 185 人,女性 166 人,以及 4 间无人居住的房屋。④

总体来说,堂区志是以考古和古物研究的写作形式来论述堂区历史的,与传统的史学著作大有不同。从内容上看,涉及的范围较广,但大体上仍侧重于宗教内容,即教堂与牧师等。而关于世俗生活的内容,则涉及庄园和家族史、地理、社会生活、自然志等方面。

第三节 牧师与堂区

牧师是堂区的主持人,堂区主持人大体分为两种,即堂区主持人(rector)与堂区主持人代理(vicar)。rector 与 vicar 的区别很大,这与他们对堂区教产的占有性质有着直接的关系。堂区教产通常指圣职躬耕田、教堂建筑以及在堂区收取什一税的权力。早期的堂区主持人绝大多数称为rector,由圣职躬耕田与什一税收入所供养。12 世纪之后,由于大量新修道

---

① Augustus John Pearman, *History of Ashford*, Ashford, 1868, pp.138—145.

② Edward Ironside, *The History and Antiquities of Twickenham*: *being the first part of parochial collections for the county of middlesex*, London, 1797, p.2.

③ Ibid., p.107.

④ J.E. Jackson and John Britton, *The History of the Parish of Grittleton in the County of Wilts*, London, 1843, p.3.

院建立,有些教产易手,新的教堂所有者聘请教职人士代为管理堂区。在这种情况下,堂区主持人不再称为 rector,而是称为 vicar(堂区主持人代理)。教产所有人与堂区主持人代理之间存在着一种契约关系。如果堂区主持人代理得到的是一定比例的教产收益,他实际上就是堂区收入的承包人,还有一类堂区主持人代理,是以固定的薪俸作为收入。①

在堂区方志中,几乎每一本都会记录历任堂区牧师的姓名、年龄等个人信息,这属于堂区方志的常设板块,仅仅在详略程度上有所区别。在这部分内容中,有的堂区方志罗列了牧师的名字,而有的堂区方志则会补充一些其他信息,这些信息包括但不限于名字、出生及死亡日期、上任及卸任时间、受教育程度、配偶及家人、墓碑上的题词等。此外,偶尔会增添在堂区所存档案或其他材料中记录的对牧师的评价,主要是对其工作的评价,包括是否负责、做出了什么成就、当地居民的意见等。除了这些记载之外,笔者还发现,堂区志的作者大多是当时在任的牧师,当然也有一些例外的情况。②从堂区方志的封面、前言、后记等内容,我们可以证实。这表明,除了作为牧师的本职工作之外,他们也是堂区历史的研究者与记录者。另外,牧师的身份不仅仅只有以上两种,其多重身份散见于堂区志中的其他内容,如牧师也是教育者、处理法律事务的审判人等。

牧师这一职业掌管民众的灵魂,是许多有钱阶层追逐的目标。领主捐赠建立教堂,会培养自己的孩子或亲戚成为教会人士,因此,这一时期牧师多为当地乡绅,家境殷实,也接受过良好的教育。以斯特鲁德堂区方志记载的一位牧师为例:"约翰·哈里斯,出生于 1667 年,出生地可能是什罗普郡,就读于剑桥大学圣约翰学院,在 1687 年取得文学学士学位,1691 年获得文学硕士学位。随后他于 1711 年获得斯特鲁德堂区助理牧师一职。1696 年他已经成为皇家学会的成员,随后他的研究兴趣逐渐转向了数学……。"③《塞尔伯恩自然志》的作者吉尔伯特·怀特 1739 年进入牛津大学奥里尔学院,取得学士与硕士学位,后成为塞尔伯恩堂区的副牧师。但这并不意味着,中下层民众完全没有机会成为牧师,实际上,仍有一部分牧师来自社会中层,甚至有些是农奴的孩子。他们可以选择向庄园主交一笔罚款,让自己

---

① 刘城:《英国中世纪教会研究》,首都师范大学出版社 1996 年版,第 44 页。

② 如 *The History and Antiquities of Twickenham: being the first part of parochial collections for the county of middlesex*(London, 1797)的作者 Edward Ironside(1736—1803),是一位乡绅,也是一位地形学家,曾在东印度公司服务过。他的父亲是银行家,曾经担任过伦敦市长。

③ Henry Smetham, *History of Strood*, Chatham, 1899, p.109.

的孩子能够离开庄园，获得去往学校学习的权利。①如阿什福德堂区志中，就记录了一位约曼出身的牧师的名字。②牧师的主要职责可分为两类，一类是宗教事务，另一类是世俗事务。宗教事务主要包括主持日常的仪式，包括晨祷、晚祷、圣餐、堂区居民的洗礼、婚礼和葬礼。除日常仪式外，还包括主持一些重大节日，如圣诞节、复活节等。教堂的修缮和维护也是牧师的重要职责，尤其是有关祭坛（chancel）的事情。世俗事务则主要是济贫，济贫的资金来源主要是通过收取什一税，以及主持各类宗教仪式收取的费用，例如慈善布道，这部分费用通常带有一定的强制性。10 世纪以来，在法律上对于什一税的征收就有了明确的规定，将其称为"上帝的一部分""给贫穷的灵魂的礼物"，从名称就能看出其宗教及济贫性质。什一税被规定只能用作济贫，而不能用作教堂管理及神职人员薪资等其他用途，堂区牧师仅仅是这笔资金的管理者。③而这种传统一直延续下来，成为堂区管理的一个重要特点，济贫也成为堂区的一项重要事务。此外，对于济贫的重视还体现在牧师本人的捐赠上。根据教会法的规定，堂区牧师应该将他们资产收入的 1/4 或者 1/3 捐献出来，并施舍给本堂区的穷人。依照这种情况，如果这一规定得到执行，大部分的堂区将有机会获得一个每年近 2 英镑或者 3 英镑的慈善救济基金，这算得上是一笔不小的数目了。但在实际执行过程中，并非所有牧师都愿意这样做，因此，实际上捐出的钱要少于规定数目。例如在达特福德堂区志中这样记载："一个好的教堂一定对待贫困的人也很好，每一位牧师都必须拿出自己俸禄的四十分之一，用来帮助那些贫穷的教区居民。"④由此可见这笔资金的缩水程度。但不论多与少，这仍属于一项固定的济贫资金，仍发挥着一定作用。牧师作为堂区的灵魂人物，在堂区居民心中有着重要地位。堂区志中，写给牧师的墓志铭及篆刻在教堂内的题词经常会涉及对牧师的评价。当然，这部分评价几乎都是正面的。例如伊斯特里堂区志中，记录了该堂区的一位牧师："拉尔夫·德雷克·巴克豪斯，于 1841 年被任命为伊斯特里堂区牧师，他在任期间，堂区教堂得以重新修缮，如果这项工作能彻底进行下去，这个教堂将成为周边地区中最好的教堂之

①　Francis Aidan Gasquet，*Parish Life in Medieval England*，London：Methuen，1929，p.72.

②　Augustus John Pearman，*History of Ashford*，Ashford，1868，p.59.

③　Francis Aidan Gasquet，*Parish Life in Medieval England*，London：Methuen，1929，pp.5—6.

④　John Dunkin，*The History and Antiquities of Dartford*，London，1844，p.36.

一。并且,在他工作的很多年里,他都深受堂区内贫困居民的爱戴。人们对他的过世感到深切的悲伤,堂区内的很多人直到现在都还怀念他。"①由此可见,一位好的牧师会对整个堂区的各项工作起到引领作用,并能营造出互帮互助的和谐氛围。

牧师之所以愿意花费大量的时间与金钱去编纂堂区方志,其原因主要包括两点,第一是对堂区的私人情感,第二则是出于对地方史研究的兴趣。牧师是堂区的宗教及世俗事务的主要管理人,能够近距离地接触当地的居民,了解他们的真实生活。因此牧师与堂区的方方面面都有着紧密的联系,并对自己生活之地倾注了大量的情感。怀特·肯尼特解释自己写作堂区志的原因时说:"在我刚卸任神职的时候,作为一名堂区牧师,我不知道如何去进行研究才能够更好地尽到自己的职责,使我的民众和继承者可以保留有关堂区的实录……这些实录远离公众的注意,在数年之内就会被埋葬在记忆的长河中,被人遗忘。"②这体现了他对于自己所在的堂区有一种忧患感,害怕无人研究堂区的历史,或是由于自己不能够胜任编写堂区志的任务,使堂区民众和后来者对于堂区的历史一无所知。这也暗含了一种地方共同体思想。德特灵堂区方志的编写者约翰·卡乌布朗(John Cave-Browne)在正文的第一段情绪激动地说道:"噢! 关于德特灵的一部历史! 如此小的德特灵都是有可能拥有一部自己的历史吗? 这(本著作)值得人们去写作或者是阅读吗? 对于前一个问题我们可以毫不犹豫地做出回答,是的。而后一个问题,就要等你翻阅完后面的内容再回答了……德特灵既没有不知其确切年份的被毁坏的城堡,或是英国人曾经露营的地方,或是诺曼人的哨塔,也不像索恩汉(Thurnham)一样,拥有留存下来的修道院……甚至在末日审判书中都没有提及……卡姆登的《不列颠尼亚》一书中也无笔墨描写这个地方……但德特灵仍然有自己的一部历史,即使读者很少,也是作者努力去寻找并呈现出来的……"③即使当地并无著名的历史遗迹或是考古遗址,或者在面积以及人口上不及其他大的堂区,作者也仍旧认为写作堂区方志意义重大,这确实与他们对堂区的私人感情密不可分。作者还将自己编写堂区

① William Francis Shaw, *Liber Estriae*; *Or, Memorials of the Royal Ville and Parish of Eastry, in the County of Kent*, London, 1870, pp.170—171.

② White Kennett, *Parochial Antiquities Attempted in the History of Ambrosden Burcester and Other Adjacent Parts in the Counties of Oxford and Bucks*, London, 1818, v—vi.

③ John Cave-Browne, *Detling in Days Gone By, Or The History of the Parish*, London, 1880, pp.3—4.

志的行为称作"write with love"。在描述自己生活的堂区时,作者也是怀着赞美的心情。爱德华·艾恩塞德(Edward Ironside)介绍特维克纳姆堂区时写道:这是一个美丽且人口稠密的村庄。①并且,他们写作堂区方志时,很多并未考虑过以此获得金钱,而是大多选择将出版所得的收入捐赠给堂区,用于教堂修缮等各项事务。对于地方史的兴趣也是牧师们编写堂区方志的动力。很多堂区志的作者在完成一本堂区志之后,并不止步于此,在这一过程中,他们逐渐对地方历史的研究产生了兴趣,选择继续在这一领域从事相关的研究。阿什福德堂区志的作者皮尔曼开篇就直言:地方史研究充满趣味性和富有教益。他认为仅仅靠在堂区居住时间长、年龄大或者观察力强就去从事地方史研究是不够的,还必须要有特定的写作能力,以及对当地编年史较高的熟悉程度。他感慨道:"总之,抛开我们自身的感觉而言,那些构成了过去的事物主导了我们的现在,让我们以成为现在的自己而荣耀。"②正是因为他们对地方史研究的兴趣不断加强,才让堂区方志不再局限于宗教方面,更多精彩的地方风土人情、建筑、传统文化与习俗才能传播开来。

第四节　堂区方志中的社会生活

F.A. 加斯奎特(Francis Aidan Gasquet)在《中世纪英国堂区生活》一书中,对堂区和居民之间的关系有这样的论述:"若一个人接受某个教堂的宗教仪式,那么他就会被视作是该教堂所在的堂区的居民,从而形成一种特殊的绑定关系。"③由此可见,居民和堂区的关系在最初就具有契约性质,隐含了居民和堂区双向选择的过程。这使得堂区的社会生活体现了居民的自发性与自愿性,以及对堂区这个共同体的较强认同。这种认同随着堂区对各类事务管理范围的扩大而增强。在堂区志中,尽管直接记录居民言行、社会参与等的内容不多,且无专门的章节,但居民社会生活及其对堂区事务的参与,则间接被堂区执事记录了下来。堂区执事(Churchward)是堂区中最重要的一个世俗官员,他不属于教职人员。担任堂区执事的绝大多数是男性,

---

① Edward Ironside, *The History and Antiquities of Twickenham: being the first part of parochial collections for the county of middlesex*, London, 1797, p.1.

② Augustus John Pearman, *History of Ashford*, Ashford, 1868, Preface.

③ Francis Aidan Gasquet, *Parish Life in Medieval England*, London: Methuen, 1929, p.8.

但是也有极个别的情况下是女性，如 1554 年德文郡莫巴斯（Morebath）堂区的执事。①堂区执事的职责如下：照看教堂建筑和教堂内的陈设，使之不受损坏；管理堂区的济贫事宜，协助教会法庭维持所在堂区的道德秩序；管理堂区的收入和支出，经营教产；征收本堂区的"彼得便士"税。②堂区执事是堂区民众的代表，他的出现是堂区作为一个地方共同体的象征与明证。一个堂区执事曾经说："自己不过是堂区的奴仆，因此必须为社区服务。"③堂区执事既是堂区世俗的管理者，也是主教来堂区巡视时民众的代表。坎贝尔指出："堂区执事比其他任何人——甚至比堂区主持人代理——都了解堂区。"④

堂区的社会生活涉及方方面面，首要的是资金来源。要维持堂区的正常运转，金钱是必不可少的。堂区的支出主要包括两部分。一是日常性的，例如举行宗教活动使用的物品，包括牧师的服装、祭坛上的蜡烛等消耗品。此外一个很大的开支就是济贫。二是临时性或者突然性的支出。这主要与教堂建筑有关，如房屋屋顶漏雨、排水沟被腐蚀、窗户和墙壁破损，甚至是教堂或附属礼拜堂因年久失修而坍塌等情况。一旦出现这种情况，堂区的牧师及执事要及时组织人进行维修。从这两类支出来看，实际上后者带给堂区的负担更重，所需资金数额更大。因此，堂区需要有一个稳定的资金来源，以应付与处理日常的堂区事务。

中世纪以来，什一税是教会正式的、法律允许的宗教收入。然而什一税一般上交给主教等，并不直接与当地堂区相关。因此什一税较少在堂区事务中发挥作用。⑤于是，为了满足堂区的日常开支，各地堂区牧师和其他堂区管理人采用了其他多种方式，用以解决堂区的财政问题。这些方式主要包括：赠礼（gift）、租赁（rents）、售卖（sales）、募捐（collections），通过举办娱乐活动获得收入（entertainment）等方式。⑥当然，并不是所有的堂区都会采

① N.J.G. Pounds, *A History of the English Parish*, Cambridge：Cambridge University Press，2000，p.182.

② 刘城：《英国中世纪教会研究》，首都师范大学出版社 1996 年版，第 49 页；Katherine L. French, *The People of the Parish*, Pennsylvania：University of Pennsylvania Press，2001，p.71。

③ Katherine L. French, *The People of the Parish*, Pennsylvania：University of Pennsylvania Press，2001，p.73.

④ Mildred Campbell, *The English Yeoman Under Elizabeth and the Early Stuarts*, London：Merlin Press，p.326.

⑤ Katherine L. French, *The People of the Parish*, Pennsylvania：University of Pennsylvania Press，2001，p.99.

⑥ Ibid.，p.100.

用以上方式募集资金,不同的堂区受到地理位置、经济发展情况、人口等因素的影响,选择的方式也会有所不同。居民的赠礼或捐赠是堂区资金最主要的来源之一。由于居民捐赠行为具有自愿性和随机性,通过这一渠道收取的资金与财物,小到几便士零钱、一些破旧的衣服、日常器皿,大到土地和房屋。赠礼一般是以立遗嘱的形式,居民将自己希望捐赠给堂区的钱财或物品写进遗嘱之中,并请公证人完善相关手续。在堂区志中,对于居民赠礼的记载主要有三种类型:第一是简单的名字加上捐赠物的列表,一般会单独列成一个表格。第二是针对一些重要人物或金额较大的捐赠,堂区志会进行具体的描述,附上捐赠人的一些特殊要求等。例如,在阿什福德堂区志中,作者用了 6 页的篇幅,记录了当地居民对堂区的捐赠情况,其中对一些数额较大的捐赠进行了详细的解释,其他的则采用了表格的形式进行罗列。这里选取其中一位捐赠人的记录:托马斯·密尔,达文顿的一位乡绅,1627年在他的遗嘱中,将 200 英镑捐赠给阿什福德堂区的穷人,再加上另一位绅士理查德·史密斯捐赠的 20 英镑,将这笔钱购置了 23 英亩位于黑克斯黑尔(Hinxhill)的土地,每年出租土地的租金将主要用于堂区内的济贫支出。[1]并且在随后的记录中,还提到了负责管理这笔资金的堂区执事,他们专门召开会议,对资金的使用进行了讨论。另外,对于捐赠人的记录还存在第三种形式,即以墓志铭或题词的形式,铭刻在教堂墓地墓碑上,或其他教堂的建筑上,如塔楼或窗户等。例如温汉姆堂区志中,塔楼南边的墙上记录了一些捐赠人的名字和信息,一些居民向教堂捐赠了宗教物品,包括银制圣餐杯、圣餐盘等。[2]影响堂区居民捐赠的因素有很多。首先,经济发展状况不同的堂区,居民捐赠的物品也会有所不同。如以农业为主的堂区,居民更多地会将农产品捐给堂区,例如大麦、小麦、苹果等。而以畜牧业为主的堂区,居民则会把家禽、牲畜以及相关的副产品捐给堂区。[3]其次,捐赠人的性别和社会地位会影响其捐赠的物品或金钱,乡绅和庄园主的捐赠要远远多于佃农,他们是土地和房屋的主要捐赠人。从性别上来看,男性更愿意直接捐赠金钱,而女性则更多地捐赠物品,如衣服、器具与生活用品等。这在一定程度上也反映出了当时妇女在家庭中的角色。总体看来,居民对于捐赠比较热衷,这在堂区志中也有记录。如刘易舍姆堂区志中,教堂的塔楼就是

①　Augustus John Pearman, *History of Ashford*, Ashford, 1868, p.117.

②　Arthur Hussey, *Chronicles of Wingham*, Canterbury, 1896, p.96.

③　Katherine L. French, *The People of the Parish*, Pennsylvania: University of Pennsylvania Press, 2001, p.101.

用许多居民遗嘱中留下来的资金建立而成的，最初这座塔楼的捐赠人是居住在格林尼治堂区的一位居民，他把自己的房子卖了，将钱捐给教堂用于修塔楼。随后就引起了捐钱修塔楼的潮流，各个社会阶层的人都尽自己所能捐款，甚至家境贫穷的人都捐赠了一些粮食。①总的来说，赠礼是堂区最常见也最主要的收入来源，且售卖和租赁这两种资金募集的方式，有一些也是赠礼的延伸环节。在收到居民的捐赠之后，捐赠的物品则临时存放在堂区内，而堂区执事则会负责将物品分门别类，将一些能够卖出的物品出售，一些能够出租的物品则租赁出去，借此获得收入。在一些比较富裕的堂区，通常会出租房屋或者土地，以增加堂区的收入。如1541年至1542年，巴内特（Friern Barnet）堂区的执事就出租了一间教堂的房子。②由堂区牧师发起的大型募捐活动，也是堂区资金的来源之一。这种募捐活动一般只在堂区急需资金或需要大笔资金的时候进行。这在堂区志中出现的次数并不多，被称作"慈善布道"（charity sermons）。布罗姆利堂区志中有关于慈善布道的记录，当地的首场慈善布道是由牧师贝特曼（Bateman）主持的，目的是为了修建一所慈善学校。随后，从1739年到1831年，通过慈善布道募捐到的金钱不断增多，尤其是在最后的20年。但由于某些原因，1803年至1811年并未举行慈善布道。随后附上了1739年至1831年间，主持慈善布道的牧师姓名及募捐到的钱款数目。这接近一百年间，堂区通过慈善布道共募集到约2767英镑，每年收到的善款一直在增加。③另外，虽然慈善布道这部分内容在堂区志中出现较少，但笔者在查阅与堂区相关的其他资料时，发现慈善布道经常作为单独的书或小册子出现，名称是"……堂区的慈善布道"，这说明这种募捐形式也比较常见。举办娱乐性活动则主要指的是狂欢节、日常的戏剧表演、当地特色的传统活动等。在狂欢节期间，人们举行宴会、化装舞会、假面舞会、游行等进行庆祝。堂区可以借助举办活动的契机，获得一部分收入。不过这类收入大多是在宗教改革前获得的，宗教改革之后，这类节日则较少举办了。

综合以上资金募集的形式来看，堂区居民的捐赠占据了最为主要的部

---

① Leland L. Duncan, *The Parish Church of Saint Mary*, *Lewisham*, *Kent*, *Its Building and Rebuilding*：*With Some Account of the Vicars and Curates of Lewisham*, Lewisham, 1892, p.9.

② http://www.british-history.ac.uk/report.asp?compid=22494.

③ Charles Freeman, *The History*, *Antiquities*, *Improvements of the Parish of Bromley*, *Kent*, Bromley, 1832, pp.72—76.

分。那么居民为什么会进行自发性、主动性的捐赠呢？这种机制是如何形成的？结合堂区的宗教属性来看，笔者认为有如下原因：第一，对于死亡的恐惧。这种恐惧既包括他们本人面临死亡的恐惧，也包括他们对自己亲人与朋友死亡的恐惧。因此，居民会选择求助于教堂，捐款给教堂，而教堂也会给将死或已死之人举办特殊的仪式，如穿着专门的礼服进行弥撒等，以缓解居民面对死亡时的悲伤与恐惧等情绪。同时，捐赠者希望通过对堂区的捐赠，使死去的亲人和现在仍活着的人之间建立精神纽带和家族认同，这对于一些乡绅家庭可能尤为重要。第二，对于死后世界的恐惧。基督教教义将死后世界划分为天堂和地狱，出于对死后去往炼狱的恐惧和不确定心理，人们也会选择捐款给教堂，以期得到救赎。第三，出于虔诚的宗教信仰与信念。捐赠行为被认为是对上帝的崇敬以及对圣人的崇拜，体现了一个人宗教信仰的坚定，而不仅仅是对教堂教义带有强制性要求的回应。[①]以上三点是从居民的角度出发，来分析他们选择捐款的原因。此外，从堂区的角度来看，堂区牧师和其他人员也采取了一些手段，强化居民的自愿捐赠意识及这种捐赠机制。这不是由教会施加在世俗之人身上的财务责任，而是代表了堂区共同体在精神上的一种期盼和期望。在这种背景之下，堂区牧师就负有增强堂区凝聚力和向心力的责任。他们会通过各种方式鼓励居民向堂区捐赠，包括主动宣传，任命专门人员负责大额捐赠的管理等，以及设立一种专门的仪式，即将捐赠者的名字制作成一份列表，在一年之中，牧师会在举行宗教仪式时诵读捐赠者的名字4次，读全称还是缩写则视时间长短而定。涉及经济和财政的事务是根本事务，堂区体现了地方自治的特点，而居民和堂区管理者双向的需求，推动了捐赠机制的形成，也就促进了堂区共同体意识的形成。

居民们对于堂区共同体的认同，还体现在积极参与堂区的各项事务上。这主要体现在参与济贫、积极建立各类慈善组织、参与教堂日常维护、认同堂区志编纂等方面。首先是济贫事务。很久以来，村庄就已经承担起救助老弱病残者的任务了。这一时期的济贫活动带有自发的性质，属于私人性质范畴。它的主体是家庭，单个的家庭通过某种口头的承诺或者契约的方式，为需要救助的贫民提供住房、食物、衣服与燃料等基本的生活必需品。这种救济的对象通常是本村内相识的人，当然有时候也对一些不相识的人

---

① Katherine L. French, *The People of the Parish*, Pennsylvania：University of Pennsylvania Press，2001，p.100.

进行救助，庄园法庭负责监督这一行为。1295 年一个法庭档案提及村庄的习惯规定：亨廷顿郡的厄普伍德（Upwood）村庄应该向被救济的人提供规定的食品数量与规定的住宿方式。①如果已经有承诺——不论是口头的还是其他形式的——而承诺人没有履行的话，就会受到相应的惩罚。再有，教会也为贫困者进行救助，什一税的一部分就是用于救济。对于济贫，教会强调自愿的原则，希望有钱人帮助穷困者。宗教改革后，教会体制发生了巨大的变化，教会的经济实力也受到很大的打击，已经不可能在济贫活动中再发挥重要作用了，转而由堂区承担起济贫的重任。在 1536 年之前，政府法律主要是防止穷人流浪乞讨，如 1349 年的《劳工法令》就禁止向有劳动能力的流浪者提供私人救助；1388 年的《剑桥法令》限制劳动者与乞讨者迁徙。这些法令刚性有余但实效甚微，因为这些法令没有舒缓紧张的社会关系。于是，1536 年的法律结合英国社会的具体情况作了变通，体现出政府在实现社会公正方面的责任，要求堂区选出 2 人，每周进行征集救济金的工作。这一法令为指定专职官员执行救济任务奠定了基础，初步确立了以堂区为基础的救济体系。1547 年的法律要求地方政府应该为穷人、老弱病残者提供住宿，并且每周在堂区教堂中进行救济活动；1552 年，政府允许征收强制性的济贫税，如果有人不按规定缴纳，先由牧师进行教育，再不愿意的话，就交给主教处理。此后的 1572 年与 1597 年的法令等，英国立法基本走上了以救济为主，惩罚为辅，政府管理济贫的路径。真正奠定英格兰济贫政策基础的是 1601 年的《济贫法》，此法令表明了国家正式承认对穷人和社会弱势群体负有的责任；但是此时英国中央政权官僚机构以及财力都很薄弱，于是实现这一社会公正的任务就落在了堂区的头上。1601 年的法律规定：堂区是执行济贫的基本单位，堂区的主要组织机构是堂区委员会，主要官员是济贫监督，济贫监督每年由治安法官任命，他们并不领薪俸；堂区应该为没有劳动能力的贫困者提供救济，为能够工作的人提供工作机会，惩罚那些有劳动能力却不工作的人；为了济贫事务，堂区可以向辖区内的居民征收济贫税（poor-rate）。在 1612 年，切尔西堂区就为了济贫工作向酗酒者征税。②我们在前文已经论述了牧师及堂区执事等在济贫方面发挥的主导作用。他们负责用筹措来的资金建立济贫院，以及和乡绅共同建立学校、医院、药房等。

　　为了维护社会的稳定与安宁，救济穷人，堂区还会组建慈善组织，这类

---

　　① Christopher Dyer, "The English Medieval Village Community and Its Decline", *Journal of British Studies*, Vol.33, No.4(1994), p.415.

　　② http://www.middlesexpast.net/clocgov1.html#paroffs.

慈善组织的领导者一般是乡绅。慈善组织多种多样，覆盖了衣食住行各个方面，负责不同的济贫事项。乡绅建立的慈善组织一般会直接以自己的名字命名。斯马登堂区志中记录了当地的一个慈善组织，名字叫特纳慈善团体，其名字就来源于捐助人雅克布·特纳，他将位于其他地方的土地和财产获得的收益捐出，用于资助斯马登堂区的贫困人群，给他们购买冬天烧的煤炭以及小麦。①有一些慈善机构是帮助女性的。如布罗姆利堂区志中记载的一个慈善组织"女性友好协会"（The Female Friendly Society），成立于1831年。该协会的目标是：努力说服社会上层人士，让他们给予协会赞助，让他们相信成为这个组织的会员之后，并不需要做出真正的牺牲，只需要花费很少量的代价，就能远离痛苦和疾病，获得解救。协会将获得的赞助款用于帮助一些缺乏劳动能力的寡妇，给她们提供一些食物、生活必需品等。②慈善机构的类型很多。格林尼治教区志中有相关记录。第一个是热汤协会（Soup Society），在冬天给穷人分发热汤，虽然不是免费的，但价格也很便宜，一便士可以买到一夸脱。通过卖汤和募捐到的钱，协会将用来购买面包。第二个是多卡罗斯勤俭协会（Dorcas Provident Institution），是专门给贫民缝制衣服的妇女会，成立于1831年，缝制的衣服会以原本价格的三分之一出售。第三个是供肉协会（Meat Society），会以三便士一磅的价格卖给穷人，并且给穷人提供的都是优质的肉类。这些组织分类细致，涉及方方面面。③除了涉及日常生活的诸多慈善组织之外，也有关注贫民文化和娱乐生活的相应机构。一些堂区设置了公共图书馆或阅览室，可供读者借阅。还有一些堂区对外开放剧院，居民能够观看演出等等。

堂区的社会生活还包括民众参与教堂的日常维护等。在堂区中，许多事情涉及教堂的问题。1318年，布瑞奇沃特（Bridgwater）堂区决定征收钱款并且收集废弃的金属，准备建造一个新的教堂钟。堂区选出4个人监督这一铸钟过程，并且对这一事情做了记录。④1366年，该堂区的教堂又需要修建一个新的塔，于是堂区的民众再次集会，决定征收钱款，并接受个人的捐助。这时候，文献中提及一个人，他被称为"有关教堂事务的负责人"（the

①　Francis Haslewood, *Memorials of Smarden*, *Kent*, Ipswich, 1886, pp.263—264.

②　Charles Freeman, *The History*, *Antiquities*, *Improvements of the Parish of Bromley*, *Kent*, Bromley, 1832, pp.79—81.

③　Henry S. Richardson, *Greenwich*; *its history*, *antiquities*, *improvements*, *and public buildings*, London, 1834, pp.123—124.

④　Katherine L. French, *The People of the Parish*, Pennsylvania: University of Pennsylvania Press, 2001, p.70.

receiver concerning the work in the parish church)。福瑞奇认为:修塔这一件事表明在堂区,民众以前偶尔用来处理特定事务的组织,开始向一个独立的堂区行政管理体系过渡。①亨廷顿郡的沃伯斯(warboys)庄园,开始的时候,法庭的罚金全部归领主,后来在 15 世纪,村民们决定一半的罚金应该用于堂区教堂的维修。②在国王的自营地金斯索普(Kingsthorp)庄园,有一个小的礼拜堂,修建的费用由教民与他们的亲朋好友支出,其他如堂区牧师的工资与维修礼拜堂的费用,也归堂区居民负责。这些规定都是由 13 世纪的堂区会议作出的,因为修建礼拜堂是为了方便民众。③其他的社区事务也是五花八门,显得烦琐。在巴斯与威尔斯的柯尔莫斯顿(kilmersdon)堂区,由于教堂显得略小,社区决定新添加一个走道,堂区的居民对这件事情达成了一致的意见,但是有人拒绝支付先前答应给的钱。最后堂区执事纠正了其错误的做法。④堂区方志对此类事情也有很多记载。温汉姆堂区志记载,1720 年召开了一场堂区委员会会议,讨论维修钟表的事宜,当地的居民也参加了。同意维修钟表的居民要占大多数,才能进行后续的工作。⑤这体现了在具体事务上,居民的参与不仅仅只是金钱上的捐赠,在实际执行上也享有一定的权利。甚至在一些堂区,教堂祭坛的修缮和维护工作由牧师负责,而正厅(nave)的相关事务则由全体堂区居民负责。附属小教堂的日常维护事务也由居民负责。堂区居民并非不情愿,他们非常乐意参与到教堂的相关事务中。

民众对地方的情感还体现在他们认同堂区志的编纂。当地居民对于堂区志的编写是持支持态度的。这一方面体现为作者在写作过程中,会得到民众的帮助,并且堂区居民的生活与传统也是写作的重要内容。另一方面,在部分堂区志中出现了一项内容,即书籍的订阅人列表。这个列表出现在封面和目录之后,正文之前,由于购买书籍的人数众多,通常占据了不小的篇幅。以布罗姆利堂区为例,其堂区志在前言之后给出了书籍订阅人列表,

① Katherine L. French, *The People of the Parish*, Pennsylvania: University of Pennsylvania Press, 2001, p.70.

② W.O. Ault, *Open-field Farming in Medieval England: a study of village by-laws*, London: Allen and Unwin, 1972, p.63, p.66;又见 Christopher Dyer, *Lords and Peasants in a Changing Society*, Cambridge: Cambridge University Press, 1980, p.362。

③ W.O. Ault, *Open-field Farming in Medieval England: a study of village by-laws*, London: Allen and Unwin, 1972, p.74.

④ Katherine L. French, *The People of the Parish*, Pennsylvania: University of Pennsylvania Press, 2001, p.73.

⑤ Arthur Hussey, *Chronicles of Wingham*, Canterbury, 1896, p.96.

其中详细地记录了购买人的名字、性别、所在堂区这三项内容。①每一页约登记了三十位左右的购买人姓名，基本上每一页里的订阅者，都有至少四分之一是布罗姆利堂区的居民。剩余的订阅者则散落在其他堂区，但基本上也与布罗姆利堂区距离不远。这体现了当地居民对于本堂区志编纂的认可，购买意愿比较强烈，这背后则是对堂区这一共同体的关注，显示出了共同体意识。同时，这一订阅人列表也体现了堂区之间的互相交流沟通，又进一步构成了较大范围的共同体，购买其他地区堂区志的行为，除去个人兴趣之外，也体现了对大共同体的情感。另外，在列表当中，对于身份显赫的人也进行了特别的标注，如其中一位是侯爵。②这也表明了堂区志的影响范围，已经扩展到社会各个阶层。

堂区的共同体意识不仅仅体现在居民与牧师之间的关系上，也体现在居民之间的关系上。而体现居民之间关系的一个特殊组织就是兄弟会（Brethen；Fraternity）。兄弟会是宗教性质的，且并不为个体的利益而服务。从兄弟会建立的目的来看，它与慈善组织有着很明显的不同之处。建立慈善组织的更多是富有的乡绅与地主，其性质更多是社会上层对于下层的施舍。而兄弟会则有所不同，更强调普通人之间的关系。这种宗教性质的兄弟会在中世纪变得逐渐繁盛，与基督教教义有关：要爱上帝，也要爱邻人。也就是说，要对贫穷的邻居伸以援手，互帮互助。要帮助那些穷苦的人、无助的人、患有疾病的人、陌生人、朝圣者、囚犯、埋葬死去的人等。③正是在这样的教义的影响下，兄弟会出现了。早期的兄弟会更像是一个基层的自助自救组织，在济贫法正式出台之前发挥作用，为了社会的共同福祉和需要而存在。刘易舍姆堂区志中有这样的记载："宗教性的兄弟会不仅在城市存在，在乡下地区也是有的。兄弟会的会员交一定金额的会费，通常数目很小，会员还要定期参加聚会和成员的葬礼，收集起来的会费将用以资助失业的成员，或是因为生病和年龄过大无法谋生的人。本堂区有两个兄弟会，名称分别是圣乔治和圣母兄弟会、神圣的三位一体兄弟会。"④兄弟会使社会形成了互

---

① Charles Freeman, *The History, Antiquities, Improvements of the Parish of Bromley, Kent*, Bromley, 1832, pp.ix—xvi.

② Ibid., p.xiv.

③ Francis Aidan Gasquet, *Parish Life in Medieval England*, London: Methuen, 1929, pp.255—256.

④ Leland L. Duncan, *The Parish Church of Saint Mary, Lewisham, Kent, Its Building and Rebuilding: With Some Account of the Vicars and Curates of Lewisham*, Lewisham, 1892, p.23.

帮互助的氛围，在堂区范围内营造了大家庭的感觉，使人们之间形成类似家庭成员一样的情感纽带，其对于堂区共同体意识也有着促进作用，增强了堂区内部的黏合度。

从居民与堂区、居民自身之间这两重关系出发，结合堂区志中记载的相关资料，我们能了解到，在堂区的资金来源上，居民自发捐赠是其中的重要部分，这与居民的宗教需求密切相关，也与堂区牧师及其他管理人采取各种方式倡导捐赠有关。在济贫事务上，居民也积极参与，建立了许多慈善组织，在生活的各个方面帮助穷人。最后，兄弟会体现了居民之间的互帮互助，形成了和谐友爱的良好氛围。以上这些，都促进了堂区自治和共同体意识的形成。

第五章　方志编修与古物研究

第一节　古物研究的兴起与发展

在阴冷潮湿的书斋中,昏暗闪烁的灯光下,有这样一些人埋头于发黄且残缺不全的古籍之中,默默地研读古代的文献手稿;或者在人迹罕至的地方,他们风餐露宿,孤独地探寻衰落的修道院,辨别残破的墓碑与模糊不清的碑文和墓志铭。在普通人的印象中,近代早期英国的古物学家(Antiquarian 或 Antiquary,也有译为博古学家或古文物学家)刻板且性格顽固,不食人间烟火,沉迷于古代的书籍、碑文、墓志铭以及历史遗迹,似乎是脱离于所生活时代的老学究。早在 17 世纪上半叶,约翰·厄尔主教就以诙谐幽默且刻薄的笔法,生动形象地描绘了他们。[①]古物学家的形象果真如此吗,答案是否定的!

事实上,在近代早期风云变幻的时代,古物学家并不是消极应对、无所事事,而是自觉地参与其中,涌现出诸如约翰·利兰、威廉·卡姆登、威廉·达格代尔、乔治·希克斯(George Hickes)等众多杰出的古物研究者。根据罗伯特·默顿的研究统计,在 17 世纪,英格兰历史学者(指古物学家与纹章学家)的数目有所波动,到该世纪末有一个略微上升的变化,这反映了对历史研究兴趣的增强。[②]正是在包括古物学家和方志史家在内的英国学者辛勤的耕耘与探索下,研究者重建了英国历史的叙事范式,在撒克逊史与英国修道院史等方面取得了重要的进展,契合不列颠民族国家的形成。封建时

---

①　参见 John Earle, *Microcosmography*, Bristol, 1897, pp.20—22。

②　Robert K. Merton, "Science, Technology and Society in Seventeenth Century England", *Osiris*, Vol.4(1938), pp.382, 394, 396. 罗伯特·默顿认为,在 17 世纪时,古物学家与纹章学家都为历史学家,参见 Robert K. Merton, "Science, Technology and Society in Seventeenth Century England", *Osiris*, Vol.4(1938), p.370。

代的英国是一个基督教化领主权性质的社会，人们的认同主要有两个方面。一是基于基督教的信仰，罗马教廷与教皇对英国社会有着重要的影响，绝大多数人首先是一个基督徒，他从出生到进坟墓都与教会密切相关。然而随着宗教改革的进行，英国摆脱了罗马教廷的控制，进而成为民族的教会。如何阐述与论证宗教改革的合理性与合法性，成为摆在英国知识界特别是古物学家面前一个迫切的现实课题，即英格兰民族为什么选择国教，如何看待解散修道院？二是基于领主权的认同，封建时代的英国民众不是处于国王的统治下，就是处于某个领主的统治下，或者两者兼顾。而即使是英国国王，他在很多时候又是法国国王的封臣。这些错综复杂的关系使人们很难有明确的地域与族群的认同。随着英法"百年战争"的爆发，常年的征战使法国各地深受其害，而对英国人来讲，跨海征战也是得不偿失。于是普通人从心底深处产生一种渴望，就是建立一个和平且强大的国家，这个国家有着明确的地理疆域，可以保护他们的生命安全与财产安全。越来越多的英国人与法国人都各自产生出一种新的情感，即在这片土地上生活的人与我有着共同的生活经历和习惯，讲着相似的语言。"我们究竟属于哪个族群？"这是这一时期的英国人面临的认同困境。事实上，英国人族群的认同可以有多个选择，如不列颠人、罗马人、日耳曼人、诺曼-法国人等，最终，英国人选择了日耳曼人的族群认同。这是因为，假如选择不列颠人认同的话，神话传说的历史无法支撑现实的需要；选择罗马人认同的话，就处于罗马人行省的尴尬境地，更与宗教改革的目的相背离；如果选择诺曼-法国人认同的话，"百年战争"的创伤就无法治愈。因此，日耳曼人的认同是最佳的选择。格雷厄姆·帕瑞称 17 世纪的古物学家为"时代的纪念品"①。

何谓"古物学家"？界定古物学家是一件困难的事情，因为他的身份与历史学家、方志史家、纹章官等重叠。在英国，Antiquary 一词由亨利八世最早提出，在历史著作中，最早出现于理查德·格拉夫顿 1563 年出版的《编年史》一书中。②格雷厄姆·帕瑞认为，与其定义古物学家，不如描述他们，因为他们研究涉及的学术范围是如此广泛与变化多端，以至于无法定义。③

---

① Graham Parry, *The Trophies of Time*, Oxford: Oxford University Press, 1995, pp.358—366.

② 参见 Linda Van Norden, *The Elizabethan College of Antiquaries*, Phd thesis of University of California at Los Angeles, 1946, pp.171—188. 在这本 600 余页的博士论文中，诺登详细地介绍了有关古物学会的情况，论文以考据为主，缺乏分析。

③ Graham Parry, *The Trophies of Time*, Oxford: Oxford University Press, 1995, p.9.

通常的观点认为,古物学家与历史学家不是同一含义,他们既有联系又有区别。伊莱恩·夏娜(Elaine Shiner)指出:17、18世纪的不列颠古物学家不是历史学家,但是他们也为过去所鼓励,并深深地沉溺于过去。他们热情地关注于发现、解释并保存有关过去的遗迹,有时候它们被用来推翻人们已接受的虚构的历史叙述。他们为探寻起源所吸引,特别有兴趣揭示史前不列颠的过去,而这又随着新的发现而变得复杂。①莫米利亚诺(Arnaldo Momigliano)写道:"我希望能够简单地参考古物学家研究历史。但是这并不存在。在此,我能做的是去列举一些基本事实。我假设对我们许多人来讲,古物学家意味着他们研究过去,但是不完全是历史学家。一是历史学家是以编年体写作,古物学家以系统的规则写作。二是历史学家利用事实去解释某一状态,古物学家则是收集与某一主题相关的物品,而不论它是否有助于解决一个问题。"②怀曼·赫伦登(Wyman H. Herendeen)也认为:"在16世纪,古物学家与历史学家这两个词并没有被清楚地界定;尽管他们之间有重合的地方,他们的行为与兴趣是不同的。"③福斯纳(F. Smith Fussner)认为:17世纪时,古物学家与历史学家之间传统的区别已经开始消失,或者说,人们不再关注他们之间的区别。1707年"伦敦古物学会"成立时,学会的成员赞同古物研究应服务于介绍与解释历史。④

就本书探讨的主题而言,古物学家是指那些既收集研究历史文献手稿,也进行实地勘察古物与古迹的学者。他们研究的领域涉及各地的地理、地形、自然、物产、教堂、庄园、古墓、墓碑、铭文、钱币、特许状等。在许多的研究领域,古物学家与方志史家重合在一起,因此,许多古物研究著作也就是方志,方志史家很多时候也是古物学家,相通相融,密不可分。

英国古物研究兴起的最初背景是文艺复兴运动在不列颠的传播与发展。⑤在此需要强调的是,这是最初的背景,随着宗教改革运动的进行以及民族国家的形成,古物学研究的内容也逐渐发生改变。16世纪是古物研究

---

① Elaine Shiner, "Joseph Ames's Typographical Antiquities and the Antiquarian Tradition" The Library Quarterly: Information, Community, Policy, Vol.83, No.4(2013), p.362.

② Arnaldo Momigliano, "Ancient History And The Antiquarian," *Journal of the Warburg and Courtauld Institutes*, Vol.13, No.3/4(1950), p.286.

③ Wyman H. Herendeen, *William Camden*, Woodbridge: Boydell & Brewer, 2007, p.242.

④ F. Smith Fussner, *The Historical Revolution*, London: Routledge and Kegan Paul, 1962, p.114.

⑤ Lucy Toulmin Smith, *Leland's Itinerary in England and Wales*, Vol. I, London: Chiswick Press, 1907, introduction, p.7.

的起始阶段,17 世纪是古物研究的黄金时代。①一般的观点认为,约翰·利兰是英国古物研究的第一人。②约翰·利兰早年求学于伦敦的圣保罗学校,后进入剑桥大学,毕业后游学欧陆,结识了欧洲学术圈的许多学者,深受欧洲文艺复兴的影响。1528 年他返回英国,两年之后被任命为国王图书馆的管理员(Keeper)。1533 年,他被任命为"国王的古物学家"(the King's Antiquary),这是第一个也是最后一个获得此殊荣的学者。③在英王亨利八世的特许之下,从 1534 年开始,他访问了不列颠众多修道院、教堂、学院以及学校的图书馆,为国王图书馆收集珍贵的古代书籍,特别是编年史作家的手稿。1540 年,他又开始新的游历生涯,直到 1543 年结束。在游历的过程中,约翰·利兰留下了大量未经系统整理的手稿。利兰游历不列颠的时候,正处于英国社会转型的关键时期,亨利八世发动的宗教改革与解散修道院极大地改变了不列颠社会的基本面貌,而利兰的游历部分时间是在修道院解散之前,由此他保留下了许多珍贵的古代与中世纪历史文献。利兰的手稿成为后世古物学家研究的重要起点,如威廉·卡姆登就使用了他未出版的手稿。④

约翰·利兰之后,英国的古物研究逐渐兴盛。威廉·卡姆登凭借杰出的组织能力与宽容的学术精神,成为第二代英国古物研究的领袖。差不多同时代的方志史家与古物学家威廉·兰巴德称赞威廉·卡姆登为"我们时代最杰出的古物学家。"⑤奠定威廉·卡姆登在不列颠乃至欧洲学界崇高地位的是 1586 年用拉丁文出版的《不列颠尼亚》,该书是了解不列颠历史、地理、人文与古物全貌的百科全书。格雷厄姆·帕瑞指出:"1586 年《不列颠尼亚》的出版是古物研究里程碑的著作,给以后的研究一个新起点,也是参考的基础。该书调查了民族的起源,前所未有地详细描绘了不列颠的地理。它采用可信的历史法则,运用可靠的古代材料,对古代遗迹公正客观地进行了检验,对许多历史遗迹进行了第一手的考察。"⑥伊莱恩·夏娜指出:《不

---

① Kelsey Jackson Williams, *The Antiquary: John Aubrey's Historical Scholarship*, Oxford: Oxford University Press, 2016, p.15.

② H.B. Walters, *The English Antiquaries of the Sixteenth, Seventeenth, and Eighteenth Century*, London: Edward Walters, 1934, p.1.

③ William Huddesford, ed., *The Lives of Those Eminent Antiquaries*, Vol. I, Oxford, 1772, p.9.

④ Stuart Piggott, *Ruins in a Landscape*, Edinburgh: Edinburgh University Press, 2002, p.11.

⑤ William Lambarde, *The Perambulation of Kent*, Trowbridge: Redwood Press, 1970, p.3.

⑥ Graham Parry, *The Trophies of Time*, Oxford: Oxford University Press, 1995, p.3, p.52.

列颠尼亚》取得了非常大的成功,并激起了下个世纪人们对古物研究的兴趣。①

　　值得一提的是,伊丽莎白一世晚期到斯图亚特王朝早期的这段时间,古物学家逐渐形成一个学术共同体,即 1586 年成立的"伊丽莎白古物学会"(Elizabethan Society of Antiquaries)。该学会的成员以律师、法学家、方志史家和纹章官为主,他们志同道合,研究不列颠的历史与古物。他们通过交换手稿与书稿、通信、聚会与互访等活动,交流研究心得和写作进展,互通学术信息,对英国的法律、制度、宗教等进行了相对系统的研究,从而促进了英国古物研究的发展。托马斯·赫恩写道:"在伊丽莎白女王与詹姆斯一世统治期间,有这样一个学会,它由真正博学的古物学家组成,这些学者经常聚会讨论学术问题……"②在这一学术圈中,古物学家相互鼓励,相互支持,相互提携。托马斯·赫恩编辑的古物研究学会留下来的短文,一共收录了 27 位古物学者的 125 篇文章。③

　　在古物学会创建的过程中,威廉·卡姆登与他的学生罗伯特·库顿起着关键的作用。罗伯特·库顿的父亲是亨廷顿郡的乡绅,家族历史悠久。罗伯特·库顿曾经在威廉·卡姆登创办的威斯敏斯特学校学习,是威廉·卡姆登的学生。不久,库顿到剑桥大学读书;1588 年,他进入伦敦中殿律师会馆。大概就在这段时间,他加入以威廉·卡姆登为核心的伦敦学术圈中,这是古物学会的前身。由于库顿的地产主要在家乡亨廷顿郡,再加上他父亲生病,因此,虽然库顿经常往返于亨廷顿与伦敦,但是直到 1592 年他的父亲去世,库顿主要生活在亨廷顿郡。1598 年之后,库顿正式地参与古物学会的工作,并在这之后成为古物学会的实际主持者。罗伯特·库顿是一个天生的历史学家,自幼立志于历史研究,在他 17 岁时就着手准备撰写自己家乡亨廷顿郡的历史。罗伯特·库顿对古物学会最大的贡献是他建立的图书馆,成为众多学人进行历史学术研究的资料库。罗伯特·库顿的私人图书馆的收藏包括:盎格鲁-撒克逊时期的手稿、以前修道院保存的登记册、有关圣徒和殉道者事迹的圣经书籍、贵族与乡绅的族谱以及纹章官的材料,还

---

① Elaine Shiner, "Joseph Ames's Typographical Antiquities and the Antiquarian Tradition", *The Library Quarterly*: *Information*, *Community*, *Policy*, Vol.83, No.4(2013), p.362.

② Thomas Hearne, *A Collection of Curious Discourses Written by Eminent Antiquaries*, London, 1775, preface, p.12.

③ Linda Van Norden, *The Elizabethan College of Antiquaries*, Phd thesis of University of California at Los Angeles, 1946, pp.8—9.

有一些是英国外交的政府档案。到罗伯特·库顿去世时，图书馆藏有大概800卷的手稿，后人俗称为"库顿图书馆"。由于他与威廉·卡姆登关系非常密切，自离开中殿律师会馆之后，他就追随其老师威廉·卡姆登，两人是亦师亦友的关系。在威廉·卡姆登的栽培下，库顿拥有广泛的学术圈子，不仅包括英国学者，也包括欧洲大陆的学者。库顿不仅仅是一个学者，他拥有自己的政治抱负，积极参与都铎王朝与斯图亚特王朝的政治，这种特殊的关系既是古物学会成立的积极因素，也是后来古物学会被解散的重要原因。由于库顿比较多地卷入当时的政治事务之中，经历了詹姆斯一世以及查理一世的政局动荡，他几乎没有留下什么作品。但是17世纪出版的诸多有关古物研究的书的致谢中，都提及库顿和他的图书馆，这表明他是当时学术界的组织者与协调者。霍兹沃斯（W.S. Holdsworth）评价罗伯特·库顿为"那个时代最伟大的古物研究者和书籍与手稿的收集者。"①1607年，"伊丽莎白古物学会"的工作逐渐停止。原因有两个：一方面是因为一些学会成员的去世，另一方面是由于英王詹姆斯一世出于政治目的，认为古物学会的研究对其统治不利。②这一持续20余年的近代英国第一个学术性团体由此退出历史的舞台。

17世纪中叶，随着沃里克郡乡绅、古物学家威廉·达格代尔的出现，英国的古物研究又迎来了一个新的繁荣期。"如同诗人一样，古物学家是天生的，不是后天学成的。"③格雷厄姆·帕瑞如此评价威廉·卡姆登，在我看来，这也适用于威廉·达格代尔。前文已经介绍了达格代尔的基本情况，这里主要介绍他在古物学研究方面的贡献。1655年，威廉·达格代尔出版《英格兰修道院史》（第一卷）；1661年，《英格兰修道院史》（第二卷）出版；1673年，《英格兰修道院史》（第三卷）出版。1658年，威廉·达格代尔出版《圣保罗教堂史》，该书不仅记录了有关圣保罗大教堂的历史文献，更保留了这座建筑的外貌。1666年的伦敦大火使圣保罗大教堂毁于一旦，威廉·达格代尔保留下来的研究成果，成为这座古老教堂永恒的记忆。再加上《沃里克郡志》对该郡古物的研究，奠定了威廉·达格代尔在古物研究领域一代宗师的地位。大卫·道格拉斯（David C. Douglas）认为："要研究1660年至

① W.S. Holdsworth, *Sources and Literature of English Law*, Oxford: Clarendon Press, 1925, p.148.

② Glyn Daniel, *A Hundred and Fifty Years of Archaeology*, London: Duckworth, 1975, p.18.

③ Graham Parry, *The Trophies of Time*, Oxford: Oxford University Press, 1995, p.22.

1730 年间的英国中世纪历史学者,应该从大名鼎鼎、受人敬重的威廉·达格代尔开始。"①同时,威廉·达格代尔也帮助其他年轻的古物研究者,助其成长与发展。如他支持威廉·萨姆纳、安东尼·伍德、埃利亚斯·阿什莫尔以及约翰·奥布里等人的古物研究。②威廉·萨姆纳在研究撒克逊语时,威廉·达格代尔就给予过极大的鼓励与支持。当威廉·萨姆纳完成《撒克逊—拉丁词典》一书时,也是威廉·达格代尔向乡绅大力宣传,号召他们踊跃购买。

1707 年,伦敦的古物学家开始非正式地聚会,交流各自研究的进展与心得。也就是在这一年,英格兰与苏格兰合并,不知这是不是历史的巧合。1717 年,新的古物研究学会"伦敦古物学会"(Society of Antiquaries of London)③开始正式聚会,1751 年,该学会获得王室特许状。"伦敦古物学会"继承了"伊丽莎白古物学会"的许多档案材料,这标志着英国的古物研究进入一个新的阶段。

第二节 方志、古物研究与历史叙事范式

英国古物研究的一个显著特点就是它与方志的编撰交织在一起,这奠定了近代早期古物研究的基本范式。西方学者的研究涉及英国地方史编写的传统,然而缺乏方志研究的视角。④方志是文本,是对本地区地理、自然、历史、习俗、经济、社会以及古物等诸多因素的综合。从本质上来讲,古物是具体知识的学问,它既是有关民族与国家的历史记忆,某种程度上来说,又是有关地方知识的学问,因为古物学家研究的古物古迹分布在各地。另一方面,古物研究与地方认同密切相关,地方的古物古迹以及历史名人,都可以增强地方的认同感。如威廉·兰巴德的《肯特郡志》,既是爱国主义的体现,也表达了作者对郡的赞美与热爱。正是在这些方面,方志的编撰以及方志史家与古物研究契合起来。在近代早期的英国,形成了"乡绅修志"的现

---

① David C. Douglas, *English Scholars*, London: Jonathan Cape Ltd, 1939, p.31.

② Graham Parry, *The Trophies of Time*, Oxford: Oxford University Press, 1995, pp.246—248.

③ https://www.sal.org.uk/about-us/who-we-are/our-history/.

④ 琼·埃文斯认为,英国的古物研究主要集中于郡史、盎格鲁-撒克逊研究以及墓志铭。Joan Evans, *A History of the Society of Antiquaries*, Oxford: Oxford University Press, 1956, p.19.

象,这一文化现象并不是孤立的事件,它亦与近代早期的古物研究运动交织在一起。古物研究的进展促进了地方志的编撰,而方志的书写为古物研究提供了广阔的空间。梳理这一时期的古物学家群体,一个鲜明的特点是他们许多人同时也是方志史家。如威廉·卡姆登,出身于乡绅,既是古物学家,也是方志史家。威廉·兰巴德是肯特郡的乡绅,在伦敦的律师会馆学习过法律,并担任过肯特郡的治安法官,他既是《肯特郡志》的作者,也是研究古英语的先驱者。威廉·伯顿1622年编撰的《莱斯特郡志》的副标题是"有关古物、历史、纹章以及宗谱"。1656年,威廉·达格代尔出版的《沃里克郡志》,原书名是"沃里克郡的古物"(*The Antiquities of Warwickshire*)。如格林·丹尼尔所言:威廉·达格代尔、罗伯特·普洛特等郡志史家,继续坚持着约翰·利兰与威廉·卡姆登的传统。他们既是地形学者,也是历史学者,记录并描述他们所遇到任何稀奇的事物。[①]到19世纪时,许多方志还是以"某郡的历史与古物"为标题,如1846年出版的阿尔弗雷德·萨柯林(Alfred Suckling)的《萨福克郡的历史与古物》(*The History and Antiquities of the County of Suffolk*)。这样的例子不一而足。

以方志编撰为基础,作为历史书写者的古物学家逐渐重新构建不列颠历史的叙事范式。中世纪不列颠历史的叙事框架来源于12世纪蒙茅斯的杰佛里(Geoffrey of Monmouth)撰写的《不列颠诸王史》(*Historia Regum Britanniae*)。该书认为,不列颠的历史起源于特洛伊的王子布鲁图斯。蒙茅斯的杰佛里记述了特洛伊战争之后,埃涅阿斯和他的儿子阿斯卡尼俄斯来到意大利,占领了意大利王国。后来阿斯卡尼俄斯成为国王,阿斯卡尼俄斯的儿子是西尔维厄斯,西尔维厄斯有一子,取名布鲁图斯。由于布鲁图斯无意中杀害了其父西尔维厄斯,被逐出意大利,流浪到希腊,又成为特洛伊人的首领。在打败希腊人国王庞德拉苏斯后,布鲁图斯娶了庞德拉苏斯的女儿,并离开希腊,寻找属于自己的"应许之地"。在航行的过程中,布鲁图斯得到神的启示。神对他说:"布鲁图斯,向着太阳的方向一直前进,穿过高卢,那儿有一座海中的岛屿。那里曾经被巨人占领,但是现在已经无人定居,它等待着你的族人前往。时间将会证明,那里是你和你的族人合适的住所;对于你的后代来说,它将是另一个特洛伊。一个源自你的祖先的伟大民族将在那里诞生,整个世界都会臣服在他们脚下。"[②]于是,在布鲁图斯的领

---

① Glyn Daniel, *A Hundred and Fifty Years of Archaeology*, London: Duckworth, 1975, p.18.

② [英]蒙茅斯的杰佛里:《不列颠诸王史》,陈默译,广西师范大学出版社2009年版,第14页。

188

导下，他们在托特尼斯登陆。"在那个时候，不列颠岛被称作阿尔比恩。除了少数巨人之外，没有人在那里居住。……布鲁图斯和他的同伴们心中都充满了想在这儿生活的激情。他们在各地勘查，把巨人都驱赶到山上的洞穴里。在征得了首领的同意之后，人们划分了土地。他们开始耕种土地，建造房屋——没过多久，你就会觉得这里仿佛一直有人居住。布鲁图斯按照自己的名字将这岛屿命名为不列颠，把他的族人称为不列颠人。他希望自己的事迹可以通过这座岛屿的名字永垂于世。不久之后，因为相同的原因，这支民族的语言——以前一直被认为是特洛伊语或不正宗的希腊语——也被称作不列颠语了。"①这就是不列颠的由来。

《不列颠诸王史》一书展现了不列颠人悠久的历史传统和高贵的民族起源，还契合英国人对于英雄的渴望。从这时候开始，英国的知识界就开始着迷于有关布鲁图斯的故事，这种情况一直持续到 16 世纪上半叶。②随着意大利人波利多尔·维吉尔的《英国史》（*Historiae Anglicae Libri*）出版，这种情况才发生改变。波利多尔·维吉尔并不是不列颠人，而是来自意大利，出生于乌尔比诺，曾经在博洛尼亚和帕多瓦学习法律，这段学习经历有助于他以后的发展。他的政治生涯开始于在乌尔比诺公爵手下任秘书。随后，他担任教皇亚历山大六世的侍从多年。1501 年，波利多尔·维吉尔来到英格兰，担任彼得便士税的征税员（sub-collector of the Peter-pence）。这一时间可以得到其他的佐证。因为 1513 年，英国国王亨利八世曾经给教皇利奥十世写过一封信，在信中，亨利八世提到，波利多尔·维吉尔已经在英格兰生活了 12 年。③维吉尔深受意大利文艺复兴的影响，他与伊拉斯谟早就相识，到英格兰之后，再次见到伊拉斯谟。在英国他也有许多的学术朋友，如托马斯·莫尔等人。由于他才华出众，英王亨利七世很赏识他，在亨利七世（当时还是里士满伯爵）流放时，就有人向亨利七世推荐维吉尔。亨利七世登基之后对维吉尔委以重任，《英国史》其实是应亨利七世的要求而写作的。维吉尔的《英国史》写作开始于 1506 年，于 1534 年出版。

---

① ［英］蒙茅斯的杰佛里：《不列颠诸王史》，陈默译，广西师范大学出版社 2009 年版，第 20 页。

② Stuart Piggott, *Ruins in a Landscape*, Edinburgh: Edinburgh University Press, 2002, p.33.

③ 参见 Henry Ellis, ed., *Polydore Vergil's English History*, Vol.I, London: Camden Society, 1846, VI；J.W. 汤普森在《历史著作史》一书中对维吉尔的生平有简要的说明，但是前后文字并不一致，可见［美］J.W. 汤普森：《历史著作史》（上卷 第二分册），孙秉莹、谢德风译，商务印书馆 1996 年版，第 729—731 页，第 859—862 页。

维吉尔后半生大多在英国度过,1551 年他才回到故乡乌尔比诺,1555 年去世。

波利多尔·维吉尔认为:蒙茅斯的杰佛里有关布鲁图斯和阿瑟王的故事都是伪造的历史,因为最初的文献都没有这些记载。维吉尔的《英国史》的学术价值体现在以下方面。首先是史料价值。《英国史》一书的素材有的取自前人的著作,如吉尔达斯、蒙茅斯的杰佛里、马姆斯伯里的威廉、新堡的威廉(William of Newburgh)等,这只是问题的一个方面,更为重要的是他对这些素材采取了严格的甄别,而不是人云亦云。历史是叙述和阐释的学问,它不是资料的简单堆砌和罗列,批判和理解才是近代史学的精神所在。此外《英国史》还利用了当时的法令、教皇诏令等材料,又参阅了其他国家作者的著作。为了收集材料,他曾经写信给苏格兰国王詹姆斯四世,希望国王能够给他提供一些有关英格兰历史的苏格兰资料。虽然詹姆斯四世认为,一个原是意大利人的英格兰人用苏格兰的素材撰写英格兰历史可能对苏格兰不友好,最终拒绝了他的请求。维吉尔后来在其他学者的帮助下,还是得到了一些材料,补充自己的写作。再有一个有利的因素就是他的身份,他得宠于亨利七世,可以方便地接触到一般研究者不易接触到的材料,也认识当时重要的当事人。对于较近的历史,如 1500 年以前的历史,维吉尔多方采访老人们,类似于现代的口述史学。维吉尔也是一位勤奋有心的学者,到了英国之后,他就注意收集相关的材料,并且仔细地把这些素材写下来。这些都说明,他不是书斋中的研究者。后来的研究者认为:"他这部《英国史》作为阐释和研究亨利七世统治时期的第一部史书,对英国史学的贡献极其巨大;后来的学者爱德华·荷尔,斯托和法兰西斯·培根等人得到的崇高荣誉,很多都是来自波利多尔,因为在近来的学术研究中证明:过去曾认为是这些人的独创的著作,原来在很大程度上都是依靠这位意大利人文主义者那部开拓性的著作完成的。"①其次是维吉尔的学术批评精神,这意味着英国的历史学从传统的教会史学开始转向近代史学。作为一个人文主义者,与传统的历史学者不同,维吉尔不相信那些古代的神话传说,这集中体现在他批判并质疑蒙茅斯的杰佛里的观点。从史学史的角度来讲,波利多尔·维吉尔的观点在英国历史编撰中具有重要的学术价值。"不管怎么样,读者们会发现,他持久热情的努力是写作一部信史。对地方的描述、对史实和结

---

① [美]J.W. 汤普森:《历史著作史》(上卷　第二分册),孙秉莹、谢德风译,商务印书馆 1996年版,第 860—861 页。

论的谨慎等都表明,不论在辨别能力还是取得的成就方面,维吉尔都是超越他那个年代的历史学家。"①汤普森评价道:"在波利多尔·维吉尔以前,早就有许多勤恳的搜集记录的人和根据许多资料编写年代记的人了;但在他以前,还没有一个人曾经写出一部可以称为近代民族史的东西——这样的史书是根据以批判的灼见利用的材料,借助于有辨别力的学术研究成果,交织成一部记事史,书中应表现出对事件有充分了解和解释这些事件的能力。波利多尔·维吉尔不但在优越的历史方法方面大大超过和他同时代的那些作家,而且在仿照古典范例把材料组织成可以阅读的记事史方面也是如此。这位'意大利头脑'创造了近代英国历史写作中第一座宏伟的永垂的丰碑。"②这本著作的历史观、发表的时机以及维吉尔的意大利人身份,使得英国知识界发生了不小的震动。都铎王朝时期的英国人接受的是有关布鲁图斯的历史意识,日积月累而成为民族的记忆。因此时人认为波利多尔·维吉尔"丧失了理智"。③格雷厄姆·帕瑞也指出:"不列颠历史层累的传说神话故事不易被摒弃,因为它们已被人们接受很长时间,并由此成为民族意识与观念的一个部分。"④波利多尔·维吉尔的著作撕开了中世纪神话传说史学与近代史学之间的缝隙。柯林伍德说:"中世纪结束时,欧洲思想的主要任务之一就是要对历史研究进行一番崭新的重行定向……这场新运动的积极成果,首先见之于大举清除中世纪历史编纂学中一切幻想的和毫无依据的内容。"⑤由此,包括古物学家在内的英国学者开始正视这一问题,即英国的历史如何书写? 1534 年,亨利八世颁布《至尊法案》(*Supremacy Act*),规定英国国王不仅仅是世俗世界的最高统治者,同时也是英国教会的最高首脑,国王对英国教会具有司法管辖权。此后英国所有的教会人士不再服从于罗马教皇的命令。在此之后,议会又颁布了解散修道院的法令。1536 年颁布的议会法案规定,那些年收入不超过 200 镑的修道院归国王所有,国王及其继承人有权处理这些修道院。1539 年,议会又颁布了法案,规定所有的修道院地产、财产及其附属物与权益均归英国国王所有,并由国王的子嗣继承。到 1540 年 3 月,英国最后一个修道院——耶路撒冷圣约翰骑士团修

①③　Henry Ellis, ed., *Polydore Vergil's English History*, Vol. I, London: Camden Society, 1846, X.

②　[美]J.W. 汤普森:《历史著作史》(上卷　第二分册),孙秉莹、谢德风译,商务印书馆 1996 年版,第 861—862 页。

④　Graham Parry, *The Trophies of Time*, Oxford: Oxford University Press, 1995, p.9.

⑤　[英]柯林武德:《历史的观念》,何兆武等译,商务印书馆 1997 年版,第 99—100 页。

道院被解散,至此共关闭 576 座修道院,延续几百年的英国修道院制度被彻底废除。正是在这一历史背景之下,维吉尔对英国历史的重新评价,激发了那些具有爱国主义情怀的方志史家与古物学家,他们认为维吉尔的著作玷污了英国历史的神圣性。这些历史学家希望通过有力的证据证明英国教会的正当性,为亨利八世的宗教改革提供历史的佐证。宗教改革在摧毁修道院体系的同时,也使修道院珍藏的历史手稿散落各地,乃至消失。还有一些学者认为,维吉尔可能为了自己的立场,私自焚烧了那些能够证明英国反对罗马教会的手稿,于是他们掀起了一场拯救教会文献的运动。诺顿写道:"英伦地理的隔绝环境使得英国的文艺复兴具有独特的本土和中世纪特质,同时,教会的民族化也使学者的注意力放在英国制度(institution)起源方面,他们不满意像维吉尔这样的欧陆学者的证据,同时他们知道在英国文献纪录中发现证据的重要性。"[①]

作为英国当时最重要的古物学家,在不列颠的起源问题上,威廉·卡姆登采取了小心谨慎的立场。"观点纷繁复杂,事实上是知之甚少。不列颠与其他民族一样,在这一问题上,都没有更多的证据。除了拥有经典著作的民族留下有关起源的之外,包括我们在内剩下的民族,在有关起源问题上都充满着未知与错误。"[②]威廉·卡姆登指出,即使民族最初的历史模糊不可辨识,然而有一类人不辞辛劳地虚构历史。当他们无法告诉真相时,就"发明"各种有关种族名字与起源的故事。他们的传说故事没有什么事实依据,许多人如此热衷神话传说,以至于他们全盘接受。[③]威廉·卡姆登特别提及了蒙茅斯的杰佛里的《不列颠诸王史》。他指出:比德、马姆斯伯里的威廉等史家在 1160 年前都没有听过"布鲁图斯"这一名字。[④]事实上,他处于犹豫不决的状态之中,内心深处充满着矛盾与焦虑。威廉·卡姆登说:"对于不列颠语源学和它最初居民的推测,我向来非常谨慎小心,我也不断然坚持那些有疑问的事情。就我所知,国家的起源是模糊的,总体来看是不确定的,就像看远处的物体,几乎看不清。"[⑤]威廉·卡姆登的《不列颠尼亚》出版于 1586 年,时值英格兰面临西班牙的入

① Linda Van Norden, *The Elizabethan College of Antiquaries*, Phd thesis of University of California at Los Angeles, 1946, p.6.

② William Camden, *Britannia*, Vol.I, London, 1722, V.

③ Ibid., VI.

④ Ibid., ix.

⑤ Ibid., Mr. Camden's preface.

侵。在《不列颠尼亚》一书中,所体现出来的民族主义无疑激发了英国民众——特别是乡绅阶层——对祖国历史的情感。在威廉·卡姆登的《不列颠尼亚》一书中也有着很多的体现。威廉·卡姆登表现了对不列颠的自豪感,他认为不列颠地理位置优越,因为它与周边地区的邻国保持合适的距离,而在交通方面拥有优良的港口,能够便利地进入海洋,进而获取人类所有的益处。①

威廉·卡姆登的历史研究注重田野调查,注重收集考古实物,如石碑、石刻、钱币等,以此作为文献研究的补充与佐证。相对于约翰·利兰,威廉·卡姆登的知识面也更为开阔。以钱币为例,利兰也注意到古代不列颠的钱币,但是他对此并不熟悉;威廉·卡姆登则可以对这些钱币进行初步的研究,并用于解释不列颠的历史。在古代不列颠,虽然自然经济占据主导地位,但还是存在着一定的货币流通,大部分的钱币来源于意大利和高卢地区。通过硬币的流通,可以推测当时不列颠各地区商品经济发展的程度,也可以推测贸易的路径与范围。通过对硬币图案的研究,可以窥探古代不列颠的文化与历史信息。以硬币作为切入点,可以丰富不列颠的历史研究手段与方式。他说道:"因为学者们都赞同,古代货币对理解古代历史很有贡献,因此我想,向读者们展示一些罗伯特·库顿爵士费尽心思所收集的硬币并无不妥。他也总是乐意与我交流这些。"②在文献来源方面,这一时期的资料也更加丰富。威廉·卡姆登写道:"我曾经游历了几乎整个英格兰,向郡中的博学人士咨询。我勤勉地阅读了国内的许多著作,还包括那些希腊文与拉丁文著作,只要它们的内容与标题涉及不列颠。我也查阅了王国的公共档案、教会登记簿、图书馆资料、法案法令以及教会和城市的纪念碑等。"③此外,这一时期英国史学书写与研究的方式从单纯的文本书籍研究,转向对实物资料的关注,并用来与文献资料相对照。这一研究方法从另一个角度体现了中世纪晚期、近代早期英国史学研究的转变,即从神话传说到实证研究。为了写作《不列颠尼亚》,1578 年,威廉·卡姆登游历了萨福克和诺福克。1582 年,他又来到约克郡与兰开夏,收集有关罗马不列颠历史的相关材料。④1600 年,威廉·卡姆登与罗伯特·库顿一起游历了英格兰的北部地区,勘查了罗马哈德良长城周围地区,寻访了有关罗马历史的遗

---

① William Camden, *Britannia*, Vol. I, London, 1722, p.1.

② Ibid., cviii.

③ Ibid., Mr. Camden's preface.

④ Wyman H. Herendeen, *William Camden*, Woodbridge: Boydell & Brewer, 2007, p.136.

迹,并收集了一些石碑、钱币以及雕塑等。威廉·卡姆登说:"我确实看到了那个地方,它建在高坡和山岭的悬崖之上,蜿蜒起伏,妙不可言。在有些坡度平缓开阔的地方,它的前面有一道宽阔的深沟,现在有许多地方已被填高,成了土埂或军事道路,而在大部分地区则被断开。它有许多塔楼和要塞,相互间隔的距离大约 1 英里。"①

伦敦古物学家约翰·斯托也是经验主义历史叙事方式的代表人物。约翰·斯托的代表作《伦敦城志》出版于 1598 年,所依据的资料与文献由斯托本人收集,他走遍了伦敦城的大街小巷,亲身体验伦敦城市的生活。在该书中,斯托描述了伦敦城的古物、城墙、河流、小溪、水塘、水井、沟渠、桥梁、城门、塔楼、城堡、学校、律师会馆等。斯托重视作为"幸运的礼物"的考古实物。在书中,他关注了埋在地下的古物,如可能是不列颠人或撒克逊人的头盖骨与骨骼②,以及修建水泵时发现的,用不列颠(更有可能是罗马)的瓷砖装饰的灶台。③正如安格斯·瓦英(Angus Vine)指出:这一时期的古物学家以实物遗存作为证据。④由此可见,《伦敦城志》既是一部引人入胜的方志史书,也是一部描述伦敦城古物古迹的佳作。此外,古物学家约翰·韦物(John Weever),为了抢救性地保留古代墓碑上的碑文,几乎走遍了整个英格兰。⑤研究威尔特郡古物的约翰·奥布里为了探究巨石阵以及埃夫伯里石柱阵,进行了实地调研与考察,这成为古物研究从注重文献证据到强调田野研究演变的重要一环。⑥这些都体现了这一时期英国史学研究方式的转变,即从单纯的文本书籍研究,逐步转向对实物资料的关注,并用来与文献资料相对照。F. 史密斯·福斯纳认为:在 17 世纪时,古物学家与历史学家之间传统的区别已经开始消失,或者说,人们不再关注他们之间的区别。1707 年"伦敦古物学会"成立时,学会的成员们赞同,古物研究服务于介绍与解释历史。⑦可以这么说,历史证据的理念直接来源于早期古物学家朴素

---

① [英]保罗·G. 巴恩(主编):《剑桥插图考古史》,郭小凌等译,山东画报出版社 2000 年版,第 41 页。

② John Stow, *A Survey of London*, London, 1603, p.153.

③ Ibid., p.145.

④ Angus Vine, *In Defiance of Time: Antiquarian Writing in Early Modern England*, Oxford: Oxford University Press, 2010, p.43.

⑤ John Weever, *Ancient Funeral Monuments*, London, 1767, the author to the reader.

⑥ Kelsey Jackson Williams, *The Antiquary: John Aubrey's Historical Scholarship*, Oxford: Oxford University Press, 2016, p.16.

⑦ F. Smith Fussner, *The Historical Revolution*, London: Routledge and Kegan Paul, 1962, p.114.

的"记录"标准。①如罗伯特·默顿指出：17世纪的历史学是经验主义和理性主义的联合，为对历史进行现代科学研究的产生做出了贡献。②这一论述符合英国古物研究的历史叙事范式。

第三节　从罗马因素研究到撒克逊因素研究

从研究内容来看，近代早期英国的古物研究从关注罗马因素，逐步转向强调撒克逊因素。在民族国家形成时期以及宗教改革的大背景下，英国的古物研究经历了从起初对罗马文明的仰慕，逐渐地转变为对撒克逊因素的关注。特别是在语言学方面，古物学家开始研究古英语，这与宗教改革而非与文艺复兴相关。③有趣的是，在这一转变过程中，研究的中心从剑桥大学转向牛津大学。

作为罗马帝国昔日边陲的不列颠，在多大程度上接受罗马文明的影响，以及公元5世纪罗马人撤离不列颠后，罗马文明在不列颠还有多少的残存，这是近代早期英国古物学家首先关注的内容。众多的罗马作家如斯特拉博、托勒密、塔西佗等，都或多或少地记载了不列颠的情况，如道路、河流、市场、沟渠、罗马军营、墓地、铭文、纪念碑等。这些遗存下来的历史与文明信息历经风吹雨打，许多已经辨认不清了。文艺复兴研究的就是这些古典文明的残存，因此"博学好古（antiquarianism）是文艺复兴运动为知识带来的新发展方向之一"④。这就是英国古物学家早期研究的兴趣点，说明此时英国的知识界深受欧洲文艺复兴思潮的影响，对于不列颠的民族属性与族群特征缺乏深刻的思索，他们对历史的认识处于自发的阶段，而不是自觉的阶段。与古物学家对古典文明的仰慕相伴的，是民族国家的形成和宗教改革的进行，这使英国学者们处于一种进退两难的境地。他们受文艺复兴的熏陶，对罗马文明敬仰敬畏；他们又在思考盎格鲁-撒克逊人作为日耳曼人的

---

① F. Smith Fussner, *The Historical Revolution*, London: Routledge and Kegan Paul, 1962, p.115.

② Robert K. Merton, "Science, Technology and Society in Seventeenth Century England", *Osiris*, Vol.4(1938), p.382.

③ Eleanor N. Adams, *Old English Scholarship in England from 1566 to 1800*, New Haven: Yale University Press, 1917, p.11.

④ ［美］刘易斯·爱因斯坦：《英格兰的意大利文艺复兴》，朱晶进译，上海三联书店2019年版，第37页。

一支，如何认识与评价自己。在近代之前，罗马文明辉煌灿烂，普照着欧洲的大地，这种文化的优越感使得学者们不太关注那些处于野蛮状态中的日耳曼人。1455 年，意大利人文主义者重新发现了塔西佗的《日耳曼尼亚志》，一石激起千层浪。对于处在文化边缘的日耳曼人来讲，他们渴望证明自己悠久的历史和优良的品质，只是苦于没有证据与机缘，塔西佗的《日耳曼尼亚志》起到了重要的暗示作用。出于对罗马社会日益盛行奢靡享乐思想的批判，塔西佗在该书中对日耳曼人进行了夸大的赞美。"我个人同意把日耳曼尼亚的居民视为世界上一种未曾和异族通婚因而保持自己纯洁的血统的种族，视为一种特殊的、纯粹的、除了自己而外和其他种人毫无相似之处的人。"[1]"他们具有这样坚贞的品质；他们既不受声色的蛊惑，也不受饮宴的引诱。"[2]"在每个家庭中，孩子们都是赤裸着的和很肮脏的，但却长出一副我们所最羡慕的壮健身躯。"[3]这种"他者的赞美"有助于不列颠学者重新评价撒克逊因素的意义与价值。同时，在亨利八世进行宗教改革的大背景下，英国人逐渐地摆脱罗马教皇和教廷的控制，他们谴责教廷的堕落与腐化，反对教廷对英国的盘剥与压榨，而以自己是日耳曼的后裔自豪，因为日耳曼人勇敢朴素并且忠诚。由此，英国学术界开始关注作为"日耳曼民族"的英国历史，关注撒克逊人在英国文明发展过程中的历史地位。

威廉·卡姆登的《不列颠尼亚》与威廉·兰巴德的《肯特郡志》有所不同，《不列颠尼亚》侧重于不列颠的罗马因素，威廉·卡姆登属于早期的"转型派"，最初他对英国文明的界定是从罗马帝国文明的视角理解的。作为不列颠文艺复兴史学的先驱之一，威廉·卡姆登对维吉尔、李维、西塞罗、普林尼、斯特拉博、恺撒、托勒密、塔西佗等人的著作非常熟悉。他对罗马不列颠的遗迹非常热衷，希望全面准确地确定罗马人在不列颠的城镇、军营、道路与地名。他借助《安东尼游记》考证了许多古罗马时期的地名。在《不列颠尼亚》一书中，他还附录了该书的概要。事实上，威廉·卡姆登最初写作《不列颠尼亚》时，就是打算描述不列颠为罗马的一个行省。[4]这也代表了那个时期英国学术研究的方向。另一方面，随着研究与写作的深入，他逐渐地意识到不列颠作为一个独立个体的价值与意义，由此修正了认识的视角。《不

---

[1] ［古罗马］塔西佗：《阿古利可拉传·日耳曼尼亚志》，马雍、傅正元译，商务印书馆 2015 年版，第 48 页。

[2] 同上，第 56 页。

[3] 同上，第 57 页。

[4] Graham Parry, *The Trophies of Time*, Oxford: Oxford University Press, 1995, p.23.

列颠尼亚》一书早期的版本涉及撒克逊因素不多,在该书总论部分,有关罗马不列颠的内容约是撒克逊不列颠的四倍。之所以出现这种情况,是因为威廉·卡姆登的知识结构存在语言的缺陷,即不了解古代撒克逊语言(古英语),这是当时英国学术界的普遍现象。随着研究的深入,《不列颠尼亚》后来的版本更多地关注撒克逊因素。在探讨撒克逊人时,威廉·卡姆登说,自己与博学的牛津学者托马斯·艾伦等人交流颇多。[①]1605 年,威廉·卡姆登出版的《不列颠补遗》一书,显示出他更注重撒克逊的研究。[②]为了提高自己的研究能力,威廉·卡姆登做过许多的努力。据约翰·奥布里记载:威廉·卡姆登花了很多的时间学习威尔士语,并雇佣一个威尔士仆人,以便提高他的威尔士语言,他这么做是为了更好地研究古物。[③]1619 年,当安妮王后去世时,威廉·卡姆登称颂安妮王后,其原因不是因为她是不列颠的王后,而是因为她的哥特与汪达尔血统。[④]斯图亚特·皮哥特认为:威廉·卡姆登的《不列颠尼亚》以及 1695 年吉本森的修订本和 1789 年高夫的修订本,是从文艺复兴到摄政时期英国古物思想史的里程碑。[⑤]

在民族国家兴起的时期,英国学者需要重新认识自己民族发展的历史,并试图甚至极力从本民族的历史长河中剔除罗马因素,证明撒克逊人的伟大与自豪感。威廉·兰巴德的《肯特郡志》就从盎格鲁-撒克逊时期的七国时代开始讲述,自然,这与肯特郡在七国时代的历史地位有关,然而不可否认的是,这体现了那个时代历史学者的撒克逊情怀。这区别于 15 世纪以前的神话传说历史以及罗马不列颠历史的情感。瑞塔·沃尼克指出,像威廉·兰巴德这样的 16 世纪的学者对盎格鲁-撒克逊文化的研究有着两方面的原因:一是民族国家形成时期民族认同感的增长,它逐渐地超越并且取代以前的地方性的联系(provincial ties),他们试图证明自己民族与种族(race)的荣耀,由此激发对过去历史研究的兴趣。事实上,威廉·兰巴德一方面赞扬盎格鲁-撒克逊传统,另一方面也贬低其他的族群(national groups)。二是宗教改革。通过对历史的研究,兰巴德等人希望证明,英格

①　William Camden, *Britannia*, Vol.I, London, 1722, clvii.

②　William Camden, *Remaines concerning Britaine*, London, 1614, pp.12—14.

③　Andrew Clark, '*Brief Lives*', *chiefly of Contemporaries*, *set down by John Aubrey*, *between the years 1669—1696*, Vol.I, Oxford: Clarendon Press, 1898, pp.145—146.

④　Graham Parry, *The Trophies of Time*, Oxford: Oxford University Press, 1995, p.4, p.67.

⑤　Stuart Piggott, *Ruins in a Landscape*, Edinburgh: Edinburgh University Press, 2002, p.33.

兰教会曾经纯洁并没有腐化堕落,是罗马教皇为代表的教廷的堕落,才导致英国的宗教改革。他们寻找历史的证据,以此为宗教改革辩护,并证明都铎王朝的光荣。①另一视角也能体现当时乡绅阶层的民族情怀,即有关加来港。加来港在英法关系中处于比较特殊的地位,1558 年,加来港为法国夺回,这在当时的英国社会引起强烈的反响。如其他同时代的人一样,威廉·兰巴德对此非常悲伤。

在有关撒克逊历史研究中,理查德·维斯特根起到了重要的作用。②牛津古物学家安东尼·伍德这样评价维斯特根:"他是一位伟大的英国古物研究的复兴者,同时也是一位在撒克逊语言和哥特语言研究领域中令人尊敬的批评者,值得纪念。"③但是在当时,维斯特根并没有获得应有的学术地位,以至于伍德对此愤愤不平。究其原因,在于维斯特根较为特殊的人生经历和他的天主教信仰。维斯特根并不是英国人,他是来自低地国家的移民。16 世纪 60 年代曾经在牛津大学求学。在牛津读书期间,他对盎格鲁-撒克逊语言产生了浓厚的兴趣。由于信奉天主教,他受到迫害,曾经流亡欧洲大陆。④1587 年,他出版了著名的《我们这个时代来自残忍的异教徒的威胁》(*Theatrum Cpudeliatum Haereticorum Nostri Temporis*)一书,谴责新教各派对天主教徒的迫害,并呼吁天主教的国王们进行斗争。按照格雷厄姆·帕瑞的看法,维斯特根写这本书,很可能是因为 1586 年伊丽莎白一世处死苏格兰的玛丽女王,而苏格兰的玛丽是维斯特根特别敬重的人。⑤就英国古物研究而言,维斯特根 1605 年写的《有关衰落智力的复原》(*A Restitution of Decayed Intelligence*)一书具有重要的意义。在该书的开始部分,维斯特根开门见山地说,英国人是日耳曼人的后裔。⑥他指出,在英国民族特性的形成过程中,撒克逊因素在制度和宗教等领域,起着更为重要的作用。维斯特根称颂詹姆斯一世时,他不是像以往那样追溯詹姆斯的族谱到阿瑟王这一脉,而是宣传其撒克逊血统。维斯特根强调撒克逊因素,认为它是民族伟大而光荣的创立者,这是对传统观念的极大冲击。⑦伊莱恩·夏娜

① Retha M. Warnicke, *William Lambarde: Elizabethan Antiquary, 1536—1601*, Chichester: Phillimore, 1973, p.25.

② T.D. Kendrick, *British Antiquity*, London: Methuen, 1950, p.118.

③ Anthony Wood, *Athenae Oxonienses*, Vol.II, London, 1815, p.392.

④ Ibid., pp.392—393.

⑤ Graham Parry, *The Trophies of Time*, Oxford: Oxford University Press, 1995, p.50.

⑥ Richard Verstegan, *A Restitution of Decayed Intelligence*, Antwerp, 1605, p.1.

⑦ Graham Parry, *The Trophies of Time*, Oxford: Oxford University Press, 1995, p.51.

认为,该书是 17 世纪最重要的两本古物研究的著作之一,另一本是威廉·达格代尔的《英格兰修道院史》。[1]总体来看,维斯特根的著作带有一定的情绪色彩,但是他的著作对于时人重新认识与评价英国历史中的撒克逊因素具有积极的意义,他的论述一定程度上影响了后来亨利·斯皮尔曼的研究。此外,康沃尔郡古物学家与方志史家理查德·卡茹也在语言学特别是词源学方面做出了贡献,他的《英语语言的卓越性》一文认为撒克逊人的语言是英国的"自然语言"。

古物学家强调日耳曼因素,那么它究竟有怎样的独特性呢? 近代早期以柯克等为代表的"普通法心智"学派,强调英国法律的古老性、不可追忆性和连续性。这种独特的历史观在特定的时期具有积极的作用,但是经不起时间与实践的检验,无法真正建构起英国民族的特质。事实上,在盎格鲁-撒克逊时期,出现了诸多的王国法典,如肯特王国的《埃塞尔伯特法典》《洛西尔和埃德里克法典》《威特雷德法典》,威塞克斯的《伊尼法典》《阿尔弗雷德法典》《爱德华法典》等诸多的法典。[2]这些法典反映了日耳曼人在英国的生活与社会状况,而且与欧洲大陆用拉丁文写成的法典不同,这一时期大多数英国法典是用古英语写成的。"没有迹象能表明盎格鲁-撒克逊法律受到凯尔特法律的影响或其他从罗马占领不列颠时期流传下来的法律的影响,而因基督教的传入所带来的罗马法对于这些法典具体条款的影响也相对较少,尽管罗马的观念间接地得到一定的表现。"[3]这表明,盎格鲁-撒克逊法律具有较强的独立性,更接近日耳曼人最初的习惯法,况且这些法律还存留下来的,弥足珍贵。此后,盎格鲁-撒克逊法律在与罗马法和教会法等法律体系不断交融,并历经各种曲折与磨难(如诺曼征服)等之后,逐渐地成为英国普通法的基础,并进而成为英国民族特质的重要表现之 。由此,古物学家在建构英国民族特性的时候,首先是从盎格鲁-撒克逊法律的汇编开始。前文已述,1568 年威廉·兰巴德出版的《撒克逊法律汇编》一书,凝结了他对撒克逊文化深厚的情感。亨利·斯皮尔曼也反对把普通法追溯到遥远的神话时代,虽然色彩斑斓,却虚无缥缈,经不起历史的检测。他认为,撒克逊法是早期日耳曼法的一部分,与其他的蛮族法律有相似的地方。撒克逊法并不是一直不变的,也没有保留它最初的特征,随着时代的发展,撒克逊法

---

① Elaine Shiner, "Joseph Ames's Typographical Antiquities and the Antiquarian Tradition", *The Library Quarterly*: *Information*, *Community*, *Policy*, Vol.83, No.4(2013), pp.362—363.

② 李秀清:《日耳曼法研究》,商务印书馆 2005 年版,第 80—98 页。

③ 同上,第 97—98 页。

不断改变,并吸收了其他的因素。撒克逊法虽然不具有"普通法心智"学派所宣扬的那些特征,但是它确实是英国法律的基础,具有日耳曼特征。之所以出现以撒克逊法律为切入点研究古英语的情况,是因为这一时期许多古物学家同时也是法律学家与律师,他们希望通过研究撒克逊法律来界定英国文明的特征。

近代早期英国古物研究存在着一个难点,就是当时的学界对古英语①的研究处于很薄弱的状态。古英语由于历史久远,且留下的文献很少,不易释读,研究并掌握它需要巨大的勇气和足够的耐心,但是这又是绕不过的坎,因为如果不懂得古英语的话,英国的古物研究就不完整也不准确。在这一研究领域,马修·帕克等人扮演了开创研究的角色。②马修·帕克毕业于剑桥大学,1559 年成为坎特伯雷大主教,是宗教改革后新教的重要代表人物之一,同时也是一位杰出的古物学家③。马修·帕克 1568 年用英语而不是拉丁语出版了《圣经》(俗称《主教圣经》)。1571 年在马修·帕克的组织下,出版了用古英语方言西撒克逊语写的福音书,并使用特别的盎格鲁-撒克逊字体印刷。他希望证明,盎格鲁-撒克逊时期的英国教会独立于罗马天主教体系,早期的英国教会纯洁,真正体现基督教精神;后来随着诺曼征服以及罗马教会的堕落,英国教会受其污染,因此英国教会脱离罗马天主教是正确的。以帕克为核心,形成了一个收集、整理与研究古英语手稿的学术共同体,有人称之为"帕克学术圈"(Parkerian Scholarship)。④1575 年马修·帕克去世后,他收藏的手稿捐献给剑桥大学,由此,剑桥大学成为这一时期撒克逊研究的中心。"撒克逊主义者"(saxonist)推崇西撒克逊国王阿尔弗雷德(Alfred the Great)。这是因为阿尔弗雷德大帝充分意识到古英语的意义与价值,他组织人将许多宗教、哲学以及历史等方面的拉丁语书籍翻译为古英语。此外,他还下令用古英语编写了《盎格鲁-撒克逊编年史》,这是

---

① 古英语指从 5 世纪盎格鲁-撒克逊人进入不列颠到 1066 年诺曼征服(或者更后一段时间)之间,英国人所使用的语言。参见 Richard Hogg, *An Introduction to Old English*, Edinburgh: Edinburgh University Press, 2002, viii. 1066 年诺曼征服之后,法语与拉丁语逐渐成为英国社会的官方语言,古英语文献与文本逐渐淡出人们的视野,不为知识界知晓。一直到 16 世纪六七十年代,才重新为英国学者解读与研究。参见 John D. Niles, *The Idea of Anglo-Saxon England 1066—1901*, Chichester: Wiley Blackwell, 2015, p.77.

② Eleanor N. Adams, *Old English Scholarship in England from 1566 to 1800*, New Haven: Yale University Press, 1917, p.16.

③ Thomas Fuller, *The Church History of Britain*, Vol.II, London, 1842, p.512.

④ Benedict Scott Robinson, "'Darke speech': Matthew Parker and the Reforming of History", *Sixteenth Century Journal*, Vol.29, No.4(Winter 1998).

欧洲第一部用本民族语言写成的编年史,成为后世研究古英语以及盎格鲁-撒克逊人历史最重要的一部著作。此外,阿尔弗雷德大帝在抵御丹麦人入侵时居功至伟。由此,从这一时期开始,在英国族群认同构建的过程中,阿尔弗雷德大帝成为一个文化标志。

古物学家亨利·斯皮尔曼爵士在古英语特别是法律古英语研究领域占据一席之位。1626 年,他出版《考古词汇表》(*Glossarium Archaiologicum*)一书,这是有关盎格鲁-撒克逊法律词语的著作,该书的剩余部分由威廉·达格代尔完成,并于 1664 年出版。斯皮尔曼注重撒克逊因素的价值,他强调英国法律的日耳曼特征。[1]为了促进撒克逊研究,1638 年,亨利·斯皮尔曼在剑桥大学设立盎格鲁-撒克逊研究的讲席教职,古物学家亚伯拉罕·威尔洛克成为第一位讲席教授。1653 年亚伯拉罕·威尔洛克去世之后,威廉·萨姆纳继任该讲席。威廉·萨姆纳既是坎特伯雷方志史家,也是重要的古物学家。1640 年,他出版《坎特伯雷城志》一书,在撰写该书的过程中,他越来越意识到掌握古英语的重要性。在其他古物学家的帮助之下,他研究了撒克逊时期的令状与法律文献。在著名的库顿图书馆,威廉·萨姆纳使用了两部老的撒克逊—拉丁词汇表。[2]他发现维斯特根《有关衰落智力的复原》一书的词汇目录最有帮助,于是注释了该书。[3]1657 年,在大主教厄舍的力荐下,亨利·斯皮尔曼的孙子罗杰·斯皮尔曼把剑桥大学盎格鲁-撒克逊研究讲席教职授予威廉·萨姆纳,这为他的古英语研究提供了重要的经济资助。[4]在此讲席教职的资助下,1659 年,威廉·萨姆纳编写完成《撒克逊—拉丁词典》(*The Dictionarium Saxonico-Latino-Anglicum*),这是第一部古英语工具词典,对后世的研究起到承前启后的作用。此外,萨姆纳在 1660 年出版了《肯特郡诸子平分土地》(*Treatise of Gavelkind*)的论文,研究了肯特郡特有的继承制度。

尽管剑桥学者对撒克逊的研究仍然继续,但是从 17 世纪后半叶开始,有关撒克逊的研究中心已经转移到牛津大学了[5]。另一个有趣的事

---

① Henry Spelman, *Of the Law Terms*, London, 1684, pp.77—78.

② Eleanor N. Adams, *Old English Scholarship in England from 1566 to 1800*, New Haven: Yale University Press, 1917, pp.62—62.

③ Graham Parry, *The Trophies of Time*, Oxford: Oxford University Press, 1995, p.186.

④ William Somner, *The Treatise of the Roman Ports and Forts in Kent*, Oxford, 1693, pp.72—73.

⑤ David C. Douglas, *English Scholars*, London: Jonathan Cape Ltd, 1939, p.67; Graham Parry, *The Trophies of Time*, Oxford: Oxford University Press, 1995, p.334.

情也能看出这种转变的端倪:冠名剑桥大学盎格鲁-撒克逊研究讲席威廉·萨姆纳的《撒克逊-拉丁词典》一书,是在牛津而不是在剑桥出版。[1]之所以发生这样的转变,与剑桥大学和牛津大学的研究传统有着密切的关系。自牛顿以降,剑桥大学的学术研究逐渐走上了自然哲学与自然科学的路径,古物研究这种经验研究与人文研究开始式微。与此同时,作为保守势力强大的牛津大学,其学术脉络与理念更切合古物研究的范式。

最初开启牛津大学撒克逊研究的学者是出生于海德堡的弗朗西斯·朱尼厄斯,他收集了许多盎格鲁-撒克逊手稿,并进行了深入的研究。在他的影响下,牛津大学林肯学院的托马斯·马歇尔也对撒克逊研究贡献了力量。托马斯·马歇尔又培养了当时撒克逊研究最重要的学者乔治·希克斯。1689 年,乔治·希克斯出版《盎格鲁-撒克逊语与密西哥特语语法原理》一书,由此成为这一时期牛津大学撒克逊研究的领军人物。[2]1703—1705 年间,希克斯出版了《早期北欧语词典》。在该书中,希克斯把盎格鲁-撒克逊时期的令状作为盎格鲁-撒克逊研究的基本资料,这是对撒克逊史研究的一个重大贡献。《早期北欧语词典》是牛津撒克逊研究的巅峰之作。[3]随着时间的推移,越来越多的学者意识到,令状作为历史研究原始材料的重要性。另一位对古物研究有着巨大贡献的牛津学者,是后来成为林肯主教与伦敦主教的埃德蒙·吉本森。求学于牛津大学女王学院的埃德蒙·吉本森,从小就痴迷于古物研究,在学期间,他受到乔治·希克斯的影响,对盎格鲁-撒克逊研究产生了浓厚的兴趣。1692 年,埃德蒙·吉本森编辑了《盎格鲁-撒克逊编年史》新版本,由古英语翻译为拉丁语,并增加了注释。与之前亚伯拉罕·威尔洛克编校的版本相比,埃德蒙·吉本森的新版本更为全面与翔实。1695 年,埃德蒙·吉本森编辑增订并出版 700 余页卡姆登的《不列颠尼亚》。1695 年新版的《不列颠尼亚》体现了 17 世纪末期牛津学者对盎格鲁-撒克逊语言以及撒克逊史新的理解。[4]

---

① John D. Niles, *The Idea of Anglo-Saxon England 1066—1901*, Chichester: Wiley Blackwell, 2015, p.122.

② Ibid., p.91.

③ David C. Douglas, *English Scholars*, London: Jonathan Cape Ltd, 1939, p.114.

④ Graham Parry, *The Trophies of Time*, Oxford: Oxford University Press, 1995, p.339.

第四节　重新认识基督教因素

"何为英国?"除了需要确定英国民族的撒克逊族群属性之外,还包括重新认识英国民族的宗教信仰,即英国文明中的基督教因素。这包括两个方面:一是如何评价宗教改革之前的英国教会;二是如何重新认识修道院的价值。在血雨腥风的宗教改革运动之后,对于这些问题的研究非常敏感。

首先是如何认识宗教改革之前的英国天主教。亨利八世进行的宗教改革既改变了英国土地的所有权状况,更是极大地改变了英国民众的宗教信仰。1534 年亨利八世颁布《至尊法案》,宣布不再承认罗马教皇的权威,建立英国国教,自己及继承人为英国教会的最高首脑,拥有任命教职和决定宗教教义的最高权威。此后,虽然有关信仰的问题有所反复,但是国教还是最终确立下来了。由此,如何认识与评价之前的英国教会,就成为摆在英国知识界面前一个重大的理论问题。基督教在不列颠的传播过程比较复杂。早在罗马不列颠时,基督教就开始在英国传播。罗马人撤离不列颠后,基督教在岛内逐渐销声匿迹,只是在威尔士地区继续传播,后传入爱尔兰。盎格鲁-撒克逊人来到不列颠后,信仰的是自己原始的宗教。6 世纪末,教皇格雷戈里在位时,他派遣大量的传教士到各日耳曼国家与地区传教。公元596 年奥古斯丁到不列颠传道,开启了基督教在英国传播的新时代。①此后,诺曼征服、坎特伯雷大主教与国王之间的纠纷、教皇与国王之间的纷争、"阿维农之囚"以及教皇的腐化与堕落等,使得罗马教廷与英国国王之间的关系更为错综复杂。在宗教改革之后,英国虽然不是天主教国家,但是仍然是基督教国家。国土需要剥离的不是基督教信仰,而是要摆脱罗马教廷与教皇的控制。因此古物学家对此问题采取了区别对待的态度,即诺曼征服之前的英国教会是纯洁的,与罗马教廷有关但又独立于罗马,特别是英国教会在宣传教义时,使用的是本地语言。②此后由于教皇的堕落,英国教会才堕落,因此英国天主教需要改革。古物学家罗伯特·库顿曾经计划写一本不列颠教会史,内容包括不列颠教会的起源与发展过程,他希望以此证明不列颠早期教会的独立性与活力。1571 年,马修·帕克出版了用西撒克逊语

---

① ［英］比德:《英吉利教会史》,陈维振、周清民译,商务印书馆 1996 年版,中译本序言,第 3 页。

② Carl T. Berkhout and Milton McC. Gatch, eds., *Anglo-Saxon Scholarship*: *The First Three Centuries*, Boston: G.K. Hall, 1982, p.2.

写的福音书,这表明在诺曼征服之前,英国人是用本族群语言传道的,这也证明了用英语出版《主教圣经》是有历史传统也是合情合理的。此后,亚伯拉罕·威尔洛克在编辑出版有关盎格鲁-撒克逊时期的古籍时,也试图说明比德时代的英国教会不是罗马性质的,而是宗教改革者所追求的英国性质的教会。①但是古物学家们在具体论述盎格鲁-撒克逊教会时,还是存在着巨大的理论困境。马修·帕克意识到,假如英国教会想要保存新教性质的话,最好是追溯到原始状态,因为如果追溯到盎格鲁-撒克逊时期,此时的英国教会仍然是罗马性质的;再有,盎格鲁-撒克逊时期教会核心的部分是修道院体系,而这又为亨利八世所解散。②有关对奥古斯丁的评价也彰显了这一时期宗教理论解释的困境。在比德的笔下,596年奥古斯丁来不列颠传教这一事件是相当重要的,这意味着基督教再次在不列颠取得胜利。奥古斯丁是伟大的,受人尊敬的。③而在马修·帕克看来,奥古斯丁的传教代表了罗马迷信,他给英国带来了偶像、圣骨等一些没有意义的东西与仪式。而令人尴尬的是,马修·帕克自己的坎特伯雷大主教之位,其实就源于奥古斯丁的传统。④因此,在英国教会脱离罗马教廷这一事件的解释上,古物学家无法自圆其说,这也为之后的宗教派别的发展与宗教冲突提供了土壤与空间。事实上,盎格鲁-撒克逊时期教廷对不列颠教会施加的影响,相对以后来讲是弱的。这一时期如果没有国王的许可,教皇不得干预教会事务,同时,王国内的教会人士与国王政府之间却有着密切的合作。这也是这一时期教会民族性的体现,不过在近代早期,限于研究的深度与广度,古物学家们还无法对此进行清晰的阐述。

都铎王朝亨利八世统治期间发动了宗教改革,宗教改革中一个重要的事件就是1536年至1540年间解散修道院。1536年春,议会通过法案,宣布解散年收入少于200镑的小修道院,其不动产与动产都归王室。据此法案,全英格兰有374所小型修道院关闭。1539年春,议会又颁布法令,关闭大修道院。1540年,最后一座被关闭的修道院是位于埃塞克斯郡的瓦尔萨姆修道院(Waltham Abbey),这次运动,亨利八世总共关闭186所大修道院。在爱德华六世(1548—1555年在位)统治期间,继续对教产进行剥夺,

---

① Carl T. Berkhout and Milton McC. Gatch, eds., *Anglo-Saxon Scholarship*: *The First Three Centuries*, Boston: G.K. Hall, 1982, p.6.

②④ John D. Niles, *The Idea of Anglo-Saxon England 1066—1901*, Chichester: Wiley Blackwell, 2015, p.71.

③ [英]比德:《英吉利教会史》,陈维振、周清民译,商务印书馆1996年版,第108页。

此时主要是神学院、教会医院、歌祷堂和小教堂。共有 90 所神学院、110 所教会医院和 2 374 座歌祷堂以及小教堂被关闭。伴随着修道院解散的，是众多历史悠久修道院的图书馆及其所藏珍贵书籍受到严重的破坏。由于中世纪只有教会人士是"知识分子"，因此众多的古典文明书籍以及中世纪制作的精美羊皮纸书籍，大多数收藏于修道院的图书馆，修道院成为西欧文明的栖息地。亨利五世 1415 年建立的西翁修道院就是一个典型，该修道院富有，有一个藏书丰富的图书馆。①在当时，制作书籍是一件昂贵的事情，以羊皮或者牛皮为原材料，经过复杂的加工程序才可以做成羊皮纸，修士再在上面书写文字。带精美插图的手绘书籍则更为昂贵与稀罕。有时候，国王与修道院的契约文书、王室赠予修道院的祈祷书、唱诗班用书等，英国国内无法制作，得委托法国或者其他欧陆国家的专门人。在英法"百年战争"期间，英国从法国王室以及修道院等掠夺了不少古籍与手稿，许多都转入了修道院之中。但是这些手稿与书籍大多数没有躲过宗教改革的浩劫。为了消除天主教会的影响，亨利八世颁布法令，要求所有的天主教会书籍必须彻底地废除与销毁，严禁在王国内继续使用。伍斯特修道院，当时有 600 本书籍，宗教改革运动之后，只有 6 本流传于世。约克的奥古斯丁修道院图书馆所藏的 646 卷古籍被破坏，只有 3 卷保存下来。装订精美的书籍被拆下或者撕毁，其余的书籍被装到车上运走。有关英国教会音乐的手稿几乎没有一个保存下来。15 世纪 70 年代，爱德华四世的妹妹约克的玛格丽特订制了一本精美的唱诗班所用的书，供格林威治的修道院修士在礼拜时使用，在宗教改革的浪潮中也无法幸免，该书只留下其中的一页，还是由于后人把该页作为包装纸而意外地保存下来。古物学家托马斯·富勒哀叹道："许多古籍与手稿流散到欧洲大陆，为海外有识之士购买收藏。这是英国的不幸，却是欧洲之幸运。"②此外，众多的修道院建筑其实都是珍贵的历史古物，同样也无法幸免，或被摧毁，或被变卖转让。约克郡的芳廷斯修道院建于 1132 年，曾经是英国最富有的修道院之一。1539 年，亨利八世下令解散该修道院，修道院的门廊、拱门、雕塑、石室、石刻、石柱、石墩、楼梯、木刻、玻璃等都受到严重的损坏。1540 年，国王把修道院建筑以及超过 500 英亩的土地卖给了伦敦商人理查德·格雷萨姆。理查德·格雷萨姆为了支付购买修道院地产所需要的费用，就把修道院的一些石头与木材作为建筑材料卖掉。

---

① 　Dom David Knowles, *The Religious Orders in England*, Vol. II, Cambridge: Cambridge University Press, 1955, p.343.

② 　Thomas Fuller, *The Church History of Britain*, Vol. II, p London, 1842, 247.

1597年,斯蒂芬得到该修道院,又把剩下的一些石头作为建筑材料出卖,从而使该修道院的历史遗迹再一次遭到破坏。在经历官方破坏的同时,修道院附近的居民也把修道院作为索取木材、石料等建筑材料的来源,使得不列颠的古物与古迹雪上加霜,岌岌可危。"一旦被没收,这些产业就再没有机会重归修道院了;旧信徒就像新教徒一样不愿放弃他们的获得物。教堂中殿迅速地变成了农舍,歌祷堂变成了客厅,塔楼变成了厨房。一位名叫托马斯·贝尔的格洛斯特的制衣商,把一座多明我会修道院变成了一座工厂;苏塞克斯罗伯茨布里奇附近的一处修道院原址上,建起了一座熔炉和锻铁炉;而在伦敦的多明我会黑衣修士的特许经营权终结后,其出让的房产则作为剧院使用。"①《利柯堂区方志》也记载道:狄拉克斯(Dieulacres)修道院的遗迹覆盖着尘土,牛羊在上面吃草。当遗迹被部分发掘之后,修道院的建筑材料被用来修建马厩等。②

那么,在疾风骤雨的宗教改革和解散修道院运动之后,英国人特别是英国的知识界,又是怎样检视修道院体制以及宗教改革运动的呢? 现在的研究③侧重于修道院的经济与社会救济因素,特别是有关土地的流转是研究的重点,而很少涉及宗教改革运动之后的历史,特别是古物学家对解散修道院这一历史事件的再认识与再评价。诺尔斯(Dom David Knowles)指出,研究修道院史的学者对诸如托马斯·博德利、罗伯特·库顿、威廉·卡姆登等人关注得不多④。

修道院是古典文明的栖息地,修道院图书馆中也保存着大量盎格鲁-撒克逊时期的历史书籍与宗教抄本,这些是近代早期古物学家重新界定英国民族性的重要史料与依据。在宗教改革进行的时候,亨利八世就派出约翰·利兰到全国各地收集藏在修道院图书馆、教堂、私人图书馆等地的古代手稿与文献。此后,越来越多的英国学者开始收集从修道院流散出去的珍贵手稿。按照诺尔斯的看法,假如不是从利兰开始的话,也是从威廉·卡姆登时代开始,英国学者与古物学家开始关注修道院的古籍与古物。从伊丽莎白一世开始,众多杰出的学者辛勤地收集、抄写、编辑他们所能发现的解

① [英]阿萨·布里格斯:《英国社会史》,陈叔平等译,商务印书馆2015年版,第146页。

② John Sleigh, *A History of the Ancient Parish of Leek*, Leek, 1862, pp.68—69.

③ G. W. Bernard, "The Dissolution of the Monasteries", *History* (2011); R. W. Hoyle, "The Origins of the Dissolution of the Monasteries," *The Historical Journal*, Vol.38, No.2(June 1995).

④ Dom David Knowles, *The Monastic Orders in England*, Cambridge: Cambridge University Press, 1963, XVII.

散修道院之后修道院的文献。①在伊丽莎白一世时期，收集整理有关修道院的手稿文献是可以的，但是有关修道院史的研究是一个敏感的话题。在宗教改革的历史背景之下，王位继承和宗教冲突交织在一起，修道院在民众心目中意味着堕落、愚昧和贪婪，人们唯恐避之不及。大多数的研究者认为修道院制度是英国社会的一个毒瘤，而不思考其文化与学术价值。这一情绪化的因素使得对修道院进行客观的评价非常困难。如威廉·卡姆登的《不列颠尼亚》一书曾经涉及修道院，引起一些学者的不满，他被迫为此而道歉。

但是，修道院作为一个在欧洲社会存在了千年的组织，怎可能就这样被历史忽略。至斯图亚特王朝时，研究气氛缓和了许多。古物学家大多数对修道院持同情的态度，对修道院的生活也给予积极的评价。格雷厄姆·帕瑞指出："在17世纪之前并不存在修道院史，它是古物学家的发明。"②古物学家亨利·斯皮尔曼爵士较早地涉及修道院史的研究。1594年，斯皮尔曼从王室承租人手中购买了布莱克堡与沃姆盖修道院的租赁权，但是这笔生意并不顺利，斯皮尔曼卷入与大法官法庭的诉讼之中，直到1625年才解决。这使斯皮尔曼意识到，介入宗教事务会引发不幸的结果。③1613年，他出版了《教会不可亵渎》(De Non Temerandis Ecclesiis)一书，指出觊觎及侵占教会财产的人必将受到报应与不幸。该书在社会中引起强烈的反应，以至于许多新教徒都产生了将所占教会与修道院财产返还的想法。按照R.H.托尼(R.H. Tawney)的说法，晚至17世纪，仍然有这样的传说，即修道院地产的受让人会在三代内绝嗣。④约翰·韦物是另一位较早研究教会与修道院历史的古物学家。他从1599年开始就对墓志铭与墓碑产生了浓厚的兴趣，在接下来的30余年内，约翰·韦物游历不列颠各地与欧陆各国，收集了大量的铭文。1631年约翰·韦物出版了《古代丧葬纪念碑》(Funeral Monuments)一书，这是第一部详细研究英国教会纪念碑与墓志铭的著作，该书考察了坎特伯雷、伦敦、诺维奇以及罗切斯特等四个教区(diocese)的千余份铭文，这为以后的修道院研究提供了很好的资料。此外，古物学家罗伯特·库顿曾经计划写一本不列颠教会史，内容包括不列颠教会的起源与发

---

① Dom David Knowles, *The Monastic Orders in England*, Cambridge: Cambridge University Press, 1963, XVII.

② Graham Parry, *The Trophies of Time*, Oxford: Oxford University Press, 1995, p.10.

③ Henry Spelman, *The History and Fate of Sacrilege*, London, 1698, pp.245—247.

④ R.H. Tawney, *Religion and the Rise of Capitalism*, Middlesex: Penguin Books, 1948, p.145.

展过程,他希望以此证明不列颠早期教会的独立性与活力——但是该计划并没实现。1640年,威廉·萨姆纳写成《坎特伯雷城志》,这是有关修道院历史第一部正式的著作。①此后,有关修道院建筑的内容也引起了许多古物学家的兴趣,并由此逐渐扩展到对修道院组织机制的研究。1655年,托马斯·富勒的《不列颠教会史》完成并出版,叙述了从耶稣出生到1648年不列颠教会的历史。《不列颠教会史》一书的第六部分详细地叙述了修道院的发展历程、重要人物、纹章、规章制度、管理机构、在议会中的席位、救济与济贫功能等内容。虽然该书遭到当时新教学者的批评,但是后人对该书评价颇高。汤普森盛赞该书是"这个世纪最好的历史著作之一"。②再有,1679年吉尔伯特·本内特(Gilbert Burnet)的《英国教会改革史》出版,叙述的是从阿拉贡的凯瑟琳离婚案到1567年之间的历史事件。

此外,方志史家的方志也收录了各地修道院的基本信息。如威廉·兰巴德1576年出版的《肯特郡志》,就简要地列举了肯特郡修道院的情况。③威廉·伯顿1622年出版的《莱斯特郡志》也涉及本郡修道院的内容。④出现这种情况的原因在于,修道院的遗迹已经成为不列颠各地的古物与古迹,由此也是方志记载的重要内容之一。面对残缺的修道院建筑,以及修道院背后的各种传奇故事,自然会激发古物学家无尽的思绪和历史沧桑感。威尔特郡古物学家及方志史家约翰·奥布里无限感慨地写道:原来埋葬国王与显贵的教堂唱经楼,现在杂草丛生。⑤颇有"旧时王谢堂前燕,飞入寻常百姓家"的感慨! 正是基于这种特殊的渊源与关系,方志史家成为研究修道院史的重要力量。当然,方志所叙述有关修道院的内容,不足之处也是显而易见的。如有研究者指出:"威廉·伯顿的研究未注意到修道院在中世纪经济与景观中的重要性。"⑥

《沃里克郡志》的作者威廉·达格代尔是英国修道院史研究的重要奠基者。威廉·达格代尔除了在地方志研究领域取得丰硕的成果之外,他在英

---

① William Somner, *The Antiquities of Canterbury*, London, 1703, p.25; Graham Parry, *The Trophies of Time*, Oxford: Oxford University Press, 1995, p.11.

② James Westfall Thompson, *A History of Historical Writing*, Vol. I, New York: The Macmillan Company, 1942, p.634.

③ William Lambarde, *The Perambulation of Kent*, Trowbridge: Redwood Press, 1970, pp.57—58.

④ William Burton, *The Description of Leicestershire*, Leicester, 1777, p.296.

⑤ John Aubrey, *Wiltshire*, London, 1862, p.255.

⑥ Christopher Dyer and Catherine Richardson, ed., *William Dugdale, historian, 1605—1686*, Woodbridge: The Boydell Press, 2009, p.16.

国修道院史的研究领域同样硕果累累。格雷厄姆·帕瑞认为："在英国,达格代尔知道修道院的知识比其他任何人都要多。"①威廉·达格代尔的修道院研究得益于亨利·斯皮尔曼爵士的帮助。②斯皮尔曼告诉他,约克郡的乡绅罗杰·多兹沃思正在进行修道院的调查与研究,希望达格代尔加入其中。于是,在斯皮尔曼的介绍下,达格代尔与多兹沃思相识,并在其后的岁月中结成深厚的友谊。他们两人一起收集并整理了相关的文献与材料,并把修道院看作是撒克逊和中世纪英国重要的社会组织。1638 年,威廉·达格代尔成为一名纹章官,这促进了他的古物研究。内战期间,达格代尔担心各地的大教堂可能遭到破坏,于是着手记录教堂的情况,并进行相关古迹和古物的研究工作。他聘请了画师威廉·塞尔维克把纹章、教堂建筑以及许多的历史遗迹画下来。作为保皇党的一员,达格代尔一方面追随国王四处奔波,另一方面,在闲暇时间收集整理宗教改革后散落各地的修道院资料。1655 年至 1673 年间,三卷本的《英国修道院史》出版。《英国修道院史》记载了在英国众多修道院团体的历史,并对修道院制度进行了描写,内容包括有关修道院的特许状、捐赠给修道院的土地等。这是第一本以特许状与土地契约为原始资料,重建英国修道院的历史与重要性,厘清他们拥有土地情况的著作,并且成为理解英国法律与土地权益重要的资料来源。有人认为,该书为恢复宗教改革时期被卖给私人的原教会土地,提供理论基础。"这是对清教徒的冒犯,他们把这看作是教皇重返英国的一个步骤。"③威廉·达格代尔在 1656 年出版的《沃里克郡志》一书的前言中感慨道:"解散修道院对英国的古物是一个最沉重的打击,许多珍贵的手稿和著名的遗迹被破坏。"④由于前一年,他已经写了《英格兰修道院史》(第一卷),因此在该书中,作者不可避免地涉及沃里克郡的地产与修道院之间的关系,如何而来,如何转赠给修道院,以及怎么被没收等。以库顿这一地产为例,威廉·达格代尔从撒克逊时期开始讲起,叙述该地产如何转手,成为库姆修道院的财产,面积是半个骑士领地,以及如何获得特许状,最后被没收和没收之后的情况。⑤这样的叙述范式贯穿全书,并成为该郡志的一个重要特征。在威

---

① Christopher Dyer and Catherine Richardson, ed., *William Dugdale, historian, 1605—1686*, Woodbridge: The Boydell Press, 2009, p.16.

② Jan Broadway, *William Dugdale*, Gloucester: Xmera, 2011, p.36.

③ Frederick Leigh Colvile, *Worthies of Warwickshire*, Warwick, 1870, p.256.

④ William Dugdale, *The Antiquities of Warwickshire*, London, 1730, vi.

⑤ Ibid., p.18.

廉·达格代尔看来,厘清并详细介绍各个修道院团体所拥有的地产,是非常有价值的。在书中,他对沃里克郡修道院在社会救济等方面发挥的积极作用进行了赞许。

1695年,托马斯·坦纳的《修道院记录簿》(*Notitia Monastica*)出版,成为修道院研究总结性的作品。托马斯·坦纳解释道:"该书不是为了评论修道院的情况,或者为它的衰落悲哀,而是为了所有古物爱好者,给曾经在我们王国扮演重要角色的修道院一个概述与说明。"①由此,近代早期对英国修道院史的再探讨基本告一段落。在古物学家的努力建构下,修道院不再意味着无知与迷信,而是一个复杂的社会机构,有着严密的组织体系,代表着虔诚与知识,宗教改革时期解散修道院对英国文化的传承是一个巨大的损失。需要强调的是,这一时期古物学家对修道院的评价不涉及根本教义的分歧,新的时代是新教的时代!

第五节　学术研究与政治

古物研究不是对历史简单的考证与复原,古物学家的研究更不是远离自己的时代和社会。近代早期古物研究的内容与英国的政治生活密切相关,因而具有鲜明的时代性。

中世纪不列颠的神话史学虽然色彩斑斓,但是它无法满足新时代的需要。在欧洲文艺复兴的背景下,不列颠的历史需要建立在信史的基础之上,然而这一过程是漫长的。约翰·利兰为代表的第一代英国古物学家不辞辛劳地收集古代的手稿与书籍,保存有关修道院、图书馆以及教堂等资料。"利兰的目的是运用自己六年游历所收集到的资料,去编撰一部从最早期到当代包括各郡与家族的英国史。"②约翰·利兰没有完成自己宏伟的目标,1552年他就去世了,但"利兰是一个承前启后的角色"。③后世的一些古物学家继承并利用了约翰·利兰的手稿,并且在书写方式上,继承了利兰以郡为单位的范式,侧重于叙述本郡(或者本城)的历史与古物。肯特郡乡绅威

---

① Thomas Tanner, *Notitia Monastica*, London, 1744, preface.

② Eleanor N. Adams, *Old English Scholarship in England from 1566 to 1800*, New Haven: Yale University Press, 1917, p.12.

③ Cathy Shrank, *Writing the Nation in Reformation England 1530—1580*, Oxford: Oxford University Press, 2004, p.66.

廉・兰巴德 1576 年出版的《肯特郡志》为开此先河的著作，该书不仅是一部优秀的方志，也是描述肯特郡古物古迹与历史的佳作。出现这一情形是可以理解的：编写宏大叙事性质的英国史需要深厚的知识储备，需要极强的学术组织能力，也需要与欧洲大陆的知识界建立顺畅的联系，当时极少有英国学者能达到这一标准。当然，威廉・卡姆登是例外！1586 年威廉・卡姆登的《不列颠尼亚》出版，同年"伊丽莎白古物学会"成立，有研究者认为，《不列颠尼亚》一书激发了英国学者对古物研究的兴趣。以威廉・卡姆登为代表的第二代古物学家关注的是民族的起源以及不列颠自身的文化传统。英国宗教改革之后，在民族国家形成的过程中，如何认识与重新评价不列颠的地位，是有关民族认同和自豪感的大事。如前文已论述的，威廉・卡姆登的认识也是随着时代的变化而逐渐地转变。这种认识的转变不是一蹴而就的，而是需要一个较长的过程。以当时英国古物学家书写的语言为例，主要还是拉丁文，这有利于与欧洲大陆学者的交流，也可以显示英国学者的古典文明素养。1586 年威廉・卡姆登的《不列颠尼亚》先以拉丁文写，就属于这种情况。在这一过程中，打败强大的西班牙"无敌舰队"是一个重要的节点，是英国走向强国的标志。然而，现实的光荣需要伟大历史的衬托，日耳曼民族的认同迫切需要得到确认与证明，历史也给了这些古物学家以机遇。对于不列颠的古物学家来讲，除了证明盎格鲁-撒克逊人是日耳曼人的一支，还需要证明他们也是继承了日耳曼人优良的传统与人种特征。这时候对古英语的研究就成为时代的召唤，试想一下，一个民族如果无法解读自己的历史语言，如何让人相信他的历史。最初是马修・帕克、威廉・兰巴德等人做了奠基性的工作。这里还需要提及的是 1568 年威廉・兰巴德出版的《撒克逊法律汇编》（*Archaionomia*），该书开创了盎格鲁-撒克逊法律研究的先河。在前人研究的基础上，威廉・萨姆纳和乔治・希克斯等古物学家克服诸多的困难，终于在 17 世纪后半叶，成功完成这一历史任务。17 世纪 40 年代，随着英国内战的爆发，古物与古迹再次面临被破坏的危险；与此同时，原先的土地保有权也存在着潜在的风险。以威廉・达格代尔为代表的第三代古物学家的关注点在于乡绅的族谱与纹章、土地的性质与所有权、庄园的历史以及地方的古物古迹。在修道院史研究领域，它与宗教改革之后土地的流转密切相关，涉及在宗教改革之中获益的乡绅阶层的利益。此外，在喧嚣的宗教改革运动之后，经过近百年的时间积淀，英国的知识界开始重审修道院的历史，它对于英国文化与艺术等的价值，以及修道院的社会功能，这实际上是对一个社会和民族文化根基的深层次思索。但是也应该指出的是，古物学家的工作与努力有时候是无法完成所有的时代使命的,这集中体现在有关英国教会的性质这一方面,这是由于英国教会发展的内在矛盾所导致的。而这一理论解释的矛盾性与模糊性成为后来英国宗教冲突的一个重要因素。

其次,以古物学家为代表的近代英国学者无法避免学术与政治的纠缠,这其中有时代的因素,亦有个人自身的抱负。但是如何以及何种程度上参与政治、平衡学术与政治之间的关系,却是一个严肃的学术论题。首先是约翰·利兰,他具有独特的"国王的古物学家"身份,应该说他很好地践行了这一称号,勤勤恳恳地为国王收集各种文献材料。利兰不是一个不食人间烟火的古物研究者,1544 年,他写给亨利八世的新年贺词表明,他亦与王室和国王保持着密切的关系。[①]利兰很好地处理了古物研究与国王喜好之间充满张力的关系,他是个成功的代表。不幸的是,"伊丽莎白古物学会"的实际主持者罗伯特·库顿就无法做到这一点。库顿出生于亨廷顿郡的一个乡绅家庭,家族有着比较久远的历史[②]。他是威廉·卡姆登的学生,后在剑桥大学三一学院学习,1575 年获得学士学位。此后,他进入中殿律师会馆学习法律,这是标准的古物学家的学术与社会履历。在古物学会成立初期,库顿发挥了积极的作用,但是由于家庭原因,他一直没有全身心地投入古物学会的工作。1598 年,他处理完了家庭事务之后,正式主持学会的工作。库顿是一位史学天才,他对古物研究最大的贡献是他建立的图书馆,成为众多学人进行古物研究的资料室,也是他们进行政治辩论的场所。库顿私人图书馆的收藏包括:盎格鲁-撒克逊时期的手稿、修道院保存的登记册、有关圣徒和殉道者事迹的圣经书籍、贵族与乡绅的族谱以及纹章官的材料,还有一些是英国政府档案。1631 年库顿去世时,图书馆藏书大概有 800 卷,后人俗称为"库顿图书馆"。该图书馆是"17 世纪早期英国做研究最好的也是最易进入的机构"[③]。借助该图书馆,库顿不仅与学界建立了密切的联系,而且也把手稿与书籍借给贵族,由此与贵族阶层建立了友好的关系。据统计,至少有 8 位贵族曾经向库顿图书馆借过图书。他们包括:北安普顿伯爵、索尔兹伯里伯爵、萨默塞特伯爵、第二代阿伦德尔兼萨里伯爵托马斯·霍华德、

---

① William Huddesford, ed., *The Lives of Those Eminent Antiquaries*, Vol. I, Oxford, 1772,献给亨利八世的新年礼物。

② Thomas Fuller, *The History of the Worthies of England*, Vol. II, London, 1840, p.104.

③ F. Smith Fussner, *The Historical Revolution*, London: Routledge and Kegan Paul, 1962, p.62.

第四代贝德福德伯爵弗朗西斯·罗素、第二代德文伯爵威廉·卡文迪什、克莱尔伯爵约翰·霍利斯以及第十二代克劳福德伯爵大卫·林赛。①更为重要的是，库顿有自己的政治抱负，积极地参与国家的政治生活。1602年，罗伯特·库顿曾经向伊丽莎白一世请愿，希望他的图书馆和学会正式获得政府的批准，成为一个法人组织，但是该计划搁浅。在古物学会运行的早期，国王詹姆斯一世支持学会的工作，因为国王希望巩固自己统治的合法性。但是古物学家的研究追寻历史先例，有一些言论与国王的愿望相左。如约翰·塞尔登就认为，法律与议会的起源早于王权；库顿研究法律与政治史后认为，议会权力高于王权。这种特殊的关系既是古物学会发展的积极因素，也是后来古物学会在1607年被解散的重要原因。因此，对罗伯特·库顿的研究，就是研究16世纪晚期17世纪早期历史与政治之间的关系。②

历史研究既是一门实证的科学，也是一门阐述的学科，在特定的历史阶段，如何选择研究的主题与方法，既有个体的因素，亦有时代的要求。在文艺复兴、宗教改革、民族国家形成等宏大的时代背景下，英国古物学家理所应当地担负起时代的责任，他们在不列颠的历史起源、古英语研究和修道院的历史等方面，自觉地重建解释与分析的框架。

---

① F. Smith Fussner, *The Historical Revolution*, London: Routledge and Kegan Paul, 1962, p.130.

② Kevin Sharpe, *Sir Robert Cotton 1586—1631*, Oxford: Oxford University Press, 1979, p.13.

第六章　方志中的自然观

第一节　方志中的自然物质观

在有关自然环境方面，方志史家关注的一个重点是土地与土壤，这是因为土地是社会财富的基础，乡绅财富的源头是庄园与土地，土壤的肥沃以及耕地的管理与改善，与他们的收入息息相关。威廉·伯顿的《莱斯特郡志》记载道："该郡的南部土地肥沃，物产丰富，缺点是缺少森林和生火用的木材。该郡的西北部多山土地贫瘠，出产水果，优点是有大片的林区与煤炭。该郡的东北和西南地区土质好，适合种植谷物与草地，且有较多的木材。"[①]17世纪时，威廉·达格代尔曾经有著作[②]论述沼泽如何排水及筑堤的问题，涉及水利方面，显示了这一时期的方志学家对自然环境的探索与改造。近代早期英国知识界有关地球与土壤的论述，主要采用约翰·伍德沃德(John Woodward)的观点。1695年，伍德沃德出版了《有关地球自然志的论文》一书，代表了那个时代人们的正统观念。他认为，最初地球上充满了水。在大洪水时代，这个巨大的储水器爆裂了，水浸漫了整个地球，使得万物相混杂。最终，各种物质在被水冲刷并混杂后，作为沉积物沉淀下来。它们按照质量，重量最高的(包括重的化石)形成了最底层，较轻的形成上层。[③]伍德沃德的理论在17、18世纪自然志书中有着非常高的引用率。为什么在这一时期，人们对土地与土壤等产生浓厚的兴趣呢？这种现象说明

---

① William Burton, *The Description of Leicestershire*, Leicester, 1777, p.2.

② William Dugdale, *The History of Imbanking and Draining of Divers Fens and Marshes*, London, 1772.

③ John Wolf, *A History of Science, Technology, and Philosophy in the 16th and 17th Century*, London: George Allen & Unwin, 1950, pp.352—353. [英]亚·沃尔夫：《十六、十七世纪科学、技术和哲学史》，周昌忠等译，商务印书馆1984年版，第438—439页。

了什么问题？以往的研究对这两者之间的关系鲜有关注。在我看来，这其实与近代早期的农业革命有着一定的关系。农业革命本身包括许多的内容与领域，其中就包括有关土壤的研究。不同的土壤栽种不同的植物与庄稼。在科学技术不发达的时代，耕种者对此没有意识。随着研究的逐渐深入，人们在关注地球本身形成的过程中，意识到土壤条件对于农业的重要影响。而且，随着研究的细化，不同的土壤适合种植不同的庄稼。特别值得一提的是，吉尔伯特·怀特的《塞尔伯恩自然志》提及蚯蚓对土壤的改良作用。怀特指出：虽然蚯蚓只是自然链条中微不足道的一个环节，但是它却是不可缺少的。如果没有蚯蚓，土地会变得坚硬，沃土就会变成荒土。并且它并不伤害庄稼等。①这可能是最早有关蚯蚓与土壤关系的论述。虽然在这一时期，人们对此认识的基础还属于圣经文化的范畴，离不开大洪水的理论，但是在有关农业领域，人们已经开始向科学化方向进步，由此为农业革命的启动提供了重要的知识背景。约翰·莫顿的《北安普顿郡自然志》一书，首先是介绍了该郡的自然概况，随后作者就论述有关地球的内容。这分为两个部分，第一部分是最外层的土地，其实就是可耕地。在此，他叙述了各种不同的土壤，如黏土、黑土地、红土等，对于这些不同的土壤，该如何耕种，适合种植什么庄稼，它们有哪些独特的地方等等。第二部分是地球的下层。这一部分涉及如何清理沼泽地、排水以及灌溉等内容。②约翰·奥布里《威尔特郡自然志》的第二部分关注了灌溉草地（watering meadow）的改进③，是农业史研究忽视的内容。查尔斯·李（Charles Leigh）也阐述了如何通过排干水和施泥灰，使得沼泽成为可耕地，产出优质的谷物。④

　　方志的内容还涉及地区的自然资源。德文郡与康沃尔郡原来是合在一起的，都有着丰富的自然资源，特别是锡矿等。因此，德文郡志与康沃尔郡志中，多有矿产的记载。托马斯·韦斯特科的《德文郡志》介绍了该郡丰富的矿产资源，包括金、银、铜、铅、锡、铁等各种矿产。⑤自然资源由此衍生出有关矿工的法律和机构，也成为研究社会史的重要内容。威廉·格雷写的

①　Gilbert White, *The Natural History and Antiquities of Selborne*, London: The Ray Society, 1993, pp.216—217, p.525.

②　John Morton, *The Natural History of Northamptonshire*, London, 1712, pp.29—96.

③　John Aubrey, *The Natural History of Wiltshire*, London: Wiltershire Topographical Society, 1847, p.104.

④　Charles Leigh, *The Natural History of Lancashire Cheshire and the Peak in Derbyshire*, Book I, Oxford, 1700, p.65.

⑤　Thomas Westcote, *A view of Devonshire*, Exeter, 1845, p.63.

《纽卡斯尔城志》就是这样的代表。该书涉及泰恩河给纽卡斯尔带来的商品，如大量的煤炭，这不仅供本地居民使用，而且远销到英格兰的其他地方，甚至到德意志等地。煤炭贸易养活了好几千人：一些人在矿中工作，一些人负责运输煤到泰恩河等等。①泰恩河还为该城带来了磨石贸易，通过泰恩河，它们销往世界各地。此外，三文鱼的贸易也非常兴盛，大量的三文鱼被捕获，卖给该城居民以及其他地方的民众。②大雅茅斯的城市方志记载了渔业资源的情况。从 9 月 29 日米迦勒节到 11 月 10 日圣马丁节这段鲱鱼的收获期，市镇格外繁荣。托马斯·纳什写道："如同圣德尼之于法兰西，圣詹姆斯之于西班牙，圣帕特里克之于爱尔兰，圣乔治之于英格兰，对于大雅茅斯而言，则是红鲱鱼。"③

再有是有关自然现象和自然灾害的记载。《威尔特郡自然志》中，奥布里引用了威尔特郡的谚语，以说明当地的气候，颇为有趣。威尔特郡谚语云：风从西北来，天气为最佳；雨从东方起，至少下两天。④《牛津郡自然志》第一章"天空与空气"，叙述了彩虹、日晕、雷、闪电、流星、冰雹等自然现象。在牛津郡，牛津大学一个地理学教授把该郡所发生的诸如雷电等自然天象，发表在《英国哲学通讯》上。⑤1678 年，雷电击中了斯塔福德郡一个乡绅家的马厩，造成不小的损失。⑥再如流星，1676 年，包括斯塔福德郡在内，英国的许多郡都出现过这种天文现象。⑦如博莱斯在《康沃尔郡自然志》中记载，在 1752 年时，夏天的降雨量非常大；1756 年冬，康沃尔雨水偏多。⑧在记叙雨水的时候，博莱斯对传统的观点提出批评。一些自然学家认为，在大洪水之前，地球上是没有雨的，那时只有宁静的天空与露水。雨的产生是上天对人类罪恶的一种惩罚。这其实是比较典型的教会自然史观。博莱斯对这一说法提出了批评。⑨在地质方面，该书记载了当时发生的地质现象。如 1757

---

① William Gray, *Chorographia, or a Survey of Newcastle upon Tyne*, Newcastle, 1649, pp.83—84.

② Ibid., p.87.

③ Thomas Nash, *Nash's Lenten Stuff: Containing, the Description and First Procreation and Increase of the Towne of Great Yarmouth in Norfolk*, London, 1871, p.113.

④ John Aubrey, *The Natural History of Wiltshire*, London: Wiltershire Topographical Society, 1847, p.16.

⑤ Robert Plot, *The Natural History of Oxford-shire*, Oxford, 1705, p.6.

⑥ Robert Plot, *The Natural History of Stafford-shire*, Oxford, 1686, p.19.

⑦ Ibid., p.20.

⑧ William Borlase, *The Natural History of Cornwall*, Oxford, 1758, p.6.

⑨ Ibid., p.30.

年 7 月 15 日,康沃尔西部发生了地震,造成一定的财产损失,他还记载了当时民众的反应与受灾的情况。①

方志的出现表明,在历史书写的内容上,增加了空间与自然环境的概念。这是近代早期英国知识阶层认识自然的基础,在此之上,人们才可能对自然和环境等有更深入的了解。正如罗伯特·默顿指出:17 世纪的历史学是经验主义和理性主义的联合,为对历史进行现代科学研究的产生做出了贡献。②

第二节　方志中的生命和疾病观

有关生命与疾病的内容也是方志文本记载的重要组成部分。中世纪时,有关生命的描述与"上帝造人"的信仰相关,这些都是笼统的解释,与人的寿命、生老病死、病理机制等客观研究相距甚远。而在近代的方志中,人们的观点与思路开始发生一些转变。罗伯特·普洛特、约翰·奥布里等人的著作在结构上,显示了他们潜在的认识。他们首先叙述天空与空气、水、土地等,然后叙述植物、动物与人类。这种看似简单的先后顺序,其实表明了作者的生命观——空气、水与土壤等,是生命存在的基本要素。对方志内容的归纳,我们可以看到,它们从如下几个方面对此问题进行了描述与记载。

首先是有关人类寿命的内容。在近代,受物质生活条件以及医疗水平等因素的影响,普通人的寿命都很短,长寿却是每个人心中的梦想,因此方志中收录了许多有关长寿的例子。这似乎在向芸芸众生传递这样一种自然观,即在自然世界中,长寿是有可能的。普洛特的《斯塔福德郡自然志》一书在"男人和女人"这一章,涉及人的寿命,特别举了许多长寿人的例子。如有人能活到 108、109、110 岁。③此外,普洛特的人类学研究记载了许多独特的事情,如畸形儿的情况④,以及各种疑难杂症⑤。在约翰·奥布里的《威

① William Borlase, *The Natural History of Cornwall*, Oxford, 1758, p.55.
② Robert K. Merton, "Science, Technology and Society in Seventeenth Century England", *Osiris*, Vol.4(1938), p.382.
③ Robert Plot, *The Natural History of Stafford-shire*, Oxford, 1686, p.323.
④ Ibid., p.271.
⑤ Ibid., p.301.

尔特郡自然志》第一部分,有些内容是有关疾病方面的,不过相对分散。如奥布里记叙了温泉的疗效①,也说明了花园种植的烟草是用于医疗,以及麻风病人的情况。在"男人和女人"这一部分,作者记载了许多长寿的例子,如有人活到 100 多岁。②此外,还记载了出生的畸形儿,有个婴儿出生时有两个头。书中还记载了一些奇闻轶事。1661 年 9 月,在挖掘一座古墓时,发现了棺材,里面的尸体已经变黑,尸体身上的衣服腐烂,但是尸体没有腐烂,有些地方有白点。当时有好几个人在场,可以证明此事。③

如何实现人类的健康与长寿是一个困难的问题,但是人们通过自己的知识积累以及长期的观察,也逐渐地认识到哪些因素会影响人的健康与寿命。首先是空气与健康之间的关系。因此在书的概况部分,许多方志都会涉及空气与水等基本生活资源的描写。托马斯·韦斯科特的《德文郡志》写道:该郡有两片大的林区,河流众多,水源充裕,空气"健康、温润、芳香且清洁"。④正因为有如此好的自然环境,德文郡民众的寿命较长,有的人甚至活到了 120 岁。⑤崔斯特瑞姆·瑞思登的《德文郡志》写道,德文郡的空气强烈且健康。这里人的寿命比整天吸雾气的人的寿命要长,该郡的人健康长寿。⑥威廉·伯顿的《莱斯特郡志》写道:莱斯特郡空气很好,清洁且健康,因为这一原因,有许多健康且风景优美的住宅。⑦此外,查尔斯·李的《兰开夏、柴郡与德比郡峰区的自然志》一书,详细地讨论了气候对人与动物的影响。⑧在城市方志领域,1598 年约翰·斯托的《伦敦城志》是一个典型,该书是英国近代第一部城市方志。城市方志的书写体现了近代早期城市发展过程中,市民阶层对自己所居住与生活空间与自然环境的关注。约翰·斯托是经验主义历史叙事方式的代表人物。在该书中,斯托描述了伦敦城的河流、小溪、水塘、水井、沟渠等与日常生活密切相关的事物。由于饮用水是市民日常生活最基本的要素,方志中多有对水的记载。约翰·斯托的《伦敦城

---

① John Aubrey, *The Natural History of Wiltshire*, London：Wiltershire Topographical Society，1847，p.20.

② Ibid.，p.69.

③ Ibid.，p.72.

④ Thomas Westcote, *A view of Devonshire*, Exeter，1845，p.33.

⑤ Ibid.，p.34.

⑥ Tristram Risdon, *Chorographical Description or Survey of the County of Devon*, London，1811，p.3.

⑦ William Burton, *The Description of Leicestershire*, Leicester，1777，p.2.

⑧ Charles Leigh, *The Natural History of Lancashire Cheshire and the Peak in Derbyshire*, Oxford，1700，preface.

志》记载道,在1589年,城市委员会征收了1/15税,筹集到的钱款共有一千马克,用于清理河流或排水沟。市政府承诺,把汉普斯特荒原的不同的小溪汇聚成同一方向,这样伦敦城缺水的地方都可以获得新鲜的供水,并且这一水渠将引入泰晤士河。但是由于需要太多钱,最终这一计划失败。①这一案例显示,在16世纪末的伦敦城,政府与民众就已经意识到水源的重要性。再加上由于城市人口不断增加,城市公共卫生设施简陋,伦敦城经常暴发瘟疫,成为市民心头抹不去的阴影。在这种情况下,市民希望改善自己生活的环境,并积极地采取措施,以获得清洁与安全的水源。这呈现出一种积极的、现实的自然观。由此可见,《伦敦城志》既是一部引人入胜的方志史书,也是一部描述伦敦城市环境与市容市貌的佳作。再如威廉·普尔在叙述埃克塞特市时,提及城市饮用水的来源,是通过引水渠从附近的小山引泉水到城市。②有关温泉的记载也常见于方志之中。1572年,琼斯可能最早对巴斯和巴克斯顿的温泉进行研究。理查德·卡茹的《康沃尔郡志》记载道:温泉可以治疗各种各样的疾病。③为了搞清楚泉水的成分,约翰·奥布里在1667年6月给伦敦皇家学会寄去了三瓶泉水,请科学家进行实验。④这表明,一些知识分子开始不满足于简单的现象,而希望深究现象后面的本质。此外,本杰明·马丁也记载了巴斯温泉的种类以及医疗功效。⑤达勒姆郡也有用于治疗的温泉。人们在挖矿时,发现了古代的温泉,泉水含有硫黄,可以用来治疗神经性的疾病,如惊厥、痉挛、坏血病以及中风等。⑥有关教区的自然环境,吉尔伯特·怀特的《塞尔伯恩自然志》一书记叙了塞尔伯恩的空气状况。"这里的空气温润,许多树散发出恶臭的气味,却利于健康,并免受疟疾的侵扰。"⑦《塞尔伯恩自然志》的写作时间为18世纪末,这一时期英国的工业革命已经如火如荼地进行着,首都伦敦的空气污染十分严重,影响到临近的塞尔伯恩的空气质量。"这种蓝色的雾略带煤烟味,总是随东北风飘

① John Stow, *A Survey of London*, London, 1603, p.14.

② William Pole, *Collections Towards a Description of the County of Devon*, London, 1791, p.111.

③ Richard Carew, *The Survey of Cornwall*, London, 1811, p.86.

④ John Aubrey, *The Natural History of Wiltshire*, London: Wiltershire Topographical Society, 1847, p.22.

⑤ Benjamin Martin, *The Natural History of England*, Vol.I, London, 1759, pp.81—87.

⑥ Benjamin Martin, *The Natural History of England*, Vol.II, London, 1759, p.307.

⑦ Gilbert White, *The Natural History and Antiquities of Selborne*, London: The Ray Society, 1993, p.12.

到我们这儿,应该源自伦敦。这种雾味道浓烈,可导致疾病。"①怀特称这种雾为"伦敦烟"。②

方志记载的另一个内容是有关瘟疫的信息。亚历山大·詹金斯的《埃克塞特城志》具有一定的代表性。该书大致分为如下部分。首先是概况,介绍城市地理位置、经度与纬度、人口、河流、居民等。接下来是历史,从罗马人入侵开始,讲到乔治三世时期。这一部分除了政治史与战争之外,比较有价值的是记载了一些饥荒与瘟疫的情况。③约翰·布兰德的《纽卡斯尔城志》也记录了社会史的一些内容,如瘟疫的情况。④查尔斯·李的《兰开夏、柴郡和德比郡峰区自然志》一书专门有一章内容讨论疾病与瘟疫,他列举了诸如坏血病、肺病、水肿、发热、间歇性瘟热等。⑤这说明随着科学的发展,这一时期人们对疾病与瘟疫的认识有一些进步。

再有就是方志中有关医院的记载,展现了近代早期英国医疗机构的发展状况。威廉·兰巴德的《肯特郡志》是近代英国第一部方志,在该书中记载了肯特郡医院的情况,而且他本人也是具体的实践者。威廉·卡姆登的《不列颠尼亚》一书有关肯特郡的部分,还特意提及兰巴德的事迹。他写道:"为了有关慷慨事迹的记忆不被忘记,我还得加上威廉·兰巴德,他是一位博学虔诚的杰出人士,他在格林威治修了一座救济穷人的医院。"⑥约翰·斯皮德的《大不列颠史》附录了各地的修道院、医院以及大学的名录。⑦本杰明·马丁的自然志著作也涉及肯特郡、米德塞克斯等医院的简介。⑧一个有趣的现象值得关注,就是在城市方志中,记载了更多的医院信息,这说明城市的自然环境与医疗卫生的改善之间存在着联系。在新兴的工业城市,威廉·赫顿(William Hutton)1781年出版的《伯明翰城志》中,记载了伯明翰市医院的情况。⑨爱德

---

①② Gilbert White, *The Natural History and Antiquities of Selborne*, London: The Ray Society, 1993, p.539.

③ Alexander Jenkins, *The History and Description of the City of Exeter*, Exeter, 1806, p.59, p.63, p.75, p.85, p.96, p.124.

④ John Brand, *The History and Antiquities of the Town and County of Newcastle upon Tyne*, Vol.II, London, 1789, p.447.

⑤ Charles Leigh, *The Natural History of Lancashire Cheshire and the Peak in Derbyshire*, Book II, Oxford, 1700, pp.47—87.

⑥ Gordon J. Copley, *Camden's Britannia Kent*, London: Hutchinson, 1977, p.11.

⑦ John Speed, *The History of Great Britain*, London, 1623, p.1059.

⑧ Benjamin Martin, *The Natural History of England*, Vol.I, London, 1759, p.182, p.280.

⑨ William Hutton, *An History of Birmingham to the End of the Year 1780*, Birmingham, 1781, pp.256—259.

华·哈顿(Edward Hatton)的《伦敦城志》比较详细记载了伦敦医院的信息,内容涉及医院的历史、方位、建筑、管理、捐赠等内容。其中一个特别的叙述就是有关格林威治皇家医院,该医院主要收治海员及其家属。[①]该书还记载了医院需要备有消防设施的情况,如水桶、梯子、绳子等。[②]这些信息体现了鲜明的时代特征:一是这一时期城市的发展需要更多的医院,以满足市民卫生的需要;二是伦敦大火之后,人们在消防体验中加强了对生命的关注。

第三节　地方性知识:认知自然的新范式

首先是知识获取方式的变化。与编年史记载的方式不同,对自然的探索与考察,需要亲力亲为。为了描述肯特郡的全貌,威廉·兰巴德走遍了该郡的各处,在这一过程中,他自觉或不自觉地观察并记载了有关自然环境与自然资源的信息。约翰·盖尤斯是不列颠研究动物的先驱。[③]他注重对自然的观察,而非仅仅简单地依靠已有的权威。他走遍英格兰,观察并记载各种动物的情况。为了准备自然志的写作,罗伯特·普洛特效仿约翰·利兰和威廉·卡姆登,对英格兰及威尔士的许多地区进行勘测。

其次,以方志与自然志为代表的知识具有鲜明的地方性与经验性。刘华杰指出:"博物学很大程度上就是一种地方性知识。博物学是人与大自然交流的学问,它强调地方性。"[④]在近代早期英国知识界中,弗朗西斯·培根的哲学思想对人们的世界观产生了重要的影响。培根的归纳法强调观察与实验,这是一种崭新的思维方式。在培根主义的影响下,英国知识阶层注重对自然现象、动植物、岩石矿石、化石等的描述与记载。由此,一种新的书写方式——自然志——出现。自然志是有关自然界中人们所知、所感兴趣事物的描述和分类,研究的内容包括动物学、植物学、矿物学、古生物学、地球、宇宙起源和地方古物。17世纪下半叶开始,自然志与方志的书写相结合,

① Edward Hatton, *A New View of London*, London,1708,p.746.

② Ibid.,p.768.

③ Charles E. Raven, *English Naturalists from Neckam to Ray*, Cambridge:Cambridge University Press,1947,p.138.

④ 刘华杰:《博物学与地方性知识》,江晓原、刘兵(主编):《科学的越位》,华东师范大学出版社2010年版,第47页。此处的博物学大致对应于"自然志"(Natural History)。

由此产生了一个新类型的知识范式,即区域自然志,这包括郡自然志、堂区自然志等,其中最重要的是郡自然志。按照《剑桥科学史》的观点,自然志的研究方式或是选择一个地区,或是选择一个主题。对于前一种研究方式,英国方志史家的传统开始于 1677 年罗伯特·普洛特的《牛津郡自然志》,结束于 1789 年吉尔伯特·怀特的《塞尔伯恩自然志》。①帕里认为,"《牛津郡自然史》是以培根主义的范式写作的一部新类型的郡志。"②罗伯特·普洛特被称作"不列颠郡自然志之父"。③可见,自然志特别是地区自然志包括的内容十分广泛,涉及自然世界、物质文化、历史习俗等,非常明显地体现了叙述性与地方性的特征。自然志研究的兴起,以及郡志的内容增加了对自然世界的书写,其意义是深远的。首先是方志内容的丰富,在历史与人文研究之外,又增加了新的内容,使得方志的范畴更加扩展。其次是人们思维范式的改变。如雅克·罗杰所言:"在 18 世纪初,所有人都在讨论上帝;在 18 世纪末,所有人都在讨论自然,他们可能认为已经取得了巨大的进步,但却并没有意识到,他们是在用新意识形态取代旧意识形态。"④方志反映了这一重要思维方式的转变,也标志着近代社会的真正到来。通过方志的印刷与传播,近代的科学自然知识越来越影响民众的阅读内容,这也使得方志具有近代性。

在自然志蓬勃发展的同时,以牛顿为代表的英国自然哲学逐渐成熟。自然哲学强调物理学研究以及数学,这标志着近代科学的诞生。自然志与自然哲学之间存在着密切的关系,它是自然哲学的基础。在《学术的进展》一书中,培根指出:对自然哲学来讲,自然志就是基础。⑤但是,自然哲学没有停留在对自然现象等简单的记叙,而是更进一层。

---

① Roy Porter, *The Cambridge History of Science*, Vol.4, Cambridge: Cambridge University Press, 2008, p.417.

② Graham Parry, *The Trophies of Time*, Oxford: Oxford University Press, 1995, p.301.

③ Stan Mendyk, "Robert Plot: Britain's 'Genial Father of County Natural Histories'", *Notes and Records of the Royal Society of London*, Vol.39, No.2(Apr., 1985), p.159.

④ Roy Porter, *The Cambridge History of Science*, Vol.4, Cambridge: Cambridge University Press, 2008, p.416.

⑤ Francis Bacon, *The Advancement of Learning*, p.79.

第七章　维多利亚郡志

第一节　维多利亚郡志的编撰

《维多利亚郡志》(*The Victoria County History*)通常简称为 VCH,它开始于 1899 年,现在仍在编撰之中。这一丛书计划编撰英国每个郡的历史,以及郡内每个城镇与堂区的历史。因为丛书的封面是红色,故名"红书"。

《维多利亚郡志》编撰委员会建立于 1899 年,是一个私人性质的组织,由阿奇博尔德·康斯特布尔(Archibald Constable)出版公司资助。它的目的是编撰英国各郡的历史。编委会希望经过不断的努力,能使该丛书成为地方资料的汇总,解释"英格兰成长为一个国家的历史,现在(1899 年)是全世界最伟大的国家"。"这一项目可以比肩《英国人名辞典》(*Dictionary of National Biography*)与牛津新英语字典。"①第一任总主编阿瑟·道布尔迪(Arthur Doubleday)游说维多利亚女王的女婿罗恩侯爵,希望该书能够获得维多利亚女王的许可。这套丛书被奉献给女王,作为纪念。现在的女王伊丽莎白二世重申了这一点,自 2012 年开始,新编卷献给她。按照最初的计划,编委会准备出版系列 160 卷,涵盖所有的 39 个郡。绝大多数郡有 4 卷,小的郡有 2 卷,英国最大的约克郡有 8 卷。道布尔迪预计 6 年完成该计划,并获利 250 000 英镑。对于 4 卷内容的郡志,计划是一半的内容是郡概况,一半的内容是地志。②概况通常安排在每郡的头两卷,内容涉及自然志(包括地质学)、史前史、罗马与盎格鲁-撒克逊遗迹、民族志、《末日审判

---

①　L.F. Salzman, "The Victoria County History", *Bulletin of the Institute of Historical Research*, No.13(1935), p.65.

②　John Beckett and Charles Watkins, "Natural History and local History in Late Victorian and Edwardian England: The Contribution of the Victoria County History", *Rural History*(2011) 22, 1, p.60.

书》、建筑、教会、政治、海事以及经济社会史、工业、手工艺、封建男爵、体育，在艺术、文学、科学领域杰出的人物，以及文献学。这是理论上的，实际上，许多的主题被放弃了。民族志从未涉及，封建男爵的内容被丢弃，计划中现代版的《末日审判书》——将列举超过5英亩的土地所有者——并未实行。杰出人物并未作为一个独立的部分出现，极少有关于建筑学的文章被出版。通常，每部郡志的第三卷与第四卷包括地志的内容，一个堂区接一个堂区地叙述，内容包括庄园的领主权、土地的所有权、教堂、教育以及堂区慈善。在早期，《维多利亚郡志》编写了绝大多数的总论卷，这是因为地志卷得花费长时间去规划、研究以及写作。不幸的是，从一开始，就比预期更为困难，因为每年需要出版足够的卷数，这样才能承担《维多利亚郡志》经济负担。1904年，威廉·派吉(William Page)接替道布尔迪，成为《维多利亚郡志》的总主编，他采用了新的工作方式，如雇佣年轻的女性以及年轻男生帮助研究与写作。由于杰出的组织与编辑成就，1906年至1908年，威廉·派吉出版了33卷。到1908年，28个郡出版了本郡系列的第一卷，20个郡出版了第二卷，16个郡第一与第二卷在印刷中。只有柴郡、诺森伯兰郡、韦斯特摩兰郡、威尔特郡以及约克郡西区(West Riding of Yorkshire)没有开始。尽管威廉·派吉工作努力，但是也不能实现每年出版16卷的目标，由于无法完成预定的目标，财政出现了问题。结果，出版社在1908年撤回了对《维多利亚郡志》的资助。威廉·派吉被迫停止了所有的工作，解散了全体员工。《维多利亚郡志》编撰面临着严峻的形势。幸运的是，新的资金注入，1910年，《维多利亚郡志》部分地复苏了——尽管资助的资金只可以供10个郡的研究以及雇佣很有限的工作人员。一战期间(1914—1918年)，《维多利亚郡志》的工作停止，直到1922年才重新开始。威廉·派吉筹集了足够的经费出版那些1914年前已经写成而没有出版的卷，以及写于1923年至1932年间的17卷。

第二节　历史研究所与《维多利亚郡志》

到1932年，由于资金用完，《维多利亚郡志》的工作无法继续。在这种情况下，威廉·派吉联系了伦敦大学历史研究所(IHR)。历史研究所成立于1921年，是伦敦大学一个非常重要的研究机构。[1]1932年，威廉·派吉准

---

[1]　https://www.history.ac.uk/about-us/about-institute.

备将《维多利亚郡志》交给伦敦大学,包括即将出版卷的材料,以及与之相关的版权。伦敦大学也很乐意介入这一工作。1933 年 2 月,交接工作完成。此时 9 个郡的郡志已完成:贝德福德郡(4 卷),伯克郡(5 卷),白金汉郡(5 卷),汉普郡(6 卷),赫特福特郡(5 卷),兰开夏(8 卷),萨里(5 卷),伍斯特郡(5 卷),约克郡北区(3 卷)。另外的 26 郡,至少已出版 1 卷。因为过于教条化,原先每郡 4 卷的标准被迫放弃。有进展的工作大多数是伦敦附近的郡,或者是米德兰地区。威廉·派吉担任总主编,直到他 1934 年去世。1935 年,伦敦大学任命 L. F. 萨尔兹曼(1935—1949 年间任总主编)博士为总主编。

转给历史研究所的好处,并不是立刻显现的。换句话讲,《维多利亚郡志》是一个经济负担,而不是一个成功的冒险。然而,如果在 20 世纪 30 年代不转给历史研究所的话,《维多利亚郡志》极有可能停止。对《维多利亚郡志》来讲,历史研究所为它提供了学术上的声誉。1899 年开始时,它是私人商业行为,由出版商经营,其目的是从中获利,现在它属于历史研究所,享受伦敦大学学术上的优势。受此影响,牛津郡的学者希望《维多利亚郡志》在该郡的工作重新启动。早在 1907 年时,《牛津郡志》已经出版了一卷,内容包括教会史与社会经济史。①在《维多利亚郡志》转给历史研究所后,1933年,牛津郡成立了地方委员会(local committee),继续郡志的编撰工作。②在各方的努力下,很快就完成了一卷,内容包括自然志、早期人类、罗马不列颠和盎格鲁-撒克逊遗迹、1086 年的《末日审判书》、政治史与学校等内容。其中的几篇在一战前就已经写好了。1939 年,这一卷出版。历史研究所对牛津郡志编撰的重启表示欢迎,但是接着二战爆发了,《维多利亚郡志》的工作停止。

第三节　二战后的发展

R.B. 皮尤(R.B. Pugh)在 1949 年接替萨尔兹曼的工作,一直到 1977年。在皮尤担任总主编期间,他以一种新的方式推动了维多利亚郡志的编修。

---

① William Page, ed., *The Victoria History of the County of Oxford*, Volume Two, London: Archibald Constable and Company Limited, 1907.

② C.R.J. Currie and C.P. Lewis, ed., *A guide to English County Histories*, Stroud: Sutton, 1997, p.335.

　　要理解皮尤是如何改变《维多利亚郡志》的，我们首先需要了解之前《维多利亚郡志》的形式。当郡志编撰委员会成立时，该郡方志的编撰工作就正式开始了。通常委员会由郡督主持，他是这一地区主要的政府代表，委员会的其他成员是贵族、乡绅、教士以及郡内其他的精英。委员会并不实质做事，在许多郡，该委员会从未开会。委员会的目的是为《维多利亚郡志》提供信誉保证，有时候也帮助募集基金，他们并不实际运作《维多利亚郡志》。伦敦大学《维多利亚郡志》编撰委员会负责具体的运作，他们与各郡有合作关系，许多的文章由当地的学者写作，然后这些文章再交给伦敦《维多利亚郡志》委员会的工作人员进行汇总与编辑。只有部分郡的郡志，其大部分工作在本郡完成。

　　直到 20 世纪 30 年代，这一模式在绝大多数郡运行——直到沃里克郡新模式出现。最初，沃里克郡的《维多利亚郡志》计划由四卷组成。①第一卷在 1904 年出版，内容包括自然志、早期人类、罗马不列颠遗迹、盎格鲁-撒克逊遗迹、《末日审判书》中有关沃里克的部分等。②在 1908 年出版第二卷之后，该郡的编撰工作停滞不前，直到 1935 年。在这一年，为了增加地方的资助，该郡作为试验，沃里克郡《维多利亚郡志》的编撰由郡与市政府提供资金支持。1937 年，菲利普·斯泰尔斯（Philip Styles）作为兼职地方编辑负责地志的第一部分，并于 1945 年出版。③对《维多利亚郡志》编撰来讲，这是一种创新。现在，伦敦办公室只需要资助出版并负责销售。地方当局希望研究工作在地方档案馆内进行，而不是如以前，几乎所有的工作都在伦敦进行。沃里克郡的经验为其他郡效仿，如威尔特郡。在威尔特郡，地方政府资助编撰人员，他们将以郡为基地，充分利用地方档案。1947 年，历史研究所同意了威尔特郡的计划，此时的威尔特郡是极少数还没有开始编撰工作的郡之一。1948 年，该郡提出一项雄心勃勃的计划，准备撰写 20 卷的威尔特郡《维多利亚郡志》。威尔特郡委员会为研究与写作提供资助，伦敦大学历史研究所提供编辑的指导，并且负责最终的出版事宜。这又成为其他郡的榜样。④这一模式既对《维多利亚郡志》的伦敦办公室有利，也对威尔特郡

　　①③　C.R.J. Currie and C.P. Lewis, ed., *A guide to English County Histories*, Stroud：Sutton, 1997, p.408.

　　②　H. Arthur Doubleday and William Page, ed., *The Victoria History of the County of Warwick*, Volume One, London：Archibald Constable and Company Limited, 1904.

　　④　C.R.J. Currie and C.P. Lewis, ed., *A guide to English County Histories*, Stroud：Sutton, 1997, p.422.

《维多利亚郡志》编撰委员会有利,属于双赢的结果。对前者来讲,这意味着历史研究所不再需要为研究经费化缘了。对于各郡而言,地方政府的资助为研究者提供一个有价值的学术实践。

与此几乎同步的是,大学中地方史研究的兴起。传统上,英国大学并不认为地方史是学术研究的合适主题。伦敦大学决定接纳《维多利亚郡志》并把它放在历史研究所,是需要巨大的勇气和长远的眼光的。1948年,莱斯特大学成立了英国地方史系,实际上只有霍斯金斯真正从事此研究,他是二战后推动英国地方史研究的关键人物。起初,他遭到莱斯特大学内部对新系的敌意,因此霍斯金斯首要的任务是去寻求学术上的信任,重启莱斯特郡郡志的编撰工作就是一个很好的契机。在当时,莱斯特郡的《维多利亚郡志》只出版了一卷,即1907年出版的总卷。这一卷的内容包括自然志、早期人类、罗马不列颠时期的莱斯特郡、盎格鲁-撒克逊遗存、古代的土方工程、《末日审判书》、莱斯特郡调查以及教会史。①这里有个特殊的地方,就是按照原来的格式,教会史应该放在第二卷之中,但是可能由于这一章已经写好,而编辑部也不愿意浪费空余的部分,所以莱斯特郡志的第一卷就包括了教会史的章节。②1908年时,《维多利亚郡志》面临着经济困难,由此,随后的工作没有继续进行,一直到二战之后。1948年,霍斯金斯意识到莱斯特《维多利亚郡志》重启的意义,这将为莱斯特大学的地方史研究提供帮助。但是他希望以自己的方式去做,特别是《维多利亚郡志》涵盖的相关主题。霍斯金斯认为《维多利亚郡志》需要改革。他指责《维多利亚郡志》只关注庄园和显贵家族的族谱与纹章,好像英国的乡村只包括一个有历史意义的社会等级。③他写道:郡志的地志卷包括庄园和受俸牧师推荐权谱系的情况,而没有涉及村庄的历史。④根据霍斯金斯的看法,方志史家需要解决问题,而不是汇编材料。换句话说,霍斯金斯质疑《维多利亚郡志》的基础,他想引进一些更有价值的内容。由此,霍斯金斯和派吉之间发生分歧。当1952年霍斯金斯离开莱斯特大学去牛津大学任教时,他们之间的矛盾才真正结束。以后,霍斯金斯对《维多利亚郡志》兴趣渐弱。然而,通过霍斯金斯的努力与推动,他奠定了莱斯特《维多利亚郡志》编撰复苏的基础,并且他编撰了郡志

---

① William Page, ed., *The Victoria History of the Counties of Leicester*, Volume One, London: Archibald Constable And Company Limited, 1907, XIII—XIV.

② John Beckett, "W.G. Hoskins and the Victoria County History in Leicestershire", *Transactions of the Leicestershire Archaeological and Historical Society*, 85(2011), p.165.

③④ W.G. Hoskins, "The Writing of Local History", *History Today*, Jul.1, 1952, p.489.

的第二卷(1954 年出版),以及部分编撰了第三卷。霍斯金斯开启了书写郡地形研究的新范式,这首先在莱斯特《维多利亚郡志》第五卷中使用,该卷于1964 年出版。

20 世纪五六十年代间,《维多利亚郡志》的编修经历了稳定的发展期。越来越多的郡模仿威尔特郡模式,建立了《维多利亚郡志》地方办公室,它们通常连着郡档案馆。由此,研究者可以利用的资料范围扩大了,包括了更多的地方档案。但是随着 20 世纪 70 年代的地方政府改革,一方面是一些历史性的郡消失了,另一方面是地方政府财政预算严格化,由此地方政府对《维多利亚郡志》的资助减少甚至停止,这些削弱了两者之间的联系。在这种形势下,好几个《维多利亚郡志》地方办公室移入大学里。这先是在牛津郡,其他的如基尔大学编写斯坦福德郡志,北安普顿大学编写北安普顿郡志①、西英格兰大学编写威尔特郡志、诺丁汉大学编写诺丁汉郡志②、温切斯特大学编写汉普顿郡志③。为了编撰工作的继续发展,《维多利亚郡志》开始与私人信托基金接触,以求得支持。

在内容格式上,《维多利亚郡志》也有一些变化,即受到霍斯金斯的影响,把村庄周围的城镇单独对待。在早期,《维多利亚郡志》在城镇和堂区之间没有区分,其依据是历史上的城镇是一个堂区群体,同时每一个堂区部分或者全部单独地管理。自 20 世纪 50 年代以来,大城镇被作为一个整体来处理,同时自 20 世纪 60 年代以来,那些自 19 世纪已经发展成为郊区的偏远乡村堂区,通常被放在这一卷中。莱斯特城是第一个被单列一卷的大城镇。④这反映了霍斯金斯的影响。地形学条目的内容也随着威廉·派吉与霍斯金斯之间的争论而改变。在 1950 年前,堂区历史是有关庄园、教堂、受俸牧师推荐权、慈善,再加上地形、交通以及经济史。庄园房屋和教堂的建筑记载详细,这些信息由年轻男性工作人员负责,他们骑着自行车四处浏览,住在便宜的客栈中。1950 年之后,新的堂区历史书写范式包括简介、庄园、其他地产、经济史、地方政府、教会、新教,同时如果合适,还有罗马天主

---

① John Beckett, Writing Northamptonshire's History: the early VCH in the county, *Northamptonshire Past and Present* 66(2013), 56—69.

② John Beckett, The Thoroton Society and the Victoria County History, *Transactions of the Thoroton Society*, 113(2009), 119—136.

③ John Beckett, Writing Hampshire's History: the Victoria County History, 1899—1914, *Hampshire Studies*, 66(2011), 201—214.

④ R. A. Mckinley, ed., *The Victoria History of the Counties of Leicester*, Volume IV, Oxford: Oxford University Press, 1958.

教会、教育以及慈善。简介涵盖人口、物质的增长、地形以及社会生活与机制。为了编撰工作更有效率，备忘录出现了。《维多利亚郡志》的编者们被鼓励以规格一致的方式做他们的便签，用标准尺寸的纸条，内容包括抄写信息资料的准确注释。现在他们主要以数字化格式而不再用手写的格式，但是仍有两个原则继续保留。首先，《维多利亚郡志》编辑部规定，每一个表述都应该有它出处资料的支撑，因此准确的注释提示非常重要。其二，注释需要清楚与连续，任何人都能够整理完成条目，而不是只是建立条目的人。在这样的环境中，地形学研究发展很快。起初，他们被设想为 800 至 900 字，但是到 1910 年，已增加到 2 000 字以上。《格洛斯特郡志》第八卷（1968 年）中，这部分内容几乎有 10 000 字。在威廉·派吉任总主编期间，地形学条目范围增加了四倍，包括附加的信息，如土地的使用、地貌的变化、交通和定居地的演变、社会和文化活动、公共服务、地方政府、教会、学校以及工业和贸易。重点是系统记录堂区历史的主要特征、人口波动、大地主的继承、居民怎样生存并塑造他们的环境以及社区几百年的演变。埃尔林顿界定《维多利亚郡志》的角色：努力去适应广泛的需求，它假设那些去看《维多利亚郡志》的人不需要对历史感兴趣。他又说道，《维多利亚郡志》不应该被认为详尽无遗，读者希望把它作为更进一步研究与调查的起点。这样描述的变化也意味着卷数需要增加，并涵盖每个郡。汉普郡是第一个完成的郡，有 5 卷。现代的研究容易达到 20 卷或者更多：牛津郡有 18 卷出版，最终会有 23 卷。也有计划重新启动，许多年前已完成的郡志再编撰工作。在汉普郡，一些新的工作已经开始。①

　　1989 年，《维多利亚郡志》庆祝出版了第两百卷。在古代的 39 个郡中，11 个郡以及约克郡的北瑞丁地区已经完成，12 个郡的编撰工作在进行。从 1935 年到 2000 年，《维多利亚郡志》以历史研究所的名义，由牛津大学出版社出版。但是在 2001 年 8 月，签署了一份协议，未来将由专业的地方史出版商博伊德尔与博瑞威（Boydell & Brewer）公司出版，并设计新的样式。2003 年，柴郡《维多利亚郡志》第五卷的第一部分以新的样式出版，大受欢迎。②现代的地志卷包括八个主要部分：有关堂区基本信息以及不涉及其他地方主题的导言、庄园及其他地产、经济史、社会史、宗教生活、地方政府、地方政治以及建筑。现代卷继续记载有关堂区的详细历史信息，并增加了经

---

① http://www.victoriacountyhistory.ac.uk/counties/hampshire.

② Mel Hackett and Kerry Whitston, ed., *The Little Big Red Book*, Woodbridge: Boydell & Brewer, 2008, p.40.

济史、地方政府、新教和教育。新的部分可以增加，但是旧的部分不能减少，因为保持延续性是基本的要求。不同的编辑都会根据自己的喜好而增加一些内容，如皮尤增加了地方政府，弗莱彻增加了地方政治和社会史等等。而忽略的内容则包括详细的人口分析、女性史、家庭史、性别史或者穷人史。在早期阶段，《维多利亚郡志》引进了经济史，但是过去的四十年，对社会史研究的发展并没有很好地整合。

第四节　数字化、网络化与"全民英格兰史"

C. 柯里（1994—2000 年任总主编）首创把《维多利亚郡志》放在网上。通过《维多利亚郡志》的网站，大众可以及时关注伦敦以及各郡正在进行的工作。[①]网站提供的资料是草稿，即将来出版的堂区与城市史的文本。文本处于草稿状态，这意味着在红书出版之前，它可以被修改，而且新的材料大家都知晓。许多《维多利亚郡志》红书的材料，现在都可以通过历史研究所的"英国历史在线"网站[②]自由地浏览。这是 2003 年由安德鲁·梅隆基金会资助的，有超过 150 卷红书的材料，现在可以通过这一网址获得可搜索的文本。此外，通过彩票基金的资助，《维多利亚郡志》能够更好地发展网页界面。在 1999 年 6 月，《维多利亚郡志》向文化遗产彩票基金（建立于 1993年）申请，评估以新的形式利用与《维多利亚郡志》有关已出版的材料与研究数据。文化遗产彩票基金批准了《维多利亚郡志》的方案，它可以在达勒姆郡与牛津郡进行试验计划。这一计划希望去检验呈给《维多利亚郡志》红书的信息，如何能够让更多的读者获得。

2003 年 7 月，《维多利亚郡志》再次成功向文化遗产彩票基金申请资助，研究目标是资助一个 5 年的国家计划，这就是现在所熟知的"全民英格兰史"（EPE）。这一计划的资助金额达 3 374 000 英镑，如果再加上相应的志愿者时间等，金额将达到近 600 万英镑。2005 年 9 月，这一计划开始，2010 年 4 月结束，有 10 个郡（布里斯托尔、康沃尔、德比郡、达勒姆、艾克斯穆尔、赫里福郡、肯特郡、牛津郡、苏塞克斯以及威尔特郡）的 15 个计划得到了资助，其目标是让大众更易接触到地方史。他们的工作成果是出版

①　http://www.victoriacountyhistory.ac.uk.

②　http://www.british-history.ac.uk.

了 15 本平装书,主题包括康沃尔基督教改革前的故事,到西威尔特郡科德福德(Codford)村庄全史,以及桑德兰西北部工业城市的成长发展。"全民英格兰史"试图让《维多利亚郡志》的工作为更广泛的读者所了解,并且让读者参与到研究中。为了实现最终的结果,有超过 300 名志愿者参与到项目中,包括档案研究、文献抄写以及历史建筑调查。该计划的合作者包括大学、郡委员会、英国文化遗产基金、国家公园以及各郡《维多利亚郡志》信托基金。"全民英格兰史"也为国家课程提供教学材料,这一工作建立在早期试验计划"历史足迹"——它与全国超过 700 所小学有联系——的基础之上。最后,"全民英格兰史"直接导致了几个郡的《维多利亚郡志》编撰工作的重启。

《维多利亚郡志》的转变部分是对现实的回应,通常是财政方面的需要,但是他们发生改变的原因有时候也是为了地方史。自从历史研究所主持《维多利亚郡志》后,对地方史作为一个普遍主题的异议,在过去的几十年中消失了。[1]有关地方与地区、它们的演变与发展等方面的问题,对于理解国家史有密切的关系,因为它们有助于我们理解我们的社区发展演变的方式。尽管批评《维多利亚郡志》是容易的,但是毕竟它仍然是人们对地方史兴趣的起点。[2]《维多利亚郡志》将记录英格兰每个城市、城镇、堂区可信的历史事实。《维多利亚郡志》几乎是独一无二的,它试图以一个标准为全国几乎每个社区提供历史信息。其他的国家有地志的目录或概览,但是由国家系统地组织编写地方史,《维多利亚郡志》和英格兰独一无二。[3]

---

[1]　Mel Hackett and Kerry Whitston, ed., *The Little Big Red Book*, Woodbridge: Boydell & Brewer, 2008, p.41.

[2]　Kate Tiller, The VCH: past, present and future, *Historian*, 42(1994), 15.

[3]　http://www.victoriacountyhistory.ac.uk/explore.

附录　威廉·菲兹斯蒂芬的《伦敦城描述》①

概　况

在世界上那些高贵而著名的城市中,英国的首都伦敦是最负盛名的城市之一,它最富有,商业繁荣、宏伟壮丽。伦敦气候宜人,信奉基督教,城防坚固,自然环境优越,市民具有荣誉感,已婚的妇人保守忠贞。伦敦的娱乐活动最令人愉快,最幸运的是它孕育了很多杰出人物。上述这些使它成为一个快乐的城市。所有这些方面都需要单独来考察。

温和的气候

有句俗语:"温和的气候会使人的心灵变得柔和。"倒不是说这样会使他们沉溺于放肆的生活,而是说他们不野蛮不残暴,性格仁慈宽宏大量。

宗　教

主教座在圣保罗教堂。这里以前是大主教辖区,而且人们认为,如果市民们回到这个岛上,它将再一次成为大主教区,除非坎特伯雷能一直保留传承自圣托马斯的大主教头衔以及圣物——现在这些属于坎特伯雷。圣托马斯使这两座城市变得高贵,伦敦因他的出生而高贵,坎特伯雷因他的死亡而

---

① 文献来源 John Stow, *A Survey of London*, London, 1603, pp.501—509。杨文筱同学翻译了初稿,徐航波进行了初校。

高贵,在涉及这位圣徒时,双方都有正当的理由反对对方。说到对神的崇拜,在伦敦及其郊区,有十三座大的修道院教堂,另外还有一百三十六座小的教区教堂。

城市的防御力量

在城市东边,矗立着帕拉丁塔。这是一座巨大而坚固的堡垒,它的墙与庭院建在很深的地基上,建筑所用的灰浆是用野兽的血混合而成的。西边有两座戒备森严的城堡。北边的城墙又高又厚,有七道双门,北面城墙上每隔一段就建有塔楼。伦敦南面以前也有类似的城墙和塔楼。伟大的泰晤士河里有很多鱼,潮汐涨落,河水拍打着城墙,经年累月的冲刷破坏了它,毁坏了部分墙体。再往西更高的河岸上,矗立着国王的宫殿,这是一座无与伦比的建筑,修有矮防护墙和堡垒,坐落在人口稠密的郊区,离伦敦城有两英里远。

花　园

住在郊区的市民,房屋四周都有花园,树木茂盛,宽敞美丽。

牧场和耕地

城市北边有牧场和耕地,还有一片美丽平坦的草地,草地上几条溪流流过,磨坊就坐落在溪流上,磨坊的喀喀声非常悦耳。不远处有一片广阔的森林,森林里有茂密的灌木丛,里面隐藏着许多猎物——雄鹿、黄鹿、野猪和野公牛。城市的耕地不是贫瘠的碎石土,而是像亚洲肥沃的平原,出产丰富的作物,农民的谷仓满满,所谓"谷神克瑞斯丰收的麦穗"。

泉　水

在伦敦的四周,北部以及郊区,有极好的泉水:水甜且清澈,有益健康,

"清澈的泉水在卵石间荡漾"。其中，霍利维尔、克莱肯维尔和圣克莱门特的水井最著名，使用的人也最多。夏天的晚上，当学校里的学者和城里的年轻人出去呼吸新鲜空气的时候，都到那里去。当城市有一位好长官时，城市的确很宜人。

市 民 的 荣 誉

伦敦城因它的居民而高贵，因他们的武力而荣耀，居住着众多的市民。在斯蒂芬国王统治时期的战争中，一共集结了两万适合作战的重装骑兵和六万步兵。伦敦市民因其优雅的举止、衣着、就餐和言谈，而比其他市民更受尊敬和重视。

已 婚 妇 女

这个城市的已婚妇女是完美的主妇。

学 校

根据特权和古老的尊严，伦敦的三个大教堂拥有著名的学校。然而，由于某些著名人物，或某些以哲学著称学者的偏爱，其他学校也被允许。每逢节日，教师会把学生聚集在那些庆祝守护神节的教堂里。学者们在那里争论，有的用演示论证的方式，有的用逻辑论证的方式；一些人列举省略三段论，另一些人则使用更完善的三段论。为了显示自己的能力，有些人只参加那些争取胜利的人之间进行的辩论。有人为真理争辩，真理就是完美的魅力所在。在伪命题上争论的诡辩之人被认为是聪明，这是因为他们的口才好、语言流利。其他人则试图向别人强加错误的结论。有时某些演说者在其修辞性的长篇演说中，运用一切说服的力量，注意遵守这门演讲艺术的规则，不遗漏任何与主题贴切的东西。来自不同学校的男孩们在诗歌上互相争论，为语法规则或完成时态和将来时态的规则争论不休。有些人在警句、韵文和诗句中，使用古人常说的玩笑，随意地用粗俗的借口攻击他们的同伴,但不提他们的名字,对他们冷嘲热讽,用苏格拉底式的智慧挖掘他们的同学甚至或许是长辈的缺点,听众们"很想笑,皱着鼻子颤抖着大声笑起来"。

城市处理事务的方式

各种工艺品的工匠、各种商品的摊贩和各行各业的劳动者,每天早晨都会在各自不同的岗位上。在伦敦,河岸上的船只和酒窖中有很多酒店,在这些店中间有一个公共的餐馆。根据季节,每天都有各种各样的食物,或烤、或炸、或煮,有大大小小的鱼,有穷人吃的粗肉、富人吃的精肉,如鹿肉、家禽和小鸟。如果疲于旅途的朋友不期而至,来到某位市民的家中,而且因为饿了,也不愿意等着买新鲜的肉来煮:"装面包的罐子堆得很高;侍从们为他们准备好水洗手"。与此同时,一些人跑到河边,在那里他们可以立即得到他们想要的一切。在一天中的任何时候,无论多少士兵或外人出入城,如果他们愿意的话,他们都可以随意住在那里,并且根据他们的意向补充给养。这样,前者就没有机会吃得太久,后者也不会不吃就出城。当美味的佳肴都摆在面前的时候,那些想要满足自己的人也根本不会去想鲟鱼,或者非洲的鸟,或者爱奥尼亚的塍鹬。公共餐馆确实如此,它对城市来说非常方便,也是城市文明的一个显著标志。因此,我们读柏拉图的《高尔吉亚篇》时,可以看到"烹饪是对医学的奉承和模仿,是公民生活的第四种艺术"。在伦敦的一个城门以外不远的郊区,有一片名副其实的平坦旷野。在那里,每逢星期五,除非是一个比较庄严的节日,都有著名的良种马展销。当时的伯爵、男爵和骑士都住在城里,他们也像大多数的市民一样,到那里聚集观看或者买马。看到那些皮毛光滑发亮的马,平稳地缓步前进是令人愉快的,马蹄交替着抬起和放下,似乎它们更适合绅士。还有那些动作更粗野但速度也更快的马,它们像是把相对的两只前蹄和后蹄同时抬起、放下。另外还有一些小马驹,还不习惯缰绳,"它们走得坚挺、笔直,动作轻松,步态轻快"。第三种是驮重物的马,强壮且结实。第四种是更贵重的战马,外形优雅高贵,耳朵灵活地转动着,脖子挺直,臀部丰满。买马者首先观察它们轻松的步伐,然后观察它们飞奔,它们的前蹄一起从地面抬起并放下,后蹄以同样的方式,前后交替。由这些马或者其他马参加的马赛,都是以同样的方式,根据他们的品种,分成强壮适合运输的马和充满活力适合行进的马。人们高声呼喊,下令它们退到场地的另一边。骑手是善于驾驭马匹的男孩们，他们通过缰绳来控制马匹，根据比赛的情况，有时是用三根缰绳，有时是两根缰绳，他们为比赛做准备。他们的主要目的是防止竞争对手抢在他们前面。马儿也像他们一样渴望着比赛；他们的四肢颤抖着，由于耽搁而变得不耐烦，难以站定不动。信号一发出，它们就伸开四肢，迅速地跑上跑道，不懈地高速向前冲去。骑手被人们的赞美和胜利的希望激励着，用鞭子抽打飞奔的马，用他们的喊声刺激它们。你也许会相信赫拉克利特所说的，认为一切事物都在运动之中。芝诺的说法完全是错误的，他说没有运动这种东西，不可能达到目的。在另一地区，还有农民出售的货物，农具、猪、乳房肿胀的奶牛，"体积庞大的公牛，毛茸茸的羊群。"那里也有适合犁地、运货、拉车的母马，它们有的因怀着小马驹而身形庞大，另一些已经有刚刚出生的小马驹紧贴着身边围绕。来自世界各地的商人把他们的货物从海上运到这座城市，"阿拉伯的黄金、萨比亚(Sabaea)的香料和熏香、塞西亚(Scythia)的利器、巴比伦肥沃土壤生长的棕榈树油、尼罗河的珍贵宝石、挪威暖和的毛皮、俄罗斯昂贵的貂皮、色拉寺(Sare Monastery)的华美法衣，高卢的美酒，都送到这里来了。"

根据编年史家的证据，伦敦比罗马更古老：因为两者都起源于同一个特洛伊祖先，布鲁图斯在罗慕路斯和雷穆斯之前就建立了伦敦。因此，直到今天，这两座城市仍然使用着同样古老的法律和条例。这里就像罗马，被分成了几个区；它有年度郡守而不是执政官；它的政治结构由长官和下级地方官组成。街道上有下水道和管道系统；各类诉讼，无论是协商性的、辩论性的，还是司法性的，都有其适当的场所和适当的法院。在特定的日子里，法庭会举行集会。我想，没有哪一个城市有比这更受人尊重的风俗了——去教堂做礼拜、尊重神的指示、遵守节日、给予施舍、接收陌生人、订婚、订立婚姻契约、举行婚礼、准备娱乐项目、欢迎客人、安排葬礼仪式和死者的葬礼。伦敦唯一的问题就是愚蠢之人无节制饮酒和火灾频发。此外，几乎所有英格兰的主教、修道院长和伟人，在某种程度上都是伦敦的市民和自由民。因为他们在那里有华丽的房子，在那里度假，大手大脚花钱，每一次他们被国王或大主教召集到那里集会，或因自己的事被迫到那里去，他们都住在那里。

娱　乐

现在让我们来看看这座城市的娱乐活动。一个城市不仅具有实用性和重要性,也是快乐和消遣之源,这样才更有利。因此,从教皇利奥时代起,教皇的图章上,印玺一侧雕刻有圣彼得的渔夫形象,在他上面是一把伸出来递给他的钥匙,仿佛来自天堂上的上帝之手,在他周围有一句格言,"你为我离开了你的船,拿着钥匙吧。"另一面是一座城市,上面写着"金色罗马"。有赞美奥古斯都·恺撒和罗马城的话说,"下了一夜雨,随着黎明的到来,演出又开始了,恺撒,你与朱庇特交替统治。"在伦敦,没有戏剧表演和戏剧娱乐,而是一种更神圣的表演,或者是对神圣的忏悔者神迹的再现,或者是对殉道者的坚贞不渝所表现出来的激情和痛苦的再现。此外,让我们从男孩子的活动开始(因为我们都曾是男孩),每年在忏悔节那一天,每个学校的男孩会给他们的校长带来一只斗鸡,然后整个上午在教室观看斗鸡打架。晚饭后,城里所有的年轻人都到田野里去玩足球游戏。每个学校里的学生都有自己的足球,城里的商人,根据他们不同的行业也有他们的足球。年长的市民、球员的父亲和富裕的市民骑马来看年轻人的比赛。这些年轻人以他们的方式参与这项比赛,看到这么多敏捷、自由的年轻人,他们的热情似乎被唤醒了。在大斋节的每个星期天,晚饭后,一群年轻人骑着马来到田野,"他们总是跑在最前面",其中"每匹骏马都经过良好的训练,可以绕圈跑"。他们成群结队地从城门里冲出来,装备长矛和盾牌,年轻人拿着被移除了金属尖的长矛,在那里举行军事表演,在军事战斗中锻炼自己。当国王碰巧在城市附近时,大多数的朝臣会参加。那些伯爵和男爵家庭里还没有获得骑士荣誉的年轻人,为了检验他们的技能而去那里。胜利的希望鼓舞着每一个人。精神抖擞的马嘶鸣着,它们的腿颤抖着,咬着它们的马嚼子,因等待而变得不耐烦,无法忍受停滞不前。当最后"战马的蹄子踏上行进的路线",年轻的骑手被分成几个队,一些人追赶那些走在他们前面的人却不能赶上,而另一些人把他们的同伴落在队伍后面,并在他们前面飞奔。在复活节假期期间,他们玩一种类似于海战的游戏。一个靶子被牢牢地固定在河中央的树干上,一个年轻人站在由船桨和激流驱动的船头上,准备用他的长矛攻击靶子。如果在击靶时,他折断了他的长矛,并且在他的位置保持不动,他就能得分,并得到他想要的。如果他的长矛没有因击打而颤抖,而他被抛入河中,他的船就会自动驶过。然而,有两艘船停在那里,靶子的两边各有一艘,在船上有一些年轻人,当落入水中的人第一次从溪流中出现,或当"他第二次从波浪中升起"时,船上的年轻人就会过去接他。在桥上和河岸上的走廊上站着很多观众,他们"很想笑"。在整个夏季的宗教节日里,年轻人进行跳跃、射箭、摔跤、掷石、投标枪等各种活动,有时还会用盾牌进行格斗。维纳斯女神引领少女舞蹈,她们在上升的月亮下快乐地沿着地面轻捷地行走。几乎在每一个冬天的节日里,在晚饭前,吐着白沫的野猪和长着大獠牙的猪,为生存下来不被做成熏肉而战,为捕获肥壮的公牛或大公猪,人们用狗做诱饵。当冲刷城北城墙的大片沼泽被冻住时,年轻人成群结队地出去,在冰上娱乐。一些人助跑来增加速度,把脚分开,将身体朝向一侧,滑行出很远的距离。另一些用磨盘一样大的冰块为自己制作了一个座位,坐在冰块上,由几个人拉着他的手在前面跑。他们滑得太快了,一旦有人摔倒,他们都会一起摔倒。另一些人则更擅长冰上运动,为了适合在冰上运动,他们在脚下绑上动物的腿骨,用手拿着带着铁钉的杆子,每当他们将杆子插在冰上,他们就像飞鸟或从十字弓上射出的箭一样迅速地向前移动。有时,两个滑冰的人彼此约定好了要分开很远的距离,然后从相反的方向滑到一起,举起杆子,互相击打。他们其中的一个或两个都摔倒了,可能会受到身体上的伤害:即使是在他们摔倒之后,由于运动时的速度,他们会向前摔出很远的距离;头部任何地方触底,都会伤及颅骨。如果他们倒下时碰巧用腿或胳膊着地,他们经常会摔断腿和胳膊。但是青年时期是一个渴望荣誉和胜利的时期,所以青年人参加模拟的战斗,以便在真正的战斗中表现得更勇敢。大多数市民都喜欢与灰背隼、老鹰等鸟类有关的娱乐活动,或者是树林里的猎狗。在米德尔塞克斯郡、赫特福德郡、奇尔特恩郡和肯特郡,一直到克雷河,市民都有权打猎。当时被称为特里诺万特(Trinovantes)的伦敦人,击退了凯乌斯·尤里乌斯·恺撒,这个人喜欢用鲜血为自己开辟道路。关于此,卢坎写道,"他寻求英国,但失望地转过身去。"伦敦城孕育了一些人,他们征服了许多王国,甚至罗马帝国。还有许多其他人,他们的美德使他们无比崇高,正如阿波罗神谕对布鲁图斯所说:"布鲁图斯,在高卢边界之外,有一座岛,西海环绕着它。为了抵达这快乐的海岸,你的风帆已竭尽全力。在这里,命运之神命令建立第二个特洛伊,将建立一个王室血统的帝国,时间永远不会毁灭它,它将永远不会有界限。"自从基督教在此落地生根后,伦敦已经诞生了高贵的君士坦丁皇帝,他把罗马城和所有帝国的荣誉,献给了上帝、圣·彼得和西尔维斯特教皇,他举着他们的马镫,并且宁愿被称作神圣罗马教会的捍卫者,而不是皇帝。为了使教皇的和平不被因他的存在,而导致被纷争的世俗事务所打扰,他撤出了赐予教皇的城市,为自己建造了拜占庭城。在近代,伦敦也孕育了杰出而威严的统治者,玛蒂尔达皇后、国王亨利三世,大主教和基督光荣的殉道者圣·托马斯,没有人比他们更诚实,更忠诚于整个罗马世界所有的好人。

参 考 文 献

一、外 文 文 献

(一) 原 始 资 料

Angell, Charles Frederick, *Some Account of the Parish Church of St. Mary's, at Town Sutton, or Sutton Valence, in the County of Kent*, London, 1874.

Arnold, Richard, *The Customs of London*, London, 1811.

Aubrey, John, *The Natural History and Antiquities of the County of Surrey*, Kohler and Coombes, 1975.

Aubrey, John, *The Natural History of Wiltshire*, Wiltshire Topographical Society, 1847.

Baker, Oscar, *History of the Antiquities of Sandwich and Richborough Castle in Kent*, London, 1848.

Batcheller, W., *The new Dover guide*, London, 1845.

Borlase, William, *The Natural History of Cornwall*, Oxford, 1758.

Borlase, William, *Antiquities, Historical and Monumental of the County of Cornwall*, London, 1769.

Bourne, Henry, *The History of Newcastle upon Tyne, or the Ancient and Present State of that Town*, Newcastle, 1736.

Bowen, H. T, Rolvenden: *a parish and hundred of the Weald of Kent*, Rolvenden Community Council, 1939.

Brand, John, *The History and Antiquities of the Town and County of Newcastle upon Tyne*, London, 1789.

Burton, Richard, *Historical Remarques, and Observations of the Ancient and Present State of London and Westminster*, London, 1684.

Burton, William, *The Description of Leicestershire*, Leicester, 1777.

Butcher, Richard, *The Survey and Antiquitie of the Towne of Stamforde, in the County of Lincolne*, London, 1646.

Carew, Richard, *The Survey of Cornwall*, London, 1811.

Cave-Browne, John, *Detling in Days Gone By, Or the History of the Parish*, London, 1880.

Cave-Browne, John, *The History of Brasted: Its Manor, Parish, and Church*, Westerham, 1874.

Cave-Browne, John, *The Story of Hollingborne, Its Church and its Clergy*, Maidstone, 1890.

Cave-Browne, John, *The History of Boxley Parish*, Maidstone, 1892.

Chamberlain, Henry, *A New and Compleat History and Survey of the Cities of London and Westminster, The Borough of Sounthwark, and Parts Adjacent*, London, 1770.

Clay, William Keatinge, *A History of the Parish of Waterbeach in the County of Cambridge*, Cambridge, 1859.

Clay, William Keatinge, *A History of the Parish of Landbeach in the County of Cambridge*, Cambridge, 1861.

Clay, William Keatinge, *A History of the Parish of Horningsey in the County of Cambridge*, Cambridge, 1865.

Clay, William Keatinge, *A History of the Parish of Milton in the County of Cambridge*, Cambridge, 1869.

Colvile, Frederick Leigh, *The Worthies of Warwickshire: Who Lived Between 1500 And 1800*, Warwick, 1870.

Combe, William, *The History and Antiquities of the City of York*, York, 1785.

Cotton, Charles, *The History and Antiquities of the Church and Parish of St. Laurence, Thanet, in the County of Kent*, London, 1895.

Cruden, Robert Peirce, *The History of the Town of Gravesend in the County of Kent and of the Port of London*, London, 1843.

Dearn, Thomas Downes Wilmot, *An Historical*, *Topographical and Descriptive Account of the Weald of Kent*, Cranbrook, 1814.

Dews, Nathan, *The History of Deptford in the Counties of Kent and Surrey*, London, 1884.

Ditchfield, Peter Hampson, *Our English Villages: Their Story and Their Antiquities*, Methuen, 1889.

Drake, Francis, *Eboracum: Or, The History and Antiquities of the City of York*, London, 1736.

Dugdale, William, *The Antiquities of Warwickshire*, London, 1730.

Duncan, Leland Lewis, *History of the Borough of Lewisham*, The Blackheath Press, 1908.

Duncombe, John, *The History and Antiquities of the Two Parishes of Reculver and Herne in the County of Kent*, London, 1784.

Dunkin, John, *Outlines of the History and Antiquities of Bromley, in Kent*, Bromley, 1815.

Dunkin, John, *The History and Antiquities of Dartford*, London, 1844.

Elvin, Charles Robert Stebbing, *The History of Walmer and Walmer Castle*, Canterbury, 1894.

Erdeswicke, Sampson, *A Survey of Staffordshire*, Westminster, 1820.

Ewing, Guy, *A History of Cowden*, Tunbridge Wells, 1926.

Fielding, Cecil Henry, *A Hand-book of Higham: Or the Curiosities of a Country Parish*, Rochester, 1882.

Fitzstephen, William, *Description of the City of London*, London, 1772.

Freeman, Charles, *The History, Antiquities, Improvements of the Parish of Bromley, Kent*, Bromley, 1832.

Fuller, Thomas, *Worthies of England*, London, 1662.

Furley, Robert, *A History of the Weald of Kent*, Ashford, 1874.

Goodhue, Josiah Fletcher, *History of the Town of Shoreham, Vermont: From the Date of Its Charter, October 8th, 1761, to the Present*

Time, Middlebury, 1861.

Gough, Richard, *British Topography*, London, 1780.

Grant, John, *A guide to Woolwich*, Woolwich, 1841.

Grey, William, *Chorographia*, *or a Survey of Newcastle upon Tyne*, Newcastle, 1649.

Harris, John, *The Parish of Erith in Ancient and Modern Times*, London, 1885.

Harrison, William, *The Description of England*, Cornell University Press, 1968.

Haslewood, Francis, *The Parish of Benenden*, *Kent*: *Its Monuments*, *Vicars*, *and Persons of Note*, Ipswich, 1889.

Haslewood, Francis, *Memorials of Smarden*, *Kent*, Ipswich, 1886.

Haslewood, Francis, *The Parish of Chislet*, *Kent*, Ipswich, 1887.

Hasted, Edward, *History and Topographical Survey of the County of Kent*, Canterbury, 1797—1801.

Hildyard, Christopher, *The Antiquities of York City*, *and the Civil Government Thereof*, York, 1719.

Howarth, William, *Greenwich*: *past and present*, London, 1885.

Izacke, Richard, *Antiquities of the City of Exeter*, London, 1677.

Jackson, J.E., *The History of the the Parish of Grittleton in the County of Wilts*, London, 1843.

Jacob, Edward, *The History of the Town and Port of Faversham in the County of Kent*, London, 1774.

Kimbell John, *An Account of the Legacies*, *gifts*, *rents*, *fees*, *etc.*, *appertaining to the poor of the Parish of St. Alphege*, *Greenwich in the County of Kent*, London, 1816.

Lambard, William, *A Perambulation of Kent*, Redwood Press, 1970.

Mackie, Samuel Joseph, *A Handbook of Folkestone for Visitors*, London, 1860.

Mackinnon, Donald Dimsdale, *History of Speldhurst*, Tunbridge Wells, 1902.

Maitland, William, *The History and Survey of London*, London, 1756.

Manship, Henry, *The History of Great Yarmouth*, London, 1854.

Martin, Benjamin, *The Natural History of England*, London, 1759.

May, Leonard Morgan, *Charlton: Near Woolwich*, *Kent*, London, 1908.

Nash, Thomas, *Nash's Lenten Stuff: Containing*, *the Description and First Procreation and Increase of the Towne of Great Yarmouth in Norfolk*, London, 1599.

Netzloff, Mark, ed., *John Norden's The Surveyor's Dialogue (1618)*, Ashgate, 2010.

Newton, William, *The History and Antiquities of Maidstone: The County-town of Kent*, London, 1741.

Norden, John, *A Description of Hartfordshire*, London, 1903.

Norden, John, *Speculum Britannia*, *first part*, *An historical and chorographical description of Middlesex*, London, 1723.

Oliver, Thomas, *A New Picture of Newcastle Upon Tyne*, Newcastle, 1831.

Palmer, Charles John, *The History of Great Yarmouth*, London, 1856.

Pearman, Augustus John, *History of Ashford*, Ashford, 1868.

Planché, James Robinson, *A Corner of Kent: Or*, *Some Account of the Parish of Ash-next-Sandwich*, *Its Historical Sites and Existing Antiquities*, London, 1864.

Plot, Robert, *The Natural History of Oxford-shire*, Oxford, 1705.

Plot, Robert, *The Natural History of Stafford-shire*, Oxford, 1686.

Pole, William, *Collections Towards a Description of the County of Devon*, London, 1791.

Prince, John, *Danmonii Orientales Illustres or Worthies of Devon*, London, 1810.

Pritchard, Stephen, *The History of Deal*, *and its Neighbourhood*, Deal, 1864.

Richardson, Henry S., *Greenwich; its history*, *antiquities*, *improvements*, *and public buildings*, London, 1834.

Risdon, Tristram, *Chorographical Description or Survey of the*

County of Devon, London, 1811.

Smetham, Henry, *History of Strood*, Chatham, 1899.

Shaw, William Francis, *Liber Estriae; Or, Memorials of the Royal Ville and Parish of Eastry, in the County of Kent*, London, 1870.

Simpson, William, *History of Scarborough Spaw*, London, 1679.

Smith, Charles John, *Erith: Its Natural, Civil, and Ecclesiastical History*, London, 1873.

Smith, Lucy Toulmin, *Leland's Itinerary in England and Wales*, Chiswick Press, 1907.

Somner, William, *The Antiquities of Canterbury*, London, 1640.

Speed, John, *The History of Great Britain*, London, 1623.

Speed, John, *Britain's Tudor Maps: County by County*, Pavilion Books, 2016.

Stockwell, Austin Parsons, *A History of the Town of Gravesend*, Brookley, 1884.

Stow, John, *A Survey of London*, London, 1603.

Stow, John, *A Summarie of the Chronicles of England*, London, 1598.

Strong, Edward, *A History of Bromley in Kent*, Bromley, 1858.

Timmins, Samuel, *A History of Warwickshire*, London, 1889.

Verstegan, Richard, *A Restitution of Decayed Intelligence*, London, 1634.

Walpole Joseph K., *Historical sketch of Plumstead, Kent*, Woolwich, 1860.

Webb, Edward Alfred, *The History of Chislehurst: its Church, Manors, and Parish*, G. Allen, 1899.

Westcote, Thomas, *A view of Devonshire*, Exeter, 1845.

White, Gilbert, *The Natural History of Selborne*, edited by Richard Mabey, Century Hutchinson Ltd, 1988.

Willement, Thomas, *Historical sketch of the parish of Davington in the County of Kent*, London, 1862.

Wilson, Thomas, *An Accurate Description of Bromley: in Kent*, London, 1797.

Wittie, Robert, *Scarbrough Spaw*, London, 1660.

Wood, Anthony, *Athenae Oxonienses*, London, 1692.

Wood, Anthony, *The Life of Anthony à Wood from the Year 1632 to 1672*, The Clarendon Press, 1772.

Wood, Anthony, *The History and Antiquities of the Colleges and Halls in the University of Oxford*, The Clarendon Press, 1786.

Wood, Anthony, *Survey of the Antiquities of the City of Oxford*, The Clarendon Press, 1899.

Wrench, Frederick, *A Brief Account of the Parish of Stowting in the County of Kent*, London 1845.

(二) 学 术 专 著

Acheson, Eric, *A Gentry Community: Leicestershire in the Fifteenth Century c1422—1485*, Cambridge University Press, 1992.

Adams, Eleanor N, *Old English Scholarship in England from 1566—1800*, Yale University Press, 1917.

Allen, David Elliston, *The Naturalist in Britain*, Princeton University Press, 1994.

Anderson, John P., *The Book of British Topography*, London, 1881.

Armstrong, Patrick, *The English Parson-Naturalist*, Cromwell Press, 2000.

Astill, Grenville and Grant, Annie, ed., *The Countryside of medieval England*, Blackwell, 1988.

Ault, Warren Ortman, *Open-field Farming in Medieval England: a study of village by-laws*, Allen and Unwin, 1972.

Bailey, Mark, *Medieval Suffolk*, Boydell Press, 2007.

Bennett, Michael John, *Community, Class and Careerism*, Cambridge University Press, 1983.

Black, John Bennett, *The Reign of Elizabeth 1558—1603*, The Clarendon Press, 1987.

Blair, Peter Hunter, *An Introduction to Anglo—Saxon England*, Cambridge University Press, 1988.

Bracey, Howard Edwin, *English Rural Life*, Routledge & Kegan Paul, 1959.

Bradbury, Jonathan and Mawson, John, ed., *British Regionalism and Devolution*, Jessica Kingsley, 1996.

Breisach, Ernst, *Historiography: Ancient, Medieval & Modern*, The University of Chicago Press, 2007.

Broad, John, *Transforming English Rural Society*, Cambridge University Press, 2004.

Broadway, Jan, 'No historie so meete': *Gentry culture and the development of local history in Elizabethan and early Stuart England*, Manchester University Press, 2006.

Brown, Alfred L., *The Governance of Late Medieval England 1272—1461*, Stanford University Press, 1989.

Burke, Arthur Meredyth, *Key to the Ancient Parish Registers of England and Wales*, Genealogical Publishing Company, 1962.

Burn, John Southerden, *The History of Parish Registers in England*: London, 1829.

Burton, Elizabeth, *The Early Tudors at home, 1485—1558*, Allen Lane, 1976.

Cam, Helen Mand, *Liberties and Communities in Medieval England*, Merlin Press, 1963.

Campbell, Mildred, *The English Yeoman Under Elizabeth and the Early Stuarts*, Merlin Press, 1983.

Carpenter, Christine, *Locality and Polity: a study of Warwickshire landed society, 1401—1499*, Cambridge University Press, 1992.

Castells, Manuel, *City, Class and Power*, Macmillan, 1978.

Clark, Jonathan Charles Douglas, *English Society 1660—1832*, Cambridge University Press, 2000.

Clark, Peter, *English Towns in Transition 1500—1700*, Oxford University Press, 1976.

Copley, Gordon J., ed., *Camden's Britannia: Kent*, Hutchinson, 1977.

Corfield, P.J., *The Impact of English Towns 1700—1800*, Oxford

University Press, 1982.

Coss, Peter, *The Origin of the English Gentry*, Cambridge University Press, 2003.

Cox John Charles, *The Parish Registers of England*, Methuen, 1910.

Cressy, David, *Literacy and the Social Order: Reading and Writing in Tudor and Stuart England*, Cambridge University Press, 1980.

Currie, C. R. J. and Lewis, C. P., ed., *A Guide to English County Histories*, Sutton, 1997.

Cutts, Edward Lewes, *Parish Priests and Their People in the Middle Ages in England*, AMS Press, 1970.

Douglas, David C., *English Scholars*, Jonathan Cape, 1939.

Dunster, Sandra, *The Medway Towns*, Phillimore, 2013.

Dyer, Alan, *Decline and growth in English towns, 1400—1640*, Cambridge University Press, 1995.

Dyer, Christopher, *Everyday Life in Medieval England*, Hambledon and London, 2000.

Dyer, Christopher, *William Dugdale, historian, 1605—1686*, Woodbridge, 2009.

Elton, Geoffrey Rudolph, *The Tudor Revolution in Government*, Cambridge University Press, 1969.

Emmison, Frederick George, *Archives and Local History*, Second Edition, Phillimore, 1974.

Epstein, Stephan R., *Freedom and Growth*, Routledge, 2000.

Everitt, Alan Milner, *The Local Community and the Great Rebellion*, London Historical Association, 1969.

Everitt, Alan Milner, *Change in the Provinces: the seventeenth century*, Leicester University Press, 1969.

Everitt, Alan Milner, *Suffolk and the Great Rebellion 1640—1660*, Suffolk Records Society, 1960.

Everitt, Alan Milner, *The County Committee of Kent in the Civil War*, The University College of Leicester, 1957.

Finer, Samuel Edward, *The History of Government from the Earli-*

est Times, Oxford University Press, 1997.

Fletcher, Anthony and Stevenson, John, ed., *Order and Disorder in Early Modern England*, Cambridge University Press, 1987.

Fraser, Derek, and Sutcliffe, Anthony, ed., *The Pursuit of Urban History*, Edward Arnold Ltd, 1983.

Freeman, R.B., *British Natural History Books*, Dawson, 1980.

French, Henry R., *The Middle Sort of People in Provincial England 1600—1750*, Oxford University Press, 2007.

French, Katherine L., *The People of the Parish: Community Life in a Late Medieval English Diocese*, University of Pennsylvania Press, 2001.

Fussner, F. Smith, *The Historical Revolution*, Routledge & Kegan Paul, 1962.

Gasquet, Francis Aidan, *Parish Life in Medieval England*, Methuen and Company, 1929.

Gauci, Perry, *Politics and Society in Great Yarmouth*, *1660—1722*, The Clarendon Press, 1996.

Gordon, Andrew, *Writing Early Modern London: Memory, Text and Community*, Palgrave Macmillan, 2013.

Gorski, Richard, *The Fourteenth-Century Sheriff*, Boydell Press, 2003.

Gransden, Antonia, *Historical Writing in England: 550—1307*, Routledge, 1996.

Gransden, Antonia, *Historical Writing in England: 1307 to the Early Sixteenth Century*, Routledge, 1998.

Gross, Charles, *A Bibliography of British Municipal History*, Longmans, 1897.

Harrison, David, *The Bridges of Medieval England*, Oxford University Press, 2004.

Hay, Denys, *Annalists and Historian*, Methuen, 1977.

Hind, Arthur M., *Engraving in England in the Sixteenth & Seventeenth Centuries*, Cambridge University Press, 1952.

Hitchman, Valerie and Foster, Andrew, *Views from the Parish:*

Churchwardens' Accounts c.1500—c.1800, Cambridge Scholars Publishing, 2015.

Hoare, Peter ed., *The Cambridge History of Libraries in Britain and Ireland*, Cambridge University Press, 2006.

Holdsworth, William Searle, *A History of English Law*, Methuen, 1923.

Holt, James Clarke, *Magna Carta*, Cambridge University Press, 1965.

Homans, George Caspar, *English villagers of the Thirteenth Century*, Harvard University Press, 1942.

Hoskins, William George, *Provincial England*, Macmillan, 1963.

Hoskins, William George, *Local History in England*, Longman, 1959.

Humphreys, Arthur Lee, *A Handbook to County Bibliography*, London, 1917.

Jacob, Ernest Fraser, *The Fifteenth Century 1399—1485*, The Clarendon Press, 1978.

Jones, Anthea, *A Thousand Years of the English Parish*, Windrush Press, 2000.

Keith, Kissack, *The Lordship, Parish and Borough of Monmouth*, Lapridge Publications, 1996.

Kent, Joan R., *The English Village Constable 1580—1640*, Oxford University Press, 1986.

Kingsford, C.L., *English Historical Literature in the Fifteenth Century*, The Clarendon Press, 1913.

Lander, Jack Robert, *Government and Community: England, 1450—1509*, Harvard University Press, 1980.

Lavezzo, Kathy, *Imagining a Medieval English Nation*, University of Minnesota Press, 2004.

Levy, F.J., *Tudor Historical Thought*, Huntingdon Library, 1967.

Lewis, Christopher, *Particular Place: An Introduction to English Local History*, British Library, 1989.

Lindberg, David C. and Numbers, Ronald L., ed., *The Cambridge History of Science*, Cambridge University Press, 2003.

Lloyd, David W. , *The Making of English Towns*, Victor Gollancz, 1992.

Loades, David, *Tudor Government*: *Structures of Authority in the Sixteenth Century*, Blackwell, 1997.

Loyn, Henry Royston, *The Governance of Anglo-Saxon England*, Stanford University Press, 1984.

Lyon, Bryce Dale, *A Constitutional and Legal History of Medieval England*, Norton, 1980.

Macfarlane, Alan, *The culture of capitalism*, Oxford University Press, 1987.

Maitland, Frederic William, *Township and Borough*, Cambridge University Press, 1964.

McFarlane, Kenneth B. , *The Nobility of Later Medieval England*, The Clarendon Press, 1973.

Mcintosh, Marjorie Keniston, *A Community Transformed the Manor and Liberty of Havering*, *1500—1620*, Cambridge University Press, 2002.

Mcintosh, Marjorie Keniston, *Autonomy and Community*, Cambridge University Press, 1986.

Mckisack, May, *The Fourteenth Century 1307—1399*, Oxford University Press, 1991.

Mendyk, Stan A. E. , *Speculum Britanniae*: *Regional Study*, *Antiquarianism*, *and Science in Britain to 1700*, University of Toronto Press, 1989.

Palliser, David Michael, *The Cambridge Urban History of Britain*, Cambridge University Press, 2000.

Palmer, Robert, *The County Courts of Medieval England*, Princeton University Press, 1982.

Parry, Graham, *The Trophies of Time*, Oxford University Press, 1995.

Platt, Colin, *Medieval England*, Routledge, 1978.

Pounds, Norman John Greville, *A History of the English Parish*, Cambridge University Press, 2000.

Powll, Ken and Cook, Chris, *English Historical Facts 1485—1603*,

Macmillan Press, 1977.

Prescott, Andrew, *English Historical Documents*, The British Library, 1988.

Razi, Zvi, *Life, marriage and death in a medieval parish*, Cambridge University Press, 1980.

Reed, Michael, *The Age of Exuberance 1550—1700*, Routledge & Kegan Paul, 1986.

Rentz, Ellen K., *Imagining the Parish in Late Medieval England*, The Ohio State University Press, 2015.

Reynolds, Susan, *An Introduction to the History of English Medieval Towns*, Oxford, 1977.

Simmons, Jack, *English County Historians*, Wakefield, 1978.

Skyrme, Thomas, *History of the Justice of the Peace*, Chichester, 1994.

Snell, K. D. M, *Parish and Belonging: Community, Identity and Welfare in England and Wales, 1700—1950*, Cambridge University Press, 2006.

Stevenson, Angus, ed., *Oxford Dictionary of English*, Third edition, Oxford University Press, 2010.

Stevenson, Laura Caroline, *Praise and Paradox*, Cambridge University Press, 1985.

Strayer, Joseph Reese, ed., *Dictionary of the Middle Ages*, Scriber, 1982.

Stubbs, William, *The Constitutional History of England*, Oxford University Press, 1898.

Styles, Philip, *The Borough of Stratford-upon-Avon and the Parish of Alveston*, Oxford University Press, 1946.

Swanson, Heather, *Medieval British Towns*, Macmillan, 1999.

Sweet, Rosemary, *The Writing of Urban Histories in Eighteenth-Century England*, The Clarendon Press, 1997.

Thompson A. Hamilton, *Parish History and Records*, The Macmillan Company, 1919.

Tittler, Robert, *Townspeople and Nation*, *English Urban Experi-*

ences, *1540—1640*, Stanford University Press, 2001.

Vine, Angus, *In Defiance of Time: Antiquarian Writing in Early Modern England*, Oxford University Press, 2010.

Warnicke, Retha M., *William Lambarde: Elizabethan Antiquary, 1536—1601*, Phillimore, 1973.

Walters, H. B., *The English Antiquaries of the Sixteenth, Seventeenth, and Eighteenth Century*, London, 1934.

Webb, Sidney, *English Local Government*, Longmans, 1906.

White, Albert, *Self-government at the King's Command*, Minneapolis, 1933.

Wilkinson, Endymion, *Chinese History A Manual*, Harvard University Press, 2000.

Williams, Kelsey Jackson, *The antiquary John Aubrey's Historical Scholarship*, Oxford University Press, 2016.

Woolf, Daniel, *The Social Circulation of the Past: English Historical Culture, 1500—1730*, Oxford University Press, 2003.

Young, Charles R., *The Royal Forests of Medieval England*, University of Pennsylvania Press, 1979.

Zunder, William and Trill, Suzanne, ed., *Writing and the English Renaissance*, Longman, 1996.

(三) 期 刊 文 献

Alan Everitt, "Country, County and Town: Patterns of Regional Evolution in England", *Transactions of the Royal Historical Society*, Vol.29(1979).

Andy Wood, "Tales from the 'Yarmouth Hutch': Civic Identities and Hidden Histories in an Urban Archive", *Past & Present*, 230(2016).

Allan Pritchard, "A Source for the Lives of Inigo Jones and John Webb", *Architectural History*, Vol.23(1980).

Allan Pritchard, "According to Wood: Sources of Anthony Wood's Lives of Poets and Dramatists", *The Review of English Studies*, New Series, Vol.28, No.112(Nov., 1977).

Alexandra Walsham, "History, Memory, and the English Reformation", *The Historical Journal*, Vol.55, No.4, (DECEMBER 2012), p.919.

Antonia Gransden, "Antiquarian Studies in Fifteenth-Century England", *Antiquaries Journal*, 60.1(1980).

Andrew Gordon, "Writing Early Modern London", *Early Modern Literature in History*, 2013.

Claire Kennedy, "Those Who Stayed: English Chorography and the Elizabethan Society of Antiquaries, Motion and Knowledge in the Changing Early Modern World", *Springer Netherlands*, 2014.

Barrett L. Beer, "English History Abridged: John Stow's Shorter Chronicles and Popular History", *A Quarterly Journal Concerned with British Studies*, Vol.36, No.1, (Spring, 2004).

Benjamin Deneault, "The World Runs on Wheeles: John Stow's Indescribable London", *ELH*, Vol.78, No.2, (SUMMER 2011).

Catherine Patterson, "Conflict Resolution and Patronage in Provincial Towns, 1590—1640", *Journal of British Studies*, Vol.37, No.1(Jan., 1998).

D.R. Woolf, "Genre into Artifact: The Decline of the English Chronicle in the Sixteenth Century", *The Sixteenth Century Journal*, Vol.19, No.3(Autumn, 1988).

Daniel R. Woolf, "From Hystories to the Historical: Five Transitions in Thinking about the Past, 1500—1700", *Huntington Library Quarterly*, Vol.68, No.1—2(March 2005).

D.R. Woolf, "Erudition and the Idea of History in Renaissance England", *Renaissance Quarterly*, Vol.40, No.1(Spring, 1987).

Edward T. Bonahue, Jr., "Citizen History: Stow's Survey of London, Studies in English Literature, 1500—1900", *The English Renaissance*, Vol.38, No.1, (Winter, 1998).

Edward Lynam, "English Maps and Map-Makers of the Sixteenth Century", *The Geographical Journal*, Vol. 116, No. 1/3 (Jul.—Sep., 1950).

Eric Ketelaar, "Records out and Archives in Early Modern Cities as Creators of Records and as Communities of Archives", *Archival Science*, 10.3(2010).

Hannes Kleineke, "Carleton's Book: William Fitz Stephen's 'Description of London' in a Late Fourteenth-Century Common-Place Book", *Historical Research*, Vol.74, 2001.

Ian W. Archer, "Discourses of History in Elizabethan and Early Stuart London", *Huntington Library Quarterly*, Vol. 68, No. 1—2 (March 2005).

J.D. Alsop, "William Fleetwood and Elizabethan Historical Scholarship", *The Sixteenth Century Journal*, Vol.25, No.1(Spring, 1994).

Joseph H. Preston, "Was there an Historical Revolution?", *Journal of the History of Ideas*, Vol.38, No.2(Apr.—Jun., 1977).

Jerome De Groot, "Chorographia, Newcastle and Royalist Identity in the Late 1640s", *Seventeenth Century*, 18.1(2003).

Kathryn A. Lowe, "William Somner, 1622, and the Editing of Old English Charters", *Neophilologus*, 83.2, 1999.

Lesley B. Cormack, "Good Fences Make Good Neighbors: Geography as Self-Definition in Early Modern England", *Isis*, Vol. 82, No. 4 (Dec., 1991).

Marcia Lee Metzger, "Controversy and 'Correctness': English Chronicles and the Chroniclers, 1553—1568", *The Sixteenth Century Journal*, Vol.27, No.2(Summer, 1996).

Margaret Aston, "English Ruins and English History: The Dissolution and the Sense of the Past", *Journal of the Warburg and Courtauld Institutes*, Vol.36(1973).

Michael Finlayson, "Clarendon, Providence and the Historical Revolution", *Albion: A Quarterly Journal Concerned with British Studies*, Vol.22, No.4(Winter, 1990).

Nicholas Popper, "From Abbey to Archive: Managing Texts and Records in Early Modern England", *Archival Science*, 10.3(2010).

Paul Griffiths, "Secrecy and Authority in Late Sixteenth- and Seventeenth-Century London", *The Historical Journal*, Vol.40, No.4(Dec., 1997).

Paul Rutledge, "Archive management at Great Yarmouth since 1540", *Journal of the. Society of Archivists*, Vol.3, No.2(October 1965).

Peter Borsay, "The English Urban Renaissance: The Development of

Provincial Urban Culture c. 1680—c. 1760", *Social History*, Vol. 2, No. 5 (May, 1977).

Rosemary Sweet, "The Production of Urban Histories in Eighteenth-Century England", *Urban History*, Vol. 23, Pt. 2(August 1996).

Robert Tittler, "The English Fishing Industry in the Sixteenth Century: The Case of Great Yarmouth", *Albion: A Quarterly Journal Concerned with British Studies*, Vol. 9, No. 1(Spring, 1977).

Richard Helgerson, "The Land Speaks: Cartography, Chorography, and Subversion in Renaissance England", *Representations*, No. 16 (Autumn, 1986).

Stan Mendyk, "Early British Chorography", *The Sixteenth Century Journal*, Vol. 17, No. 4(Winter, 1986).

T. N. Brushfield, "Richard Izacke, and His 'Antiquities of Exeter'", Reprinted from the Transactions of the Devonshire Association for the Advancement of Science, Literature, and Art, 1893.

Vanessa Harding, "Recent Perspectives on Early Modern London", *The Historical Journal*, Vol. 47, No. 2(Jun., 2004).

Vladimir Jankovic, "The Place of Nature and the Nature of Place: The Chorographic Challenge to the History of British Provincial Science", *History of Science*; An Annual Review of Literature, Research and Teaching, 38.1(2000).

William Keith Hall, "A Topography of Time: Historical Narration in John Stow's 'Survey of London'", *Studies in Philology*, Vol. 88, No. 1 (Winter, 1991).

Linda Van Norden, *The Elizabethan College of Antiquaries*, Phd thesis of University of California at Los Angeles.

二、中 文 文 献

(一)中 文 译 著

〔英〕阿萨·布里格斯:《英国社会史》,陈叔平、陈小惠、刘幼勤、周俊文译,商务印书馆 2015 年版。

〔德〕阿尔夫雷德·赫特纳:《地理学》,王兰生译,商务印书馆 1983 年版。

〔美〕安东尼·M. 阿里奥托:《西方科学史》(第 2 版),鲁旭东、张敦敏、刘钢、赵培杰译,商务印书馆 2011 年版。

〔法〕保尔·芒图:《十八世纪产业革命——英国近代大工业初期的概况》,杨人楩、陈希秦、吴绪译,商务印书馆 1983 年版。

〔英〕比德:《英吉利教会史》,陈维振、周清民译,商务印书馆 1991 年版。

〔英〕彼得·伯克:《什么是文化史》,蔡玉辉译,北京大学出版社 2009 年版。

〔英〕彼得·克拉克:《欧洲城镇史:400—2000 年》,宋一然、郑昱、李陶、戴梦译,商务印书馆 2015 年版。

〔英〕J.G.A. 波考克:《古代宪法与封建法》,翟小波译,译林出版社 2014 年版。

〔英〕H.T. 狄金森:《十八世纪英国的大众政治》,陈晓律、宋涛等译,商务印书馆 2015 年版。

〔美〕段义孚:《恋地情结》,志丞,刘苏译,商务印书馆 2018 年版。

〔美〕哈罗德·J. 伯尔曼:《法律与宗教》,梁治平译,三联书店 1991 年版。

〔美〕哈罗德·J. 伯尔曼:《法律与革命——西方法律传统的形成》,贺卫方、高鸿钧、张志铭、夏勇译,中国大百科全书出版社 1993 年版。

〔美〕简·伯班克、弗雷德里克·库珀:《世界帝国史:权力与差异政治》,柴彬译,商务印书馆 2017 年版。

〔英〕基恩·托马斯:《人类与自然世界:1500—1800 年间英国观念的变化》,宋丽丽译,译林出版社 2009 年版。

〔美〕玛格丽特·J. 奥斯勒:《重构世界:从中世纪到近代早期欧洲的自然、上帝和人类认识》,张卜天译,湖南科学技术出版社 2012 年版。

〔法〕马克·布洛赫:《封建社会》,张绪山等译,商务印书馆 2004 年版。

〔英〕克里斯托弗·戴尔:《转型的时代:中世纪晚期英国的经济与社会》,莫玉梅译,社会科学文献出版社 2010 年版。

〔德〕里夏德·范迪尔门:《欧洲近代生活》,王亚平译,东方出版社 2004 年版。

〔比利时〕弗朗索瓦·冈绍夫:《何为封建主义》,张绪山、卢兆瑜译,商务印书馆 2017 年版。

　　〔法兰克〕格雷戈里:《法兰克人史》,商务印书馆 1996 年版。

　　〔比利时〕亨利·皮雷纳:《中世纪的城市》,陈国樑译,商务印书馆 1985 年版。

　　〔英〕W.G. 霍斯金斯:《英格兰景观的形成》,梅雪芹、刘梦霏译,商务印书馆 2018 年版。

　　〔英〕吉尔伯特·怀特:《塞尔伯恩博物志》,梅静译,上海文化出版社 2019 年版。

　　〔古罗马〕恺撒:《高卢战记》,任炳湘译,商务印书馆 1979 年版。

　　〔英〕J.C.D. 克拉克:《1660—1832 年的英国社会》,姜德福译,商务印书馆 2014 年版。

　　〔美〕列奥·施特劳斯:《自然权利与历史》,彭刚译,三联书店 2003 年版。

　　〔美〕罗伯特·金·默顿:《十七世纪英格兰的科学、技术与社会》,范岱年等译,商务印书馆 2000 年版。

　　〔美〕罗斯科·庞德:《普通法的精神》,唐前宏、廖湘文、高雪原译,法律出版社 2001 年版。

　　〔英〕蒙茅斯的杰佛里:《不列颠诸王史》,广西师范大学出版社 2009 年版。

　　〔美〕乔纳森·德瓦尔德:《欧洲贵族:1400—1800》,姜德福译,商务印书馆 2014 年版。

　　〔美〕乔尔·科特金:《全球城市史》,王旭等译,社会科学文献出版社 2010 年版。

　　〔英〕J.S. 密尔:《代议制政府》,汪瑄译,商务印书馆 1982 年版。

　　〔英〕诺尔曼·庞兹:《中世纪城市》,刘景华、孙继静译,商务印书馆 2015 年版。

　　〔英〕弗朗西斯·培根:《学术的进展》,刘运同译,上海人民出版社 2007 年版。

　　〔英〕佩里·安德森:《绝对主义国家的系谱》,刘北成、龚晓庄译,上海人民出版社 2001 年版。

　　〔英〕培根:《新工具》,许宝骙译,商务印书馆 1984 年版。

　　〔古罗马〕普林尼:《自然史》,李铁匠译,上海三联书店 2018 年版。

　　〔古希腊〕斯特拉博:《地理学》,李铁匠译,上海三联书店 2014 年版。

〔英〕E.P. 汤普森:《英国工人阶级的形成》,钱乘旦等译,译林出版社2001年版。

〔英〕爱德华·汤普森:《共有的习惯》,沈汉、王加丰译,上海人民出版社2002年版。

〔美〕汤普逊:《中世纪经济社会史》,耿淡如译,商务印书馆1961年版。

〔美〕J.W. 汤普森:《历史著作史》,孙秉莹、谢德风译,商务印书馆1992年版。

〔古罗马〕塔西佗:《阿古拉可拉传 日耳曼尼亚志》,马雍、傅正元译,商务印书馆1959年版。

〔英〕亚·沃尔夫:《十六、十七世纪科学、技术和哲学史》,周昌忠等译,商务印书馆2009年版。

(二)中 文 著 作

仓修良:《方志学通论》(增订本),华东师范大学出版社2013年版。

陈恒:《西方城市史学》,商务印书馆2017年版。

陈日华:《中古英格兰地方自治研究》,南京大学出版社2011年版。

陈晓律:《1500以来的英国与世界》,三联书店2013年版。

程汉大、李培峰:《英国司法制度史》,清华大学出版社2007年版。

《方志百科全书》编纂委员会:《方志百科全书》,方志出版社2017年版。

顾銮斋:《中西中古税制比较研究》,社会科学文献出版社2016年版。

郭方:《英国近代国家的形成》,商务印书馆2007年版。

马克垚(主编):《中西封建社会比较研究》,学林出版社1997年版。

马克垚:《英国封建社会研究》,北京大学出版社2005年版。

何平:《西方历史编纂学史》,商务印书馆2010年版。

侯建新:《社会转型时期的西欧与中国》,高等教育出版社2005年版。

侯建新:《资本主义起源新论》,三联书店2014年版。

蒋澈:《从方法到系统:近代欧洲自然志对自然的重构》,商务印书馆2019年版。

蒋孟引:《蒋孟引文集》,南京大学出版社1995年版。

江晓原、刘兵(主编):《科学的越位》,华东师范大学出版社2010年版。

江晓原、刘兵(主编):《科学的畸变》,华东师范大学出版社2012年版。

金志霖:《英国行会史》,上海社会科学院出版社1996年版。

李猛:《韦伯:法律与价值》,上海人民出版社2001年版。

李秀清:《日耳曼法研究》,商务印书馆 2005 年版。

刘城:《英国中世纪教会研究》,首都师范大学出版社 1996 年版。

刘城:《英国教会史论文集》,首都师范大学出版社 2014 年版。

刘华杰:《博物学文化与编年》,上海交通大学出版社 2014 年版。

刘景华:《英国崛起进程中的区域和城市》,人民出版社 2019 年版。

刘新成:《英国议会研究:1485—1603》,人民出版社 2016 年版。

孟广林:《英国封建王权论稿》,人民出版社 2002 年版。

倪世光:《中世纪骑士制度探究》,商务印书馆 2007 年版。

齐延平:《自由大宪章研究》,中国政法大学出版社 2007 年版。

钱乘旦(主编):《英国通史》,江苏人民出版社 2016 年版。

施诚:《中世纪英国财政史研究》,商务印书馆 2010 年版。

阎照祥:《英国政治思想史》,人民出版社 2010 年版。

王晋新、姜德福:《现代早期英国社会变迁》,上海三联书店 2008 年版。

王名扬:《英国行政法》,北京大学出版社 2007 年版。

吴于廑:《吴于廑文选》,武汉大学出版社 2007 年版。

薛波(主编):《元照英美法词典》,法律出版社 2003 年版。

余丽嫦:《培根及其哲学》,人民出版社 1987 年版。

张广智(主编):《西方史学通史》,复旦大学出版社 2011 年版。

张乃和(主编):《英国经济社会史文献学著作指南》,东方出版社 2020
年版。

赵秀荣:《近代早期英国社会史研究》,中国社会科学出版社 2017 年版。

赵文洪:《私人财产权利体系的发展》,中国社会科学出版社 1998 年版。

朱晶进:《文艺复兴时期英国的博学好古研究与民族史书写》,中国社会
科学出版社 2018 年版。

朱孝远:《近代欧洲的兴起》,学林出版社 1997 年版。

后　记

这本著作是我 2017 年国家社科基金一般项目《16—18 世纪英国地方志研究》的最终成果,并得到了南京大学新时代文科卓越研究计划"中长期研究专项""英国方志文献整理与研究"资助。

2014 年 7 月,受国家留学基金委的资助,我到伦敦大学历史研究所(IHR)进行一年的访学。当时我的研究进入瓶颈期,我每天在大英图书馆和历史研究所的图书馆漫无目的地查阅资料,心中非常焦虑。突然有一天,我在历史研究所的图书馆发现,一排排的英国地方史图书都是按照郡排列,不正是类似于中国的方志吗!

我的学术成长离不开导师侯建新先生的培养。1996 年至 2006 年,我在天津师范大学历史系连续读完了本、硕、博,是侯老师引导我进入学术的殿堂。跟随侯老师读书辛苦,但是收获是满满的。《英国个人主义的起源》《法律与革命》《西方世界的兴起》《中国文化与中国的兵》……每当看到这些书,就让我想起那些简单而美好的读书时光!

感谢刘新成老师和王勤榕老师! 2006 年,刘老师主持了我的博士答辩,之后他一直关心我的研究进展。2016 年,在他的提携下,我真正进入英国史研究的学术圈,他对我的教诲,我铭记在心。

感谢陈晓律老师,在他的安排下,2009 年春,我从南师大来到了南大工作,进入一个更广阔的学术舞台。我怀念那些简单而温馨的时光。

我的研究领域与复旦大学的向荣教授相近,向老师性格直率,他关心、鼓励并帮助我。能与向老师相识,我感到很幸运。

天津师大的刘景华教授、山东大学的顾銮斋教授、中山大学的龙秀清教授、北京大学的黄春高教授、南京大学—约翰斯·霍普金斯大学中美文化研究中心中方主任从丛女士等老师,给予了我各种帮助。同时也感谢中国英国史研究会与中国世界中世纪史研究会的各位前辈与老师,每次开会总是感到亲切与温暖。

　　《世界历史》编辑部的任灵兰老师、《历史研究》编辑部的焦兵社长等,为我的论文发表付出了很多的辛苦。正是在他们的帮助下,我的研究得以不断推进。

　　我的研究也得到了许多外国友人的帮助与支持。爱丁堡大学的狄金森(Harry Dickinson)教授是国际知名的历史学家,也是中国人民的老朋友,与南大世界史的四代学人关系密切。他多次邀请我去爱丁堡,给予了无微不至的帮助,我衷心祝愿他身体健康,希望疫情之后能够再见面!牛津大学莫顿学院院长、近代英国史导师史蒂芬·冈(Steven Gunn)教授,在我的研究遇到困难时,给我提供了许多的线索。我原计划2021年去牛津大学,跟随他进行一年的研究访学,可惜由于疫情被迫取消,实在遗憾!伦敦大学历史研究所《维多利亚郡志》原主编柯里(C.R.J. Currie)研究员和我是忘年交,2020年初在中国发生新冠肺炎疫情的最初阶段,他就发来邮件慰问我,让人感动。《维多利亚郡志》原主编理查德·霍伊尔(Richard Hoyle)教授以及他的太太凯瑟琳·格洛弗(Catherine Glover)女士,了解我的研究需要,开车陪我参观英国的古迹,促进了我的研究工作。

　　2018年,南京大学悦读书社的同学联系我,希望我能够为同学们开设有关英国史的DIY课程。DIY课程允许老师在自己的办公室授课,我可以方便地拿出我需要的书籍,自由地与学生交流,真正实现了"学术与教学自由"!令我感到欣慰的是,在这门课的影响下,先后有三位南大本科同学保研时选择了我。此外在我的指导下,我的研究生邱迪同学写作了城市方志部分,杜超同学写作了堂区方志部分,徐航波同学做了许多的翻译工作。

　　本书是一个中国研究者从中国历史与传统文化的视角,来解释英国历史史料的一个初步尝试,也请各位师友指正。

陈日华

2022年9月16日于南大仙林

图书在版编目(CIP)数据

笔下故园:近代英国方志研究/陈日华,邱迪著
.—上海:上海人民出版社,2022
ISBN 978-7-208-17878-6

Ⅰ.①笔… Ⅱ.①陈… ②邱… Ⅲ.①地方志-研究
-英国-近代 Ⅳ.①K561.9

中国版本图书馆 CIP 数据核字(2022)第 150562 号

责任编辑 黄玉婷 金 铃
封面设计 王 媛

笔下故园:近代英国方志研究

陈日华 邱 迪 著

出 版 上海人民出版社
(201101 上海市闵行区号景路 159 弄 C 座)
发 行 上海人民出版社发行中心
印 刷 上海商务联西印刷有限公司
开 本 720×1000 1/16
印 张 16.5
插 页 3
字 数 276,000
版 次 2022 年 11 月第 1 版
印 次 2022 年 11 月第 1 次印刷
ISBN 978-7-208-17878-6/K·3233
定 价 68.00 元